《第二次全国残疾人抽样调查资料》
（浙江卷）

编 辑 人 员

总 编 辑：张奋勇

副总编辑：杨荣普　黄树良　陈益伟

编　　辑：陈杨荣

浙江省第二次全国残疾人抽样调查样本县（市、区）分布示意图

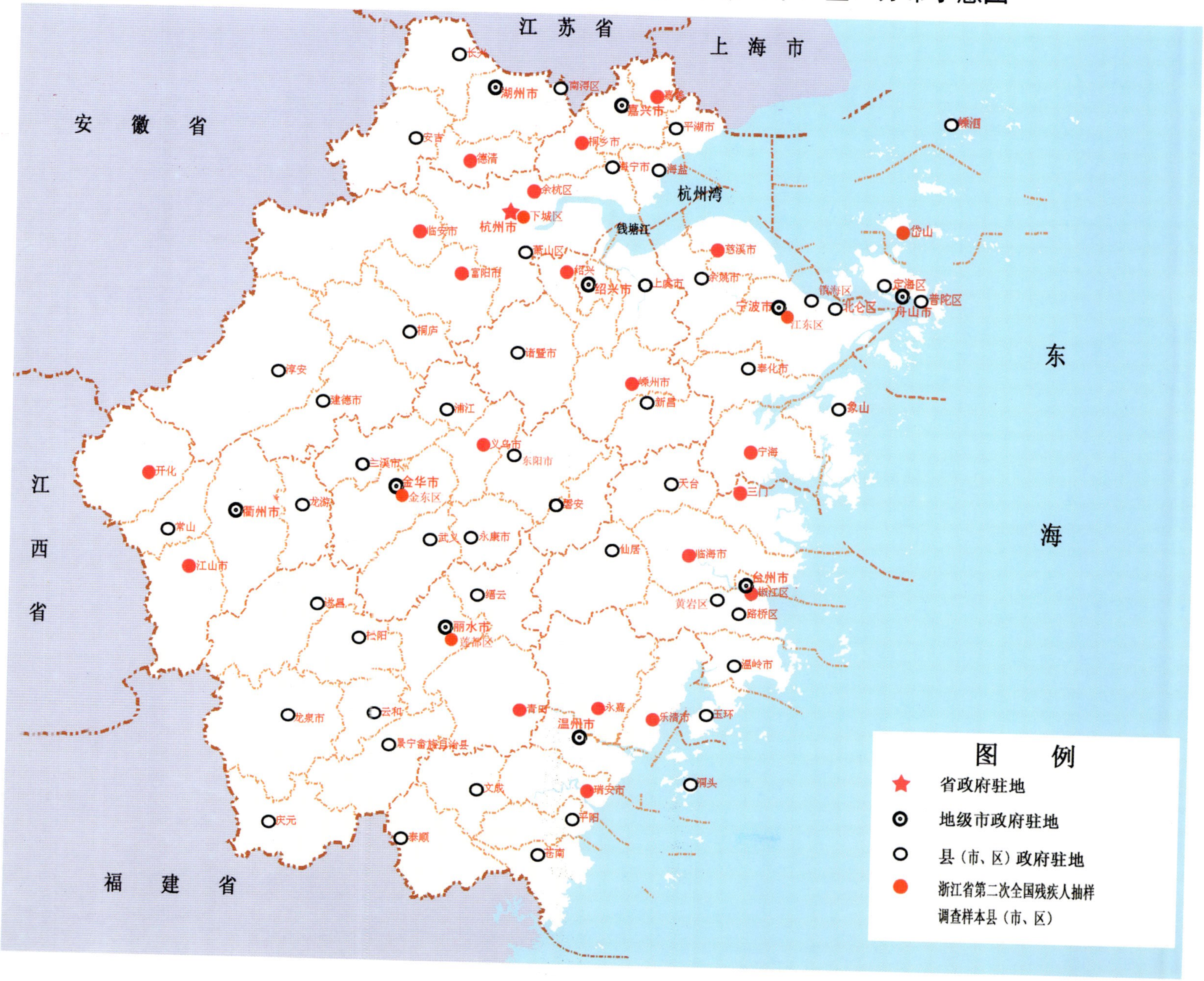

编辑说明

我国以2006年4月1日零时为标准时间进行了第二次全国残疾人抽样调查，这是1987年第一次全国残疾人抽样调查19年后进行的又一次全国范围内大规模的残疾人专项调查。在省委、省政府的领导下，在有关部门、社会各方面的大力支持配合下，按照第二次全国残疾人抽样调查领导小组的统一部署，历时两个月的时间，对抽中的25个县、市、市辖区，100个乡、镇、街道的200个调查小区进行了入户调查和残疾评定。调查获得了丰富翔实的资料。为了满足政府部门、科研单位和社会各方面的需要，现将经计算机汇总处理的数据资料编辑出版。

为方便读者准确地使用本资料，现将有关情况说明如下:

一、调查对象是具有中华人民共和国国籍，并在被抽中调查小区内常住的人（指自然人，下同）。调查采用按常住人口登记的原则，以户为单位填报，只调查家庭户，不调查集体户。此次不调查中国人民解放军现役军人和武装警察（包括军队管理的离退休干部）。

应当在本调查小区进行登记的人包括:

1. 居住本调查小区，户口在本乡、镇、街道;

2. 居住本调查小区半年以上，户口在外乡、镇、街道;

3. 居住本调查小区不满半年，离开户口所在地半年以上;

4. 居住本调查小区，户口待定。

二、第二次全国残疾人抽样调查使用三种调查表，一是《住户调查表》，二是《残疾人调查表》，三是《社区调查表》。调查项目共有52个，包括调查样本人群的家庭及其个人的状况，重点调查残疾人的致残原因、生活状况及其主要需求。

三、本资料是按照现场调查登记直接汇总的数据，未作任何调整。请读者在使用本资料时，特别是推算总体时，对以下因素予以充分注意:

1. 本资料不含调查漏登的人口数;

2. 本资料数据抽样比为 1.95 ‰;

3. 作为一次多指标的抽样调查，有些分组较细的指标，代表性相对较低。

四、本次调查的城乡划分口径为: 城镇包括街道和镇的居委会，农村包括乡和镇的村委会。

五、本资料中空项表示无该项数据。

六、由于计算机运算中采取四舍五入的处理，个别汇总表分栏数据之和与合计数存在微小的差别，不影响对数据的使用。

七、为帮助读者准确使用本资料，附录中编印了《浙江省第二次全国残疾人抽样调查主要数据公报》、《第二次全国残疾人抽样调查方案》、《第二次全国残疾人抽样调查残疾标准》、《第二次全国残疾人抽样调查住户调查表》和填写说明、《第二次全国残疾人抽样调查残疾人调查表》和填写说明、《第二次全国残疾人抽样调查社区（村、居委会）调查表》和填写说明、《浙江省第二次全国残疾人抽样调查抽样实施方案》，浙江省第二次全国残疾人抽样调查领导小组组成人员名单、办公室人员名单和浙江省第二次全国残疾人抽样调查样本县（市、区）领导小组，办公室主任、副主任，调查队名单等。

编 者

2007年9月

目　录

第一部分　调查人口的基本状况

第二部分　残疾人口的基本状况

第三部分　残疾人的残疾类别、等级和主要致残原因

一、残疾类别与残疾等级

二、主要致残原因

第四部分　残疾人的活动和参与、义务教育、社会保障、接受服务及主要需求

一、活动和参与

1. 视力残疾人

第一部分　调查人口的基本状况

1－1 各地区调查样本基本情况

地区	调查县(市、区)数(个)	调查乡(镇、街道)数(个)	调查小区数(个)	调查户数(户)	调查人口(人)			调查残疾人(人)		
					小计	男	女	小计	男	女
总计	**25**	**100**	**200**	**33674**	**95392**	**47653**	**47739**	**6063**	**3028**	**3035**
杭州市下城区	1	4	8	1287	3589	1800	1789	207	96	111
杭州市余杭区	1	4	8	991	3476	1722	1754	220	94	126
杭州市富阳市	1	4	8	1440	4298	2135	2163	301	154	147
杭州市临安市	1	4	8	1411	3884	1931	1953	229	112	117
宁波市江东区	1	4	8	1450	3611	1768	1843	144	66	78
宁波市宁海县	1	4	8	1461	3932	1954	1978	331	151	180
宁波市慈溪市	1	4	8	1490	3811	1943	1868	202	97	105
温州市永嘉县	1	4	8	1547	4239	2156	2083	254	145	109
温州市瑞安市	1	4	8	1460	4202	2126	2076	175	101	74
温州市乐清市	1	4	8	1174	3539	1777	1762	231	123	108
嘉兴市嘉善县	1	4	8	1124	3701	1800	1901	234	99	135
嘉兴市桐乡市	1	4	8	1165	3770	1880	1890	236	122	114
湖州市德清县	1	4	8	1201	3867	1955	1912	219	125	94
绍兴市绍兴县	1	4	8	1230	3795	1873	1922	223	104	119
绍兴市嵊州市	1	4	8	1389	3664	1864	1800	306	164	142
金华市金东区	1	4	8	1317	3688	1844	1844	237	98	139
金华市义乌市	1	4	8	1477	4019	2061	1958	216	116	100
衢州市开化县	1	4	8	1311	3627	1716	1911	230	125	105
衢州市江山市	1	4	8	1477	4050	1989	2061	263	141	122
舟山市岱山县	1	4	8	1448	3813	1898	1915	312	149	163
台州市椒江区	1	4	8	1197	3566	1819	1747	194	91	103
台州市三门县	1	4	8	1317	3651	1820	1831	193	80	113
台州市临海市	1	4	8	1389	3844	1890	1954	265	124	141
丽水市莲都区	1	4	8	1540	3844	1970	1874	313	158	155
丽水市青田县	1	4	8	1381	3912	1962	1950	328	193	135

1－2 分年龄、性别的人口

单位：人，%

年 龄	调查人口				调查残疾人			
	合计	男	女	性别比	合计	男	女	性别比
总 计	**95392**	**47653**	**47739**	**100**	**6063**	**3028**	**3035**	**100**
0-4	**4920**	**2613**	**2307**	**113**	**57**	**33**	**24**	**138**
0岁	1000	525	475	111	7	5	2	250
1岁	1100	577	523	110	12	6	6	100
2岁	973	513	460	112	15	9	6	150
3岁	935	522	413	126	10	6	4	150
4岁	912	476	436	109	13	7	6	117
5-9	**4904**	**2634**	**2270**	**116**	**51**	**28**	**23**	**122**
5岁	980	547	433	126	17	6	11	55
6岁	933	515	418	123	11	7	4	175
7岁	917	480	437	110	3	2	1	200
8岁	1013	553	460	120	12	8	4	200
9岁	1061	539	522	103	8	5	3	167
10-14	**5963**	**3094**	**2869**	**108**	**65**	**43**	**22**	**195**
10岁	1200	634	566	112	16	13	3	433
11岁	1253	652	601	108	15	10	5	200
12岁	1181	611	570	107	13	8	5	160
13岁	1183	616	567	109	13	8	5	160
14岁	1146	581	565	103	8	4	4	100
15-19	**5700**	**2966**	**2734**	**108**	**77**	**39**	**38**	**103**
15岁	1237	665	572	116	14	9	5	180
16岁	1250	672	578	116	17	8	9	89
17岁	1206	606	600	101	21	14	7	200
18岁	1201	604	597	101	16	5	11	45
19岁	806	419	387	108	9	3	6	50
20-24	**4498**	**2108**	**2390**	**88**	**73**	**41**	**32**	**128**
20岁	623	319	304	105	12	8	4	200
21岁	702	324	378	86	10	2	8	25
22岁	876	401	475	84	18	12	6	200
23岁	1164	544	620	88	20	14	6	233
24岁	1133	520	613	85	13	5	8	63
25-29	**5972**	**2801**	**3171**	**88**	**128**	**63**	**65**	**97**
25岁	1018	454	564	80	31	17	14	121
26岁	1163	536	627	85	17	10	7	143
27岁	1198	556	642	87	29	12	17	71

1-2 续表 1

单位：人，%

年 龄	调查人口				调查残疾人			
	合计	男	女	性别比	合计	男	女	性别比
28岁	1292	628	664	95	28	13	15	87
29岁	1301	627	674	93	23	11	12	92
30-34	**7821**	**3772**	**4049**	**93**	**184**	**93**	**91**	**102**
30岁	1355	639	716	89	26	12	14	86
31岁	1456	685	771	89	38	17	21	81
32岁	1570	756	814	93	32	18	14	129
33岁	1713	844	869	97	33	14	19	74
34岁	1727	848	879	96	55	32	23	139
35-39	**9164**	**4446**	**4718**	**94**	**259**	**136**	**123**	**111**
35岁	1839	868	971	89	48	30	18	167
36岁	1863	916	947	97	48	24	24	100
37岁	1936	971	965	101	60	32	28	114
38岁	1729	795	934	85	47	19	28	68
39岁	1797	896	901	99	56	31	25	124
40-44	**9242**	**4630**	**4612**	**100**	**306**	**167**	**139**	**120**
40岁	1976	982	994	99	48	25	23	109
41岁	1878	920	958	96	51	26	25	104
42岁	2170	1118	1052	106	79	46	33	139
43岁	2100	1060	1040	102	81	47	34	138
44岁	1118	550	568	97	47	23	24	96
45-49	**7241**	**3649**	**3592**	**102**	**309**	**192**	**117**	**164**
45岁	1178	601	577	104	48	34	14	243
46岁	1322	660	662	100	60	29	31	94
47岁	1356	672	684	98	49	33	16	206
48岁	1770	932	838	111	77	46	31	148
49岁	1615	784	831	94	75	50	25	200
50-54	**7827**	**3901**	**3926**	**99**	**396**	**220**	**176**	**125**
50岁	1538	774	764	101	76	42	34	124
51岁	1673	851	822	104	71	37	34	109
52岁	1698	826	872	95	79	46	33	139
53岁	1525	751	774	97	95	52	43	121
54岁	1393	699	694	101	75	43	32	134
55-59	**6201**	**3113**	**3088**	**101**	**443**	**223**	**220**	**101**
55岁	1249	603	646	93	90	42	48	88
56岁	1345	691	654	106	90	43	47	91

1-2 续表 2

单位：人，%

年 龄	调查人口				调查残疾人			
	合计	男	女	性别比	合计	男	女	性别比
57岁	1285	622	663	94	78	41	37	111
58岁	1192	639	553	116	86	44	42	105
59岁	1130	558	572	98	99	53	46	115
60-64	**4071**	**2102**	**1969**	**107**	**399**	**214**	**185**	**116**
60岁	961	498	463	108	80	38	42	90
61岁	882	440	442	100	75	35	40	88
62岁	866	449	417	108	88	51	37	138
63岁	698	358	340	105	74	40	34	118
64岁	664	357	307	116	82	50	32	156
65-69	**3636**	**1944**	**1692**	**115**	**520**	**307**	**213**	**144**
65岁	628	351	277	127	74	45	29	155
66岁	709	383	326	117	92	59	33	179
67岁	785	422	363	116	109	64	45	142
68岁	821	434	387	112	127	74	53	140
69岁	693	354	339	104	118	65	53	123
70-74	**3666**	**1825**	**1841**	**99**	**824**	**405**	**419**	**97**
70岁	763	373	390	96	143	69	74	93
71岁	771	382	389	98	153	79	74	107
72岁	745	355	390	91	158	78	80	98
73岁	729	367	362	101	189	83	106	78
74岁	658	348	310	112	181	96	85	113
75-79	**2470**	**1185**	**1285**	**92**	**874**	**399**	**475**	**84**
75岁	521	257	264	97	143	64	79	81
76岁	510	240	270	89	168	81	87	93
77岁	561	288	273	105	217	113	104	109
78岁	488	220	268	82	185	75	110	68
79岁	390	180	210	86	161	66	95	69
80-84	**1402**	**630**	**772**	**82**	**695**	**290**	**405**	**72**
80岁	360	183	177	103	159	74	85	87
81岁	296	124	172	72	146	58	88	66
82岁	296	120	176	68	143	52	91	57
83岁	245	114	131	87	129	59	70	84
84岁	205	89	116	77	118	47	71	66
85+	**694**	**240**	**454**	**53**	**403**	**135**	**268**	**50**

1－2a 城镇分年龄、性别的人口

单位：人，%

年龄	调查人口				调查残疾人			
	合计	男	女	性别比	合计	男	女	性别比
总 计	**32281**	**16098**	**16183**	**99**	**1613**	**773**	**840**	**92**
0-4	**1480**	**802**	**678**	**118**	**20**	**10**	**10**	**100**
0岁	287	149	138	108				
1岁	308	170	138	123	3	2	1	200
2岁	282	148	134	110	4	3	1	300
3岁	332	189	143	132	5	1	4	25
4岁	271	146	125	117	8	4	4	100
5-9	**1630**	**894**	**736**	**121**	**10**	**6**	**4**	**150**
5岁	329	186	143	130	3	1	2	50
6岁	301	168	133	126				
7岁	299	162	137	118	1	1		
8岁	355	203	152	134	3	2	1	200
9岁	346	175	171	102	3	2	1	200
10-14	**1799**	**938**	**861**	**109**	**9**	**4**	**5**	**80**
10岁	371	192	179	107	1		1	
11岁	372	197	175	113	2		2	
12岁	354	176	178	99	1	1		
13岁	345	190	155	123	3	2	1	200
14岁	357	183	174	105	2	1	1	100
15-19	**1992**	**1046**	**946**	**111**	**12**	**5**	**7**	**71**
15岁	373	215	158	136	1	1		
16岁	433	237	196	121	3	1	2	50
17岁	446	212	234	91	2	1	1	100
18岁	439	231	208	111	5	2	3	67
19岁	301	151	150	101	1		1	
20-24	**1796**	**818**	**978**	**84**	**21**	**9**	**12**	**75**
20岁	273	139	134	104	3		3	
21岁	274	112	162	69	3		3	
22岁	322	139	183	76	6	3	3	100
23岁	459	217	242	90	4	4		
24岁	468	211	257	82	5	2	3	67
25-29	**2491**	**1188**	**1303**	**91**	**26**	**15**	**11**	**136**
25岁	408	177	231	77	6	4	2	200
26岁	479	237	242	98	3	2	1	200
27岁	527	256	271	94	4	2	2	100

1－2a 续表 1

单位：人，%

年 龄	调查人口				调查残疾人			
	合计	男	女	性别比	合计	男	女	性别比
28岁	530	256	274	93	7	4	3	133
29岁	547	262	285	92	6	3	3	100
30-34	**3088**	**1474**	**1614**	**91**	**45**	**20**	**25**	**80**
30岁	544	255	289	88	4	1	3	33
31岁	578	271	307	88	7	2	5	40
32岁	595	294	301	98	6	4	2	200
33岁	703	327	376	87	13	5	8	63
34岁	668	327	341	96	15	8	7	114
35-39	**3376**	**1679**	**1697**	**99**	**68**	**45**	**23**	**196**
35岁	713	343	370	93	9	7	2	350
36岁	667	348	319	109	12	9	3	300
37岁	760	386	374	103	19	11	8	138
38岁	616	280	336	83	15	8	7	114
39岁	620	322	298	108	13	10	3	333
40-44	**3274**	**1654**	**1620**	**102**	**84**	**45**	**39**	**115**
40岁	690	345	345	100	12	8	4	200
41岁	663	347	316	110	13	8	5	160
42岁	767	381	386	99	27	12	15	80
43岁	734	363	371	98	21	12	9	133
44岁	420	218	202	108	11	5	6	83
45-49	**2465**	**1232**	**1233**	**100**	**80**	**46**	**34**	**135**
45岁	437	220	217	101	12	9	3	300
46岁	463	245	218	112	19	9	10	90
47岁	458	219	239	92	11	8	3	267
48岁	603	311	292	107	20	9	11	82
49岁	504	237	267	89	18	11	7	157
50-54	**2402**	**1196**	**1206**	**99**	**102**	**51**	**51**	**100**
50岁	488	266	222	120	22	14	8	175
51岁	530	269	261	103	18	6	12	50
52岁	501	244	257	95	21	8	13	62
53岁	467	213	254	84	23	11	12	92
54岁	416	204	212	96	18	12	6	200
55-59	**2005**	**960**	**1045**	**92**	**118**	**57**	**61**	**93**
55岁	409	192	217	88	26	12	14	86
56岁	438	213	225	95	21	8	13	62
57岁	405	190	215	88	19	10	9	111

1－2a 续表 2

单位：人，%

年 龄	调查人口				调查残疾人			
	合计	男	女	性别比	合计	男	女	性别比
58岁	392	197	195	101	25	13	12	108
59岁	361	168	193	87	27	14	13	108
60-64	**1258**	**634**	**624**	**102**	**125**	**62**	**63**	**98**
60岁	294	157	137	115	22	12	10	120
61岁	293	138	155	89	30	10	20	50
62岁	255	122	133	92	24	12	12	100
63岁	224	118	106	111	26	15	11	136
64岁	192	99	93	106	23	13	10	130
65-69	**1061**	**558**	**503**	**111**	**148**	**87**	**61**	**143**
65岁	196	108	88	123	27	14	13	108
66岁	222	123	99	124	32	22	10	220
67岁	232	125	107	117	30	20	10	200
68岁	218	105	113	93	30	14	16	88
69岁	193	97	96	101	29	17	12	142
70-74	**944**	**476**	**468**	**102**	**202**	**97**	**105**	**92**
70岁	200	101	99	102	39	20	19	105
71岁	192	95	97	98	25	14	11	127
72岁	206	100	106	94	34	16	18	89
73岁	178	91	87	105	47	19	28	68
74岁	168	89	79	113	57	28	29	97
75-79	**623**	**306**	**317**	**97**	**212**	**96**	**116**	**83**
75岁	143	73	70	104	36	15	21	71
76岁	103	49	54	91	32	14	18	78
77岁	142	77	65	118	54	30	24	125
78岁	129	58	71	82	51	23	28	82
79岁	106	49	57	86	39	14	25	56
80-84	**395**	**173**	**222**	**78**	**202**	**77**	**125**	**62**
80岁	111	53	58	91	47	18	29	62
81岁	72	26	46	57	42	13	29	45
82岁	92	41	51	80	49	22	27	81
83岁	66	29	37	78	37	14	23	61
84岁	54	24	30	80	27	10	17	59
85+	**202**	**70**	**132**	**53**	**129**	**41**	**88**	**47**

1－2b 农村分年龄、性别人口

单位：人，%

年 龄	调查人口				调查残疾人			
	合计	男	女	性别比	合计	男	女	性别比
总 计	**63111**	**31555**	**31556**	**100**	**4450**	**2255**	**2195**	**103**
0-4	**3440**	**1811**	**1629**	**111**	**37**	**23**	**14**	**164**
0岁	713	376	337	112	7	5	2	250
1岁	792	407	385	106	9	4	5	80
2岁	691	365	326	112	11	6	5	120
3岁	603	333	270	123	5	5		
4岁	641	330	311	106	5	3	2	150
5-9	**3274**	**1740**	**1534**	**113**	**41**	**22**	**19**	**116**
5岁	651	361	290	124	14	5	9	56
6岁	632	347	285	122	11	7	4	175
7岁	618	318	300	106	2	1	1	100
8岁	658	350	308	114	9	6	3	200
9岁	715	364	351	104	5	3	2	150
10-14	**4164**	**2156**	**2008**	**107**	**56**	**39**	**17**	**229**
10岁	829	442	387	114	15	13	2	650
11岁	881	455	426	107	13	10	3	333
12岁	827	435	392	111	12	7	5	140
13岁	838	426	412	103	10	6	4	150
14岁	789	398	391	102	6	3	3	100
15-19	**3708**	**1920**	**1788**	**107**	**65**	**34**	**31**	**110**
15岁	864	450	414	109	13	8	5	160
16岁	817	435	382	114	14	7	7	100
17岁	760	394	366	108	19	13	6	217
18岁	762	373	389	96	11	3	8	38
19岁	505	268	237	113	8	3	5	60
20-24	**2702**	**1290**	**1412**	**91**	**52**	**32**	**20**	**160**
20岁	350	180	170	106	9	8	1	800
21岁	428	212	216	98	7	2	5	40
22岁	554	262	292	90	12	9	3	300
23岁	705	327	378	87	16	10	6	167
24岁	665	309	356	87	8	3	5	60
25-29	**3481**	**1613**	**1868**	**86**	**102**	**48**	**54**	**89**
25岁	610	277	333	83	25	13	12	108
26岁	684	299	385	78	14	8	6	133
27岁	671	300	371	81	25	10	15	67

1－2b 续表 1

单位：人，%

年 龄	调查人口				调查残疾人			
	合计	男	女	性别比	合计	男	女	性别比
28岁	762	372	390	95	21	9	12	75
29岁	754	365	389	94	17	8	9	89
30-34	**4733**	**2298**	**2435**	**94**	**139**	**73**	**66**	**111**
30岁	811	384	427	90	22	11	11	100
31岁	878	414	464	89	31	15	16	94
32岁	975	462	513	90	26	14	12	117
33岁	1010	517	493	105	20	9	11	82
34岁	1059	521	538	97	40	24	16	150
35-39	**5788**	**2767**	**3021**	**92**	**191**	**91**	**100**	**91**
35岁	1126	525	601	87	39	23	16	144
36岁	1196	568	628	90	36	15	21	71
37岁	1176	585	591	99	41	21	20	105
38岁	1113	515	598	86	32	11	21	52
39岁	1177	574	603	95	43	21	22	95
40-44	**5968**	**2976**	**2992**	**99**	**222**	**122**	**100**	**122**
40岁	1286	637	649	98	36	17	19	89
41岁	1215	573	642	89	38	18	20	90
42岁	1403	737	666	111	52	34	18	189
43岁	1366	697	669	104	60	35	25	140
44岁	698	332	366	91	36	18	18	100
45-49	**4776**	**2417**	**2359**	**102**	**229**	**146**	**83**	**176**
45岁	741	381	360	106	36	25	11	227
46岁	859	415	444	93	41	20	21	95
47岁	898	453	445	102	38	25	13	192
48岁	1167	621	546	114	57	37	20	185
49岁	1111	547	564	97	57	39	18	217
50-54	**5425**	**2705**	**2720**	**99**	**294**	**169**	**125**	**135**
50岁	1050	508	542	94	54	28	26	108
51岁	1143	582	561	104	53	31	22	141
52岁	1197	582	615	95	58	38	20	190
53岁	1058	538	520	103	72	41	31	132
54岁	977	495	482	103	57	31	26	119
55-59	**4196**	**2153**	**2043**	**105**	**325**	**166**	**159**	**104**
55岁	840	411	429	96	64	30	34	88
56岁	907	478	429	111	69	35	34	103

1－2b 续表 2

单位: 人，%

年龄	调查人口				调查残疾人			
	合计	男	女	性别比	合计	男	女	性别比
57岁	880	432	448	96	59	31	28	111
58岁	800	442	358	123	61	31	30	103
59岁	769	390	379	103	72	39	33	118
60-64	**2813**	**1468**	**1345**	**109**	**274**	**152**	**122**	**125**
60岁	667	341	326	105	58	26	32	81
61岁	589	302	287	105	45	25	20	125
62岁	611	327	284	115	64	39	25	156
63岁	474	240	234	103	48	25	23	109
64岁	472	258	214	121	59	37	22	168
65-69	**2575**	**1386**	**1189**	**117**	**372**	**220**	**152**	**145**
65岁	432	243	189	129	47	31	16	194
66岁	487	260	227	115	60	37	23	161
67岁	553	297	256	116	79	44	35	126
68岁	603	329	274	120	97	60	37	162
69岁	500	257	243	106	89	48	41	117
70-74	**2722**	**1349**	**1373**	**98**	**622**	**308**	**314**	**98**
70岁	563	272	291	93	104	49	55	89
71岁	579	287	292	98	128	65	63	103
72岁	539	255	284	90	124	62	62	100
73岁	551	276	275	100	142	64	78	82
74岁	490	259	231	112	124	68	56	121
75-79	**1847**	**879**	**968**	**91**	**662**	**303**	**359**	**84**
75岁	378	184	194	95	107	49	58	84
76岁	407	191	216	88	136	67	69	97
77岁	419	211	208	101	163	83	80	104
78岁	359	162	197	82	134	52	82	63
79岁	284	131	153	86	122	52	70	74
80-84	**1007**	**457**	**550**	**83**	**493**	**213**	**280**	**76**
80岁	249	130	119	109	112	56	56	100
81岁	224	98	126	78	104	45	59	76
82岁	204	79	125	63	94	30	64	47
83岁	179	85	94	90	92	45	47	96
84岁	151	65	86	76	91	37	54	69
85+	**492**	**170**	**322**	**53**	**274**	**94**	**180**	**52**

1-3 调查家庭户类别

单位：户

家庭户规模	合计	一代户	二代户	三代户	四代户及以上
总　计	**33674**	**13242**	**15311**	**4887**	**234**
一人户	4629	4629			
二人户	9975	8476	1499		
三人户	10291	104	9970	217	
四人户	5231	28	3456	1740	7
五人户	2560	5	328	2195	32
六人户	756		51	583	122
七人户	177		6	107	64
八人户	54		1	44	9
九人户	1			1	

1－4 各地区分性别、户口登记状况的人口

单位：人

地 区	调查人口			住本调查小区，户口在本乡、镇、街道		
	合计	男	女	小计	男	女
总 计	**95392**	**47653**	**47739**	**80710**	**40234**	**40476**
杭州市下城区	3589	1800	1789	2567	1296	1271
杭州市余杭区	3476	1722	1754	3277	1618	1659
杭州市富阳市	4298	2135	2163	3565	1763	1802
杭州市临安市	3884	1931	1953	3199	1569	1630
宁波市江东区	3611	1768	1843	1963	964	999
宁波市宁海县	3932	1954	1978	3340	1659	1681
宁波市慈溪市	3811	1943	1868	2663	1332	1331
温州市永嘉县	4239	2156	2083	3183	1625	1558
温州市瑞安市	4202	2126	2076	3150	1562	1588
温州市乐清市	3539	1777	1762	3196	1613	1583
嘉兴市嘉善县	3701	1800	1901	3391	1644	1747
嘉兴市桐乡市	3770	1880	1890	3372	1673	1699
湖州市德清县	3867	1955	1912	3568	1828	1740
绍兴市绍兴县	3795	1873	1922	3428	1684	1744
绍兴市嵊州市	3664	1864	1800	3587	1829	1758
金华市金东区	3688	1844	1844	3495	1740	1755
金华市义乌市	4019	2061	1958	2731	1373	1358
衢州市开化县	3627	1716	1911	3551	1678	1873
衢州市江山市	4050	1989	2061	3772	1847	1925
舟山市岱山县	3813	1898	1915	3662	1821	1841
台州市椒江区	3566	1819	1747	2962	1518	1444
台州市三门县	3651	1820	1831	3287	1648	1639
台州市临海市	3844	1890	1954	3445	1713	1732
丽水市莲都区	3844	1970	1874	2972	1537	1435
丽水市青田县	3912	1962	1950	3384	1700	1684

1-4 续表

单位：人

地　区	住本调查小区半年以上，户口在外乡、镇、街道			住本调查小区不满半年，离开户口所在地半年以上			住本调查小区，户口待定		
	小计	男	女	小计	男	女	小计	男	女
总　计	**13077**	**6560**	**6517**	**1020**	**563**	**457**	**585**	**296**	**289**
杭州市下城区	1020	503	517				2	1	1
杭州市余杭区	164	85	79	8	5	3	27	14	13
杭州市富阳市	720	365	355	5	2	3	8	5	3
杭州市临安市	661	350	311	20	12	8	4		4
宁波市江东区	1538	748	790	110	56	54			
宁波市宁海县	533	265	268	30	11	19	29	19	10
宁波市慈溪市	917	482	435	202	113	89	29	16	13
温州市永嘉县	914	453	461	51	33	18	91	45	46
温州市瑞安市	863	459	404	130	75	55	59	30	29
温州市乐清市	306	143	163	7	4	3	30	17	13
嘉兴市嘉善县	291	147	144	10	5	5	9	4	5
嘉兴市桐乡市	383	198	185	4	2	2	11	7	4
湖州市德清县	269	116	153	15	7	8	15	4	11
绍兴市绍兴县	321	162	159	31	18	13	15	9	6
绍兴市嵊州市	65	31	34	5	2	3	7	2	5
金华市金东区	177	95	82	9	5	4	7	4	3
金华市义乌市	1003	532	471	227	124	103	58	32	26
衢州市开化县	70	35	35	6	3	3			
衢州市江山市	254	128	126	5	2	3	19	12	7
舟山市岱山县	140	72	68	7	5	2	4		4
台州市椒江区	548	273	275	43	24	19	13	4	9
台州市三门县	323	150	173	29	16	13	12	6	6
台州市临海市	373	166	207	5	3	2	21	8	13
丽水市莲都区	789	391	398	55	32	23	28	10	18
丽水市青田县	435	211	224	6	4	2	87	47	40

1－5 各地区分户口登记状况、户口性质的人口

单位：人

地 区	合 计			住本调查小区，户口在本乡、镇、街道		
	合计	农业	非农业	小计	农业	非农业
总 计	**94807**	**76600**	**18207**	**80710**	**65971**	**14739**
杭州市下城区	3587	197	3390	2567	3	2564
杭州市余杭区	3449	3095	354	3277	2992	285
杭州市富阳市	4290	3757	533	3565	3139	426
杭州市临安市	3880	3503	377	3199	2901	298
宁波市江东区	3611	944	2667	1963	21	1942
宁波市宁海县	3903	3239	664	3340	2764	576
宁波市慈溪市	3782	3274	508	2663	2229	434
温州市永嘉县	4148	3680	468	3183	2835	348
温州市瑞安市	4143	3974	169	3150	3031	119
温州市乐清市	3509	3391	118	3196	3140	56
嘉兴市嘉善县	3692	2819	873	3391	2582	809
嘉兴市桐乡市	3759	2530	1229	3372	2264	1108
湖州市德清县	3852	3080	772	3568	2891	677
绍兴市绍兴县	3780	3142	638	3428	2823	605
绍兴市嵊州市	3657	3529	128	3587	3470	117
金华市金东区	3681	3003	678	3495	2866	629
金华市义乌市	3961	3432	529	2731	2290	441
衢州市开化县	3627	3237	390	3551	3182	369
衢州市江山市	4031	3880	151	3772	3690	82
舟山市岱山县	3809	3446	363	3662	3326	336
台州市椒江区	3553	2777	776	2962	2286	676
台州市三门县	3639	3302	337	3287	3006	281
台州市临海市	3823	3162	661	3445	2898	547
丽水市莲都区	3816	2750	1066	2972	2282	690
丽水市青田县	3825	3457	368	3384	3060	324

1-5 续表

单位：人

地区	住本调查小区半年以上，户口在外乡、镇、街道			住本调查小区不满半年，离开户口所在地半年以上		
	小计	农业	非农业	小计	农业	非农业
总　计	**13077**	**9675**	**3402**	**1020**	**954**	**66**
杭州市下城区	1020	194	826			
杭州市余杭区	164	95	69	8	8	
杭州市富阳市	720	613	107	5	5	
杭州市临安市	661	583	78	20	19	1
宁波市江东区	1538	839	699	110	84	26
宁波市宁海县	533	448	85	30	27	3
宁波市慈溪市	917	848	69	202	197	5
温州市永嘉县	914	796	118	51	49	2
温州市瑞安市	863	813	50	130	130	
温州市乐清市	306	244	62	7	7	
嘉兴市嘉善县	291	227	64	10	10	
嘉兴市桐乡市	383	264	119	4	2	2
湖州市德清县	269	178	91	15	11	4
绍兴市绍兴县	321	288	33	31	31	
绍兴市嵊州市	65	54	11	5	5	
金华市金东区	177	128	49	9	9	
金华市义乌市	1003	922	81	227	220	7
衢州市开化县	70	49	21	6	6	
衢州市江山市	254	185	69	5	5	
舟山市岱山县	140	113	27	7	7	
台州市椒江区	548	448	100	43	43	
台州市三门县	323	268	55	29	28	1
台州市临海市	373	261	112	5	3	2
丽水市莲都区	789	425	364	55	43	12
丽水市青田县	435	392	43	6	5	1

1－6 6岁及以上人口分年龄、性别的受教育程度

单位：人

年龄	6岁及以上人口			不识字			未上过学		
	合计	男	女	小计	男	女	小计	男	女
总计	**89492**	**44493**	**44999**	**14783**	**4014**	**10769**	**477**	**247**	**230**
6-9	**3924**	**2087**	**1837**	**495**	**279**	**216**	**38**	**18**	**20**
6岁	933	515	418	471	267	204	34	16	18
7岁	917	480	437	16	8	8	2		2
8岁	1013	553	460	5	3	2			
9岁	1061	539	522	3	1	2	2	2	
10-14	**5963**	**3094**	**2869**	**24**	**13**	**11**	**3**	**2**	**1**
10岁	1200	634	566	6	5	1			
11岁	1253	652	601	5	2	3			
12岁	1181	611	570	5	2	3	1	1	
13岁	1183	616	567	3	2	1	1		1
14岁	1146	581	565	5	2	3	1	1	
15-19	**5700**	**2966**	**2734**	**29**	**10**	**19**	**4**	**2**	**2**
15岁	1237	665	572	5	1	4	1	1	
16岁	1250	672	578	3	1	2	3	1	2
17岁	1206	606	600	8	4	4			
18岁	1201	604	597	7	3	4			
19岁	806	419	387	6	1	5			
20-24	**4498**	**2108**	**2390**	**42**	**12**	**30**	**1**	**1**	
20岁	623	319	304	4	2	2			
21岁	702	324	378	9	3	6			
22岁	876	401	475	10	3	7			
23岁	1164	544	620	7	2	5	1	1	
24岁	1133	520	613	12	2	10			
25-29	**5972**	**2801**	**3171**	**103**	**24**	**79**	**8**	**1**	**7**
25岁	1018	454	564	20	7	13	2		2
26岁	1163	536	627	16	2	14			
27岁	1198	556	642	13	2	11	2	1	1
28岁	1292	628	664	24	3	21	3		3
29岁	1301	627	674	30	10	20	1		1

1-6 续表 1

单位：人

年 龄	6岁及以上人口			不识字			未上过学		
	合计	男	女	小计	男	女	小计	男	女
30-34	**7821**	**3772**	**4049**	**272**	**60**	**212**	**6**		**6**
30岁	1355	639	716	36	7	29			
31岁	1456	685	771	48	10	38			
32岁	1570	756	814	58	12	46	1		1
33岁	1713	844	869	53	13	40	2		2
34岁	1727	848	879	77	18	59	3		3
35-39	**9164**	**4446**	**4718**	**484**	**92**	**392**	**14**	**4**	**10**
35岁	1839	868	971	70	12	58	3		3
36岁	1863	916	947	95	18	77	1	1	
37岁	1936	971	965	100	19	81	1		1
38岁	1729	795	934	106	19	87	2		2
39岁	1797	896	901	113	24	89	7	3	4
40-44	**9242**	**4630**	**4612**	**739**	**136**	**603**	**15**	**3**	**12**
40岁	1976	982	994	134	27	107	1		1
41岁	1878	920	958	131	23	108	2	1	1
42岁	2170	1118	1052	185	37	148	4	1	3
43岁	2100	1060	1040	167	35	132	6	1	5
44岁	1118	550	568	122	14	108	2		2
45-49	**7241**	**3649**	**3592**	**1389**	**273**	**1116**	**39**	**16**	**23**
45岁	1178	601	577	175	26	149	3	1	2
46岁	1322	660	662	230	46	184	8	3	5
47岁	1356	672	684	267	53	214	9	2	7
48岁	1770	932	838	371	85	286	8	5	3
49岁	1615	784	831	346	63	283	11	5	6
50-54	**7827**	**3901**	**3926**	**1879**	**398**	**1481**	**60**	**27**	**33**
50岁	1538	774	764	351	67	284	12	6	6
51岁	1673	851	822	384	74	310	13	5	8
52岁	1698	826	872	413	87	326	11	6	5
53岁	1525	751	774	388	89	299	13	4	9
54岁	1393	699	694	343	81	262	11	6	5

1-6 续表 2

单位：人

年 龄	6岁及以上人口			不识字			未上过学		
	合计	男	女	小计	男	女	小计	男	女
55-59	**6201**	**3113**	**3088**	**1445**	**332**	**1113**	**45**	**18**	**27**
55岁	1249	603	646	312	73	239	9	1	8
56岁	1345	691	654	288	82	206	8	3	5
57岁	1285	622	663	308	53	255	9	5	4
58岁	1192	639	553	277	74	203	11	7	4
59岁	1130	558	572	260	50	210	8	2	6
60-64	**4071**	**2102**	**1969**	**1332**	**352**	**980**	**31**	**15**	**16**
60岁	961	498	463	262	59	203	7	1	6
61岁	882	440	442	241	56	185	6	4	2
62岁	866	449	417	292	73	219	6	4	2
63岁	698	358	340	262	64	198	5	2	3
64岁	664	357	307	275	100	175	7	4	3
65-69	**3636**	**1944**	**1692**	**1591**	**544**	**1047**	**61**	**32**	**29**
65岁	628	351	277	245	88	157	9	4	5
66岁	709	383	326	300	99	201	7	3	4
67岁	785	422	363	347	125	222	18	8	10
68岁	821	434	387	368	125	243	16	10	6
69岁	693	354	339	331	107	224	11	7	4
70-74	**3666**	**1825**	**1841**	**2028**	**616**	**1412**	**79**	**58**	**21**
70岁	763	373	390	409	119	290	22	14	8
71岁	771	382	389	403	117	286	17	13	4
72岁	745	355	390	415	114	301	9	8	1
73岁	729	367	362	417	134	283	15	11	4
74岁	658	348	310	384	132	252	16	12	4
75-79	**2470**	**1185**	**1285**	**1490**	**472**	**1018**	**43**	**28**	**15**
75岁	521	257	264	314	110	204	8	5	3
76岁	510	240	270	317	98	219	8	5	3
77岁	561	288	273	324	110	214	12	9	3
78岁	488	220	268	299	84	215	6	4	2
79岁	390	180	210	236	70	166	9	5	4
80+	**2096**	**870**	**1226**	**1441**	**401**	**1040**	**30**	**22**	**8**

1－6 续表 3

单位：人

年龄	小学			初中			高中		
	小计	男	女	小计	男	女	小计	男	女
总计	**32112**	**16739**	**15373**	**27272**	**15159**	**12113**	**9090**	**5118**	**3972**
6-9	**3391**	**1790**	**1601**						
6岁	428	232	196						
7岁	899	472	427						
8岁	1008	550	458						
9岁	1056	536	520						
10-14	**3559**	**1858**	**1701**	**2353**	**1209**	**1144**	**23**	**12**	**11**
10岁	1191	627	564	3	2	1			
11岁	1235	644	591	13	6	7			
12岁	865	446	419	308	161	147	2	1	1
13岁	223	113	110	956	501	455			
14岁	45	28	17	1073	539	534	21	11	10
15-19	**145**	**60**	**85**	**2124**	**1134**	**990**	**3124**	**1634**	**1490**
15岁	27	17	10	923	492	431	268	151	117
16岁	16	9	7	374	216	158	819	429	390
17岁	24	9	15	225	122	103	907	453	454
18岁	42	13	29	271	132	139	805	425	380
19岁	36	12	24	331	172	159	325	176	149
20-24	**340**	**111**	**229**	**2281**	**1072**	**1209**	**810**	**442**	**368**
20岁	47	17	30	293	150	143	163	85	78
21岁	49	14	35	344	161	183	136	74	62
22岁	81	28	53	443	199	244	157	88	69
23岁	73	26	47	603	283	320	182	105	77
24岁	90	26	64	598	279	319	172	90	82
25-29	**911**	**329**	**582**	**3073**	**1511**	**1562**	**822**	**431**	**391**
25岁	132	50	82	512	242	270	142	68	74
26岁	148	55	93	589	272	317	196	109	87
27岁	176	53	123	614	299	315	172	93	79
28岁	201	78	123	696	358	338	163	84	79
29岁	254	93	161	662	340	322	149	77	72

1-6 续表 4

单位：人

年 龄	小 学			初 中			高 中		
	小计	男	女	小计	男	女	小计	男	女
30-34	**2100**	**822**	**1278**	**3904**	**2024**	**1880**	**746**	**439**	**307**
30岁	303	118	185	711	346	365	146	78	68
31岁	400	154	246	724	365	359	122	69	53
32岁	410	169	241	826	418	408	132	75	57
33岁	476	181	295	840	458	382	171	109	62
34岁	511	200	311	803	437	366	175	108	67
35-39	**3301**	**1363**	**1938**	**4013**	**2194**	**1819**	**702**	**406**	**296**
35岁	618	245	373	820	423	397	181	109	72
36岁	699	316	383	780	413	367	131	75	56
37岁	682	278	404	847	501	346	157	79	78
38岁	636	246	390	756	401	355	125	71	54
39岁	666	278	388	810	456	354	108	72	36
40-44	**2799**	**1210**	**1589**	**3741**	**2111**	**1630**	**1364**	**803**	**561**
40岁	634	282	352	932	505	427	167	106	61
41岁	619	239	380	791	450	341	216	132	84
42岁	588	270	318	912	525	387	339	200	139
43岁	623	263	360	758	433	325	417	241	176
44岁	335	156	179	348	198	150	225	124	101
45-49	**2803**	**1431**	**1372**	**1909**	**1273**	**636**	**775**	**440**	**335**
45岁	361	183	178	369	231	138	209	117	92
46岁	476	230	246	366	241	125	176	96	80
47岁	532	273	259	341	224	117	148	79	69
48岁	737	400	337	433	303	130	147	90	57
49岁	697	345	352	400	274	126	95	58	37
50-54	**3886**	**2174**	**1712**	**1500**	**967**	**533**	**227**	**155**	**72**
50岁	694	384	310	341	216	125	87	63	24
51岁	808	465	343	349	232	117	52	30	22
52岁	876	483	393	291	186	105	41	27	14
53岁	798	443	355	259	171	88	26	17	9
54岁	710	399	311	260	162	98	21	18	3

1-6 续表 5

单位：人

年龄	小学			初中			高中		
	小计	男	女	小计	男	女	小计	男	女
55-59	**3387**	**1883**	**1504**	**966**	**642**	**324**	**141**	**90**	**51**
55岁	663	353	310	202	136	66	25	17	8
56岁	779	435	344	201	125	76	29	18	11
57岁	697	386	311	174	114	60	39	24	15
58岁	649	370	279	190	142	48	23	15	8
59岁	599	339	260	199	125	74	25	16	9
60-64	**1664**	**1024**	**640**	**729**	**495**	**234**	**141**	**94**	**47**
60岁	430	255	175	187	127	60	29	20	9
61岁	369	208	161	203	132	71	30	22	8
62岁	345	217	128	163	118	45	32	18	14
63岁	263	175	88	100	65	35	29	19	10
64岁	257	169	88	76	53	23	21	15	6
65-69	**1412**	**962**	**450**	**283**	**204**	**79**	**105**	**79**	**26**
65岁	265	180	85	51	34	17	31	25	6
66岁	274	184	90	73	56	17	17	15	2
67岁	296	206	90	61	45	16	21	15	6
68岁	316	212	104	51	36	15	20	16	4
69岁	261	180	81	47	33	14	16	8	8
70-74	**1214**	**882**	**332**	**194**	**156**	**38**	**40**	**34**	**6**
70岁	259	184	75	35	30	5	9	6	3
71岁	274	193	81	44	34	10	6	6	
72岁	254	184	70	43	31	12	7	5	2
73岁	224	166	58	38	31	7	13	12	1
74岁	203	155	48	34	30	4	5	5	
75-79	**711**	**506**	**205**	**133**	**107**	**26**	**40**	**32**	**8**
75岁	146	104	42	34	27	7	5	2	3
76岁	144	106	38	21	14	7	10	8	2
77岁	170	124	46	29	25	4	16	14	2
78岁	148	100	48	23	21	2	4	4	
79岁	103	72	31	26	20	6	5	4	1
80+	**489**	**334**	**155**	**69**	**60**	**9**	**30**	**27**	**3**

1－6 续表 6

单位：人

年龄	中专			大学专科			大学本科			研究生		
	小计	男	女	小计	男	女	小计	男	女	小计	男	女
总　计	**1742**	**912**	**830**	**2380**	**1306**	**1074**	**1560**	**945**	**615**	**76**	**53**	**23**
6－9												
6岁												
7岁												
8岁												
9岁												
10－14	**1**		**1**									
10岁												
11岁												
12岁												
13岁												
14岁	1		1									
15－19	**170**	**75**	**95**	**68**	**32**	**36**	**36**	**19**	**17**			
15岁	12	3	9	1		1						
16岁	34	15	19	1	1							
17岁	37	17	20	5	1	4						
18岁	49	21	28	21	8	13	6	2	4			
19岁	38	19	19	40	22	18	30	17	13			
20－24	**289**	**127**	**162**	**497**	**223**	**274**	**233**	**118**	**115**	**5**	**2**	**3**
20岁	32	14	18	56	31	25	28	20	8			
21岁	43	18	25	91	37	54	30	17	13			
22岁	49	19	30	99	48	51	37	16	21			
23岁	88	37	51	133	54	79	74	35	39	3	1	2
24岁	77	39	38	118	53	65	64	30	34	2	1	1
25－29	**270**	**135**	**135**	**418**	**187**	**231**	**344**	**168**	**176**	**23**	**15**	**8**
25岁	56	26	30	85	31	54	65	28	37	4	2	2
26岁	70	31	39	80	34	46	62	31	31	2	2	
27岁	55	30	25	94	42	52	68	34	34	4	2	2
28岁	45	22	23	81	40	41	74	40	34	5	3	2
29岁	44	26	18	78	40	38	75	35	40	8	6	2

1-6 续表 7

单位：人

年龄	中专			大学专科			大学本科			研究生		
	小计	男	女	小计	男	女	小计	男	女	小计	男	女
30-34	**159**	**88**	**71**	**335**	**167**	**168**	**279**	**157**	**122**	**20**	**15**	**5**
30岁	28	19	9	62	30	32	65	38	27	4	3	1
31岁	35	19	16	67	33	34	56	32	24	4	3	1
32岁	36	22	14	56	33	23	50	26	24	1	1	
33岁	28	12	16	86	36	50	53	31	22	4	4	
34岁	32	16	16	64	35	29	55	30	25	7	4	3
35-39	**119**	**60**	**59**	**269**	**152**	**117**	**249**	**166**	**83**	**13**	**9**	**4**
35岁	22	12	10	64	31	33	57	34	23	4	2	2
36岁	27	14	13	73	38	35	56	40	16	1	1	
37岁	30	13	17	60	41	19	57	39	18	2	1	1
38岁	24	12	12	37	17	20	40	27	13	3	2	1
39岁	16	9	7	35	25	10	39	26	13	3	3	
40-44	**117**	**64**	**53**	**288**	**170**	**118**	**169**	**126**	**43**	**10**	**7**	**3**
40岁	19	9	10	52	25	27	35	26	9	2	2	
41岁	29	17	12	52	32	20	35	24	11	3	2	1
42岁	24	12	12	69	37	32	45	34	11	4	2	2
43岁	24	17	7	73	46	27	31	23	8	1	1	
44岁	21	9	12	42	30	12	23	19	4			
45-49	**98**	**50**	**48**	**168**	**120**	**48**	**57**	**43**	**14**	**3**	**3**	
45岁	16	9	7	36	29	7	8	4	4	1	1	
46岁	16	8	8	34	22	12	16	14	2			
47岁	20	12	8	33	25	8	6	4	2			
48岁	22	13	9	38	26	12	14	10	4			
49岁	24	8	16	27	18	9	13	11	2	2	2	
50-54	**117**	**69**	**48**	**119**	**83**	**36**	**38**	**27**	**11**	**1**	**1**	
50岁	17	12	5	29	21	8	6	4	2	1	1	
51岁	27	17	10	29	19	10	11	9	2			
52岁	32	14	18	24	18	6	10	5	5			
53岁	20	11	9	17	13	4	4	3	1			
54岁	21	15	6	20	12	8	7	6	1			

1-6 续表 8

单位：人

年龄	中专			大学专科			大学本科			研究生		
	小计	男	女	小计	男	女	小计	男	女	小计	男	女
55-59	**111**	**62**	**49**	**78**	**61**	**17**	**27**	**24**	**3**	**1**	**1**	
55岁	13	4	9	21	15	6	3	3		1	1	
56岁	22	13	9	10	8	2	8	7	1			
57岁	29	16	13	22	18	4	7	6	1			
58岁	20	13	7	17	14	3	5	4	1			
59岁	27	16	11	8	6	2	4	4				
60-64	**85**	**55**	**30**	**56**	**44**	**12**	**33**	**23**	**10**			
60岁	21	15	6	15	14	1	10	7	3			
61岁	18	9	9	13	9	4	2		2			
62岁	17	11	6	8	6	2	3	2	1			
63岁	18	16	2	13	11	2	8	6	2			
64岁	11	4	7	7	4	3	10	8	2			
65-69	**96**	**57**	**39**	**41**	**32**	**9**	**47**	**34**	**13**			
65岁	11	6	5	10	9	1	6	5	1			
66岁	19	12	7	8	7	1	11	7	4			
67岁	20	9	11	10	6	4	12	8	4			
68岁	31	20	11	6	5	1	13	10	3			
69岁	15	10	5	7	5	2	5	4	1			
70-74	**62**	**40**	**22**	**27**	**21**	**6**	**22**	**18**	**4**			
70岁	13	9	4	6	4	2	10	7	3			
71岁	16	10	6	8	6	2	3	3				
72岁	12	8	4	4	4		1	1				
73岁	13	7	6	6	4	2	3	2	1			
74岁	8	6	2	3	3		5	5				
75-79	**27**	**18**	**9**	**10**	**8**	**2**	**16**	**14**	**2**			
75岁	10	5	5	2	2		2	2				
76岁	5	5		3	2	1	2	2				
77岁	5	3	2	2	1	1	3	2	1			
78岁	3	2	1	1	1		4	4				
79岁	4	3	1	2	2		5	4	1			
80+	**21**	**12**	**9**	**6**	**6**		**10**	**8**	**2**			

1－7　15岁及以上分年龄、性别的文盲人口

单位：人，%

年龄	15岁及以上人口			文盲人口			文盲人口占15岁及以上人口比例		
	合计	男	女	小计	男	女	小计	男	女
总计	**79605**	**39312**	**40293**	**14264**	**3722**	**10542**	**17.92**	**9.47**	**26.16**
15-19	**5700**	**2966**	**2734**	**29**	**10**	**19**	**0.51**	**0.34**	**0.69**
15岁	1237	665	572	5	1	4	0.4	0.15	0.7
16岁	1250	672	578	3	1	2	0.24	0.15	0.35
17岁	1206	606	600	8	4	4	0.66	0.66	0.67
18岁	1201	604	597	7	3	4	0.58	0.5	0.67
19岁	806	419	387	6	1	5	0.74	0.24	1.29
20-24	**4498**	**2108**	**2390**	**42**	**12**	**30**	**0.93**	**0.57**	**1.26**
20岁	623	319	304	4	2	2	0.64	0.63	0.66
21岁	702	324	378	9	3	6	1.28	0.93	1.59
22岁	876	401	475	10	3	7	1.14	0.75	1.47
23岁	1164	544	620	7	2	5	0.6	0.37	0.81
24岁	1133	520	613	12	2	10	1.06	0.38	1.63
25-29	**5972**	**2801**	**3171**	**103**	**24**	**79**	**1.72**	**0.86**	**2.49**
25岁	1018	454	564	20	7	13	1.96	1.54	2.3
26岁	1163	536	627	16	2	14	1.38	0.37	2.23
27岁	1198	556	642	13	2	11	1.09	0.36	1.71
28岁	1292	628	664	24	3	21	1.86	0.48	3.16
29岁	1301	627	674	30	10	20	2.31	1.59	2.97
30-34	**7821**	**3772**	**4049**	**272**	**60**	**212**	**3.48**	**1.59**	**5.24**
30岁	1355	639	716	36	7	29	2.66	1.1	4.05
31岁	1456	685	771	48	10	38	3.3	1.46	4.93
32岁	1570	756	814	58	12	46	3.69	1.59	5.65
33岁	1713	844	869	53	13	40	3.09	1.54	4.6
34岁	1727	848	879	77	18	59	4.46	2.12	6.71
35-39	**9164**	**4446**	**4718**	**484**	**92**	**392**	**5.28**	**2.07**	**8.31**
35岁	1839	868	971	70	12	58	3.81	1.38	5.97
36岁	1863	916	947	95	18	77	5.1	1.97	8.13
37岁	1936	971	965	100	19	81	5.17	1.96	8.39

1－7 续表 1

单位：人，%

年 龄	15岁及以上人口			文盲人口			文盲人口占15岁及以上人口比例		
	合计	男	女	小计	男	女	小计	男	女
38岁	1729	795	934	106	19	87	6.13	2.39	9.31
39岁	1797	896	901	113	24	89	6.29	2.68	9.88
40-44	**9242**	**4630**	**4612**	**739**	**136**	**603**	**8**	**2.94**	**13.07**
40岁	1976	982	994	134	27	107	6.78	2.75	10.76
41岁	1878	920	958	131	23	108	6.98	2.5	11.27
42岁	2170	1118	1052	185	37	148	8.53	3.31	14.07
43岁	2100	1060	1040	167	35	132	7.95	3.3	12.69
44岁	1118	550	568	122	14	108	10.91	2.55	19.01
45-49	**7241**	**3649**	**3592**	**1389**	**273**	**1116**	**19.18**	**7.48**	**31.07**
45岁	1178	601	577	175	26	149	14.86	4.33	25.82
46岁	1322	660	662	230	46	184	17.4	6.97	27.79
47岁	1356	672	684	267	53	214	19.69	7.89	31.29
48岁	1770	932	838	371	85	286	20.96	9.12	34.13
49岁	1615	784	831	346	63	283	21.42	8.04	34.06
50-54	**7827**	**3901**	**3926**	**1879**	**398**	**1481**	**24.01**	**10.2**	**37.72**
50岁	1538	774	764	351	67	284	22.82	8.66	37.17
51岁	1673	851	822	384	74	310	22.95	8.7	37.71
52岁	1698	826	872	413	87	326	24.32	10.53	37.39
53岁	1525	751	774	388	89	299	25.44	11.85	38.63
54岁	1393	699	694	343	81	262	24.62	11.59	37.75
55-59	**6201**	**3113**	**3088**	**1445**	**332**	**1113**	**23.3**	**10.66**	**36.04**
55岁	1249	603	646	312	73	239	24.98	12.11	37
56岁	1345	691	654	288	82	206	21.41	11.87	31.5
57岁	1285	622	663	308	53	255	23.97	8.52	38.46
58岁	1192	639	553	277	74	203	23.24	11.58	36.71
59岁	1130	558	572	260	50	210	23.01	8.96	36.71
60-64	**4071**	**2102**	**1969**	**1332**	**352**	**980**	**32.72**	**16.75**	**49.77**
60岁	961	498	463	262	59	203	27.26	11.85	43.84
61岁	882	440	442	241	56	185	27.32	12.73	41.86

1－7 续表 2

单位：人，%

年 龄	15岁及以上人口			文盲人口			文盲人口占15岁及以上人口比例		
	合计	男	女	小计	男	女	小计	男	女
62岁	866	449	417	292	73	219	33.72	16.26	52.52
63岁	698	358	340	262	64	198	37.54	17.88	58.24
64岁	664	357	307	275	100	175	41.42	28.01	57
65-69	**3636**	**1944**	**1692**	**1591**	**544**	**1047**	**43.76**	**27.98**	**61.88**
65岁	628	351	277	245	88	157	39.01	25.07	56.68
66岁	709	383	326	300	99	201	42.31	25.85	61.66
67岁	785	422	363	347	125	222	44.2	29.62	61.16
68岁	821	434	387	368	125	243	44.82	28.8	62.79
69岁	693	354	339	331	107	224	47.76	30.23	66.08
70-74	**3666**	**1825**	**1841**	**2028**	**616**	**1412**	**55.32**	**33.75**	**76.7**
70岁	763	373	390	409	119	290	53.6	31.9	74.36
71岁	771	382	389	403	117	286	52.27	30.63	73.52
72岁	745	355	390	415	114	301	55.7	32.11	77.18
73岁	729	367	362	417	134	283	57.2	36.51	78.18
74岁	658	348	310	384	132	252	58.36	37.93	81.29
75-79	**2470**	**1185**	**1285**	**1490**	**472**	**1018**	**60.32**	**39.83**	**79.22**
75岁	521	257	264	314	110	204	60.27	42.8	77.27
76岁	510	240	270	317	98	219	62.16	40.83	81.11
77岁	561	288	273	324	110	214	57.75	38.19	78.39
78岁	488	220	268	299	84	215	61.27	38.18	80.22
79岁	390	180	210	236	70	166	60.51	38.89	79.05
80-84	**1402**	**630**	**772**	**899**	**264**	**635**	**64.12**	**41.9**	**82.25**
80岁	360	183	177	221	79	142	61.39	43.17	80.23
81岁	296	124	172	189	56	133	63.85	45.16	77.33
82岁	296	120	176	196	46	150	66.22	38.33	85.23
83岁	245	114	131	157	43	114	64.08	37.72	87.02
84岁	205	89	116	136	40	96	66.34	44.94	82.76
85+	**694**	**240**	**454**	**542**	**137**	**405**	**78.1**	**57.08**	**89.21**

1－7a 城镇15岁及以上分年龄、性别的文盲人口

单位：人，%

年 龄	15岁及以上人口			文盲人口			文盲人口占15岁及以上人口比例		
	合计	男	女	小计	男	女	小计	男	女
总 计	**27372**	**13464**	**13908**	**2744**	**645**	**2099**	**10.02**	**4.79**	**15.09**
15-19	**1992**	**1046**	**946**	**4**	**1**	**3**	**0.2**	**0.1**	**0.32**
15岁	373	215	158						
16岁	433	237	196						
17岁	446	212	234	1		1	0.22		0.43
18岁	439	231	208	2	1	1	0.46	0.43	0.48
19岁	301	151	150	1		1	0.33		0.67
20-24	**1796**	**818**	**978**	**9**	**2**	**7**	**0.5**	**0.24**	**0.72**
20岁	273	139	134						
21岁	274	112	162	5	2	3	1.82	1.79	1.85
22岁	322	139	183	1		1	0.31		0.55
23岁	459	217	242	1		1	0.22		0.41
24岁	468	211	257	2		2	0.43		0.78
25-29	**2491**	**1188**	**1303**	**17**	**4**	**13**	**0.68**	**0.34**	**1**
25岁	408	177	231	4	1	3	0.98	0.56	1.3
26岁	479	237	242	3		3	0.63		1.24
27岁	527	256	271	2		2	0.38		0.74
28岁	530	256	274	3	1	2	0.57	0.39	0.73
29岁	547	262	285	5	2	3	0.91	0.76	1.05
30-34	**3088**	**1474**	**1614**	**62**	**11**	**51**	**2.01**	**0.75**	**3.16**
30岁	544	255	289	6		6	1.1		2.08
31岁	578	271	307	10		10	1.73		3.26
32岁	595	294	301	14	3	11	2.35	1.02	3.65
33岁	703	327	376	15	3	12	2.13	0.92	3.19
34岁	668	327	341	17	5	12	2.54	1.53	3.52
35-39	**3376**	**1679**	**1697**	**97**	**21**	**76**	**2.87**	**1.25**	**4.48**
35岁	713	343	370	13	3	10	1.82	0.87	2.7
36岁	667	348	319	26	5	21	3.9	1.44	6.58
37岁	760	386	374	23	6	17	3.03	1.55	4.55

1－7a 续表 1

单位：人，%

年 龄	15岁及以上人口			文盲人口			文盲人口占15岁及以上人口比例		
	合计	男	女	小计	男	女	小计	男	女
38岁	616	280	336	20	3	17	3.25	1.07	5.06
39岁	620	322	298	15	4	11	2.42	1.24	3.69
40-44	**3274**	**1654**	**1620**	**134**	**28**	**106**	**4.09**	**1.69**	**6.54**
40岁	690	345	345	26	8	18	3.77	2.32	5.22
41岁	663	347	316	19	2	17	2.87	0.58	5.38
42岁	767	381	386	41	7	34	5.35	1.84	8.81
43岁	734	363	371	22	7	15	3	1.93	4.04
44岁	420	218	202	26	4	22	6.19	1.83	10.89
45-49	**2465**	**1232**	**1233**	**262**	**51**	**211**	**10.63**	**4.14**	**17.11**
45岁	437	220	217	29	6	23	6.64	2.73	10.6
46岁	463	245	218	42	7	35	9.07	2.86	16.06
47岁	458	219	239	46	12	34	10.04	5.48	14.23
48岁	603	311	292	80	16	64	13.27	5.14	21.92
49岁	504	237	267	65	10	55	12.9	4.22	20.6
50-54	**2402**	**1196**	**1206**	**338**	**73**	**265**	**14.07**	**6.1**	**21.97**
50岁	488	266	222	59	13	46	12.09	4.89	20.72
51岁	530	269	261	74	16	58	13.96	5.95	22.22
52岁	501	244	257	64	9	55	12.77	3.69	21.4
53岁	467	213	254	82	19	63	17.56	8.92	24.8
54岁	416	204	212	59	16	43	14.18	7.84	20.28
55-59	**2005**	**960**	**1045**	**298**	**50**	**248**	**14.86**	**5.21**	**23.73**
55岁	409	192	217	67	10	57	16.38	5.21	26.27
56岁	438	213	225	64	17	47	14.61	7.98	20.89
57岁	405	190	215	61	9	52	15.06	4.74	24.19
58岁	392	197	195	48	6	42	12.24	3.05	21.54
59岁	361	168	193	58	8	50	16.07	4.76	25.91
60-64	**1258**	**634**	**624**	**256**	**58**	**198**	**20.35**	**9.15**	**31.73**
60岁	294	157	137	47	13	34	15.99	8.28	24.82
61岁	293	138	155	55	8	47	18.77	5.8	30.32

1－7a 续表 2

单位：人，%

年 龄	15岁及以上人口			文盲人口			文盲人口占15岁及以上人口比例		
	合计	男	女	小计	男	女	小计	男	女
62岁	255	122	133	60	8	52	23.53	6.56	39.1
63岁	224	118	106	47	12	35	20.98	10.17	33.02
64岁	192	99	93	47	17	30	24.48	17.17	32.26
65-69	**1061**	**558**	**503**	**294**	**91**	**203**	**27.71**	**16.31**	**40.36**
65岁	196	108	88	60	18	42	30.61	16.67	47.73
66岁	222	123	99	56	16	40	25.23	13.01	40.4
67岁	232	125	107	61	28	33	26.29	22.4	30.84
68岁	218	105	113	57	14	43	26.15	13.33	38.05
69岁	193	97	96	60	15	45	31.09	15.46	46.88
70-74	**944**	**476**	**468**	**377**	**102**	**275**	**39.94**	**21.43**	**58.76**
70岁	200	101	99	79	21	58	39.5	20.79	58.59
71岁	192	95	97	65	14	51	33.85	14.74	52.58
72岁	206	100	106	80	20	60	38.83	20	56.6
73岁	178	91	87	77	24	53	43.26	26.37	60.92
74岁	168	89	79	76	23	53	45.24	25.84	67.09
75-79	**623**	**306**	**317**	**277**	**79**	**198**	**44.46**	**25.82**	**62.46**
75岁	143	73	70	60	21	39	41.96	28.77	55.71
76岁	103	49	54	46	14	32	44.66	28.57	59.26
77岁	142	77	65	53	17	36	37.32	22.08	55.38
78岁	129	58	71	67	14	53	51.94	24.14	74.65
79岁	106	49	57	51	13	38	48.11	26.53	66.67
80-84	**395**	**173**	**222**	**187**	**41**	**146**	**47.34**	**23.7**	**65.77**
80岁	111	53	58	50	11	39	45.05	20.75	67.24
81岁	72	26	46	33	10	23	45.83	38.46	50
82岁	92	41	51	44	10	34	47.83	24.39	66.67
83岁	66	29	37	30	4	26	45.45	13.79	70.27
84岁	54	24	30	30	6	24	55.56	25	80
85+	**202**	**70**	**132**	**132**	**33**	**99**	**65.35**	**47.14**	**75**

1－7b 农村15岁及以上分年龄、性别的文盲人口

单位：人，%

年龄	15岁及以上人口			文盲人口			文盲人口占15岁及以上人口比例		
	合计	男	女	小计	男	女	小计	男	女
总　计	**52233**	**25848**	**26385**	**11520**	**3077**	**8443**	**22.06**	**11.9**	**32**
15-19	**3708**	**1920**	**1788**	**25**	**9**	**16**	**0.67**	**0.47**	**0.89**
15岁	864	450	414	5	1	4	0.58	0.22	0.97
16岁	817	435	382	3	1	2	0.37	0.23	0.52
17岁	760	394	366	7	4	3	0.92	1.02	0.82
18岁	762	373	389	5	2	3	0.66	0.54	0.77
19岁	505	268	237	5	1	4	0.99	0.37	1.69
20-24	**2702**	**1290**	**1412**	**33**	**10**	**23**	**1.22**	**0.78**	**1.63**
20岁	350	180	170	4	2	2	1.14	1.11	1.18
21岁	428	212	216	4	1	3	0.93	0.47	1.39
22岁	554	262	292	9	3	6	1.62	1.15	2.05
23岁	705	327	378	6	2	4	0.85	0.61	1.06
24岁	665	309	356	10	2	8	1.5	0.65	2.25
25-29	**3481**	**1613**	**1868**	**86**	**20**	**66**	**2.47**	**1.24**	**3.53**
25岁	610	277	333	16	6	10	2.62	2.17	3
26岁	684	299	385	13	2	11	1.9	0.67	2.86
27岁	671	300	371	11	2	9	1.64	0.67	2.43
28岁	762	372	390	21	2	19	2.76	0.54	4.87
29岁	754	365	389	25	8	17	3.32	2.19	4.37
30-34	**4733**	**2298**	**2435**	**210**	**49**	**161**	**4.44**	**2.13**	**6.61**
30岁	811	384	427	30	7	23	3.7	1.82	5.39
31岁	878	414	464	38	10	28	4.33	2.42	6.03
32岁	975	462	513	44	9	35	4.51	1.95	6.82
33岁	1010	517	493	38	10	28	3.76	1.93	5.68
34岁	1059	521	538	60	13	47	5.67	2.5	8.74
35-39	**5788**	**2767**	**3021**	**387**	**71**	**316**	**6.69**	**2.57**	**10.46**
35岁	1126	525	601	57	9	48	5.06	1.71	7.99
36岁	1196	568	628	69	13	56	5.77	2.29	8.92
37岁	1176	585	591	77	13	64	6.55	2.22	10.83

1－7b 续表 1

单位：人，%

年龄	15岁及以上人口			文盲人口			文盲人口占15岁及以上人口比例		
	合计	男	女	小计	男	女	小计	男	女
38岁	1113	515	598	86	16	70	7.73	3.11	11.71
39岁	1177	574	603	98	20	78	8.33	3.48	12.94
40-44	**5968**	**2976**	**2992**	**605**	**108**	**497**	**10.14**	**3.63**	**16.61**
40岁	1286	637	649	108	19	89	8.4	2.98	13.71
41岁	1215	573	642	112	21	91	9.22	3.66	14.17
42岁	1403	737	666	144	30	114	10.26	4.07	17.12
43岁	1366	697	669	145	28	117	10.61	4.02	17.49
44岁	698	332	366	96	10	86	13.75	3.01	23.5
45-49	**4776**	**2417**	**2359**	**1127**	**222**	**905**	**23.6**	**9.18**	**38.36**
45岁	741	381	360	146	20	126	19.7	5.25	35
46岁	859	415	444	188	39	149	21.89	9.4	33.56
47岁	898	453	445	221	41	180	24.61	9.05	40.45
48岁	1167	621	546	291	69	222	24.94	11.11	40.66
49岁	1111	547	564	281	53	228	25.29	9.69	40.43
50-54	**5425**	**2705**	**2720**	**1541**	**325**	**1216**	**28.41**	**12.01**	**44.71**
50岁	1050	508	542	292	54	238	27.81	10.63	43.91
51岁	1143	582	561	310	58	252	27.12	9.97	44.92
52岁	1197	582	615	349	78	271	29.16	13.4	44.07
53岁	1058	538	520	306	70	236	28.92	13.01	45.38
54岁	977	495	482	284	65	219	29.07	13.13	45.44
55-59	**4196**	**2153**	**2043**	**1147**	**282**	**865**	**27.34**	**13.1**	**42.34**
55岁	840	411	429	245	63	182	29.17	15.33	42.42
56岁	907	478	429	224	65	159	24.7	13.6	37.06
57岁	880	432	448	247	44	203	28.07	10.19	45.31
58岁	800	442	358	229	68	161	28.63	15.38	44.97
59岁	769	390	379	202	42	160	26.27	10.77	42.22
60-64	**2813**	**1468**	**1345**	**1076**	**294**	**782**	**38.25**	**20.03**	**58.14**
60岁	667	341	326	215	46	169	32.23	13.49	51.84
61岁	589	302	287	186	48	138	31.58	15.89	48.08

1－7b 续表 2

单位：人，%

年龄	15岁及以上人口			文盲人口			文盲人口占15岁及以上人口比例		
	合计	男	女	小计	男	女	小计	男	女
62岁	611	327	284	232	65	167	37.97	19.88	58.8
63岁	474	240	234	215	52	163	45.36	21.67	69.66
64岁	472	258	214	228	83	145	48.31	32.17	67.76
65-69	**2575**	**1386**	**1189**	**1297**	**453**	**844**	**50.37**	**32.68**	**70.98**
65岁	432	243	189	185	70	115	42.82	28.81	60.85
66岁	487	260	227	244	83	161	50.1	31.92	70.93
67岁	553	297	256	286	97	189	51.72	32.66	73.83
68岁	603	329	274	311	111	200	51.58	33.74	72.99
69岁	500	257	243	271	92	179	54.2	35.8	73.66
70-74	**2722**	**1349**	**1373**	**1651**	**514**	**1137**	**60.65**	**38.1**	**82.81**
70岁	563	272	291	330	98	232	58.61	36.03	79.73
71岁	579	287	292	338	103	235	58.38	35.89	80.48
72岁	539	255	284	335	94	241	62.15	36.86	84.86
73岁	551	276	275	340	110	230	61.71	39.86	83.64
74岁	490	259	231	308	109	199	62.86	42.08	86.15
75-79	**1847**	**879**	**968**	**1213**	**393**	**820**	**65.67**	**44.71**	**84.71**
75岁	378	184	194	254	89	165	67.2	48.37	85.05
76岁	407	191	216	271	84	187	66.58	43.98	86.57
77岁	419	211	208	271	93	178	64.68	44.08	85.58
78岁	359	162	197	232	70	162	64.62	43.21	82.23
79岁	284	131	153	185	57	128	65.14	43.51	83.66
80-84	**1007**	**457**	**550**	**712**	**223**	**489**	**70.71**	**48.8**	**88.91**
80岁	249	130	119	171	68	103	68.67	52.31	86.55
81岁	224	98	126	156	46	110	69.64	46.94	87.3
82岁	204	79	125	152	36	116	74.51	45.57	92.8
83岁	179	85	94	127	39	88	70.95	45.88	93.62
84岁	151	65	86	106	34	72	70.2	52.31	83.72
85+	**492**	**170**	**322**	**410**	**104**	**306**	**83.33**	**61.18**	**95.03**

1－8 15岁及以上人口分年龄、性别的婚姻状况

单位：人

年龄	15岁及以上人口			未婚			初婚有配偶		
	合计	男	女	小计	男	女	小计	男	女
总计	**79605**	**39312**	**40293**	**10764**	**6612**	**4152**	**61101**	**30251**	**30850**
15-19	**5700**	**2966**	**2734**	**5591**	**2945**	**2646**	**109**	**21**	**88**
15岁	1237	665	572	1236	664	572	1	1	
16岁	1250	672	578	1247	671	576	3	1	2
17岁	1206	606	600	1202	606	596	4		4
18岁	1201	604	597	1159	595	564	42	9	33
19岁	806	419	387	747	409	338	59	10	49
20-24	**4498**	**2108**	**2390**	**2685**	**1615**	**1070**	**1807**	**492**	**1315**
20岁	623	319	304	507	303	204	116	16	100
21岁	702	324	378	519	292	227	181	32	149
22岁	876	401	475	549	331	218	327	70	257
23岁	1164	544	620	647	400	247	514	143	371
24岁	1133	520	613	463	289	174	669	231	438
25-29	**5972**	**2801**	**3171**	**1122**	**790**	**332**	**4800**	**1992**	**2808**
25岁	1018	454	564	312	198	114	704	256	448
26岁	1163	536	627	273	195	78	882	337	545
27岁	1198	556	642	228	163	65	963	391	572
28岁	1292	628	664	176	133	43	1101	488	613
29岁	1301	627	674	133	101	32	1150	520	630
30-34	**7821**	**3772**	**4049**	**382**	**327**	**55**	**7249**	**3365**	**3884**
30岁	1355	639	716	100	88	12	1235	543	692
31岁	1456	685	771	91	80	11	1338	595	743
32岁	1570	756	814	67	51	16	1462	686	776
33岁	1713	844	869	64	54	10	1600	769	831
34岁	1727	848	879	60	54	6	1614	772	842
35-39	**9164**	**4446**	**4718**	**256**	**239**	**17**	**8536**	**4050**	**4486**
35岁	1839	868	971	62	57	5	1712	789	923

1－8 续表 1

单位：人

年龄	15岁及以上人口			未婚			初婚有配偶		
	合计	男	女	小计	男	女	小计	男	女
36岁	1863	916	947	57	54	3	1743	836	907
37岁	1936	971	965	49	46	3	1809	890	919
38岁	1729	795	934	46	43	3	1608	714	894
39岁	1797	896	901	42	39	3	1664	821	843
40-44	**9242**	**4630**	**4612**	**153**	**142**	**11**	**8620**	**4268**	**4352**
40岁	1976	982	994	30	29	1	1860	917	943
41岁	1878	920	958	29	27	2	1761	856	905
42岁	2170	1118	1052	43	40	3	2010	1016	994
43岁	2100	1060	1040	38	34	4	1952	967	985
44岁	1118	550	568	13	12	1	1037	512	525
45-49	**7241**	**3649**	**3592**	**135**	**131**	**4**	**6685**	**3330**	**3355**
45岁	1178	601	577	29	29		1072	538	534
46岁	1322	660	662	12	11	1	1235	616	619
47岁	1356	672	684	25	24	1	1250	615	635
48岁	1770	932	838	35	33	2	1641	854	787
49岁	1615	784	831	34	34		1487	707	780
50-54	**7827**	**3901**	**3926**	**130**	**124**	**6**	**7152**	**3585**	**3567**
50岁	1538	774	764	29	28	1	1413	708	705
51岁	1673	851	822	24	24		1551	790	761
52岁	1698	826	872	24	24		1547	759	788
53岁	1525	751	774	30	26	4	1379	688	691
54岁	1393	699	694	23	22	1	1262	640	622
55-59	**6201**	**3113**	**3088**	**83**	**79**	**4**	**5516**	**2838**	**2678**
55岁	1249	603	646	22	22		1125	544	581
56岁	1345	691	654	18	18		1202	626	576
57岁	1285	622	663	10	9	1	1149	574	575
58岁	1192	639	553	12	12		1064	585	479
59岁	1130	558	572	21	18	3	976	509	467

1－8 续表 2

单位：人

年 龄	15岁及以上人口			未 婚			初婚有配偶		
	合计	男	女	小计	男	女	小计	男	女
60-64	**4071**	**2102**	**1969**	**68**	**65**	**3**	**3401**	**1863**	**1538**
60岁	961	498	463	16	15	1	826	447	379
61岁	882	440	442	19	18	1	736	392	344
62岁	866	449	417	14	13	1	721	395	326
63岁	698	358	340	9	9		583	330	253
64岁	664	357	307	10	10		535	299	236
65-69	**3636**	**1944**	**1692**	**53**	**53**		**2831**	**1660**	**1171**
65岁	628	351	277	11	11		517	311	206
66岁	709	383	326	12	12		569	330	239
67岁	785	422	363	10	10		604	367	237
68岁	821	434	387	12	12		636	369	267
69岁	693	354	339	8	8		505	283	222
70-74	**3666**	**1825**	**1841**	**61**	**60**	**1**	**2420**	**1439**	**981**
70岁	763	373	390	10	9	1	524	304	220
71岁	771	382	389	14	14		531	315	216
72岁	745	355	390	14	14		483	279	204
73岁	729	367	362	12	12		461	274	187
74岁	658	348	310	11	11		421	267	154
75-79	**2470**	**1185**	**1285**	**30**	**28**	**2**	**1308**	**859**	**449**
75岁	521	257	264	8	6	2	297	186	111
76岁	510	240	270	12	12		292	179	113
77岁	561	288	273	3	3		297	210	87
78岁	488	220	268	4	4		241	166	75
79岁	390	180	210	3	3		181	118	63
80-84	**1402**	**630**	**772**	**11**	**10**	**1**	**527**	**379**	**148**
80岁	360	183	177	6	6		168	121	47
81岁	296	124	172	3	2	1	106	72	34
82岁	296	120	176				97	71	26
83岁	245	114	131				85	63	22
84岁	205	89	116	2	2		71	52	19
85+	**694**	**240**	**454**	**4**	**4**		**140**	**110**	**30**

1－8 续表 3

单位：人

年 龄	再婚有配偶			离 婚			丧 偶		
	小计	男	女	小计	男	女	小计	男	女
总 计	**1316**	**542**	**774**	**787**	**517**	**270**	**5637**	**1390**	**4247**
15－19									
15岁									
16岁									
17岁									
18岁									
19岁									
20－24	**2**		**2**	**4**	**1**	**3**			
20岁									
21岁	2		2						
22岁									
23岁				3	1	2			
24岁				1		1			
25－29	**26**	**7**	**19**	**17**	**9**	**8**	**7**	**3**	**4**
25岁	2		2						
26岁	4	1	3	3	2	1	1	1	
27岁	3	1	2	3		3	1	1	
28岁	6	1	5	8	6	2	1		1
29岁	11	4	7	3	1	2	4	1	3
30－34	**91**	**28**	**63**	**81**	**47**	**34**	**18**	**5**	**13**
30岁	10	2	8	8	6	2	2		2
31岁	14	5	9	9	5	4	4		4
32岁	14	3	11	25	14	11	2	2	
33岁	23	8	15	22	11	11	4	2	2
34岁	30	10	20	17	11	6	6	1	5
35－39	**186**	**66**	**120**	**140**	**79**	**61**	**46**	**12**	**34**
35岁	25	6	19	32	16	16	8		8

1-8 续表 4

单位：人

年龄	再婚有配偶			离婚			丧偶		
	小计	男	女	小计	男	女	小计	男	女
36岁	23	8	15	31	14	17	9	4	5
37岁	42	14	28	27	18	9	9	3	6
38岁	41	22	19	23	15	8	11	1	10
39岁	55	16	39	27	16	11	9	4	5
40-44	**224**	**92**	**132**	**159**	**102**	**57**	**86**	**26**	**60**
40岁	41	16	25	28	17	11	17	3	14
41岁	39	9	30	38	24	14	11	4	7
42岁	53	26	27	42	29	13	22	7	15
43岁	59	29	30	34	22	12	17	8	9
44岁	32	12	20	17	10	7	19	4	15
45-49	**179**	**78**	**101**	**107**	**69**	**38**	**135**	**41**	**94**
45岁	33	11	22	25	16	9	19	7	12
46岁	35	14	21	26	15	11	14	4	10
47岁	32	17	15	15	10	5	34	6	28
48岁	38	18	20	15	11	4	41	16	25
49岁	41	18	23	26	17	9	27	8	19
50-54	**182**	**71**	**111**	**93**	**63**	**30**	**270**	**58**	**212**
50岁	42	16	26	18	13	5	36	9	27
51岁	37	15	22	18	13	5	43	9	34
52岁	43	17	26	19	13	6	65	13	52
53岁	33	13	20	22	11	11	61	13	48
54岁	27	10	17	16	13	3	65	14	51
55-59	**137**	**59**	**78**	**53**	**41**	**12**	**412**	**96**	**316**
55岁	26	12	14	9	5	4	67	20	47
56岁	36	16	20	13	11	2	76	20	56
57岁	32	13	19	14	12	2	80	14	66
58岁	22	12	10	8	6	2	86	24	62
59岁	21	6	15	9	7	2	103	18	85

1－8 续表 5

单位：人

年龄	再婚有配偶			离婚			丧偶		
	小计	男	女	小计	男	女	小计	男	女
60-64	**77**	**28**	**49**	**49**	**37**	**12**	**476**	**109**	**367**
60岁	16	8	8	10	8	2	93	20	73
61岁	21	7	14	7	5	2	99	18	81
62岁	13	5	8	17	12	5	101	24	77
63岁	15	3	12	4	4		87	12	75
64岁	12	5	7	11	8	3	96	35	61
65-69	**69**	**37**	**32**	**25**	**23**	**2**	**658**	**171**	**487**
65岁	7	5	2	4	3	1	89	21	68
66岁	18	7	11	4	3	1	106	31	75
67岁	20	13	7	10	10		141	22	119
68岁	12	8	4	3	3		158	42	116
69岁	12	4	8	4	4		164	55	109
70-74	**63**	**35**	**28**	**31**	**25**	**6**	**1091**	**266**	**825**
70岁	14	8	6	10	9	1	205	43	162
71岁	11	6	5	8	6	2	207	41	166
72岁	14	9	5	3	3		231	50	181
73岁	10	5	5	6	5	1	240	71	169
74岁	14	7	7	4	2	2	208	61	147
75-79	**44**	**24**	**20**	**18**	**14**	**4**	**1070**	**260**	**810**
75岁	14	6	8	3	2	1	199	57	142
76岁	5	3	2	5	5		196	41	155
77岁	10	9	1	3	3		248	63	185
78岁	9	3	6	2	1	1	232	46	186
79岁	6	3	3	5	3	2	195	53	142
80-84	**30**	**13**	**17**	**8**	**6**	**2**	**826**	**222**	**604**
80岁	6	3	3	1		1	179	53	126
81岁	6	4	2	1	1		180	45	135
82岁	8	5	3	3	2	1	188	42	146
83岁	6		6	1	1		153	50	103
84岁	4	1	3	2	2		126	32	94
85+	**6**	**4**	**2**	**2**	**1**	**1**	**542**	**121**	**421**

1－9 15岁及以上人口分性别、受教育程度的婚姻状况

单位：人

受教育程度	调查人口			未 婚			初婚有配偶		
	合计	男	女	小计	男	女	小计	男	女
总 计	**79605**	**39312**	**40293**	**10764**	**6612**	**4152**	**61101**	**30251**	**30850**
不识字	14264	3722	10542	397	357	40	9860	2708	7152
未上过学	436	227	209	14	10	4	341	185	156
小 学	25162	13091	12071	833	710	123	22017	11319	10698
初 中	24919	13950	10969	3960	2509	1451	20055	10952	9103
高 中	9067	5106	3961	3990	2209	1781	4801	2762	2039
中 专	1741	912	829	453	227	226	1220	661	559
大学专科	2380	1306	1074	680	343	337	1641	927	714
大学本科	1560	945	615	416	233	183	1111	698	413
研究生	76	53	23	21	14	7	55	39	16

1－9 续表

单位：人

受教育程度	再婚有配偶			离 婚			丧 偶		
	小计	男	女	小计	男	女	小计	男	女
总 计	**1316**	**542**	**774**	**787**	**517**	**270**	**5637**	**1390**	**4247**
不识字	307	57	250	107	74	33	3593	526	3067
未上过学	4	3	1	4	4		73	25	48
小 学	526	232	294	281	205	76	1505	625	880
初 中	338	172	166	255	168	87	311	149	162
高 中	102	50	52	90	48	42	84	37	47
中 专	10	5	5	20	6	14	38	13	25
大学专科	21	18	3	19	7	12	19	11	8
大学本科	8	5	3	11	5	6	14	4	10
研究生									

1－10 分年龄、性别的经济活动人口

单位：人

年 龄	15岁及以上人口			在业人口			不在业人口		
	合计	男	女	小计	男	女	小计	男	女
总 计	**79605**	**39312**	**40293**	**52454**	**30447**	**22007**	**27151**	**8865**	**18286**
15-19	**5700**	**2966**	**2734**	**1192**	**597**	**595**	**4508**	**2369**	**2139**
15岁	1237	665	572	47	24	23	1190	641	549
16岁	1250	672	578	127	67	60	1123	605	518
17岁	1206	606	600	195	96	99	1011	510	501
18岁	1201	604	597	344	166	178	857	438	419
19岁	806	419	387	479	244	235	327	175	152
20-24	**4498**	**2108**	**2390**	**3441**	**1774**	**1667**	**1057**	**334**	**723**
20岁	623	319	304	426	213	213	197	106	91
21岁	702	324	378	515	259	256	187	65	122
22岁	876	401	475	680	345	335	196	56	140
23岁	1164	544	620	930	480	450	234	64	170
24岁	1133	520	613	890	477	413	243	43	200
25-29	**5972**	**2801**	**3171**	**4977**	**2681**	**2296**	**995**	**120**	**875**
25岁	1018	454	564	827	429	398	191	25	166
26岁	1163	536	627	952	514	438	211	22	189
27岁	1198	556	642	1007	528	479	191	28	163
28岁	1292	628	664	1083	607	476	209	21	188
29岁	1301	627	674	1108	603	505	193	24	169
30-34	**7821**	**3772**	**4049**	**6690**	**3626**	**3064**	**1131**	**146**	**985**
30岁	1355	639	716	1147	611	536	208	28	180
31岁	1456	685	771	1240	658	582	216	27	189
32岁	1570	756	814	1326	723	603	244	33	211
33岁	1713	844	869	1471	812	659	242	32	210
34岁	1727	848	879	1506	822	684	221	26	195
35-39	**9164**	**4446**	**4718**	**8104**	**4297**	**3807**	**1060**	**149**	**911**
35岁	1839	868	971	1617	835	782	222	33	189
36岁	1863	916	947	1646	888	758	217	28	189
37岁	1936	971	965	1720	936	784	216	35	181
38岁	1729	795	934	1531	770	761	198	25	173
39岁	1797	896	901	1590	868	722	207	28	179

1-10 续表

单位：人

年龄	15岁及以上人口			在业人口			不在业人口		
	合计	男	女	小计	男	女	小计	男	女
40-44	**9242**	**4630**	**4612**	**8153**	**4468**	**3685**	**1089**	**162**	**927**
40岁	1976	982	994	1776	959	817	200	23	177
41岁	1878	920	958	1646	889	757	232	31	201
42岁	2170	1118	1052	1915	1075	840	255	43	212
43岁	2100	1060	1040	1843	1020	823	257	40	217
44岁	1118	550	568	973	525	448	145	25	120
45-49	**7241**	**3649**	**3592**	**5978**	**3455**	**2523**	**1263**	**194**	**1069**
45岁	1178	601	577	998	569	429	180	32	148
46岁	1322	660	662	1117	635	482	205	25	180
47岁	1356	672	684	1111	634	477	245	38	207
48岁	1770	932	838	1466	885	581	304	47	257
49岁	1615	784	831	1286	732	554	329	52	277
50-54	**7827**	**3901**	**3926**	**5662**	**3606**	**2056**	**2165**	**295**	**1870**
50岁	1538	774	764	1160	730	430	378	44	334
51岁	1673	851	822	1250	804	446	423	47	376
52岁	1698	826	872	1209	754	455	489	72	417
53岁	1525	751	774	1079	690	389	446	61	385
54岁	1393	699	694	964	628	336	429	71	358
55-59	**6201**	**3113**	**3088**	**3776**	**2577**	**1199**	**2425**	**536**	**1889**
55岁	1249	603	646	793	527	266	456	76	380
56岁	1345	691	654	862	584	278	483	107	376
57岁	1285	622	663	777	524	253	508	98	410
58岁	1192	639	553	735	512	223	457	127	330
59岁	1130	558	572	609	430	179	521	128	393
60-64	**4071**	**2102**	**1969**	**2016**	**1412**	**604**	**2055**	**690**	**1365**
60岁	961	498	463	510	341	169	451	157	294
61岁	882	440	442	428	288	140	454	152	302
62岁	866	449	417	427	305	122	439	144	295
63岁	698	358	340	313	230	83	385	128	257
64岁	664	357	307	338	248	90	326	109	217
65+	**11868**	**5824**	**6044**	**2465**	**1954**	**511**	**9403**	**3870**	**5533**

1－11　人口分年龄、性别的职业状况

单位：人

年　龄	在业人口			国家机关、党群组织、企业、事业单位负责人			专业技术人员			办事人员和有关人员		
	合计	男	女	小计	男	女	小计	男	女	小计	男	女
总　计	**52454**	**30447**	**22007**	**1541**	**1294**	**247**	**3177**	**1400**	**1777**	**2485**	**1714**	**771**
15-19	1192	597	595				64	16	48	26	13	13
20-24	3441	1774	1667	36	26	10	417	128	289	258	136	122
25-29	4977	2681	2296	114	86	28	648	255	393	337	194	143
30-34	6690	3626	3064	234	190	44	503	200	303	321	203	118
35-39	8104	4297	3807	291	233	58	464	192	272	329	209	120
40-44	8153	4468	3685	347	284	63	392	161	231	383	241	142
45-49	5978	3455	2523	209	182	27	266	127	139	265	197	68
50-54	5662	3606	2056	192	177	15	211	139	72	248	212	36
55-59	3776	2577	1199	97	95	2	134	116	18	146	138	8
60-64	2016	1412	604	15	15		51	45	6	84	84	
65+	2465	1954	511	6	6		27	21	6	88	87	1

1－11　续表

单位：人

年　龄	商业、服务业人员			农、林、牧、渔、水利业生产人员			生产、运输设备操作人员及有关人员			不便分类的其他从业人员		
	小计	男	女	小计	男	女	小计	男	女	小计	男	女
总　计	**9853**	**4697**	**5156**	**14986**	**9170**	**5816**	**20400**	**12164**	**8236**	**12**	**8**	**4**
15-19	323	121	202	62	48	14	717	399	318			
20-24	875	360	515	238	149	89	1615	973	642	2	2	
25-29	1159	529	630	381	219	162	2337	1397	940	1	1	
30-34	1357	613	744	857	455	402	3418	1965	1453			
35-39	1541	671	870	1584	863	721	3894	2128	1766	1	1	
40-44	1565	721	844	2040	1119	921	3423	1941	1482	3	1	2
45-49	1094	513	581	2070	1137	933	2071	1298	773	3	1	2
50-54	883	510	373	2578	1463	1115	1550	1105	445			
55-59	576	349	227	2060	1307	753	761	570	191	2	2	
60-64	232	138	94	1292	895	397	342	235	107			
65+	248	172	76	1824	1515	309	272	153	119			

1－12 人口分性别、受教育程度的职业状况

单位：人

受教育程度	在业人口			国家机关、党群组织、企业、事业单位负责人			专业技术人员			办事人员和有关人员		
	合计	男	女	小计	男	女	小计	男	女	小计	男	女
总　计	**52454**	**30447**	**22007**	**1541**	**1294**	**247**	**3177**	**1400**	**1777**	**2485**	**1714**	**771**
不识字	5648	2155	3493	6	5	1	6	4	2	52	45	7
未上过学	197	128	69				1	1		2	1	1
小　学	17827	10540	7287	190	164	26	133	88	45	421	343	78
初　中	19252	11932	7320	500	431	69	483	231	252	695	525	170
高　中	5090	3169	1921	275	230	45	522	173	349	476	288	188
中　专	1138	635	503	70	61	9	421	157	264	154	99	55
大学专科	1956	1068	888	262	202	60	853	342	511	434	268	166
大学本科	1277	770	507	220	186	34	719	376	343	241	140	101
研究生	69	50	19	18	15	3	39	28	11	10	5	5

1-12 续表

单位：人

受教育程度	商业、服务业人员			农、林、牧、渔、水利业生产人员			生产、运输设备操作人员及有关人员			不便分类的其他从业人员		
	小计	男	女	小计	男	女	小计	男	女	小计	男	女
总　计	**9853**	**4697**	**5156**	**14986**	**9170**	**5816**	**20400**	**12164**	**8236**	**12**	**8**	**4**
不识字	750	172	578	3330	1426	1904	1504	503	1001			
未上过学	31	18	13	112	79	33	51	29	22			
小　学	2650	1292	1358	7322	4750	2572	7107	3901	3206	4	2	2
初　中	4324	2133	2191	3643	2495	1148	9602	6113	3489	5	4	1
高　中	1499	742	757	550	397	153	1765	1337	428	3	2	1
中　专	254	136	118	25	20	5	214	162	52			
大学专科	272	154	118	4	3	1	131	99	32			
大学本科	71	48	23				26	20	6			
研究生	2	2										

1－13　分年龄、性别的未工作人口

单位：人

年　龄	未工作人口			在校学生			离退休		
	合计	男	女	小计	男	女	小计	男	女
总　计	**27151**	**8865**	**18286**	**4373**	**2297**	**2076**	**3866**	**1945**	**1921**
15-19	**4508**	**2369**	**2139**	**4176**	**2183**	**1993**			
15岁	1190	641	549	1158	622	536			
16岁	1123	605	518	1078	573	505			
17岁	1011	510	501	941	463	478			
18岁	857	438	419	755	393	362			
19岁	327	175	152	244	132	112			
20-24	**1057**	**334**	**723**	**189**	**109**	**80**			
20岁	197	106	91	89	60	29			
21岁	187	65	122	58	28	30			
22岁	196	56	140	23	12	11			
23岁	234	64	170	13	6	7			
24岁	243	43	200	6	3	3			
25-29	**995**	**120**	**875**	**5**	**3**	**2**			
25岁	191	25	166	1	1				
26岁	211	22	189						
27岁	191	28	163	2	1	1			
28岁	209	21	188	1		1			
29岁	193	24	169	1	1				
30-34	**1131**	**146**	**985**	**1**	**1**		**2**		**2**
30岁	208	28	180	1	1				
31岁	216	27	189						
32岁	244	33	211				1		1
33岁	242	32	210						
34岁	221	26	195				1		1
35-39	**1060**	**149**	**911**	**1**		**1**	**2**	**2**	
35岁	222	33	189						
36岁	217	28	189						

1－13 续表 1

单位：人

年龄	未工作人口			在校学生			离退休		
	合计	男	女	小计	男	女	小计	男	女
37岁	216	35	181	1		1			
38岁	198	25	173				1	1	
39岁	207	28	179				1	1	
40-44	**1089**	**162**	**927**				**14**	**6**	**8**
40岁	200	23	177				1		1
41岁	232	31	201				2	2	
42岁	255	43	212				3		3
43岁	257	40	217				2	1	1
44岁	145	25	120				6	3	3
45-49	**1263**	**194**	**1069**	**1**	**1**		**77**	**7**	**70**
45岁	180	32	148				9	1	8
46岁	205	25	180	1	1		8		8
47岁	245	38	207				20	4	16
48岁	304	47	257				18	2	16
49岁	329	52	277				22		22
50-54	**2165**	**295**	**1870**				**452**	**33**	**419**
50岁	378	44	334				85	3	82
51岁	423	47	376				85	4	81
52岁	489	72	417				95	7	88
53岁	446	61	385				95	11	84
54岁	429	71	358				92	8	84
55-59	**2425**	**536**	**1889**				**690**	**212**	**478**
55岁	456	76	380				116	21	95
56岁	483	107	376				147	33	114
57岁	508	98	410				140	40	100
58岁	457	127	330				128	54	74
59岁	521	128	393				159	64	95

1-13 续表 2

单位：人

年龄	未工作人口			在校学生			离退休		
	合计	男	女	小计	男	女	小计	男	女
60-64	**2055**	**690**	**1365**				**693**	**409**	**284**
60岁	451	157	294				160	99	61
61岁	454	152	302				158	91	67
62岁	439	144	295				140	87	53
63岁	385	128	257				135	77	58
64岁	326	109	217				100	55	45
65-69	**2313**	**912**	**1401**				**668**	**412**	**256**
65岁	343	132	211				108	72	36
66岁	423	175	248				132	80	52
67岁	499	195	304				149	93	56
68岁	563	229	334				150	90	60
69岁	485	181	304				129	77	52
70-74	**2850**	**1171**	**1679**				**600**	**402**	**198**
70岁	549	205	344				112	67	45
71岁	586	235	351				131	89	42
72岁	595	235	360				134	90	44
73岁	588	253	335				117	79	38
74岁	532	243	289				106	77	29
75-79	**2200**	**960**	**1240**				**393**	**274**	**119**
75岁	452	204	248				83	57	26
76岁	447	186	261				79	55	24
77岁	495	233	262				93	73	20
78岁	441	180	261				84	52	32
79岁	365	157	208				54	37	17
80-84	**1353**	**592**	**761**				**200**	**143**	**57**
80岁	350	173	177				55	42	13
81岁	283	116	167				46	28	18
82岁	285	111	174				44	32	12
83岁	235	108	127				33	24	9
84岁	200	84	116				22	17	5
85+	**687**	**235**	**452**				**75**	**45**	**30**

1－13 续表 3

单位：人

年 龄	料理家务			丧失劳动能力			毕业后未工作			因单位原因失去原工作		
	小计	男	女	小计	男	女	小计	男	女	小计	男	女
总 计	**13487**	**1728**	**11759**	**3207**	**1598**	**1609**	**453**	**288**	**165**	**574**	**317**	**257**
15-19	**54**	**6**	**48**	**30**	**16**	**14**	**214**	**141**	**73**	**2**	**2**	
15岁	4	1	3	4	2	2	20	13	7			
16岁	5	2	3	6	3	3	30	24	6	1	1	
17岁	6	1	5	7	6	1	53	36	17			
18岁	20		20	9	4	5	60	32	28			
19岁	19	2	17	4	1	3	51	36	15	1	1	
20-24	**484**	**13**	**471**	**28**	**12**	**16**	**196**	**124**	**72**	**8**	**2**	**6**
20岁	43	2	41	5	2	3	36	26	10			
21岁	59		59	6	2	4	44	27	17	2		2
22岁	96	2	94	8	6	2	42	26	16	3	1	2
23岁	123	2	121	5	2	3	42	28	14	2		2
24岁	163	7	156	4		4	32	17	15	1	1	
25-29	**755**	**11**	**744**	**50**	**26**	**24**	**36**	**19**	**17**	**20**	**6**	**14**
25岁	138	1	137	14	9	5	7	4	3	4		4
26岁	164	1	163	6	4	2	8	3	5	4	2	2
27岁	143	2	141	9	6	3	11	6	5	3	1	2
28岁	156	2	154	11	3	8	7	4	3	6	3	3
29岁	154	5	149	10	4	6	3	2	1	3		3
30-34	**939**	**23**	**916**	**46**	**28**	**18**	**5**	**2**	**3**	**32**	**17**	**15**
30岁	170	4	166	6	4	2	3	2	1	3	3	
31岁	184	5	179	8	4	4				3	2	1
32岁	201	7	194	7	5	2	1		1	13	6	7
33岁	199	3	196	11	5	6	1		1	4	3	1
34岁	185	4	181	14	10	4				9	3	6
35-39	**842**	**26**	**816**	**59**	**38**	**21**	**1**	**1**		**69**	**31**	**38**
35岁	176	6	170	13	7	6	1	1		12	4	8
36岁	179	6	173	13	8	5				14	6	8

1－13 续表 4

单位：人

年 龄	料理家务			丧失劳动能力			毕业后未工作			因单位原因失去原工作		
	小计	男	女	小计	男	女	小计	男	女	小计	男	女
37岁	164	10	154	13	7	6				15	7	8
38岁	160	4	156	7	4	3				12	7	5
39岁	163		163	13	12	1				16	7	9
40-44	**803**	**20**	**783**	**73**	**42**	**31**				**111**	**41**	**70**
40岁	152	2	150	16	7	9				16	7	9
41岁	181	3	178	11	7	4				20	9	11
42岁	185	5	180	18	13	5				22	9	13
43岁	180	3	177	21	12	9				33	8	25
44岁	105	7	98	7	3	4				20	8	12
45-49	**919**	**43**	**876**	**57**	**38**	**19**	**1**	**1**		**144**	**62**	**82**
45岁	125	5	120	12	8	4				23	11	12
46岁	156	5	151	9	5	4				20	7	13
47岁	170	5	165	10	8	2				33	14	19
48岁	221	14	207	11	5	6	1	1		35	13	22
49岁	247	14	233	15	12	3				33	17	16
50-54	**1460**	**86**	**1374**	**99**	**63**	**36**				**79**	**66**	**13**
50岁	250	11	239	16	13	3				13	9	4
51岁	294	12	282	16	10	6				10	7	3
52岁	335	25	310	25	16	9				19	16	3
53岁	300	15	285	19	9	10				18	17	1
54岁	281	23	258	23	15	8				19	17	2
55-59	**1443**	**144**	**1299**	**126**	**68**	**58**				**72**	**62**	**10**
55岁	285	23	262	25	14	11				16	11	5
56岁	268	27	241	32	19	13				17	16	1
57岁	314	28	286	21	11	10				16	13	3
58岁	266	29	237	24	13	11				15	14	1
59岁	310	37	273	24	11	13				8	8	

1－13 续表 5

单位：人

年 龄	料理家务			丧失劳动能力			毕业后未工作			因单位原因失去原工作		
	小计	男	女	小计	男	女	小计	男	女	小计	男	女
60-64	**1155**	**149**	**1006**	**121**	**77**	**44**				**9**	**8**	**1**
60岁	240	32	208	31	14	17				2	1	1
61岁	256	33	223	22	16	6				2	2	
62岁	258	31	227	21	14	7				3	3	
63岁	213	26	187	21	15	6				2	2	
64岁	188	27	161	26	18	8						
65-69	**1304**	**284**	**1020**	**255**	**158**	**97**				**5**	**4**	**1**
65岁	195	34	161	25	15	10				2	1	1
66岁	235	54	181	39	28	11				1	1	
67岁	280	59	221	58	34	24						
68岁	314	75	239	71	45	26						
69岁	280	62	218	62	36	26				2	2	
70-74	**1615**	**412**	**1203**	**538**	**295**	**243**				**12**	**8**	**4**
70岁	342	79	263	80	49	31				4	4	
71岁	325	75	250	106	55	51				2	1	1
72岁	336	73	263	101	57	44				3	1	2
73岁	320	97	223	135	65	70				1	1	
74岁	292	88	204	116	69	47				2	1	1
75-79	**1044**	**310**	**734**	**688**	**327**	**361**				**7**	**6**	**1**
75岁	228	76	152	123	59	64				3	3	
76岁	231	64	167	121	59	62				1	1	
77岁	235	71	164	151	78	73				1		1
78岁	194	50	144	150	69	81				1	1	
79岁	156	49	107	143	62	81				1	1	
80-84	**485**	**148**	**337**	**633**	**281**	**352**				**1**	**1**	
80岁	126	38	88	156	83	73						
81岁	100	29	71	130	55	75				1	1	
82岁	103	27	76	132	50	82						
83岁	78	28	50	120	54	66						
84岁	78	26	52	95	39	56						
85+	**185**	**53**	**132**	**404**	**129**	**275**				**3**	**1**	**2**

1-13 续表 6

单位：人

年 龄	因本人原因失去原工作			承包土地被征用			其 他		
	小计	男	女	小计	男	女	小计	男	女
总 计	**657**	**394**	**263**	**376**	**174**	**202**	**158**	**124**	**34**
15-19	**24**	**16**	**8**	**1**		**1**	**7**	**5**	**2**
15岁							4	3	1
16岁	1	1					2	1	1
17岁	4	4							
18岁	13	9	4						
19岁	6	2	4	1		1	1	1	
20-24	**131**	**58**	**73**	**8**	**4**	**4**	**13**	**12**	**1**
20岁	19	12	7	1		1	4	4	
21岁	14	5	9	1	1		3	2	1
22岁	21	7	14	1		1	2	2	
23岁	45	23	22	1		1	3	3	
24岁	32	11	21	4	3	1	1	1	
25-29	**118**	**46**	**72**	**2**		**2**	**9**	**9**	
25岁	25	9	16	1		1	1	1	
26岁	27	10	17				2	2	
27岁	21	10	11				2	2	
28岁	27	9	18	1		1			
29岁	18	8	10				4	4	
30-34	**86**	**57**	**29**	**6**	**4**	**2**	**14**	**14**	
30岁	19	10	9	3	1	2	3	3	
31岁	16	11	5	1	1		4	4	
32岁	18	12	6				3	3	
33岁	23	17	6	1	1		3	3	
34岁	10	7	3	1	1		1	1	
35-39	**72**	**42**	**30**	**9**	**4**	**5**	**5**	**5**	
35岁	19	14	5	1	1				
36岁	10	7	3	1	1				

1－13 续表 7

单位：人

年 龄	因本人原因失去原工作			承包土地被征用			其 他		
	小计	男	女	小计	男	女	小计	男	女
37岁	18	7	11	2	1	1	3	3	
38岁	12	7	5	5	1	4	1	1	
39岁	13	7	6				1	1	
40-44	**63**	**39**	**24**	**19**	**9**	**10**	**6**	**5**	**1**
40岁	12	6	6	2	1	1	1		1
41岁	13	7	6	3	1	2	2	2	
42岁	20	13	7	6	2	4	1	1	
43岁	11	9	2	8	5	3	2	2	
44岁	7	4	3						
45-49	**49**	**37**	**12**	**14**	**4**	**10**	**1**	**1**	
45岁	10	7	3	1		1			
46岁	9	6	3	1		1	1	1	
47岁	7	5	2	5	2	3			
48岁	13	10	3	5	2	3			
49岁	10	9	1	2		2			
50-54	**36**	**31**	**5**	**35**	**13**	**22**	**4**	**3**	**1**
50岁	5	3	2	9	5	4			
51岁	12	12		4	1	3	2	1	1
52岁	7	6	1	8	2	6			
53岁	6	5	1	6	2	4	2	2	
54岁	6	5	1	8	3	5			
55-59	**35**	**30**	**5**	**55**	**17**	**38**	**4**	**3**	**1**
55岁	3	3		11	4	7			
56岁	6	5	1	12	6	6	1	1	
57岁	6	5	1	9		9	2	1	1
58岁	13	12	1	10	4	6	1	1	
59岁	7	5	2	13	3	10			

1-13 续表 8

单位：人

年龄	因本人原因失去原工作			承包土地被征用			其他		
	小计	男	女	小计	男	女	小计	男	女
60-64	**14**	**14**		**51**	**24**	**27**	**12**	**9**	**3**
60岁	3	3		12	6	6	3	2	1
61岁	2	2		12	6	6	2	2	
62岁	3	3		13	5	8	1	1	
63岁	1	1		11	6	5	2	1	1
64岁	5	5		3	1	2	4	3	1
65-69	**9**	**9**		**59**	**33**	**26**	**13**	**12**	**1**
65岁	1	1		9	6	3	3	3	
66岁	3	3		12	8	4	1	1	
67岁	3	3		7	4	3	2	2	
68岁	1	1		21	12	9	6	6	
69岁	1	1		10	3	7	1		1
70-74	**11**	**9**	**2**	**47**	**25**	**22**	**27**	**20**	**7**
70岁				6	3	3	5	3	2
71岁	4	3	1	11	6	5	7	6	1
72岁	6	5	1	12	7	5	3	2	1
73岁				9	6	3	6	5	1
74岁	1	1		9	3	6	6	4	2
75-79	**4**	**4**		**40**	**20**	**20**	**24**	**19**	**5**
75岁				13	7	6	2	2	
76岁				11	4	7	4	3	1
77岁	1	1		8	5	3	6	5	1
78岁	1	1		5	3	2	6	4	2
79岁	2	2		3	1	2	6	5	1
80-84	**3**	**2**	**1**	**19**	**11**	**8**	**12**	**6**	**6**
80岁	3	2	1	8	6	2	2	2	
81岁				1	1		5	2	3
82岁				5	2	3	1		1
83岁				2	1	1	2	1	1
84岁				3	1	2	2	1	1
85+	**2**		**2**	**11**	**6**	**5**	**7**	**1**	**6**

1－14 分年龄、性别的未工作者主要生活来源

单位：人

年龄	合计			离退休金			领取基本生活费		
	合计	男	女	小计	男	女	小计	男	女
总　计	**27151**	**8865**	**18286**	**4041**	**2007**	**2034**	**916**	**551**	**365**
15-19	**4508**	**2369**	**2139**				**14**	**9**	**5**
15岁	1190	641	549				1	1	
16岁	1123	605	518				4	2	2
17岁	1011	510	501				1		1
18岁	857	438	419				5	4	1
19岁	327	175	152				3	2	1
20-24	**1057**	**334**	**723**				**10**	**6**	**4**
20岁	197	106	91				1		1
21岁	187	65	122				1	1	
22岁	196	56	140				2	1	1
23岁	234	64	170				2	1	1
24岁	243	43	200				4	3	1
25-29	**995**	**120**	**875**				**7**	**5**	**2**
25岁	191	25	166				1	1	
26岁	211	22	189				2	1	1
27岁	191	28	163				2	2	
28岁	209	21	188				2	1	1
29岁	193	24	169						
30-34	**1131**	**146**	**985**	**2**		**2**	**21**	**14**	**7**
30岁	208	28	180				7	4	3
31岁	216	27	189				1	1	
32岁	244	33	211	1		1	3	1	2
33岁	242	32	210				4	3	1
34岁	221	26	195	1		1	6	5	1
35-39	**1060**	**149**	**911**	**1**	**1**		**43**	**22**	**21**
35岁	222	33	189				5	2	3

1-14 续表 1

单位：人

年 龄	合 计			离退休金			领取基本生活费		
	合计	男	女	小计	男	女	小计	男	女
36岁	217	28	189				5	4	1
37岁	216	35	181				14	7	7
38岁	198	25	173	1	1		8	3	5
39岁	207	28	179				11	6	5
40-44	**1089**	**162**	**927**	**13**	**6**	**7**	**76**	**39**	**37**
40岁	200	23	177	1		1	7	5	2
41岁	232	31	201	2	2		13	7	6
42岁	255	43	212	2		2	19	11	8
43岁	257	40	217	3	1	2	19	9	10
44岁	145	25	120	5	3	2	18	7	11
45-49	**1263**	**194**	**1069**	**76**	**6**	**70**	**81**	**43**	**38**
45岁	180	32	148	9		9	16	9	7
46岁	205	25	180	8		8	8	3	5
47岁	245	38	207	18	4	14	12	6	6
48岁	304	47	257	20	2	18	21	10	11
49岁	329	52	277	21		21	24	15	9
50-54	**2165**	**295**	**1870**	**461**	**33**	**428**	**74**	**51**	**23**
50岁	378	44	334	86	3	83	16	10	6
51岁	423	47	376	87	4	83	14	10	4
52岁	489	72	417	99	7	92	12	10	2
53岁	446	61	385	95	11	84	22	15	7
54岁	429	71	358	94	8	86	10	6	4
55-59	**2425**	**536**	**1889**	**717**	**212**	**505**	**86**	**59**	**27**
55岁	456	76	380	121	22	99	13	11	2
56岁	483	107	376	151	33	118	24	19	5
57岁	508	98	410	144	39	105	17	10	7
58岁	457	127	330	131	53	78	11	7	4
59岁	521	128	393	170	65	105	21	12	9

1－14 续表 2

单位：人

年 龄	合 计			离退休金			领取基本生活费		
	合计	男	女	小计	男	女	小计	男	女
60-64	**2055**	**690**	**1365**	**721**	**421**	**300**	**64**	**31**	**33**
60岁	451	157	294	168	103	65	10	6	4
61岁	454	152	302	167	94	73	20	11	9
62岁	439	144	295	149	90	59	14	4	10
63岁	385	128	257	137	79	58	12	5	7
64岁	326	109	217	100	55	45	8	5	3
65-69	**2313**	**912**	**1401**	**701**	**425**	**276**	**77**	**50**	**27**
65岁	343	132	211	114	75	39	11	7	4
66岁	423	175	248	139	84	55	9	8	1
67岁	499	195	304	151	92	59	21	12	9
68岁	563	229	334	163	95	68	17	12	5
69岁	485	181	304	134	79	55	19	11	8
70-74	**2850**	**1171**	**1679**	**635**	**418**	**217**	**129**	**88**	**41**
70岁	549	205	344	119	70	49	20	16	4
71岁	586	235	351	140	93	47	27	18	9
72岁	595	235	360	143	95	48	27	19	8
73岁	588	253	335	120	80	40	31	19	12
74岁	532	243	289	113	80	33	24	16	8
75-79	**2200**	**960**	**1240**	**418**	**287**	**131**	**105**	**67**	**38**
75岁	452	204	248	90	62	28	22	12	10
76岁	447	186	261	88	59	29	20	14	6
77岁	495	233	262	95	73	22	19	11	8
78岁	441	180	261	87	54	33	17	10	7
79岁	365	157	208	58	39	19	27	20	7
80-84	**1353**	**592**	**761**	**214**	**148**	**66**	**93**	**55**	**38**
80岁	350	173	177	63	47	16	29	18	11
81岁	283	116	167	46	28	18	17	10	7
82岁	285	111	174	46	31	15	17	7	10
83岁	235	108	127	35	25	10	14	9	5
84岁	200	84	116	24	17	7	16	11	5
85+	**687**	**235**	**452**	**82**	**50**	**32**	**36**	**12**	**24**

1－14 续表 3

单位：人

年 龄	家庭其他成员供养			财产性收入			保险收入			其 他		
	小计	男	女	小计	男	女	小计	男	女	小计	男	女
总 计	**21719**	**6030**	**15689**	**369**	**207**	**162**	**11**	**5**	**6**	**95**	**65**	**30**
15－19	**4489**	**2357**	**2132**	**2**	**1**	**1**				**3**	**2**	**1**
15岁	1188	640	548							1		1
16岁	1119	603	516									
17岁	1009	509	500							1	1	
18岁	851	433	418	1	1							
19岁	322	172	150	1		1				1	1	
20－24	**1034**	**323**	**711**	**7**	**1**	**6**				**6**	**4**	**2**
20岁	193	104	89							3	2	1
21岁	183	63	120	2		2				1	1	
22岁	191	53	138	2	1	1				1	1	
23岁	230	63	167	2		2						
24岁	237	40	197	1		1				1		1
25－29	**958**	**97**	**861**	**16**	**7**	**9**				**14**	**11**	**3**
25岁	186	22	164	2		2				2	2	
26岁	197	13	184	7	4	3				5	4	1
27岁	185	24	161	3	2	1				1		1
28岁	199	16	183	4	1	3				4	3	1
29岁	191	22	169							2	2	
30－34	**1063**	**101**	**962**	**29**	**18**	**11**				**16**	**13**	**3**
30岁	191	16	175	5	3	2				5	5	
31岁	206	19	187	9	7	2						
32岁	232	27	205	4	2	2				4	3	1
33岁	225	19	206	7	5	2				6	5	1
34岁	209	20	189	4	1	3				1		1
35－39	**968**	**103**	**865**	**36**	**17**	**19**				**12**	**6**	**6**
35岁	208	26	182	8	4	4				1	1	

1－14 续表 4

单位：人

年龄	家庭其他成员供养			财产性收入			保险收入			其他		
	小计	男	女	小计	男	女	小计	男	女	小计	男	女
36岁	204	19	185	3	2	1				5	3	2
37岁	194	23	171	7	5	2				1		1
38岁	176	19	157	10	2	8				3		3
39岁	186	16	170	8	4	4				2	2	
40-44	**938**	**81**	**857**	**53**	**28**	**25**	**1**	**1**		**8**	**7**	**1**
40岁	180	10	170	11	7	4				1	1	
41岁	203	14	189	11	5	6				3	3	
42岁	226	28	198	6	3	3				2	1	1
43岁	216	19	197	16	8	8	1	1		2	2	
44岁	113	10	103	9	5	4						
45-49	**1050**	**107**	**943**	**49**	**33**	**16**	**2**	**1**	**1**	**5**	**4**	**1**
45岁	141	12	129	12	10	2	1		1	1	1	
46岁	180	18	162	8	3	5				1	1	
47岁	204	21	183	11	7	4						
48岁	252	27	225	9	7	2				2	1	1
49岁	273	29	244	9	6	3	1	1		1	1	
50-54	**1584**	**179**	**1405**	**38**	**27**	**11**	**1**		**1**	**7**	**5**	**2**
50岁	267	26	241	8	4	4				1	1	
51岁	317	30	287	3	3					2		2
52岁	362	43	319	12	9	3	1		1	3	3	
53岁	324	31	293	4	3	1				1	1	
54岁	314	49	265	11	8	3						
55-59	**1573**	**240**	**1333**	**43**	**21**	**22**	**1**		**1**	**5**	**4**	**1**
55岁	311	39	272	10	3	7				1	1	
56岁	293	47	246	13	7	6	1		1	1	1	
57岁	339	48	291	6		6				2	1	1
58岁	302	57	245	12	9	3				1	1	
59岁	328	49	279	2	2							

1－14 续表 5

单位：人

年 龄	家庭其他成员供养			财产性收入			保险收入			其 他		
	小计	男	女	小计	男	女	小计	男	女	小计	男	女
60-64	**1243**	**226**	**1017**	**21**	**10**	**11**	**2**	**1**	**1**	**4**	**1**	**3**
60岁	267	45	222	5	3	2				1		1
61岁	265	46	219	2	1	1						
62岁	271	47	224	5	3	2						
63岁	226	41	185	8	3	5	1		1	1		1
64岁	214	47	167	1		1	1	1		2	1	1
65-69	**1504**	**418**	**1086**	**26**	**16**	**10**	**3**	**2**	**1**	**2**	**1**	**1**
65岁	213	48	165	5	2	3						
66岁	269	80	189	6	3	3						
67岁	319	83	236	6	6		1	1		1	1	
68岁	375	117	258	7	4	3	1	1				
69岁	328	90	238	2	1	1	1		1	1		1
70-74	**2062**	**653**	**1409**	**17**	**9**	**8**				**7**	**3**	**4**
70岁	406	116	290	2	2					2	1	1
71岁	413	122	291	3	1	2				3	1	2
72岁	418	117	301	5	3	2				2	1	1
73岁	434	152	282	3	2	1						
74岁	391	146	245	4	1	3						
75-79	**1652**	**591**	**1061**	**21**	**12**	**9**	**1**		**1**	**3**	**3**	
75岁	331	125	206	9	5	4						
76岁	335	110	225	3	2	1				1	1	
77岁	374	146	228	6	3	3	1		1			
78岁	335	115	220	2	1	1						
79岁	277	95	182	1	1					2	2	
80-84	**1039**	**384**	**655**	**7**	**5**	**2**						
80岁	256	107	149	2	1	1						
81岁	220	78	142									
82岁	220	71	149	2	2							
83岁	186	74	112									
84岁	157	54	103	3	2	1						
85+	**562**	**170**	**392**	**4**	**2**	**2**				**3**	**1**	**2**

第二部分　残疾人口的基本状况

2－1 各地区分性别、残疾类别的残疾人

单位：人

地区	残疾人数			视力残疾			听力残疾			言语残疾		
	合计	男	女	小计	男	女	小计	男	女	小计	男	女
总　计	**6063**	**3028**	**3035**	**822**	**309**	**513**	**2060**	**1108**	**952**	**64**	**40**	**24**
杭州市下城区	207	96	111	37	7	30	94	51	43			
杭州市余杭区	220	94	126	35	9	26	82	48	34	2	1	1
杭州市富阳市	301	154	147	53	19	34	91	49	42	3	1	2
杭州市临安市	229	112	117	20	4	16	80	43	37	5	5	
宁波市江东区	144	66	78	41	12	29	29	17	12	1	1	
宁波市宁海县	331	151	180	43	12	31	115	60	55	6	4	2
宁波市慈溪市	202	97	105	36	11	25	69	32	37	1	1	
温州市永嘉县	254	145	109	21	12	9	65	45	20	8	4	4
温州市瑞安市	175	101	74	17	5	12	63	39	24	2	2	
温州市乐清市	231	123	108	16	8	8	95	54	41	2	2	
嘉兴市嘉善县	234	99	135	32	13	19	103	47	56	3	3	
嘉兴市桐乡市	236	122	114	29	12	17	87	47	40	1	1	
湖州市德清县	219	125	94	69	40	29	39	17	22	3	2	1
绍兴市绍兴县	223	104	119	27	10	17	59	27	32	1	1	
绍兴市嵊州市	306	164	142	26	7	19	140	81	59	3	1	2
金华市金东区	237	98	139	35	15	20	96	39	57	1	1	
金华市义乌市	216	116	100	20	6	14	69	46	23			
衢州市开化县	230	125	105	44	20	24	67	36	31	3	2	1
衢州市江山市	263	141	122	23	11	12	97	53	44	4	3	1
舟山市岱山县	312	149	163	50	20	30	56	26	30	2	2	
台州市椒江区	194	91	103	26	8	18	70	35	35	4	2	2
台州市三门县	193	80	113	28	7	21	76	33	43	3		3
台州市临海市	265	124	141	37	17	20	92	42	50	2	1	1
丽水市莲都区	313	158	155	31	10	21	123	72	51	2		2
丽水市青田县	328	193	135	26	14	12	103	69	34	2		2

2-1 续表

单位：人

地区	肢体残疾			智力残疾			精神残疾			多重残疾		
	小计	男	女	小计	男	女	小计	男	女	小计	男	女
总　计	**1373**	**727**	**646**	**387**	**211**	**176**	**509**	**237**	**272**	**848**	**396**	**452**
杭州市下城区	24	10	14	13	9	4	17	11	6	22	8	14
杭州市余杭区	42	14	28	16	9	7	16	4	12	27	9	18
杭州市富阳市	78	42	36	38	24	14	15	7	8	23	12	11
杭州市临安市	59	32	27	21	10	11	9	3	6	35	15	20
宁波市江东区	28	13	15	13	6	7	12	5	7	20	12	8
宁波市宁海县	75	44	31	6	1	5	26	7	19	60	23	37
宁波市慈溪市	37	17	20	18	12	6	25	16	9	16	8	8
温州市永嘉县	80	43	37	18	6	12	30	14	16	32	21	11
温州市瑞安市	48	30	18	7	5	2	16	10	6	22	10	12
温州市乐清市	34	20	14	22	13	9	21	11	10	41	15	26
嘉兴市嘉善县	38	16	22	10	5	5	23	9	14	25	6	19
嘉兴市桐乡市	67	36	31	7	5	2	11	6	5	34	15	19
湖州市德清县	51	35	16	18	12	6	16	7	9	23	12	11
绍兴市绍兴县	61	30	31	9	7	2	24	11	13	42	18	24
绍兴市嵊州市	62	35	27	17	11	6	28	13	15	30	16	14
金华市金东区	42	21	21	15	5	10	16	5	11	32	12	20
金华市义乌市	62	40	22	6	2	4	13	5	8	46	17	29
衢州市开化县	38	19	19	20	10	10	33	24	9	25	14	11
衢州市江山市	56	36	20	21	11	10	40	14	26	22	13	9
舟山市岱山县	97	48	49	19	12	7	23	8	15	65	33	32
台州市椒江区	58	26	32	8	4	4	9	5	4	19	11	8
台州市三门县	46	24	22	11	3	8	17	8	9	12	5	7
台州市临海市	65	32	33	19	10	9	19	8	11	31	14	17
丽水市莲都区	72	32	40	14	8	6	22	11	11	49	25	24
丽水市青田县	53	32	21	21	11	10	28	15	13	95	52	43

2－2 分年龄、性别、残疾类别的残疾人

单位：人

年 龄	残疾人数			视力残疾			听力残疾			言语残疾		
	合计	男	女	小计	男	女	小计	男	女	小计	男	女
总 计	**6063**	**3028**	**3035**	**822**	**309**	**513**	**2060**	**1108**	**952**	**64**	**40**	**24**
0-4	**57**	**33**	**24**	**4**	**1**	**3**	**3**	**3**		**6**	**3**	**3**
0岁	7	5	2									
1岁	12	6	6	1		1	3	3				
2岁	15	9	6	1	1					2	1	1
3岁	10	6	4	1		1				2	1	1
4岁	13	7	6	1		1				2	1	1
5-9	**51**	**28**	**23**	**2**	**1**	**1**	**2**		**2**	**5**	**3**	**2**
5岁	17	6	11	1	1					1		1
6岁	11	7	4	1		1				4	3	1
7岁	3	2	1									
8岁	12	8	4				1		1			
9岁	8	5	3				1		1			
10-14	**65**	**43**	**22**	**1**	**1**		**1**	**1**		**2**	**2**	
10岁	16	13	3				1	1				
11岁	15	10	5							2	2	
12岁	13	8	5									
13岁	13	8	5	1	1							
14岁	8	4	4									
15-19	**77**	**39**	**38**	**2**	**1**	**1**	**2**	**1**	**1**	**4**	**1**	**3**
15岁	14	9	5	1	1							
16岁	17	8	9							2	1	1
17岁	21	14	7				1	1		1		1
18岁	16	5	11	1		1				1		1
19岁	9	3	6				1		1			
20-24	**73**	**41**	**32**	**1**	**1**					**1**		**1**
20岁	12	8	4									
21岁	10	2	8									
22岁	18	12	6	1	1					1		1
23岁	20	14	6									
24岁	13	5	8									
25-29	**128**	**63**	**65**	**6**	**5**	**1**	**5**	**1**	**4**	**3**	**3**	
25岁	31	17	14	3	3					2	2	
26岁	17	10	7	1	1							
27岁	29	12	17	1	1		2		2			

2-2 续表 1

单位：人

年龄	残疾人数			视力残疾			听力残疾			言语残疾		
	合计	男	女	小计	男	女	小计	男	女	小计	男	女
28岁	28	13	15	1		1	2	1	1	1	1	
29岁	23	11	12				1		1			
30-34	**184**	**93**	**91**	**8**	**3**	**5**	**9**	**3**	**6**	**6**	**3**	**3**
30岁	26	12	14	2	2					1	1	
31岁	38	17	21	1		1						
32岁	32	18	14	2	1	1				3	1	2
33岁	33	14	19	2		2	5	1	4	1		1
34岁	55	32	23	1		1	4	2	2	1	1	
35-39	**259**	**136**	**123**	**16**	**3**	**13**	**18**	**11**	**7**	**6**	**5**	**1**
35岁	48	30	18				3	3		1	1	
36岁	48	24	24	3		3	1		1	2	1	1
37岁	60	32	28	5	2	3	4	1	3	2	2	
38岁	47	19	28	3		3	4	3	1			
39岁	56	31	25	5	1	4	6	4	2	1	1	
40-44	**306**	**167**	**139**	**18**	**12**	**6**	**28**	**14**	**14**	**7**	**4**	**3**
40岁	48	25	23				5	2	3			
41岁	51	26	25	3	3		4		4	3	2	1
42岁	79	46	33	6	3	3	6	5	1	2	1	1
43岁	81	47	34	6	4	2	8	4	4	1	1	
44岁	47	23	24	3	2	1	5	3	2	1		1
45-49	**309**	**192**	**117**	**25**	**14**	**11**	**50**	**33**	**17**	**4**	**1**	**3**
45岁	48	34	14	3	1	2	5	4	1			
46岁	60	29	31	8	5	3	5	1	4	1		1
47岁	49	33	16	4	3	1	8	7	1	2	1	1
48岁	77	46	31	3	2	1	20	13	7	1		1
49岁	75	50	25	7	3	4	12	8	4			
50-54	**396**	**220**	**176**	**41**	**20**	**21**	**75**	**43**	**32**	**7**	**5**	**2**
50岁	76	42	34	4	3	1	16	9	7	1	1	
51岁	71	37	34	9	3	6	10	6	4	2	2	
52岁	79	46	33	11	4	7	13	7	6	1	1	
53岁	95	52	43	9	6	3	20	11	9	2		2
54岁	75	43	32	8	4	4	16	10	6	1	1	
55-59	**443**	**223**	**220**	**54**	**20**	**34**	**117**	**70**	**47**	**1**	**1**	
55岁	90	42	48	12	4	8	20	7	13			
56岁	90	43	47	9	3	6	20	9	11	1	1	
57岁	78	41	37	13	5	8	25	19	6			

2-2 续表 2

单位：人

年龄	残疾人数			视力残疾			听力残疾			言语残疾		
	合计	男	女	小计	男	女	小计	男	女	小计	男	女
58岁	86	44	42	8	3	5	16	10	6			
59岁	99	53	46	12	5	7	36	25	11			
60-64	**399**	**214**	**185**	**68**	**27**	**41**	**139**	**93**	**46**	**3**	**3**	
60岁	80	38	42	12	5	7	27	17	10			
61岁	75	35	40	13	4	9	25	12	13			
62岁	88	51	37	17	5	12	33	25	8	1	1	
63岁	74	40	34	12	4	8	25	17	8	1	1	
64岁	82	50	32	14	9	5	29	22	7	1	1	
65-69	**520**	**307**	**213**	**92**	**44**	**48**	**226**	**149**	**77**	**1**		**1**
65岁	74	45	29	10	3	7	33	20	13			
66岁	92	59	33	18	11	7	39	27	12			
67岁	109	64	45	21	11	10	47	34	13			
68岁	127	74	53	18	10	8	55	35	20	1		1
69岁	118	65	53	25	9	16	52	33	19			
70-74	**824**	**405**	**419**	**139**	**52**	**87**	**404**	**214**	**190**	**2**	**1**	**1**
70岁	143	69	74	16	6	10	71	38	33	1		1
71岁	153	79	74	29	9	20	71	41	30			
72岁	158	78	80	30	13	17	72	37	35			
73岁	189	83	106	29	11	18	100	52	48			
74岁	181	96	85	35	13	22	90	46	44	1	1	
75-79	**874**	**399**	**475**	**148**	**33**	**115**	**463**	**242**	**221**	**4**	**3**	**1**
75岁	143	64	79	22	6	16	69	35	34			
76岁	168	81	87	18	4	14	94	45	49			
77岁	217	113	104	44	10	34	119	74	45	3	3	
78岁	185	75	110	34	3	31	93	45	48	1		1
79岁	161	66	95	30	10	20	88	43	45			
80-84	**695**	**290**	**405**	**129**	**50**	**79**	**334**	**158**	**176**	**2**	**2**	
80岁	159	74	85	30	15	15	76	37	39			
81岁	146	58	88	28	7	21	68	30	38			
82岁	143	52	91	22	6	16	65	28	37	1	1	
83岁	129	59	70	25	14	11	69	31	38	1	1	
84岁	118	47	71	24	8	16	56	32	24			
85+	**403**	**135**	**268**	**68**	**21**	**47**	**184**	**72**	**112**			

2-2 续表 3

单位：人

年 龄	肢体残疾			智力残疾			精神残疾			多重残疾		
	小计	男	女	小计	男	女	小计	男	女	小计	男	女
总 计	**1373**	**727**	**646**	**387**	**211**	**176**	**509**	**237**	**272**	**848**	**396**	**452**
0-4	**4**	**2**	**2**	**27**	**17**	**10**				**13**	**7**	**6**
0岁				6	5	1				1		1
1岁				5	2	3				3	1	2
2岁	2	1	1	8	6	2				2		2
3岁	1		1	3	2	1				3	3	
4岁	1	1		5	2	3				4	3	1
5-9	**4**	**3**	**1**	**16**	**9**	**7**	**2**	**2**		**20**	**10**	**10**
5岁				4	2	2				11	3	8
6岁				4	2	2				2	2	
7岁	1	1		1		1				1	1	
8岁	2	1	1	5	4	1	1	1		3	2	1
9岁	1	1		2	1	1	1	1		3	2	1
10-14	**9**	**6**	**3**	**26**	**15**	**11**	**3**	**3**		**23**	**15**	**8**
10岁	1	1		6	5	1	1	1		7	5	2
11岁	1		1	9	6	3	1	1		2	1	1
12岁	1	1		4	1	3				8	6	2
13岁	3	2	1	4	2	2	1	1		4	2	2
14岁	3	2	1	3	1	2				2	1	1
15-19	**17**	**10**	**7**	**24**	**11**	**13**	**4**	**1**	**3**	**24**	**14**	**10**
15岁	2	2		8	3	5				3	3	
16岁	6	1	5	5	3	2				4	3	1
17岁	6	6		3	1	2	2	1	1	8	5	3
18岁	1	1		4	2	2	2		2	7	2	5
19岁	2		2	4	2	2				2	1	1
20-24	**20**	**14**	**6**	**22**	**12**	**10**	**13**	**6**	**7**	**16**	**8**	**8**
20岁	2	1	1	8	6	2				2	1	1
21岁	4	1	3	4	1	3	1		1	1		1
22岁	2	2		5	3	2	5	4	1	4	2	2
23岁	10	9	1	2	1	1	3	1	2	5	3	2
24岁	2	1	1	3	1	2	4	1	3	4	2	2
25-29	**32**	**13**	**19**	**27**	**12**	**15**	**26**	**14**	**12**	**29**	**15**	**14**
25岁	8	2	6	9	7	2	1	1		8	2	6
26岁	4	3	1	5	2	3	5	2	3	2	2	
27岁	5	2	3	4		4	8	5	3	9	4	5

2-2 续表 4

单位：人

年 龄	肢体残疾			智力残疾			精神残疾			多重残疾		
	小计	男	女	小计	男	女	小计	男	女	小计	男	女
28岁	8	3	5	4		4	6	4	2	6	4	2
29岁	7	3	4	5	3	2	6	2	4	4	3	1
30-34	**50**	**27**	**23**	**30**	**13**	**17**	**35**	**21**	**14**	**46**	**23**	**23**
30岁	5	2	3	6	2	4	4	3	1	8	2	6
31岁	7	3	4	8	3	5	7	3	4	15	8	7
32岁	11	6	5	2	1	1	5	4	1	9	5	4
33岁	8	5	3	7	4	3	6	4	2	4		4
34岁	19	11	8	7	3	4	13	7	6	10	8	2
35-39	**86**	**49**	**37**	**33**	**18**	**15**	**58**	**29**	**29**	**42**	**21**	**21**
35岁	12	11	1	6	2	4	16	9	7	10	4	6
36岁	15	11	4	7	5	2	9	3	6	11	4	7
37岁	24	12	12	7	4	3	9	5	4	9	6	3
38岁	18	6	12	4	2	2	11	4	7	7	4	3
39岁	17	9	8	9	5	4	13	8	5	5	3	2
40-44	**101**	**55**	**46**	**49**	**26**	**23**	**61**	**36**	**25**	**42**	**20**	**22**
40岁	15	8	7	9	7	2	10	4	6	9	4	5
41岁	15	8	7	9	4	5	13	8	5	4	1	3
42岁	23	13	10	12	6	6	17	11	6	13	7	6
43岁	30	17	13	13	7	6	11	7	4	12	7	5
44岁	18	9	9	6	2	4	10	6	4	4	1	3
45-49	**119**	**77**	**42**	**34**	**24**	**10**	**45**	**21**	**24**	**32**	**22**	**10**
45岁	24	16	8	8	6	2	4	3	1	4	4	
46岁	27	17	10	5	1	4	10	4	6	4	1	3
47岁	15	11	4	7	6	1	9	3	6	4	2	2
48岁	27	15	12	4	2	2	12	6	6	10	8	2
49岁	26	18	8	10	9	1	10	5	5	10	7	3
50-54	**141**	**84**	**57**	**29**	**19**	**10**	**71**	**32**	**39**	**32**	**17**	**15**
50岁	30	17	13	3	1	2	17	10	7	5	1	4
51岁	25	15	10	4	2	2	12	4	8	9	5	4
52岁	27	18	9	11	9	2	12	4	8	4	3	1
53岁	33	17	16	6	4	2	19	11	8	6	3	3
54岁	26	17	9	5	3	2	11	3	8	8	5	3
55-59	**151**	**76**	**75**	**16**	**11**	**5**	**73**	**29**	**44**	**31**	**16**	**15**
55岁	29	17	12	6	5	1	15	5	10	8	4	4
56岁	31	16	15	3	2	1	15	7	8	11	5	6
57岁	18	7	11	1		1	16	7	9	5	3	2

2-2 续表 5

单位：人

年　龄	肢体残疾			智力残疾			精神残疾			多重残疾		
	小计	男	女	小计	男	女	小计	男	女	小计	男	女
58岁	39	18	21	1	1		16	8	8	6	4	2
59岁	34	18	16	5	3	2	11	2	9	1		1
60-64	**111**	**53**	**58**	**14**	**7**	**7**	**31**	**11**	**20**	**33**	**20**	**13**
60岁	20	7	13	6	2	4	10	4	6	5	3	2
61岁	23	11	12	3	2	1	5	2	3	6	4	2
62岁	24	14	10	3	3		3		3	7	3	4
63岁	27	15	12				2		2	7	3	4
64岁	17	6	11	2		2	11	5	6	8	7	1
65-69	**122**	**84**	**38**	**7**	**3**	**4**	**24**	**9**	**15**	**48**	**18**	**30**
65岁	20	16	4	1	1		3	1	2	7	4	3
66岁	20	13	7	1		1	4	3	1	10	5	5
67岁	28	15	13	1		1	5	1	4	7	3	4
68岁	30	21	9	1	1		6	2	4	16	5	11
69岁	24	19	5	3	1	2	6	2	4	8	1	7
70-74	**157**	**74**	**83**	**5**	**3**	**2**	**23**	**10**	**13**	**94**	**51**	**43**
70岁	31	12	19	1	1		8	3	5	15	9	6
71岁	31	16	15				1		1	21	13	8
72岁	32	16	16	1		1	7	4	3	16	8	8
73岁	31	11	20	3	2	1	3		3	23	7	16
74岁	32	19	13				4	3	1	19	14	5
75-79	**113**	**55**	**58**	**12**	**5**	**7**	**18**	**9**	**9**	**116**	**52**	**64**
75岁	23	11	12	2	1	1	3	1	2	24	10	14
76岁	28	15	13	3	2	1	5	4	1	20	11	9
77岁	29	15	14	1		1	1	1		20	10	10
78岁	18	9	9	5	2	3	5	2	3	29	14	15
79岁	15	5	10	1		1	4	1	3	23	7	16
80-84	**87**	**31**	**56**	**13**	**4**	**9**	**16**	**3**	**13**	**114**	**42**	**72**
80岁	23	11	12	4	1	3	2		2	24	10	14
81岁	16	6	10	2		2	3		3	29	15	14
82岁	23	6	17	4	1	3	6	1	5	22	9	13
83岁	14	5	9	2	2		2	1	1	16	5	11
84岁	11	3	8	1		1	3	1	2	23	3	20
85+	**49**	**14**	**35**	**3**	**2**	**1**	**6**	**1**	**5**	**93**	**25**	**68**

2－2a 城镇分年龄、性别、残疾类别的残疾人

单位：人

年龄	残疾人数			视力残疾			听力残疾			言语残疾		
	合计	男	女	小计	男	女	小计	男	女	小计	男	女
总 计	**1613**	**773**	**840**	**233**	**70**	**163**	**567**	**298**	**269**	**15**	**10**	**5**
0–4	**20**	**10**	**10**	**1**		**1**	**1**	**1**		**3**	**1**	**2**
0岁												
1岁	3	2	1				1	1				
2岁	4	3	1									
3岁	5	1	4	1		1				1		1
4岁	8	4	4							2	1	1
5–9	**10**	**6**	**4**									
5岁	3	1	2									
6岁												
7岁	1	1										
8岁	3	2	1									
9岁	3	2	1									
10–14	**9**	**4**	**5**									
10岁	1		1									
11岁	2		2									
12岁	1	1										
13岁	3	2	1									
14岁	2	1	1									
15–19	**12**	**5**	**7**							**1**	**1**	
15岁	1	1										
16岁	3	1	2							1	1	
17岁	2	1	1									
18岁	5	2	3									
19岁	1		1									
20–24	**21**	**9**	**12**									
20岁	3		3									
21岁	3		3									
22岁	6	3	3									
23岁	4	4										
24岁	5	2	3									
25–29	**26**	**15**	**11**	**1**	**1**		**2**	**1**	**1**			
25岁	6	4	2									
26岁	3	2	1									
27岁	4	2	2	1	1							

2－2a 续表 1

单位：人

年 龄	残疾人数			视残疾力			听力残疾			言语残疾		
	合计	男	女	小计	男	女	小计	男	女	小计	男	女
28岁	7	4	3				1	1				
29岁	6	3	3				1		1			
30-34	**45**	**20**	**25**	**2**	**1**	**1**	**2**		**2**			
30岁	4	1	3	1	1							
31岁	7	2	5									
32岁	6	4	2									
33岁	13	5	8	1		1	2		2			
34岁	15	8	7									
35-39	**68**	**45**	**23**	**3**		**3**	**2**	**1**	**1**	**3**	**3**	
35岁	9	7	2									
36岁	12	9	3							1	1	
37岁	19	11	8	1		1	1		1	1	1	
38岁	15	8	7									
39岁	13	10	3	2		2	1	1		1	1	
40-44	**84**	**45**	**39**	**5**	**1**	**4**	**9**	**5**	**4**	**2**	**1**	**1**
40岁	12	8	4				2	2				
41岁	13	8	5				1		1			
42岁	27	12	15	2		2	2	1	1	1		1
43岁	21	12	9	2	1	1	2	1	1	1	1	
44岁	11	5	6	1		1	2	1	1			
45-49	**80**	**46**	**34**	**5**	**4**	**1**	**12**	**7**	**5**	**1**		**1**
45岁	12	9	3									
46岁	19	9	10	2	2		2	1	1			
47岁	11	8	3				3	2	1			
48岁	20	9	11	1	1		3	2	1	1		1
49岁	18	11	7	2	1	1	4	2	2			
50-54	**102**	**51**	**51**	**13**	**2**	**11**	**21**	**11**	**10**	**1**	**1**	
50岁	22	14	8				6	3	3	1	1	
51岁	18	6	12	5	1	4	2	1	1			
52岁	21	8	13	4	1	3	3	1	2			
53岁	23	11	12	2		2	5	2	3			
54岁	18	12	6	2		2	5	4	1			
55-59	**118**	**57**	**61**	**16**	**4**	**12**	**37**	**19**	**18**			
55岁	26	12	14	2		2	8	3	5			
56岁	21	8	13	2		2	6	2	4			
57岁	19	10	9	4	2	2	7	4	3			

2－2a 续表 2

单位：人

年龄	残疾人数			视力残疾			听力残疾			言语残疾		
	合计	男	女	小计	男	女	小计	男	女	小计	男	女
58岁	25	13	12	3	1	2	3		3			
59岁	27	14	13	5	1	4	13	10	3			
60-64	**125**	**62**	**63**	**28**	**10**	**18**	**49**	**32**	**17**			
60岁	22	12	10	4	2	2	5	5				
61岁	30	10	20	8	1	7	11	5	6			
62岁	24	12	12	6	3	3	11	7	4			
63岁	26	15	11	5	2	3	12	8	4			
64岁	23	13	10	5	2	3	10	7	3			
65-69	**148**	**87**	**61**	**27**	**12**	**15**	**72**	**48**	**24**	**1**		**1**
65岁	27	14	13	4	1	3	14	7	7			
66岁	32	22	10	4	2	2	19	15	4			
67岁	30	20	10	8	4	4	12	10	2			
68岁	30	14	16	5	3	2	13	7	6	1		1
69岁	29	17	12	6	2	4	14	9	5			
70-74	**202**	**97**	**105**	**32**	**10**	**22**	**100**	**52**	**48**			
70岁	39	20	19	5	2	3	18	12	6			
71岁	25	14	11	4	1	3	12	7	5			
72岁	34	16	18	6	2	4	18	8	10			
73岁	47	19	28	5	1	4	26	13	13			
74岁	57	28	29	12	4	8	26	12	14			
75-79	**212**	**96**	**116**	**35**	**8**	**27**	**116**	**57**	**59**	**2**	**2**	
75岁	36	15	21	4		4	18	8	10			
76岁	32	14	18	6	2	4	16	6	10			
77岁	54	30	24	8	3	5	34	19	15	2	2	
78岁	51	23	28	12	2	10	29	15	14			
79岁	39	14	25	5	1	4	19	9	10			
80-84	**202**	**77**	**125**	**36**	**10**	**26**	**97**	**42**	**55**	**1**	**1**	
80岁	47	18	29	9	3	6	23	9	14			
81岁	42	13	29	8		8	20	7	13			
82岁	49	22	27	5	1	4	20	12	8	1	1	
83岁	37	14	23	4	2	2	24	9	15			
84岁	27	10	17	10	4	6	10	5	5			
85+	**129**	**41**	**88**	**29**	**7**	**22**	**47**	**22**	**25**			

2－2a 续表 3

单位：人

年 龄	肢体残疾			智力残疾			精神残疾			多重残疾		
	小计	男	女	小计	男	女	小计	男	女	小计	男	女
总 计	**371**	**192**	**179**	**101**	**57**	**44**	**126**	**55**	**71**	**200**	**91**	**109**
0-4	**3**	**1**	**2**	**7**	**3**	**4**				**5**	**4**	**1**
0岁												
1岁				1		1				1	1	
2岁	1		1	3	3							
3岁	1		1	1		1				1	1	
4岁	1	1		2		2				3	2	1
5-9	**2**	**1**	**1**	**2**	**1**	**1**				**6**	**4**	**2**
5岁				1		1				2	1	1
6岁												
7岁										1	1	
8岁	1		1	1	1					1	1	
9岁	1	1								2	1	1
10-14	**1**		**1**	**3**	**2**	**1**				**5**	**2**	**3**
10岁										1		1
11岁				1		1				1		1
12岁										1	1	
13岁				1	1					2	1	1
14岁	1		1	1	1							
15-19	**4**	**1**	**3**	**1**		**1**				**6**	**3**	**3**
15岁										1	1	
16岁	2		2									
17岁	1	1								1		1
18岁				1		1				4	2	2
19岁	1		1									
20-24	**8**	**5**	**3**	**9**	**1**	**8**	**1**	**1**		**3**	**2**	**1**
20岁	1		1	2		2						
21岁	1		1	2		2						
22岁	1	1		2		2	1	1		2	1	1
23岁	3	3		1	1							
24岁	2	1	1	2		2				1	1	
25-29	**5**	**3**	**2**	**5**	**4**	**1**	**6**	**2**	**4**	**7**	**4**	**3**
25岁	2	1	1	4	3	1						
26岁				1	1		1		1	1	1	
27岁							1	1		2		2

2－2a 续表 4

单位：人

年 龄	肢体残疾			智力残疾			精神残疾			多重残疾		
	小计	男	女	小计	男	女	小计	男	女	小计	男	女
28岁	2	1	1				1		1	3	2	1
29岁	1	1					3	1	2	1	1	
30-34	**19**	**10**	**9**	**5**	**2**	**3**	**7**	**4**	**3**	**10**	**3**	**7**
30岁	2		2							1		1
31岁	4	2	2				1		1	2		2
32岁	2	2								4	2	2
33岁	4	2	2	3	2	1	2	1	1	1		1
34岁	7	4	3	2		2	4	3	1	2	1	1
35-39	**27**	**16**	**11**	**9**	**8**	**1**	**16**	**10**	**6**	**8**	**7**	**1**
35岁	3	3		1	1		4	3	1	1		1
36岁	4	4		2	1	1	2		2	3	3	
37岁	10	4	6	3	3		1	1		2	2	
38岁	6	2	4	1	1		6	3	3	2	2	
39岁	4	3	1	2	2		3	3				
40-44	**23**	**15**	**8**	**18**	**10**	**8**	**16**	**9**	**7**	**11**	**4**	**7**
40岁	4	2	2	3	2	1	1	1		2	1	1
41岁	4	3	1	2	1	1	6	4	2			
42岁	6	4	2	6	4	2	4	1	3	6	2	4
43岁	5	3	2	6	3	3	3	2	1	2	1	1
44岁	4	3	1	1		1	2	1	1	1		1
45-49	**30**	**18**	**12**	**11**	**9**	**2**	**13**	**2**	**11**	**8**	**6**	**2**
45岁	8	5	3	3	3		1	1				
46岁	9	4	5	1	1		4		4	1	1	
47岁	2	2		3	3		2	1	1	1		1
48岁	7	3	4	1		1	3		3	4	3	1
49岁	4	4		3	2	1	3		3	2	2	
50-54	**36**	**22**	**14**	**7**	**5**	**2**	**18**	**8**	**10**	**6**	**2**	**4**
50岁	8	6	2	1	1		5	3	2	1		1
51岁	8	3	5	1	1		2		2			
52岁	6	3	3	2	1	1	5	2	3	1		1
53岁	7	4	3	2	1	1	4	3	1	3	1	2
54岁	7	6	1	1	1		2		2	1	1	
55-59	**39**	**20**	**19**	**4**	**3**	**1**	**18**	**9**	**9**	**4**	**2**	**2**
55岁	7	3	4	2	2		6	4	2	1		1
56岁	9	4	5				3	2	1	1		1
57岁	5	3	2	1		1	2	1	1			

2－2a 续表 5

单位：人

年 龄	肢体残疾			智力残疾			精神残疾			多重残疾		
	小计	男	女	小计	男	女	小计	男	女	小计	男	女
58岁	13	7	6	1	1		3	2	1	2	2	
59岁	5	3	2				4		4			
60-64	**35**	**15**	**20**	**2**	**1**	**1**	**7**	**2**	**5**	**4**	**2**	**2**
60岁	8	4	4	1		1	3	1	2	1		1
61岁	8	3	5	1	1		2		2			
62岁	6	2	4							1		1
63岁	8	5	3				1		1			
64岁	5	1	4				1	1		2	2	
65-69	**29**	**18**	**11**	**3**	**1**	**2**	**4**	**1**	**3**	**12**	**7**	**5**
65岁	5	4	1				1		1	3	2	1
66岁	4	2	2				2	1	1	3	2	1
67岁	7	4	3	1		1				2	2	
68岁	7	3	4				1		1	3	1	2
69岁	6	5	1	2	1	1				1		1
70-74	**41**	**16**	**25**	**3**	**2**	**1**	**8**	**4**	**4**	**18**	**13**	**5**
70岁	11	3	8				3	1	2	2	2	
71岁	5	2	3							4	4	
72岁	6	3	3	1		1	2	2		1	1	
73岁	7	1	6	2	2		1		1	6	2	4
74岁	12	7	5				2	1	1	5	4	1
75-79	**29**	**19**	**10**	**3**	**1**	**2**	**4**	**3**	**1**	**23**	**6**	**17**
75岁	9	4	5				2	1	1	3	2	1
76岁	7	4	3	2	1	1	1	1				
77岁	5	4	1							5	2	3
78岁	4	4		1		1				5	2	3
79岁	4	3	1				1	1		10		10
80-84	**22**	**9**	**13**	**7**	**3**	**4**	**7**		**7**	**32**	**12**	**20**
80岁	6	2	4	3	1	2				6	3	3
81岁	4	2	2	1		1	2		2	7	4	3
82岁	9	4	5	2	1	1	4		4	8	3	5
83岁	1		1	1	1		1		1	6	2	4
84岁	2	1	1							5		5
85+	**18**	**3**	**15**	**2**	**1**	**1**	**1**		**1**	**32**	**8**	**24**

2－2b　农村分年龄、性别、残疾类别的残疾人

单位：人

年　龄	残疾人数			视力残疾			听力残疾			言语残疾		
	合计	男	女	小计	男	女	小计	男	女	小计	男	女
总　计	**4450**	**2255**	**2195**	**589**	**239**	**350**	**1493**	**810**	**683**	**49**	**30**	**19**
0-4	**37**	**23**	**14**	**3**	**1**	**2**	**2**	**2**		**3**	**2**	**1**
0岁	7	5	2									
1岁	9	4	5	1		1	2	2				
2岁	11	6	5	1	1					2	1	1
3岁	5	5								1	1	
4岁	5	3	2	1		1						
5-9	**41**	**22**	**19**	**2**	**1**	**1**	**2**		**2**	**5**	**3**	**2**
5岁	14	5	9	1	1					1		1
6岁	11	7	4	1		1				4	3	1
7岁	2	1	1									
8岁	9	6	3				1		1			
9岁	5	3	2				1		1			
10-14	**56**	**39**	**17**	**1**	**1**		**1**	**1**		**2**	**2**	
10岁	15	13	2				1	1				
11岁	13	10	3							2	2	
12岁	12	7	5									
13岁	10	6	4	1	1							
14岁	6	3	3									
15-19	**65**	**34**	**31**	**2**	**1**	**1**	**2**	**1**	**1**	**3**		**3**
15岁	13	8	5	1	1							
16岁	14	7	7							1		1
17岁	19	13	6				1	1		1		1
18岁	11	3	8	1		1				1		1
19岁	8	3	5				1		1			
20-24	**52**	**32**	**20**	**1**	**1**					**1**		**1**
20岁	9	8	1									
21岁	7	2	5									
22岁	12	9	3	1	1					1		1
23岁	16	10	6									
24岁	8	3	5									
25-29	**102**	**48**	**54**	**5**	**4**	**1**	**3**		**3**	**3**	**3**	
25岁	25	13	12	3	3					2	2	
26岁	14	8	6	1	1							
27岁	25	10	15				2		2			

2－2b 续表 1

单位：人

年龄	残疾人数			视力残疾			听力残疾			言语残疾		
	总计	男	女	小计	男	女	小计	男	女	小计	男	女
28岁	21	9	12	1		1	1		1	1	1	
29岁	17	8	9									
30-34	**139**	**73**	**66**	**6**	**2**	**4**	**7**	**3**	**4**	**6**	**3**	**3**
30岁	22	11	11	1	1					1	1	
31岁	31	15	16	1		1						
32岁	26	14	12	2	1	1				3	1	2
33岁	20	9	11	1		1	3	1	2	1		1
34岁	40	24	16	1		1	4	2	2	1	1	
35-39	**191**	**91**	**100**	**13**	**3**	**10**	**16**	**10**	**6**	**3**	**2**	**1**
35岁	39	23	16				3	3		1	1	
36岁	36	15	21	3		3	1		1	1		1
37岁	41	21	20	4	2	2	3	1	2	1	1	
38岁	32	11	21	3		3	4	3	1			
39岁	43	21	22	3	1	2	5	3	2			
40-44	**222**	**122**	**100**	**13**	**11**	**2**	**19**	**9**	**10**	**5**	**3**	**2**
40岁	36	17	19				3		3			
41岁	38	18	20	3	3		3		3	3	2	1
42岁	52	34	18	4	3	1	4	4		1	1	
43岁	60	35	25	4	3	1	6	3	3			
44岁	36	18	18	2	2		3	2	1	1		1
45-49	**229**	**146**	**83**	**20**	**10**	**10**	**38**	**26**	**12**	**3**	**1**	**2**
45岁	36	25	11	3	1	2	5	4	1			
46岁	41	20	21	6	3	3	3		3	1		1
47岁	38	25	13	4	3	1	5	5		2	1	1
48岁	57	37	20	2	1	1	17	11	6			
49岁	57	39	18	5	2	3	8	6	2			
50-54	**294**	**169**	**125**	**28**	**18**	**10**	**54**	**32**	**22**	**6**	**4**	**2**
50岁	54	28	26	4	3	1	10	6	4			
51岁	53	31	22	4	2	2	8	5	3	2	2	
52岁	58	38	20	7	3	4	10	6	4	1	1	
53岁	72	41	31	7	6	1	15	9	6	2		2
54岁	57	31	26	6	4	2	11	6	5	1	1	
55-59	**325**	**166**	**159**	**38**	**16**	**22**	**80**	**51**	**29**	**1**	**1**	
55岁	64	30	34	10	4	6	12	4	8			
56岁	69	35	34	7	3	4	14	7	7	1	1	

2－2b 续表 2

单位：人

年 龄	残疾人数			视力残疾			听力残疾			言语残疾		
	合计	男	女	小计	男	女	小计	男	女	小计	男	女
57岁	59	31	28	9	3	6	18	15	3			
58岁	61	31	30	5	2	3	13	10	3			
59岁	72	39	33	7	4	3	23	15	8			
60-64	**274**	**152**	**122**	**40**	**17**	**23**	**90**	**61**	**29**	**3**	**3**	
60岁	58	26	32	8	3	5	22	12	10			
61岁	45	25	20	5	3	2	14	7	7			
62岁	64	39	25	11	2	9	22	18	4	1	1	
63岁	48	25	23	7	2	5	13	9	4	1	1	
64岁	59	37	22	9	7	2	19	15	4	1	1	
65-69	**372**	**220**	**152**	**65**	**32**	**33**	**154**	**101**	**53**			
65岁	47	31	16	6	2	4	19	13	6			
66岁	60	37	23	14	9	5	20	12	8			
67岁	79	44	35	13	7	6	35	24	11			
68岁	97	60	37	13	7	6	42	28	14			
69岁	89	48	41	19	7	12	38	24	14			
70-74	**622**	**308**	**314**	**107**	**42**	**65**	**304**	**162**	**142**	**2**	**1**	**1**
70岁	104	49	55	11	4	7	53	26	27	1		1
71岁	128	65	63	25	8	17	59	34	25			
72岁	124	62	62	24	11	13	54	29	25			
73岁	142	64	78	24	10	14	74	39	35			
74岁	124	68	56	23	9	14	64	34	30	1	1	
75-79	**662**	**303**	**359**	**113**	**25**	**88**	**347**	**185**	**162**	**2**	**1**	**1**
75岁	107	49	58	18	6	12	51	27	24			
76岁	136	67	69	12	2	10	78	39	39			
77岁	163	83	80	36	7	29	85	55	30	1	1	
78岁	134	52	82	22	1	21	64	30	34	1		1
79岁	122	52	70	25	9	16	69	34	35			
80-84	**493**	**213**	**280**	**93**	**40**	**53**	**237**	**116**	**121**	**1**	**1**	
80岁	112	56	56	21	12	9	53	28	25			
81岁	104	45	59	20	7	13	48	23	25			
82岁	94	30	64	17	5	12	45	16	29			
83岁	92	45	47	21	12	9	45	22	23	1	1	
84岁	91	37	54	14	4	10	46	27	19			
85+	**274**	**94**	**180**	**39**	**14**	**25**	**137**	**50**	**87**			

2－2b 续表 3

单位：人

年 龄	肢体残疾			智力残疾			精神残疾			多重残疾		
	小计	男	女	小计	男	女	小计	男	女	小计	男	女
总 计	**1002**	**535**	**467**	**286**	**154**	**132**	**383**	**182**	**201**	**648**	**305**	**343**
0–4	**1**	**1**		**20**	**14**	**6**				**8**	**3**	**5**
0岁				6	5	1				1		1
1岁				4	2	2				2		2
2岁	1	1		5	3	2				2		2
3岁				2	2					2	2	
4岁				3	2	1				1	1	
5–9	**2**	**2**		**14**	**8**	**6**	**2**	**2**		**14**	**6**	**8**
5岁				3	2	1				9	2	7
6岁				4	2	2				2	2	
7岁	1	1		1		1						
8岁	1	1		4	3	1	1	1		2	1	1
9岁				2	1	1	1	1		1	1	
10–14	**8**	**6**	**2**	**23**	**13**	**10**	**3**	**3**		**18**	**13**	**5**
10岁	1	1		6	5	1	1	1		6	5	1
11岁	1		1	8	6	2	1	1		1	1	
12岁	1	1		4	1	3				7	5	2
13岁	3	2	1	3	1	2	1	1		2	1	1
14岁	2	2		2		2				2	1	1
15–19	**13**	**9**	**4**	**23**	**11**	**12**	**4**	**1**	**3**	**18**	**11**	**7**
15岁	2	2		8	3	5				2	2	
16岁	4	1	3	5	3	2				4	3	1
17岁	5	5		3	1	2	2	1	1	7	5	2
18岁	1	1		3	2	1	2		2	3		3
19岁	1		1	4	2	2				2	1	1
20–24	**12**	**9**	**3**	**13**	**11**	**2**	**12**	**5**	**7**	**13**	**6**	**7**
20岁	1	1		6	6					2	1	1
21岁	3	1	2	2	1	1	1		1	1		1
22岁	1	1		3	3		4	3	1	2	1	1
23岁	7	6	1	1		1	3	1	2	5	3	2
24岁				1	1		4	1	3	3	1	2
25–29	**27**	**10**	**17**	**22**	**8**	**14**	**20**	**12**	**8**	**22**	**11**	**11**
25岁	6	1	5	5	4	1	1	1		8	2	6
26岁	4	3	1	4	1	3	4	2	2	1	1	
27岁	5	2	3	4		4	7	4	3	7	4	3

2－2b 续表 4

单位：人

年 龄	肢体残疾			智力残疾			精神残疾			多重残疾		
	小计	男	女	小计	男	女	小计	男	女	小计	男	女
28岁	6	2	4	4		4	5	4	1	3	2	1
29岁	6	2	4	5	3	2	3	1	2	3	2	1
30-34	**31**	**17**	**14**	**25**	**11**	**14**	**28**	**17**	**11**	**36**	**20**	**16**
30岁	3	2	1	6	2	4	4	3	1	7	2	5
31岁	3	1	2	8	3	5	6	3	3	13	8	5
32岁	9	4	5	2	1	1	5	4	1	5	3	2
33岁	4	3	1	4	2	2	4	3	1	3		3
34岁	12	7	5	5	3	2	9	4	5	8	7	1
35-39	**59**	**33**	**26**	**24**	**10**	**14**	**42**	**19**	**23**	**34**	**14**	**20**
35岁	9	8	1	5	1	4	12	6	6	9	4	5
36岁	11	7	4	5	4	1	7	3	4	8	1	7
37岁	14	8	6	4	1	3	8	4	4	7	4	3
38岁	12	4	8	3	1	2	5	1	4	5	2	3
39岁	13	6	7	7	3	4	10	5	5	5	3	2
40-44	**78**	**40**	**38**	**31**	**16**	**15**	**45**	**27**	**18**	**31**	**16**	**15**
40岁	11	6	5	6	5	1	9	3	6	7	3	4
41岁	11	5	6	7	3	4	7	4	3	4	1	3
42岁	17	9	8	6	2	4	13	10	3	7	5	2
43岁	25	14	11	7	4	3	8	5	3	10	6	4
44岁	14	6	8	5	2	3	8	5	3	3	1	2
45-49	**89**	**59**	**30**	**23**	**15**	**8**	**32**	**19**	**13**	**24**	**16**	**8**
45岁	16	11	5	5	3	2	3	2	1	4	4	
46岁	18	13	5	4		4	6	4	2	3		3
47岁	13	9	4	4	3	1	7	2	5	3	2	1
48岁	20	12	8	3	2	1	9	6	3	6	5	1
49岁	22	14	8	7	7		7	5	2	8	5	3
50-54	**105**	**62**	**43**	**22**	**14**	**8**	**53**	**24**	**29**	**26**	**15**	**11**
50岁	22	11	11	2		2	12	7	5	4	1	3
51岁	17	12	5	3	1	2	10	4	6	9	5	4
52岁	21	15	6	9	8	1	7	2	5	3	3	
53岁	26	13	13	4	3	1	15	8	7	3	2	1
54岁	19	11	8	4	2	2	9	3	6	7	4	3
55-59	**112**	**56**	**56**	**12**	**8**	**4**	**55**	**20**	**35**	**27**	**14**	**13**
55岁	22	14	8	4	3	1	9	1	8	7	4	3
56岁	22	12	10	3	2	1	12	5	7	10	5	5

2－2b 续表 5

单位：人

年龄	肢体残疾			智力残疾			精神残疾			多重残疾		
	小计	男	女	小计	男	女	小计	男	女	小计	男	女
57岁	13	4	9				14	6	8	5	3	2
58岁	26	11	15				13	6	7	4	2	2
59岁	29	15	14	5	3	2	7	2	5	1		1
60-64	**76**	**38**	**38**	**12**	**6**	**6**	**24**	**9**	**15**	**29**	**18**	**11**
60岁	12	3	9	5	2	3	7	3	4	4	3	1
61岁	15	8	7	2	1	1	3	2	1	6	4	2
62岁	18	12	6	3	3		3		3	6	3	3
63岁	19	10	9				1		1	7	3	4
64岁	12	5	7	2		2	10	4	6	6	5	1
65-69	**93**	**66**	**27**	**4**	**2**	**2**	**20**	**8**	**12**	**36**	**11**	**25**
65岁	15	12	3	1	1		2	1	1	4	2	2
66岁	16	11	5	1		1	2	2		7	3	4
67岁	21	11	10				5	1	4	5	1	4
68岁	23	18	5	1	1		5	2	3	13	4	9
69岁	18	14	4	1		1	6	2	4	7	1	6
70-74	**116**	**58**	**58**	**2**	**1**	**1**	**15**	**6**	**9**	**76**	**38**	**38**
70岁	20	9	11	1	1		5	2	3	13	7	6
71岁	26	14	12				1		1	17	9	8
72岁	26	13	13				5	2	3	15	7	8
73岁	24	10	14	1		1	2		2	17	5	12
74岁	20	12	8				2	2		14	10	4
75-79	**84**	**36**	**48**	**9**	**4**	**5**	**14**	**6**	**8**	**93**	**46**	**47**
75岁	14	7	7	2	1	1	1		1	21	8	13
76岁	21	11	10	1	1		4	3	1	20	11	9
77岁	24	11	13	1		1	1	1		15	8	7
78岁	14	5	9	4	2	2	5	2	3	24	12	12
79岁	11	2	9	1		1	3		3	13	7	6
80-84	**65**	**22**	**43**	**6**	**1**	**5**	**9**	**3**	**6**	**82**	**30**	**52**
80岁	17	9	8	1		1	2		2	18	7	11
81岁	12	4	8	1		1	1		1	22	11	11
82岁	14	2	12	2		2	2	1	1	14	6	8
83岁	13	5	8	1	1		1	1		10	3	7
84岁	9	2	7	1		1	3	1	2	18	3	15
85+	**31**	**11**	**20**	**1**	**1**		**5**	**1**	**4**	**61**	**17**	**44**

2－3 多重残疾人的残疾类别组合

单位：人，%

残疾类别组合	多重残疾人			占多重残疾人总数的比重
	合计	男	女	
总　　计	**848**	**396**	**452**	**100.00**
二种残疾类别组合人数小计	**730**	**328**	**402**	**86.08**
视力、听力	206	68	138	24.29
视力、言语	2		2	0.24
视力、肢体	43	13	30	5.07
视力、智力	8	4	4	0.94
视力、精神	5	2	3	0.59
听力、言语	156	85	71	18.40
听力、智力	13	3	10	1.53
听力、肢体	92	47	45	10.85
听力、精神	16	10	6	1.89
言语、智力	45	27	18	5.31
言语、肢体	28	16	12	3.30
言语、精神	1	1		0.12
智力、肢体	30	12	18	3.54
智力、精神	74	35	39	8.73
肢体、精神	11	5	6	1.30
三种残疾类别组合人数小计	**108**	**63**	**45**	**12.74**
视力、听力、言语	1	1		0.12
视力、听力、肢体	18	7	11	2.12
视力、听力、智力	2	1	1	0.24
视力、听力、精神				
视力、言语、肢体	2		2	0.24
视力、言语、智力	3	2	1	0.35
视力、言语、精神				
视力、肢体、智力				
视力、肢体、精神	1	1		0.12
视力、智力、精神	1	1		0.12
听力、言语、肢体	10	6	4	1.18
听力、言语、智力	10	6	4	1.18
听力、言语、精神	1		1	0.12
听力、肢体、智力				
听力、肢体、精神	1	1		0.12
听力、智力、精神	3	1	2	0.35
言语、肢体、智力	29	19	10	3.42
言语、肢体、精神	1	1		0.12
言语、智力、精神	14	9	5	1.65
肢体、智力、精神	11	7	4	1.30
四种残疾类别组合人数小计	**10**	**5**	**5**	**1.18**
五种残疾类别组合人数小计				
六种残疾类别组合人数小计				

2-4 各地区分民族、性别的残疾人

单位：人

地区	残疾人			汉族			蒙古族		
	合计	男	女	小计	男	女	小计	男	女
总计	**6063**	**3028**	**3035**	**6041**	**3020**	**3021**			
杭州市下城区	207	96	111	207	96	111			
杭州市余杭区	220	94	126	218	94	124			
杭州市富阳市	301	154	147	301	154	147			
杭州市临安市	229	112	117	229	112	117			
宁波市江东区	144	66	78	144	66	78			
宁波市宁海县	331	151	180	331	151	180			
宁波市慈溪市	202	97	105	201	97	104			
温州市永嘉县	254	145	109	254	145	109			
温州市瑞安市	175	101	74	175	101	74			
温州市乐清市	231	123	108	231	123	108			
嘉兴市嘉善县	234	99	135	233	99	134			
嘉兴市桐乡市	236	122	114	236	122	114			
湖州市德清县	219	125	94	218	125	93			
绍兴市绍兴县	223	104	119	221	104	117			
绍兴市嵊州市	306	164	142	306	164	142			
金华市金东区	237	98	139	236	97	139			
金华市义乌市	216	116	100	215	115	100			
衢州市开化县	230	125	105	230	125	105			
衢州市江山市	263	141	122	263	141	122			
舟山市岱山县	312	149	163	312	149	163			
台州市椒江区	194	91	103	194	91	103			
台州市三门县	193	80	113	193	80	113			
台州市临海市	265	124	141	265	124	141			
丽水市莲都区	313	158	155	300	152	148			
丽水市青田县	328	193	135	328	193	135			

2-4 续表 1

单位：人

地　区	回　族			藏　族			维吾尔族		
	小计	男	女	小计	男	女	小计	男	女
总　计									
杭州市下城区									
杭州市余杭区									
杭州市富阳市									
杭州市临安市									
宁波市江东区									
宁波市宁海县									
宁波市慈溪市									
温州市永嘉县									
温州市瑞安市									
温州市乐清市									
嘉兴市嘉善县									
嘉兴市桐乡市									
湖州市德清县									
绍兴市绍兴县									
绍兴市嵊州市									
金华市金东区									
金华市义乌市									
衢州市开化县									
衢州市江山市									
舟山市岱山县									
台州市椒江区									
台州市三门县									
台州市临海市									
丽水市莲都区									
丽水市青田县									

2-4 续表 2

单位：人

地 区	苗 族			彝 族			壮 族		
	小计	男	女	小计	男	女	小计	男	女
总 计	**3**	**1**	**2**	**1**		**1**	**1**		**1**
杭州市下城区									
杭州市余杭区	1		1				1		1
杭州市富阳市									
杭州市临安市									
宁波市江东区									
宁波市宁海县									
宁波市慈溪市	1		1						
温州市永嘉县									
温州市瑞安市									
温州市乐清市									
嘉兴市嘉善县				1		1			
嘉兴市桐乡市									
湖州市德清县									
绍兴市绍兴县									
绍兴市嵊州市									
金华市金东区									
金华市义乌市	1	1							
衢州市开化县									
衢州市江山市									
舟山市岱山县									
台州市椒江区									
台州市三门县									
台州市临海市									
丽水市莲都区									
丽水市青田县									

2-4 续表 3

单位：人

地 区	布依族			朝鲜族			满 族			其他少数民族		
	小计	男	女	小计	男	女	小计	男	女	小计	男	女
总 计				**1**	**1**					**16**	**6**	**10**
杭州市下城区												
杭州市余杭区												
杭州市富阳市												
杭州市临安市												
宁波市江东区												
宁波市宁海县												
宁波市慈溪市												
温州市永嘉县												
温州市瑞安市												
温州市乐清市												
嘉兴市嘉善县												
嘉兴市桐乡市												
湖州市德清县										1		1
绍兴市绍兴县										2		2
绍兴市嵊州市												
金华市金东区				1	1							
金华市义乌市												
衢州市开化县												
衢州市江山市												
舟山市岱山县												
台州市椒江区												
台州市三门县												
台州市临海市												
丽水市莲都区										13	6	7
丽水市青田县												

2－5 各地区分性别、户口登记状况的残疾人

单位：人

地　区	残疾人			住本调查小区，户口在本乡、镇、街道			住本调查小区半年以上，户口在外乡、镇、街道		
	合计	男	女	小计	男	女	小计	男	女
总　计	**6063**	**3028**	**3035**	**5719**	**2867**	**2852**	**324**	**154**	**170**
杭州市下城区	207	96	111	183	87	96	24	9	15
杭州市余杭区	220	94	126	220	94	126			
杭州市富阳市	301	154	147	279	141	138	22	13	9
杭州市临安市	229	112	117	211	105	106	18	7	11
宁波市江东区	144	66	78	107	49	58	36	17	19
宁波市宁海县	331	151	180	308	139	169	23	12	11
宁波市慈溪市	202	97	105	192	92	100	10	5	5
温州市永嘉县	254	145	109	228	134	94	24	10	14
温州市瑞安市	175	101	74	163	95	68	9	6	3
温州市乐清市	231	123	108	224	119	105	6	3	3
嘉兴市嘉善县	234	99	135	222	95	127	12	4	8
嘉兴市桐乡市	236	122	114	226	114	112	10	8	2
湖州市德清县	219	125	94	209	122	87	10	3	7
绍兴市绍兴县	223	104	119	215	101	114	7	2	5
绍兴市嵊州市	306	164	142	302	162	140	4	2	2
金华市金东区	237	98	139	232	96	136	4	1	3
金华市义乌市	216	116	100	201	110	91	10	5	5
衢州市开化县	230	125	105	228	123	105	2	2	
衢州市江山市	263	141	122	257	136	121	6	5	1
舟山市岱山县	312	149	163	310	148	162	2	1	1
台州市椒江区	194	91	103	179	82	97	13	7	6
台州市三门县	193	80	113	188	78	110	5	2	3
台州市临海市	265	124	141	249	118	131	15	6	9
丽水市莲都区	313	158	155	283	146	137	29	12	17
丽水市青田县	328	193	135	303	181	122	23	12	11

2-5 续表

单位：人

地区	住本调查小区不满半年，离开户口所在地半年以上			住本调查小区，户口待定		
	小计	男	女	小计	男	女
总　计	**11**	**4**	**7**	**9**	**3**	**6**
杭州市下城区						
杭州市余杭区						
杭州市富阳市						
杭州市临安市						
宁波市江东区	1		1			
宁波市宁海县						
宁波市慈溪市						
温州市永嘉县				2	1	1
温州市瑞安市	2		2	1		1
温州市乐清市				1	1	
嘉兴市嘉善县						
嘉兴市桐乡市						
湖州市德清县						
绍兴市绍兴县				1	1	
绍兴市嵊州市						
金华市金东区	1	1				
金华市义乌市	5	1	4			
衢州市开化县						
衢州市江山市						
舟山市岱山县						
台州市椒江区	2	2				
台州市三门县						
台州市临海市				1		1
丽水市莲都区				1		1
丽水市青田县				2		2

2－6 各地区分性别、户口性质的残疾人

单位：人

地 区	残疾人			农业户口			非农业户口			户口性质待定		
	合计	男	女	小计	男	女	小计	男	女	小计	男	女
总 计	**6063**	**3028**	**3035**	**5097**	**2512**	**2585**	**957**	**513**	**444**	**9**	**3**	**6**
杭州市下城区	207	96	111	4	1	3	203	95	108			
杭州市余杭区	220	94	126	206	86	120	14	8	6			
杭州市富阳市	301	154	147	272	139	133	29	15	14			
杭州市临安市	229	112	117	205	96	109	24	16	8			
宁波市江东区	144	66	78	14	9	5	130	57	73			
宁波市宁海县	331	151	180	298	132	166	33	19	14			
宁波市慈溪市	202	97	105	164	78	86	38	19	19			
温州市永嘉县	254	145	109	238	132	106	14	12	2	2	1	1
温州市瑞安市	175	101	74	161	94	67	13	7	6	1		1
温州市乐清市	231	123	108	222	115	107	8	7	1	1	1	
嘉兴市嘉善县	234	99	135	177	71	106	57	28	29			
嘉兴市桐乡市	236	122	114	164	80	84	72	42	30			
湖州市德清县	219	125	94	201	117	84	18	8	10			
绍兴市绍兴县	223	104	119	192	89	103	30	14	16	1	1	
绍兴市嵊州市	306	164	142	297	158	139	9	6	3			
金华市金东区	237	98	139	205	80	125	32	18	14			
金华市义乌市	216	116	100	200	101	99	16	15	1			
衢州市开化县	230	125	105	212	117	95	18	8	10			
衢州市江山市	263	141	122	246	125	121	17	16	1			
舟山市岱山县	312	149	163	281	133	148	31	16	15			
台州市椒江区	194	91	103	150	68	82	44	23	21			
台州市三门县	193	80	113	183	73	110	10	7	3			
台州市临海市	265	124	141	229	108	121	35	16	19	1		1
丽水市莲都区	313	158	155	270	130	140	42	28	14	1		1
丽水市青田县	328	193	135	306	180	126	20	13	7	2		2

2－7　有残疾人的家庭户类别

单位：户

家庭户规模	合计	一代户				二代户			
		小计	只有1个残疾人的户	有2个残疾人的户	有3人以上残疾人的户	小计	只有1个残疾人的户	有2个残疾人的户	有3人以上残疾人的户
总　计	**5466**	**2458**	**2261**	**196**	**1**	**1670**	**1471**	**182**	**17**
一人户	996	996	996						
二人户	1724	1440	1250	190		284	242	42	
三人户	1049	20	15	5		966	860	98	8
四人户	863	2		1	1	376	327	42	7
五人户	527					36	34		2
六人户	229					8	8		
七人户	64								
八人户	14								
九人户									

2－7　续表

单位：户

家庭户规模	三代户				四代户及以上			
	小计	只有1个残疾人的户	有2个残疾人的户	有3人以上残疾人的户	小计	只有1个残疾人的户	有2个残疾人的户	有3人以上残疾人的户
总　计	**1207**	**1061**	**131**	**15**	**131**	**116**	**12**	**3**
一人户								
二人户								
三人户	63	57	6					
四人户	479	439	33	7	6	4	1	1
五人户	476	410	61	5	15	13	2	
六人户	152	125	24	3	69	65	4	
七人户	29	24	5		35	28	5	2
八人户	8	6	2		6	6		
九人户								

2－7a　城镇有残疾人的家庭户类别

单位：户

家庭户规模	合计	一代户				二代户			
		小计	只有1个残疾人的户	有2个残疾人的户	有3人以上残疾人的户	小计	只有1个残疾人的户	有2个残疾人的户	有3人以上残疾人的户
总　计	**1439**	**656**	**590**	**66**		**465**	**405**	**53**	**7**
一人户	232	232	232						
二人户	491	417	354	63		74	62	12	
三人户	300	6	4	2		281	244	32	5
四人户	220	1		1		98	88	9	1
五人户	123					8	7		1
六人户	56					4	4		
七人户	14								
八人户	3								
九人户									

2－7a　续表

单位：户

家庭户规模	三代户				四代户及以上			
	小计	只有1个残疾人的户	有2个残疾人的户	有3人以上残疾人的户	小计	只有1个残疾人的户	有2个残疾人的户	有3人以上残疾人的户
总　计	**295**	**260**	**33**	**2**	**23**	**20**	**3**	
一人户								
二人户								
三人户	13	12	1					
四人户	120	108	12		1	1		
五人户	110	95	13	2	5	4	1	
六人户	43	36	7		9	9		
七人户	6	6			8	6	2	
八人户	3	3						
九人户								

2－7b 农村有残疾人的家庭户类别

单位：户

家庭户规模	合计	一代户				二代户			
		小计	只有1个残疾人的户	有2个残疾人的户	有3人以上残疾人的户	小计	只有1个残疾人的户	有2个残疾人的户	有3人以上残疾人的户
总　计	**4027**	**1802**	**1671**	**130**	**1**	**1205**	**1066**	**129**	**10**
一人户	764	764	764						
二人户	1233	1023	896	127		210	180	30	
三人户	749	14	11	3		685	616	66	3
四人户	643	1			1	278	239	33	6
五人户	404					28	27		1
六人户	173					4	4		
七人户	50								
八人户	11								
九人户									

2－7b 续表

单位：户

家庭户规模	三代户				四代户及以上			
	小计	只有1个残疾人的户	有2个残疾人的户	有3人以上残疾人的户	小计	只有1个残疾人的户	有2个残疾人的户	有3人以上残疾人的户
总　计	**912**	**801**	**98**	**13**	**108**	**96**	**9**	**3**
一人户								
二人户								
三人户	50	45	5					
四人户	359	331	21	7	5	3	1	1
五人户	366	315	48	3	10	9	1	
六人户	109	89	17	3	60	56	4	
七人户	23	18	5		27	22	3	2
八人户	5	3	2		6	6		
九人户								

2－8　6岁及以上残疾人分年龄、性别的受教育程度

单位：人

年　龄	6岁及以上残疾人			不识字			未上过学		
	合计	男	女	小计	男	女	小计	男	女
总　计	**5989**	**2989**	**3000**	**2869**	**936**	**1933**	**80**	**57**	**23**
6岁	11	7	4	5	4	1			
7岁	3	2	1	1	1				
8岁	12	8	4	4	3	1			
9岁	8	5	3	2	1	1			
10岁	16	13	3	5	4	1			
11岁	15	10	5	3	1	2			
12岁	13	8	5	5	2	3			
13岁	13	8	5	3	2	1			
14岁	8	4	4	3	1	2			
15岁	14	9	5	4	1	3			
16岁	17	8	9	2	1	1	1	1	
17岁	21	14	7	6	4	2			
18岁	16	5	11	5	3	2			
19岁	9	3	6	3	1	2			
20岁	12	8	4	2	2				
21岁	10	2	8	3	1	2			
22岁	18	12	6	4	2	2			
23岁	20	14	6	4	2	2			
24岁	13	5	8	3	1	2			
25岁	31	17	14	11	6	5			
26岁	17	10	7	4	2	2			
27岁	29	12	17	4	1	3	1	1	
28岁	28	13	15	7	1	6	1		1
29岁	23	11	12	9	6	3			

2-8 续表 1

单位：人

年龄	6岁及以上残疾人			不识字			未上过学		
	合计	男	女	小计	男	女	小计	男	女
30岁	26	12	14	7	3	4			
31岁	38	17	21	16	7	9			
32岁	32	18	14	8	3	5			
33岁	33	14	19	10	2	8			
34岁	55	32	23	11	6	5			
35岁	48	30	18	15	5	10	1		1
36岁	48	24	24	12	6	6			
37岁	60	32	28	13	5	8			
38岁	47	19	28	12	3	9			
39岁	56	31	25	19	10	9	1		1
40岁	48	25	23	15	10	5			
41岁	51	26	25	13	4	9			
42岁	79	46	33	19	11	8			
43岁	81	47	34	19	10	9	1		1
44岁	47	23	24	7	1	6			
45岁	48	34	14	9	4	5			
46岁	60	29	31	14	1	13			
47岁	49	33	16	13	7	6			
48岁	77	46	31	25	11	14	1	1	
49岁	75	50	25	26	15	11			
50岁	76	42	34	25	4	21			
51岁	71	37	34	23	11	12			
52岁	79	46	33	30	14	16			
53岁	95	52	43	27	11	16	2	1	1
54岁	75	43	32	22	7	15			
55岁	90	42	48	31	8	23	1		1
56岁	90	43	47	33	12	21	1		1
57岁	78	41	37	26	7	19			

2-8 续表 2

单位：人

年 龄	6岁及以上残疾人			不识字			未上过学		
	合计	男	女	小计	男	女	小计	男	女
58岁	86	44	42	28	7	21			
59岁	99	53	46	33	7	26	1	1	
60岁	80	38	42	27	5	22	1		1
61岁	75	35	40	26	8	18	2	2	
62岁	88	51	37	34	16	18			
63岁	74	40	34	35	11	24			
64岁	82	50	32	36	18	18	2	2	
65岁	74	45	29	32	17	15			
66岁	92	59	33	35	14	21	1	1	
67岁	109	64	45	53	18	35	2	2	
68岁	127	74	53	60	21	39	4	3	1
69岁	118	65	53	55	15	40	1	1	
70岁	143	69	74	82	27	55	6	4	2
71岁	153	79	74	95	31	64	4	4	
72岁	158	78	80	91	25	66	2	2	
73岁	189	83	106	114	27	87	2	2	
74岁	181	96	85	98	38	60	7	5	2
75岁	143	64	79	95	31	64	1	1	
76岁	168	81	87	108	35	73	1	1	
77岁	217	113	104	123	42	81	8	7	1
78岁	185	75	110	120	31	89	3	1	2
79岁	161	66	95	102	27	75	7	3	4
80岁	159	74	85	107	36	71	3	2	1
81岁	146	58	88	93	27	66	2	2	
82岁	143	52	91	97	21	76	2	2	
83岁	129	59	70	79	23	56	1	1	
84岁	118	47	71	79	22	57	1	1	
85+	403	135	268	330	85	245	5	3	2

2-8 续表 3

单位：人

年龄	小学			初中			高中		
	小计	男	女	小计	男	女	小计	男	女
总计	**2045**	**1331**	**714**	**726**	**486**	**240**	**161**	**108**	**53**
6岁	6	3	3						
7岁	2	1	1						
8岁	8	5	3						
9岁	6	4	2						
10岁	11	9	2						
11岁	12	9	3						
12岁	7	5	2	1	1				
13岁	9	5	4	1	1				
14岁	3	2	1	2	1	1			
15岁	4	2	2	6	6				
16岁	3	2	1	7	3	4	4	1	3
17岁	8	4	4	3	2	1	3	3	
18岁	4	1	3	3	1	2	3		3
19岁	1	1		2	1	1	2		2
20岁	5	3	2	4	3	1	1		1
21岁	2		2	3	1	2	1		1
22岁	4	3	1	10	7	3			
23岁	3	1	2	12	10	2			
24岁	1		1	9	4	5			
25岁	11	6	5	6	3	3			
26岁	3	1	2	8	6	2	1	1	
27岁	6	3	3	14	4	10	3	3	
28岁	9	5	4	10	6	4			
29岁	5	1	4	7	4	3	2		2

2－8 续表 4

单位：人

年 龄	小 学			初 中			高 中		
	小计	男	女	小计	男	女	小计	男	女
30岁	13	6	7	6	3	3			
31岁	12	5	7	7	4	3	2	1	1
32岁	8	4	4	16	11	5			
33岁	10	4	6	7	5	2	4	2	2
34岁	21	8	13	20	15	5	2	2	
35岁	17	12	5	11	10	1	3	3	
36岁	25	11	14	9	5	4			
37岁	26	17	9	16	8	8	3	1	2
38岁	16	6	10	17	8	9	1	1	
39岁	19	10	9	15	10	5	2	1	1
40岁	16	8	8	14	5	9	3	2	1
41岁	16	5	11	19	14	5	2	2	
42岁	21	11	10	26	14	12	10	8	2
43岁	28	16	12	22	14	8	11	7	4
44岁	23	14	9	11	5	6	6	3	3
45岁	19	14	5	11	9	2	8	6	2
46岁	22	12	10	17	12	5	6	4	2
47岁	27	18	9	7	6	1	2	2	
48岁	25	16	9	18	13	5	7	4	3
49岁	32	24	8	16	10	6	1	1	
50岁	34	24	10	13	11	2	3	2	1
51岁	33	18	15	13	7	6	2	1	1
52岁	36	24	12	12	7	5	1	1	
53岁	51	28	23	15	12	3			
54岁	43	29	14	9	6	3	1	1	
55岁	47	24	23	10	9	1	1	1	
56岁	41	23	18	12	6	6	2	1	1
57岁	41	26	15	10	8	2	1		1

2－8 续表 5

单位：人

年 龄	小 学			初 中			高 中		
	小计	男	女	小计	男	女	小计	男	女
58岁	41	23	18	17	14	3			
59岁	48	31	17	13	11	2	1		1
60岁	37	24	13	14	8	6	1	1	
61岁	29	17	12	13	7	6	2		2
62岁	28	18	10	22	14	8	1	1	
63岁	27	21	6	4	1	3	3	2	1
64岁	34	23	11	5	4	1	3	1	2
65岁	31	22	9	5	3	2	3	2	1
66岁	41	31	10	11	9	2	3	3	
67岁	44	37	7	5	3	2	2	2	
68岁	46	38	8	9	5	4	3	2	1
69岁	47	37	10	11	10	1	2		2
70岁	41	27	14	8	6	2			
71岁	49	41	8	2	2				
72岁	54	44	10	8	5	3			
73岁	60	44	16	8	6	2	3	3	
74岁	62	43	19	9	6	3	1	1	
75岁	35	25	10	8	6	2	2	1	1
76岁	52	39	13	5	4	1	1	1	
77岁	65	48	17	9	6	3	8	7	1
78岁	47	30	17	10	9	1	1	1	
79岁	32	21	11	12	9	3	3	2	1
80岁	39	27	12	7	7		2	2	
81岁	36	19	17	7	5	2	3	3	
82岁	34	21	13	6	6		2	2	
83岁	43	30	13	2	1	1			
84岁	31	19	12	2	2		4	3	1
85＋	57	38	19	7	6	1	3	3	

2-8 续表 6

单位：人

年 龄	中 专			大学专科			大学本科			研究生		
	小计	男	女	小计	男	女	小计	男	女	小计	男	女
总 计	**63**	**38**	**25**	**24**	**14**	**10**	**20**	**18**	**2**	**1**	**1**	
6岁												
7岁												
8岁												
9岁												
10岁												
11岁												
12岁												
13岁												
14岁												
15岁												
16岁												
17岁	1	1										
18岁	1		1									
19岁							1		1			
20岁												
21岁				1		1						
22岁												
23岁				1	1							
24岁												
25岁	1	1		1		1	1	1				
26岁	1		1									
27岁				1		1						
28岁	1	1										
29岁												

2-8 续表 7

单位：人

年 龄	中 专			大学专科			大学本科			研究生		
	小计	男	女	小计	男	女	小计	男	女	小计	男	女
30岁												
31岁	1		1									
32岁												
33岁	1		1							1	1	
34岁				1	1							
35岁	1		1									
36岁	1	1		1	1							
37岁	1		1				1	1				
38岁	1	1										
39岁												
40岁												
41岁							1	1				
42岁	2	1	1	1	1							
43岁												
44岁												
45岁	1	1										
46岁				1		1						
47岁												
48岁				1	1							
49岁												
50岁				1	1							
51岁												
52岁												
53岁												
54岁												
55岁												
56岁	1	1										
57岁												

2－8 续表 8

单位：人

年 龄	中 专			大学专科			大学本科			研究生		
	小计	男	女	小计	男	女	小计	男	女	小计	男	女
58岁												
59岁	1	1		1	1		1	1				
60岁												
61岁				3	1	2						
62岁	2	1	1	1	1							
63岁	4	4					1	1				
64岁	2	2										
65岁	2		2	1	1							
66岁	1	1										
67岁	1	1		1		1	1	1				
68岁	2	2		1	1		2	2				
69岁	2	2										
70岁	4	4		1		1	1	1				
71岁	2	1	1	1		1						
72岁	1		1	1	1		1	1				
73岁	2	1	1									
74岁	4	3	1									
75岁	2		2									
76岁	1	1										
77岁	3	3		1		1						
78岁	2	1	1				2	2				
79岁	2	1	1	1	1		2	2				
80岁							1		1			
81岁	4	1	3				1	1				
82岁	2		2									
83岁				1	1		3	3				
84岁	1		1									
85+	1		1									

2－8a　城镇6岁及以上残疾人分年龄、性别的受教育程度

单位：人

年　龄	6岁及以上残疾人			不识字			未上过学		
	合计	男	女	小计	男	女	小计	男	女
总　计	**1590**	**762**	**828**	**596**	**176**	**420**	**11**	**5**	**6**
6岁									
7岁	1	1		1	1				
8岁	3	2	1	1	1				
9岁	3	2	1	1	1				
10岁	1		1						
11岁	2		2	2		2			
12岁	1	1							
13岁	3	2	1	1		1			
14岁	2	1	1						
15岁	1	1							
16岁	3	1	2						
17岁	2	1	1	1		1			
18岁	5	2	3	2	1	1			
19岁	1		1						
20岁	3		3						
21岁	3		3						
22岁	6	3	3	1		1			
23岁	4	4							
24岁	5	2	3						
25岁	6	4	2	2	1	1			
26岁	3	2	1						
27岁	4	2	2						
28岁	7	4	3	1		1			
29岁	6	3	3	1	1				

2－8a 续表 1

单位：人

年 龄	6岁及以上残疾人			不识字			未上过学		
	合计	男	女	小计	男	女	小计	男	女
30岁	4	1	3						
31岁	7	2	5	2		2			
32岁	6	4	2	3	1	2			
33岁	13	5	8	2	1	1			
34岁	15	8	7	3	1	2			
35岁	9	7	2	2	1	1			
36岁	12	9	3	4	4				
37岁	19	11	8	2	2				
38岁	15	8	7	2	1	1			
39岁	13	10	3	3	3				
40岁	12	8	4	3	3				
41岁	13	8	5						
42岁	27	12	15	6	2	4			
43岁	21	12	9	4	2	2			
44岁	11	5	6	2		2			
45岁	12	9	3	2	1	1			
46岁	19	9	10	3	1	2			
47岁	11	8	3	2	2				
48岁	20	9	11	7	2	5			
49岁	18	11	7	6	3	3			
50岁	22	14	8	5	1	4			
51岁	18	6	12	4	2	2			
52岁	21	8	13	3	1	2			
53岁	23	11	12	4	2	2	1		1
54岁	18	12	6	2	1	1			
55岁	26	12	14	9	2	7			
56岁	21	8	13	5	1	4			
57岁	19	10	9	5	1	4			

2－8a 续表 2

单位：人

年 龄	6岁及以上残疾人			不识字			未上过学		
	合计	男	女	小计	男	女	小计	男	女
58岁	25	13	12	6	1	5			
59岁	27	14	13	3		3			
60岁	22	12	10	8	1	7			
61岁	30	10	20	9	2	7			
62岁	24	12	12	5	1	4			
63岁	26	15	11	9	3	6			
64岁	23	13	10	6	3	3			
65岁	27	14	13	11	6	5			
66岁	32	22	10	10	4	6			
67岁	30	20	10	8	4	4			
68岁	30	14	16	10	3	7			
69岁	29	17	12	11	4	7			
70岁	39	20	19	20	5	15	2	1	1
71岁	25	14	11	12	4	8			
72岁	34	16	18	15	3	12	1	1	
73岁	47	19	28	25	5	20			
74岁	57	28	29	26	10	16	1		1
75岁	36	15	21	18	5	13			
76岁	32	14	18	16	6	10			
77岁	54	30	24	22	8	14	1	1	
78岁	51	23	28	25	6	19	1		1
79岁	39	14	25	19	4	15	1		1
80岁	47	18	29	27	6	21			
81岁	42	13	29	16	4	12	1	1	
82岁	49	22	27	23	6	17	1	1	
83岁	37	14	23	17	2	15			
84岁	27	10	17	16	3	13			
85＋	129	41	88	94	20	74	1		1

2－8a 续表 3

单位：人

年 龄	小 学			初 中			高 中		
	小计	男	女	小计	男	女	小计	男	女
总 计	**537**	**310**	**227**	**293**	**181**	**112**	**73**	**42**	**31**
6岁									
7岁									
8岁	2	1	1						
9岁	2	1	1						
10岁	1		1						
11岁									
12岁	1	1							
13岁	2	2							
14岁	1	1		1		1			
15岁				1	1				
16岁				1	1		2		2
17岁									
18岁	2	1	1	1		1			
19岁									
20岁	1		1	1		1	1		1
21岁	1		1	1		1			
22岁	1		1	4	3	1			
23岁				3	3				
24岁				5	2	3			
25岁	3	2	1						
26岁	1	1		1	1				
27岁	1		1	2	1	1	1	1	
28岁	2	2		4	2	2			
29岁	1	1		2	1	1	2		2

2-8a 续表 4

单位：人

年龄	小学			初中			高中		
	小计	男	女	小计	男	女	小计	男	女
30岁	1		1	3	1	2			
31岁	1		1	3	2	1	1		1
32岁	1	1		2	2				
33岁	4	1	3	2	1	1	3	1	2
34岁	3	1	2	7	4	3	1	1	
35岁	1	1		3	3		2	2	
36岁	5	3	2	2	1	1			
37岁	9	7	2	6	2	4	1		1
38岁	5	2	3	6	3	3	1	1	
39岁	5	4	1	4	3	1	1		1
40岁	5	2	3	3	2	1	1	1	
41岁	3	1	2	9	6	3			
42岁	7	3	4	10	5	5	2	1	1
43岁	5	3	2	6	4	2	6	3	3
44岁	4	3	1	3	1	2	2	1	1
45岁	5	5		3	2	1	1		1
46岁	5	2	3	9	6	3	1		1
47岁	7	4	3	1	1		1	1	
48岁	7	4	3	6	3	3			
49岁	6	3	3	5	4	1	1	1	
50岁	10	7	3	5	4	1	2	2	
51岁	7	2	5	6	2	4	1		1
52岁	11	5	6	7	2	5			
53岁	9	3	6	9	6	3			
54岁	10	7	3	5	3	2	1	1	
55岁	9	3	6	8	7	1			
56岁	9	5	4	7	2	5			
57岁	9	6	3	4	3	1	1		1

2－8a 续表 5

单位：人

年 龄	小学			初中			高中		
	小计	男	女	小计	男	女	小计	男	女
58岁	10	6	4	9	6	3			
59岁	14	7	7	8	6	2	1		1
60岁	8	7	1	5	3	2	1	1	
61岁	9	4	5	7	3	4	2		2
62岁	8	4	4	8	5	3	1	1	
63岁	8	5	3	2	1	1	2	1	1
64岁	12	7	5	2	1	1	2	1	1
65岁	11	6	5	1		1	1	1	
66岁	13	9	4	7	7		2	2	
67岁	14	11	3	3	1	2	2	2	
68岁	8	4	4	5	1	4	2	1	1
69岁	11	9	2	5	4	1	2		2
70岁	10	8	2	3	3				
71岁	9	8	1	1	1				
72岁	11	8	3	5	3	2			
73岁	13	8	5	5	3	2	3	3	
74岁	20	12	8	6	3	3	1	1	
75岁	8	5	3	6	4	2	2	1	1
76岁	13	6	7	2	1	1	1	1	
77岁	21	15	6	4	2	2	3	2	1
78岁	15	9	6	6	5	1			
79岁	8	3	5	4	2	2	2	1	1
80岁	15	8	7	3	3		1	1	
81岁	17	4	13	3	2	1	1	1	
82岁	16	8	8	5	5		2	2	
83岁	14	7	7	2	1	1			
84岁	9	6	3	1	1		1		1
85+	27	15	12	4	4		2	2	

2－8a 续表 6

单位：人

年龄	中专			大学专科			大学本科			研究生		
	小计	男	女	小计	男	女	小计	男	女	小计	男	女
总 计	**42**	**20**	**22**	**20**	**12**	**8**	**17**	**15**	**2**	**1**	**1**	
6岁												
7岁												
8岁												
9岁												
10岁												
11岁												
12岁												
13岁												
14岁												
15岁												
16岁												
17岁	1	1										
18岁												
19岁							1		1			
20岁												
21岁				1		1						
22岁												
23岁				1	1							
24岁												
25岁							1	1				
26岁	1		1									
27岁												
28岁												
29岁												

2－8a 续表 7

单位：人

年　龄	中　专			大学专科			大学本科			研究生		
	小计	男	女	小计	男	女	小计	男	女	小计	男	女
30岁												
31岁												
32岁												
33岁	1		1							1	1	
34岁				1	1							
35岁	1		1									
36岁				1	1							
37岁	1		1									
38岁	1	1										
39岁												
40岁												
41岁							1	1				
42岁	1		1	1	1							
43岁												
44岁												
45岁	1	1										
46岁				1		1						
47岁												
48岁												
49岁												
50岁												
51岁												
52岁												
53岁												
54岁												
55岁												
56岁												
57岁												

2－8a 续表 8

单位：人

年龄	中专			大学专科			大学本科			研究生		
	小计	男	女	小计	男	女	小计	男	女	小计	男	女
58岁												
59岁				1	1							
60岁												
61岁				3	1	2						
62岁	1		1	1	1							
63岁	4	4					1	1				
64岁	1	1										
65岁	2		2	1	1							
66岁												
67岁	1	1		1		1	1	1				
68岁	2	2		1	1		2	2				
69岁												
70岁	2	2		1		1	1	1				
71岁	2	1	1	1		1						
72岁	1		1	1	1							
73岁	1		1									
74岁	3	2	1									
75岁	2		2									
76岁												
77岁	2	2		1		1						
78岁	2	1	1				2	2				
79岁	2	1	1	1	1		2	2				
80岁							1		1			
81岁	3		3				1	1				
82岁	2		2									
83岁				1	1		3	3				
84岁												
85＋	1		1									

2－8b　农村6岁及以上残疾人分年龄、性别的受教育程度

单位：人

年　龄	6岁及以上残疾人			不识字			未上过学		
	合计	男	女	小计	男	女	小计	男	女
总　计	**4399**	**2227**	**2172**	**2273**	**760**	**1513**	**69**	**52**	**17**
6岁	11	7	4	5	4	1			
7岁	2	1	1						
8岁	9	6	3	3	2	1			
9岁	5	3	2	1		1			
10岁	15	13	2	5	4	1			
11岁	13	10	3	1	1				
12岁	12	7	5	5	2	3			
13岁	10	6	4	2	2				
14岁	6	3	3	3	1	2			
15岁	13	8	5	4	1	3			
16岁	14	7	7	2	1	1	1	1	
17岁	19	13	6	5	4	1			
18岁	11	3	8	3	2	1			
19岁	8	3	5	3	1	2			
20岁	9	8	1	2	2				
21岁	7	2	5	3	1	2			
22岁	12	9	3	3	2	1			
23岁	16	10	6	4	2	2			
24岁	8	3	5	3	1	2			
25岁	25	13	12	9	5	4			
26岁	14	8	6	4	2	2			
27岁	25	10	15	4	1	3	1	1	
28岁	21	9	12	6	1	5	1		1
29岁	17	8	9	8	5	3			

2－8b 续表 1

单位：人

年 龄	6岁及以上残疾人			不识字			未上过学		
	合计	男	女	小计	男	女	小计	男	女
30岁	22	11	11	7	3	4			
31岁	31	15	16	14	7	7			
32岁	26	14	12	5	2	3			
33岁	20	9	11	8	1	7			
34岁	40	24	16	8	5	3			
35岁	39	23	16	13	4	9	1		1
36岁	36	15	21	8	2	6			
37岁	41	21	20	11	3	8			
38岁	32	11	21	10	2	8			
39岁	43	21	22	16	7	9	1		1
40岁	36	17	19	12	7	5			
41岁	38	18	20	13	4	9			
42岁	52	34	18	13	9	4			
43岁	60	35	25	15	8	7	1		1
44岁	36	18	18	5	1	4			
45岁	36	25	11	7	3	4			
46岁	41	20	21	11		11			
47岁	38	25	13	11	5	6			
48岁	57	37	20	18	9	9	1	1	
49岁	57	39	18	20	12	8			
50岁	54	28	26	20	3	17			
51岁	53	31	22	19	9	10			
52岁	58	38	20	27	13	14			
53岁	72	41	31	23	9	14	1	1	
54岁	57	31	26	20	6	14			
55岁	64	30	34	22	6	16	1		1
56岁	69	35	34	28	11	17	1		1
57岁	59	31	28	21	6	15			

2－8b 续表 2

单位：人

年 龄	6岁及以上残疾人			不识字			未上过学		
	合计	男	女	小计	男	女	小计	男	女
58岁	61	31	30	22	6	16			
59岁	72	39	33	30	7	23	1	1	
60岁	58	26	32	19	4	15	1		1
61岁	45	25	20	17	6	11	2	2	
62岁	64	39	25	29	15	14			
63岁	48	25	23	26	8	18			
64岁	59	37	22	30	15	15	2	2	
65岁	47	31	16	21	11	10			
66岁	60	37	23	25	10	15	1	1	
67岁	79	44	35	45	14	31	2	2	
68岁	97	60	37	50	18	32	4	3	1
69岁	89	48	41	44	11	33	1	1	
70岁	104	49	55	62	22	40	4	3	1
71岁	128	65	63	83	27	56	4	4	
72岁	124	62	62	76	22	54	1	1	
73岁	142	64	78	89	22	67	2	2	
74岁	124	68	56	72	28	44	6	5	1
75岁	107	49	58	77	26	51	1	1	
76岁	136	67	69	92	29	63	1	1	
77岁	163	83	80	101	34	67	7	6	1
78岁	134	52	82	95	25	70	2	1	1
79岁	122	52	70	83	23	60	6	3	3
80岁	112	56	56	80	30	50	3	2	1
81岁	104	45	59	77	23	54	1	1	
82岁	94	30	64	74	15	59	1	1	
83岁	92	45	47	62	21	41	1	1	
84岁	91	37	54	63	19	44	1	1	
85＋	274	94	180	236	65	171	4	3	1

2-8b 续表 3

单位：人

年龄	小学			初中			高中		
	小计	男	女	小计	男	女	小计	男	女
总计	**1508**	**1021**	**487**	**433**	**305**	**128**	**88**	**66**	**22**
6岁	6	3	3						
7岁	2	1	1						
8岁	6	4	2						
9岁	4	3	1						
10岁	10	9	1						
11岁	12	9	3						
12岁	6	4	2	1	1				
13岁	7	3	4	1	1				
14岁	2	1	1	1	1				
15岁	4	2	2	5	5				
16岁	3	2	1	6	2	4	2	1	1
17岁	8	4	4	3	2	1	3	3	
18岁	2		2	2	1	1	3		3
19岁	1	1		2	1	1	2		2
20岁	4	3	1	3	3				
21岁	1		1	2	1	1	1		1
22岁	3	3		6	4	2			
23岁	3	1	2	9	7	2			
24岁	1		1	4	2	2			
25岁	8	4	4	6	3	3			
26岁	2		2	7	5	2	1	1	
27岁	5	3	2	12	3	9	2	2	
28岁	7	3	4	6	4	2			
29岁	4		4	5	3	2			

2－8b 续表 4

单位：人

年龄	小学			初中			高中		
	小计	男	女	小计	男	女	小计	男	女
30岁	12	6	6	3	2	1			
31岁	11	5	6	4	2	2	1	1	
32岁	7	3	4	14	9	5			
33岁	6	3	3	5	4	1	1	1	
34岁	18	7	11	13	11	2	1	1	
35岁	16	11	5	8	7	1	1	1	
36岁	20	8	12	7	4	3			
37岁	17	10	7	10	6	4	2	1	1
38岁	11	4	7	11	5	6			
39岁	14	6	8	11	7	4	1	1	
40岁	11	6	5	11	3	8	2	1	1
41岁	13	4	9	10	8	2	2	2	
42岁	14	8	6	16	9	7	8	7	1
43岁	23	13	10	16	10	6	5	4	1
44岁	19	11	8	8	4	4	4	2	2
45岁	14	9	5	8	7	1	7	6	1
46岁	17	10	7	8	6	2	5	4	1
47岁	20	14	6	6	5	1	1	1	
48岁	18	12	6	12	10	2	7	4	3
49岁	26	21	5	11	6	5			
50岁	24	17	7	8	7	1	1		1
51岁	26	16	10	7	5	2	1	1	
52岁	25	19	6	5	5		1	1	
53岁	42	25	17	6	6				
54岁	33	22	11	4	3	1			
55岁	38	21	17	2	2		1	1	
56岁	32	18	14	5	4	1	2	1	1
57岁	32	20	12	6	5	1			

2－8b 续表 5

单位：人

年龄	小学			初中			高中		
	小计	男	女	小计	男	女	小计	男	女
58岁	31	17	14	8	8				
59岁	34	24	10	5	5				
60岁	29	17	12	9	5	4			
61岁	20	13	7	6	4	2			
62岁	20	14	6	14	9	5			
63岁	19	16	3	2		2	1	1	
64岁	22	16	6	3	3		1		1
65岁	20	16	4	4	3	1	2	1	1
66岁	28	22	6	4	2	2	1	1	
67岁	30	26	4	2	2				
68岁	38	34	4	4	4		1	1	
69岁	36	28	8	6	6				
70岁	31	19	12	5	3	2			
71岁	40	33	7	1	1				
72岁	43	36	7	3	2	1			
73岁	47	36	11	3	3				
74岁	42	31	11	3	3				
75岁	27	20	7	2	2				
76岁	39	33	6	3	3				
77岁	44	33	11	5	4	1	5	5	
78岁	32	21	11	4	4		1	1	
79岁	24	18	6	8	7	1	1	1	
80岁	24	19	5	4	4		1	1	
81岁	19	15	4	4	3	1	2	2	
82岁	18	13	5	1	1				
83岁	29	23	6						
84岁	22	13	9	1	1		3	3	
85＋	30	23	7	3	2	1	1	1	

2－8b 续表 6

单位：人

年 龄	中 专			大学专科			大学本科			研究生		
	小计	男	女	小计	男	女	小计	男	女	小计	男	女
总 计	**21**	**18**	**3**	**4**	**2**	**2**	**3**	**3**				
6岁												
7岁												
8岁												
9岁												
10岁												
11岁												
12岁												
13岁												
14岁												
15岁												
16岁												
17岁												
18岁	1		1									
19岁												
20岁												
21岁												
22岁												
23岁												
24岁												
25岁	1	1		1		1						
26岁												
27岁				1		1						
28岁	1	1										
29岁												

2－8b 续表 7

单位：人

年龄	中专			大学专科			大学本科			研究生		
	小计	男	女	小计	男	女	小计	男	女	小计	男	女
30岁												
31岁	1		1									
32岁												
33岁												
34岁												
35岁												
36岁	1	1										
37岁							1	1				
38岁												
39岁												
40岁												
41岁												
42岁	1	1										
43岁												
44岁												
45岁												
46岁												
47岁												
48岁				1	1							
49岁												
50岁				1	1							
51岁												
52岁												
53岁												
54岁												
55岁												
56岁	1	1										
57岁												

2－8b 续表 8

单位：人

年 龄	中 专			大学专科			大学本科			研究生		
	小计	男	女	小计	男	女	小计	男	女	小计	男	女
58岁												
59岁	1	1					1	1				
60岁												
61岁												
62岁	1	1										
63岁												
64岁	1	1										
65岁												
66岁	1	1										
67岁												
68岁												
69岁	2	2										
70岁	2	2										
71岁												
72岁							1	1				
73岁	1	1										
74岁	1	1										
75岁												
76岁	1	1										
77岁	1	1										
78岁												
79岁												
80岁												
81岁	1	1										
82岁												
83岁												
84岁	1		1									
85＋												

2－9　各地区6岁及以上残疾人分性别的受教育程度

单位：人

地　区	6岁及以上残疾人			不识字			未上过学		
	小计	男	女	小计	男	女	小计	男	女
总　计	**5989**	**2989**	**3000**	**2869**	**936**	**1933**	**80**	**57**	**23**
杭州市下城区	205	95	110	34	3	31	1		1
杭州市余杭区	219	94	125	115	29	86	7	5	2
杭州市富阳市	297	151	146	98	28	70			
杭州市临安市	225	111	114	80	28	52	2	2	
宁波市江东区	144	66	78	34	8	26			
宁波市宁海县	331	151	180	176	47	129			
宁波市慈溪市	201	96	105	92	26	66	2	1	1
温州市永嘉县	247	143	104	135	59	76	6	4	2
温州市瑞安市	173	101	72	120	57	63	4	3	1
温州市乐清市	227	119	108	121	41	80	6	5	1
嘉兴市嘉善县	233	98	135	123	33	90	2	2	
嘉兴市桐乡市	233	119	114	123	41	82	4	3	1
湖州市德清县	218	125	93	93	37	56	4	2	2
绍兴市绍兴县	220	103	117	124	38	86	2		2
绍兴市嵊州市	304	162	142	57	12	45	4	1	3
金华市金东区	236	98	138	104	16	88	2	1	1
金华市义乌市	214	115	99	100	30	70	2	1	1
衢州市开化县	225	122	103	123	49	74	6	6	
衢州市江山市	257	137	120	102	30	72	4	3	1
舟山市岱山县	311	149	162	172	61	111	2	1	1
台州市椒江区	189	89	100	119	31	88			
台州市三门县	190	79	111	118	28	90	10	8	2
台州市临海市	263	123	140	146	51	95	1	1	
丽水市莲都区	310	156	154	174	65	109	8	7	1
丽水市青田县	317	187	130	186	88	98	1	1	

2－9 续表 1

单位：人

地区	小学			初中			高中		
	小计	男	女	小计	男	女	小计	男	女
总计	**2045**	**1331**	**714**	**726**	**486**	**240**	**161**	**108**	**53**
杭州市下城区	57	25	32	69	41	28	22	13	9
杭州市余杭区	76	46	30	15	8	7	4	4	
杭州市富阳市	139	84	55	46	32	14	10	4	6
杭州市临安市	88	50	38	33	15	18	10	6	4
宁波市江东区	50	26	24	42	21	21	12	8	4
宁波市宁海县	107	72	35	37	26	11	8	5	3
宁波市慈溪市	71	46	25	29	21	8	5	2	3
温州市永嘉县	70	52	18	23	17	6	7	6	1
温州市瑞安市	38	32	6	10	8	2	1	1	
温州市乐清市	82	59	23	16	12	4	1	1	
嘉兴市嘉善县	75	43	32	25	15	10	6	4	2
嘉兴市桐乡市	75	50	25	21	18	3	6	5	1
湖州市德清县	85	59	26	23	17	6	12	9	3
绍兴市绍兴县	64	41	23	27	22	5	2	1	1
绍兴市嵊州市	181	105	76	54	36	18	7	7	
金华市金东区	96	58	38	24	17	7	6	3	3
金华市义乌市	74	51	23	29	24	5	6	6	
衢州市开化县	68	48	20	24	15	9	4	4	
衢州市江山市	102	69	33	35	26	9	10	6	4
舟山市岱山县	108	72	36	25	12	13	2	1	1
台州市椒江区	55	45	10	13	12	1			
台州市三门县	41	27	14	20	15	5	1	1	
台州市临海市	78	52	26	17	10	7	5	3	2
丽水市莲都区	79	54	25	30	18	12	10	4	6
丽水市青田县	86	65	21	39	28	11	4	4	

2-9 续表 2

单位：人

地区	中专			大学专科			大学本科			研究生		
	小计	男	女	小计	男	女	小计	男	女	小计	男	女
总　计	**63**	**38**	**25**	**24**	**14**	**10**	**20**	**18**	**2**	**1**	**1**	
杭州市下城区	10	6	4	6	2	4	6	5	1			
杭州市余杭区	1	1					1	1				
杭州市富阳市	1	1		2	1	1	1	1				
杭州市临安市	9	8	1	3	2	1						
宁波市江东区	3		3	3	3							
宁波市宁海县	2		2	1	1							
宁波市慈溪市	2		2									
温州市永嘉县	5	4	1	1	1							
温州市瑞安市												
温州市乐清市							1	1				
嘉兴市嘉善县	2	1	1									
嘉兴市桐乡市	4	2	2									
湖州市德清县							1	1				
绍兴市绍兴县	1	1										
绍兴市嵊州市	1	1										
金华市金东区	2	2		1		1	1	1				
金华市义乌市	3	3										
衢州市开化县												
衢州市江山市	4	3	1									
舟山市岱山县	2	2										
台州市椒江区	1	1		1		1						
台州市三门县												
台州市临海市	9	2	7	2		2	5	4	1			
丽水市莲都区	1		1	3	3		4	4		1	1	
丽水市青田县				1	1							

2－10　各地区15岁及以上残疾人分性别的文盲人口

单位：人，%

地　区	残疾人口			文盲人口			文盲人口占残疾人口的比例		
	合计	男	女	小计	男	女	小计	男	女
总　计	**5890**	**2924**	**2966**	**2838**	**917**	**1921**	**48.18**	**31.36**	**64.77**
杭州市下城区	204	95	109	34	3	31	16.67	3.16	28.44
杭州市余杭区	214	91	123	115	29	86	53.74	31.87	69.92
杭州市富阳市	288	144	144	95	25	70	32.99	17.36	48.61
杭州市临安市	225	111	114	80	28	52	35.56	25.23	45.61
宁波市江东区	142	65	77	34	8	26	23.94	12.31	33.77
宁波市宁海县	329	150	179	175	47	128	53.19	31.33	71.51
宁波市慈溪市	199	95	104	90	25	65	45.23	26.32	62.5
温州市永嘉县	237	135	102	131	55	76	55.27	40.74	74.51
温州市瑞安市	171	100	71	120	57	63	70.18	57	88.73
温州市乐清市	218	114	104	119	40	79	54.59	35.09	75.96
嘉兴市嘉善县	231	97	134	122	33	89	52.81	34.02	66.42
嘉兴市桐乡市	233	119	114	123	41	82	52.79	34.45	71.93
湖州市德清县	216	124	92	92	36	56	42.59	29.03	60.87
绍兴市绍兴县	217	101	116	123	37	86	56.68	36.63	74.14
绍兴市嵊州市	302	160	142	56	11	45	18.54	6.88	31.69
金华市金东区	234	98	136	103	16	87	44.02	16.33	63.97
金华市义乌市	210	113	97	99	30	69	47.14	26.55	71.13
衢州市开化县	219	119	100	122	49	73	55.71	41.18	73
衢州市江山市	252	134	118	101	30	71	40.08	22.39	60.17
舟山市岱山县	308	146	162	172	61	111	55.84	41.78	68.52
台州市椒江区	186	87	99	118	30	88	63.44	34.48	88.89
台州市三门县	189	79	110	117	28	89	61.9	35.44	80.91
台州市临海市	258	119	139	146	51	95	56.59	42.86	68.35
丽水市莲都区	303	152	151	170	63	107	56.11	41.45	70.86
丽水市青田县	305	176	129	181	84	97	59.34	47.73	75.19

2－10a 各地区城镇15岁及以上残疾人分性别的文盲人口

单位：人，%

地区	残疾人口			文盲人口			文盲人口占残疾人口的比例		
	合计	男	女	小计	男	女	小计	男	女
总计	**1574**	**753**	**821**	**590**	**173**	**417**	**37.48**	**22.97**	**50.79**
杭州市下城区	204	95	109	34	3	31	16.67	3.16	28.44
杭州市余杭区									
杭州市富阳市	132	61	71	49	11	38	37.12	18.03	53.52
杭州市临安市	85	39	46	31	16	15	36.47	41.03	32.61
宁波市江东区	142	65	77	34	8	26	23.94	12.31	33.77
宁波市宁海县	131	62	69	57	16	41	43.51	25.81	59.42
宁波市慈溪市	85	42	43	32	12	20	37.65	28.57	46.51
温州市永嘉县	12	6	6	3		3	25		50
温州市瑞安市	32	16	16	20	8	12	62.5	50	75
温州市乐清市									
嘉兴市嘉善县	53	27	26	11	5	6	20.75	18.52	23.08
嘉兴市桐乡市	107	57	50	38	10	28	35.51	17.54	56
湖州市德清县	41	23	18	19	12	7	46.34	52.17	38.89
绍兴市绍兴县	54	22	32	31	8	23	57.41	36.36	71.88
绍兴市嵊州市									
金华市金东区	48	20	28	16	2	14	33.33	10	50
金华市义乌市	30	19	11	9	4	5	30	21.05	45.45
衢州市开化县	18	8	10	3		3	16.67		30
衢州市江山市									
舟山市岱山县	70	32	38	32	9	23	45.71	28.13	60.53
台州市椒江区	186	87	99	118	30	88	63.44	34.48	88.89
台州市三门县	2	1	1						
台州市临海市	38	17	21	6	2	4	15.79	11.76	19.05
丽水市莲都区	81	42	39	40	16	24	49.38	38.1	61.54
丽水市青田县	23	12	11	7	1	6	30.43	8.33	54.55

2－10b 各地区农村15岁及以上残疾人分性别的文盲人口

单位：人，%

地区	残疾人口			文盲人口			文盲人口占残疾人口的比例		
	合计	男	女	小计	男	女	总比例	男	女
总计	**4316**	**2171**	**2145**	**2248**	**744**	**1504**	**52.09**	**34.27**	**70.12**
杭州市下城区									
杭州市余杭区	214	91	123	115	29	86	53.74	31.87	69.92
杭州市富阳市	156	83	73	46	14	32	29.49	16.87	43.84
杭州市临安市	140	72	68	49	12	37	35	16.67	54.41
宁波市江东区									
宁波市宁海县	198	88	110	118	31	87	59.6	35.23	79.09
宁波市慈溪市	114	53	61	58	13	45	50.88	24.53	73.77
温州市永嘉县	225	129	96	128	55	73	56.89	42.64	76.04
温州市瑞安市	139	84	55	100	49	51	71.94	58.33	92.73
温州市乐清市	218	114	104	119	40	79	54.59	35.09	75.96
嘉兴市嘉善县	178	70	108	111	28	83	62.36	40	76.85
嘉兴市桐乡市	126	62	64	85	31	54	67.46	50	84.38
湖州市德清县	175	101	74	73	24	49	41.71	23.76	66.22
绍兴市绍兴县	163	79	84	92	29	63	56.44	36.71	75
绍兴市嵊州市	302	160	142	56	11	45	18.54	6.88	31.69
金华市金东区	186	78	108	87	14	73	46.77	17.95	67.59
金华市义乌市	180	94	86	90	26	64	50	27.66	74.42
衢州市开化县	201	111	90	119	49	70	59.2	44.14	77.78
衢州市江山市	252	134	118	101	30	71	40.08	22.39	60.17
舟山市岱山县	238	114	124	140	52	88	58.82	45.61	70.97
台州市椒江区									
台州市三门县	187	78	109	117	28	89	62.57	35.9	81.65
台州市临海市	220	102	118	140	49	91	63.64	48.04	77.12
丽水市莲都区	222	110	112	130	47	83	58.56	42.73	74.11
丽水市青田县	282	164	118	174	83	91	61.7	50.61	77.12

2－11 15岁及以上残疾人分年龄、性别的文盲人口

单位：人，%

年龄	15岁及以上残疾人口			文盲人口			文盲人口占15岁及以上残疾人口的比例		
	合计	男	女	小计	男	女	总比例	男	女
总　计	**5890**	**2924**	**2966**	**2838**	**917**	**1921**	**48.18**	**31.36**	**64.77**
15-19	**77**	**39**	**38**	**20**	**10**	**10**	**25.97**	**25.64**	**26.32**
15岁	14	9	5	4	1	3	28.57	11.11	60
16岁	17	8	9	2	1	1	11.76	12.5	11.11
17岁	21	14	7	6	4	2	28.57	28.57	28.57
18岁	16	5	11	5	3	2	31.25	60	18.18
19岁	9	3	6	3	1	2	33.33	33.33	33.33
20-24	**73**	**41**	**32**	**16**	**8**	**8**	**21.92**	**19.51**	**25**
20岁	12	8	4	2	2		16.67	25	
21岁	10	2	8	3	1	2	30	50	25
22岁	18	12	6	4	2	2	22.22	16.67	33.33
23岁	20	14	6	4	2	2	20	14.29	33.33
24岁	13	5	8	3	1	2	23.08	20	25
25-29	**128**	**63**	**65**	**35**	**16**	**19**	**27.34**	**25.4**	**29.23**
25岁	31	17	14	11	6	5	35.48	35.29	35.71
26岁	17	10	7	4	2	2	23.53	20	28.57
27岁	29	12	17	4	1	3	13.79	8.33	17.65
28岁	28	13	15	7	1	6	25	7.69	40
29岁	23	11	12	9	6	3	39.13	54.55	25
30-34	**184**	**93**	**91**	**52**	**21**	**31**	**28.26**	**22.58**	**34.07**
30岁	26	12	14	7	3	4	26.92	25	28.57
31岁	38	17	21	16	7	9	42.11	41.18	42.86
32岁	32	18	14	8	3	5	25	16.67	35.71
33岁	33	14	19	10	2	8	30.3	14.29	42.11
34岁	55	32	23	11	6	5	20	18.75	21.74
35-39	**259**	**136**	**123**	**71**	**29**	**42**	**27.41**	**21.32**	**34.15**
35岁	48	30	18	15	5	10	31.25	16.67	55.56
36岁	48	24	24	12	6	6	25	25	25
37岁	60	32	28	13	5	8	21.67	15.63	28.57

2－11 续表 1

单位：人，%

年 龄	15岁及以上残疾人口			文盲人口			文盲人口占15岁及以上残疾人口的比例		
	合计	男	女	小计	男	女	总比例	男	女
38岁	47	19	28	12	3	9	25.53	15.79	32.14
39岁	56	31	25	19	10	9	33.93	32.26	36
40-44	**306**	**167**	**139**	**73**	**36**	**37**	**23.86**	**21.56**	**26.62**
40岁	48	25	23	15	10	5	31.25	40	21.74
41岁	51	26	25	13	4	9	25.49	15.38	36
42岁	79	46	33	19	11	8	24.05	23.91	24.24
43岁	81	47	34	19	10	9	23.46	21.28	26.47
44岁	47	23	24	7	1	6	14.89	4.35	25
45-49	**309**	**192**	**117**	**87**	**38**	**49**	**28.16**	**19.79**	**41.88**
45岁	48	34	14	9	4	5	18.75	11.76	35.71
46岁	60	29	31	14	1	13	23.33	3.45	41.94
47岁	49	33	16	13	7	6	26.53	21.21	37.5
48岁	77	46	31	25	11	14	32.47	23.91	45.16
49岁	75	50	25	26	15	11	34.67	30	44
50-54	**396**	**220**	**176**	**127**	**47**	**80**	**32.07**	**21.36**	**45.45**
50岁	76	42	34	25	4	21	32.89	9.52	61.76
51岁	71	37	34	23	11	12	32.39	29.73	35.29
52岁	79	46	33	30	14	16	37.97	30.43	48.48
53岁	95	52	43	27	11	16	28.42	21.15	37.21
54岁	75	43	32	22	7	15	29.33	16.28	46.88
55-59	**443**	**223**	**220**	**151**	**41**	**110**	**34.09**	**18.39**	**50**
55岁	90	42	48	31	8	23	34.44	19.05	47.92
56岁	90	43	47	33	12	21	36.67	27.91	44.68
57岁	78	41	37	26	7	19	33.33	17.07	51.35
58岁	86	44	42	28	7	21	32.56	15.91	50
59岁	99	53	46	33	7	26	33.33	13.21	56.52
60-64	**399**	**214**	**185**	**158**	**58**	**100**	**39.6**	**27.1**	**54.05**
60岁	80	38	42	27	5	22	33.75	13.16	52.38
61岁	75	35	40	26	8	18	34.67	22.86	45

2-11 续表 2

单位：人，%

年龄	15岁及以上残疾人口			文盲人口			文盲人口占15岁及以上残疾人口的比例		
	合计	男	女	小计	男	女	总比例	男	女
62岁	88	51	37	34	16	18	38.64	31.37	48.65
63岁	74	40	34	35	11	24	47.3	27.5	70.59
64岁	82	50	32	36	18	18	43.9	36	56.25
65-69	**520**	**307**	**213**	**235**	**85**	**150**	**45.19**	**27.69**	**70.42**
65岁	74	45	29	32	17	15	43.24	37.78	51.72
66岁	92	59	33	35	14	21	38.04	23.73	63.64
67岁	109	64	45	53	18	35	48.62	28.13	77.78
68岁	127	74	53	60	21	39	47.24	28.38	73.58
69岁	118	65	53	55	15	40	46.61	23.08	75.47
70-74	**824**	**405**	**419**	**480**	**148**	**332**	**58.25**	**36.54**	**79.24**
70岁	143	69	74	82	27	55	57.34	39.13	74.32
71岁	153	79	74	95	31	64	62.09	39.24	86.49
72岁	158	78	80	91	25	66	57.59	32.05	82.5
73岁	189	83	106	114	27	87	60.32	32.53	82.08
74岁	181	96	85	98	38	60	54.14	39.58	70.59
75-79	**874**	**399**	**475**	**548**	**166**	**382**	**62.7**	**41.6**	**80.42**
75岁	143	64	79	95	31	64	66.43	48.44	81.01
76岁	168	81	87	108	35	73	64.29	43.21	83.91
77岁	217	113	104	123	42	81	56.68	37.17	77.88
78岁	185	75	110	120	31	89	64.86	41.33	80.91
79岁	161	66	95	102	27	75	63.35	40.91	78.95
80-84	**695**	**290**	**405**	**455**	**129**	**326**	**65.47**	**44.48**	**80.49**
80岁	159	74	85	107	36	71	67.3	48.65	83.53
81岁	146	58	88	93	27	66	63.7	46.55	75
82岁	143	52	91	97	21	76	67.83	40.38	83.52
83岁	129	59	70	79	23	56	61.24	38.98	80
84岁	118	47	71	79	22	57	66.95	46.81	80.28
85+	**403**	**135**	**268**	**330**	**85**	**245**	**81.89**	**62.96**	**91.42**

2－12　15岁及以上残疾人分年龄、性别的婚姻状况

单位：人

年　龄	15岁及以上残疾人口			未　婚			初婚有配偶		
	合计	男	女	小计	男	女	小计	男	女
总　计	**5890**	**2924**	**2966**	**629**	**523**	**106**	**3362**	**1858**	**1504**
15-19	**77**	**39**	**38**	**75**	**39**	**36**	**2**		**2**
15岁	14	9	5	14	9	5			
16岁	17	8	9	17	8	9			
17岁	21	14	7	21	14	7			
18岁	16	5	11	15	5	10	1		1
19岁	9	3	6	8	3	5	1		1
20-24	**73**	**41**	**32**	**61**	**35**	**26**	**12**	**6**	**6**
20岁	12	8	4	12	8	4			
21岁	10	2	8	9	1	8	1	1	
22岁	18	12	6	14	10	4	4	2	2
23岁	20	14	6	17	12	5	3	2	1
24岁	13	5	8	9	4	5	4	1	3
25-29	**128**	**63**	**65**	**66**	**45**	**21**	**59**	**17**	**42**
25岁	31	17	14	21	15	6	10	2	8
26岁	17	10	7	12	9	3	4	1	3
27岁	29	12	17	10	6	4	19	6	13
28岁	28	13	15	10	7	3	16	5	11
29岁	23	11	12	13	8	5	10	3	7
30-34	**184**	**93**	**91**	**50**	**45**	**5**	**122**	**42**	**80**
30岁	26	12	14	9	8	1	16	4	12
31岁	38	17	21	11	11		27	6	21
32岁	32	18	14	10	9	1	21	8	13
33岁	33	14	19	10	8	2	20	6	14
34岁	55	32	23	10	9	1	38	18	20
35-39	**259**	**136**	**123**	**69**	**66**	**3**	**174**	**62**	**112**
35岁	48	30	18	17	16	1	28	12	16
36岁	48	24	24	14	14		32	10	22

2-12 续表 1

单位：人

年 龄	15岁及以上残疾人口			未 婚			初婚有配偶		
	合计	男	女	小计	男	女	小计	男	女
37岁	60	32	28	14	13	1	43	17	26
38岁	47	19	28	7	7		36	9	27
39岁	56	31	25	17	16	1	35	14	21
40-44	**306**	**167**	**139**	**64**	**58**	**6**	**211**	**93**	**118**
40岁	48	25	23	13	12	1	33	12	21
41岁	51	26	25	13	13		33	11	22
42岁	79	46	33	17	16	1	51	24	27
43岁	81	47	34	15	12	3	60	31	29
44岁	47	23	24	6	5	1	34	15	19
45-49	**309**	**192**	**117**	**51**	**50**	**1**	**227**	**120**	**107**
45岁	48	34	14	12	12		32	18	14
46岁	60	29	31	4	3	1	49	21	28
47岁	49	33	16	8	8		37	23	14
48岁	77	46	31	13	13		55	29	26
49岁	75	50	25	14	14		54	29	25
50-54	**396**	**220**	**176**	**63**	**60**	**3**	**288**	**141**	**147**
50岁	76	42	34	11	10	1	58	27	31
51岁	71	37	34	11	11		51	24	27
52岁	79	46	33	14	14		58	28	30
53岁	95	52	43	15	14	1	68	35	33
54岁	75	43	32	12	11	1	53	27	26
55-59	**443**	**223**	**220**	**36**	**35**	**1**	**340**	**164**	**176**
55岁	90	42	48	9	9		71	30	41
56岁	90	43	47	10	10		66	28	38
57岁	78	41	37	6	6		58	28	30
58岁	86	44	42	2	2		71	37	34
59岁	99	53	46	9	8	1	74	41	33

2－12 续表 2

单位：人

年 龄	15岁及以上残疾人口			未 婚			初婚有配偶		
	合计	男	女	小计	男	女	小计	男	女
60-64	**399**	**214**	**185**	**27**	**26**	**1**	**298**	**166**	**132**
60岁	80	38	42	5	5		61	31	30
61岁	75	35	40	9	8	1	55	26	29
62岁	88	51	37	5	5		69	40	29
63岁	74	40	34	3	3		56	35	21
64岁	82	50	32	5	5		57	34	23
65-69	**520**	**307**	**213**	**16**	**16**		**377**	**242**	**135**
65岁	74	45	29	4	4		56	36	20
66岁	92	59	33	2	2		67	44	23
67岁	109	64	45	3	3		78	53	25
68岁	127	74	53	3	3		91	61	30
69岁	118	65	53	4	4		85	48	37
70-74	**824**	**405**	**419**	**24**	**23**	**1**	**505**	**305**	**200**
70岁	143	69	74	5	4	1	91	51	40
71岁	153	79	74	8	8		92	62	30
72岁	158	78	80	4	4		99	59	40
73岁	189	83	106	3	3		108	63	45
74岁	181	96	85	4	4		115	70	45
75-79	**874**	**399**	**475**	**17**	**16**	**1**	**442**	**284**	**158**
75岁	143	64	79	3	2	1	73	50	23
76岁	168	81	87	6	6		93	60	33
77岁	217	113	104	3	3		113	77	36
78岁	185	75	110	3	3		89	56	33
79岁	161	66	95	2	2		74	41	33
80-84	**695**	**290**	**405**	**7**	**6**	**1**	**235**	**160**	**75**
80岁	159	74	85	3	3		71	50	21
81岁	146	58	88	3	2	1	50	30	20
82岁	143	52	91				37	25	12
83岁	129	59	70				44	32	12
84岁	118	47	71	1	1		33	23	10
85+	**403**	**135**	**268**	**3**	**3**		**70**	**56**	**14**

2-12 续表 3

单位：人

年龄	再婚有配偶			离婚			丧偶		
	小计	男	女	小计	男	女	小计	男	女
总计	**113**	**54**	**59**	**109**	**86**	**23**	**1677**	**403**	**1274**
15-19									
15岁									
16岁									
17岁									
18岁									
19岁									
20-24									
20岁									
21岁									
22岁									
23岁									
24岁									
25-29	**2**		**2**	**1**	**1**				
25岁									
26岁	1		1						
27岁									
28岁	1		1	1	1				
29岁									
30-34	**6**	**3**	**3**	**4**	**3**	**1**	**2**		**2**
30岁	1		1						
31岁									
32岁				1	1				
33岁	1		1	1		1	1		1
34岁	4	3	1	2	2		1		1
35-39	**4**	**2**	**2**	**9**	**5**	**4**	**3**	**1**	**2**
35岁				3	2	1			
36岁				2		2			

2-12 续表 4

单位：人

年 龄	再婚有配偶			离 婚			丧 偶		
	小计	男	女	小计	男	女	小计	男	女
37岁	1	1		1	1		1		1
38岁	2	1	1	2	2				
39岁	1		1	1		1	2	1	1
40-44	**10**	**3**	**7**	**14**	**11**	**3**	**7**	**2**	**5**
40岁				1	1		1		1
41岁	1		1	3	2	1	1		1
42岁	4	2	2	4	3	1	3	1	2
43岁	3	1	2	3	3				
44岁	2		2	3	2	1	2	1	1
45-49	**8**	**5**	**3**	**12**	**11**	**1**	**11**	**6**	**5**
45岁	2	2		2	2				
46岁	2	1	1	4	4		1		1
47岁	1	1		1		1	2	1	1
48岁	2		2	2	2		5	2	3
49岁	1	1		3	3		3	3	
50-54	**9**	**3**	**6**	**20**	**13**	**7**	**16**	**3**	**13**
50岁	3	1	2	3	3		1	1	
51岁	1		1	5	2	3	3		3
52岁	1		1	4	3	1	2	1	1
53岁	3	1	2	5	2	3	4		4
54岁	1	1		3	3		6	1	5
55-59	**13**	**5**	**8**	**14**	**12**	**2**	**40**	**7**	**33**
55岁	2		2	2	1	1	6	2	4
56岁	5	3	2	2	2		7		7
57岁	2		2	5	5		7	2	5
58岁	2	1	1	2	2		9	2	7
59岁	2	1	1	3	2	1	11	1	10

2－12 续表 5

单位：人

年龄	再婚有配偶			离婚			丧偶		
	小计	男	女	小计	男	女	小计	男	女
60-64	**7**	**3**	**4**	**8**	**7**	**1**	**59**	**12**	**47**
60岁	2	1	1				12	1	11
61岁	1		1				10	1	9
62岁				4	3	1	10	3	7
63岁	1		1	1	1		13	1	12
64岁	3	2	1	3	3		14	6	8
65-69	**11**	**7**	**4**	**4**	**4**		**112**	**38**	**74**
65岁	1	1					13	4	9
66岁	5	3	2	1	1		17	9	8
67岁	3	2	1	2	2		23	4	19
68岁							33	10	23
69岁	2	1	1	1	1		26	11	15
70-74	**11**	**4**	**7**	**7**	**7**		**277**	**66**	**211**
70岁	2	1	1	3	3		42	10	32
71岁				2	2		51	7	44
72岁	1		1				54	15	39
73岁	3	1	2	1	1		74	15	59
74岁	5	2	3	1	1		56	19	37
75-79	**16**	**10**	**6**	**9**	**7**	**2**	**390**	**82**	**308**
75岁	6	3	3	1		1	60	9	51
76岁				3	3		66	12	54
77岁	5	4	1	1	1		95	28	67
78岁	3	1	2	2	1	1	88	14	74
79岁	2	2		2	2		81	19	62
80-84	**14**	**8**	**6**	**6**	**4**	**2**	**433**	**112**	**321**
80岁	1	1		1		1	83	20	63
81岁	4	3	1	1	1		88	22	66
82岁	4	3	1	3	2	1	99	22	77
83岁	2		2				83	27	56
84岁	3	1	2	1	1		80	21	59
85+	**2**	**1**	**1**	**1**	**1**		**327**	**74**	**253**

2－13 残疾人分年龄、性别的经济活动人口

单位：人

年 龄	15岁及以上残疾人口			在业人口			不在业人口		
	合计	男	女	小计	男	女	小计	男	女
总 计	**5890**	**2924**	**2966**	**1617**	**1179**	**438**	**4273**	**1745**	**2528**
15-19	**77**	**39**	**38**	**13**	**6**	**7**	**64**	**33**	**31**
15岁	14	9	5				14	9	5
16岁	17	8	9	3	2	1	14	6	8
17岁	21	14	7	3	1	2	18	13	5
18岁	16	5	11	4	1	3	12	4	8
19岁	9	3	6	3	2	1	6	1	5
20-24	**73**	**41**	**32**	**24**	**20**	**4**	**49**	**21**	**28**
20岁	12	8	4	3	3		9	5	4
21岁	10	2	8				10	2	8
22岁	18	12	6	6	5	1	12	7	5
23岁	20	14	6	10	8	2	10	6	4
24岁	13	5	8	5	4	1	8	1	7
25-29	**128**	**63**	**65**	**53**	**30**	**23**	**75**	**33**	**42**
25岁	31	17	14	13	7	6	18	10	8
26岁	17	10	7	9	5	4	8	5	3
27岁	29	12	17	11	5	6	18	7	11
28岁	28	13	15	13	10	3	15	3	12
29岁	23	11	12	7	3	4	16	8	8
30-34	**184**	**93**	**91**	**88**	**50**	**38**	**96**	**43**	**53**
30岁	26	12	14	11	6	5	15	6	9
31岁	38	17	21	17	9	8	21	8	13
32岁	32	18	14	17	10	7	15	8	7
33岁	33	14	19	16	8	8	17	6	11
34岁	55	32	23	27	17	10	28	15	13
35-39	**259**	**136**	**123**	**155**	**90**	**65**	**104**	**46**	**58**
35岁	48	30	18	30	19	11	18	11	7
36岁	48	24	24	26	15	11	22	9	13

2-13 续表 1

单位：人

年 龄	15岁及以上残疾人口			在业人口			不在业人口		
	合计	男	女	小计	男	女	小计	男	女
37岁	60	32	28	37	22	15	23	10	13
38岁	47	19	28	28	13	15	19	6	13
39岁	56	31	25	34	21	13	22	10	12
40-44	**306**	**167**	**139**	**187**	**120**	**67**	**119**	**47**	**72**
40岁	48	25	23	29	19	10	19	6	13
41岁	51	26	25	31	18	13	20	8	12
42岁	79	46	33	47	31	16	32	15	17
43岁	81	47	34	50	34	16	31	13	18
44岁	47	23	24	30	18	12	17	5	12
45-49	**309**	**192**	**117**	**192**	**141**	**51**	**117**	**51**	**66**
45岁	48	34	14	32	26	6	16	8	8
46岁	60	29	31	37	21	16	23	8	15
47岁	49	33	16	29	22	7	20	11	9
48岁	77	46	31	49	37	12	28	9	19
49岁	75	50	25	45	35	10	30	15	15
50-54	**396**	**220**	**176**	**194**	**148**	**46**	**202**	**72**	**130**
50岁	76	42	34	46	30	16	30	12	18
51岁	71	37	34	34	27	7	37	10	27
52岁	79	46	33	32	28	4	47	18	29
53岁	95	52	43	44	34	10	51	18	33
54岁	75	43	32	38	29	9	37	14	23
55-59	**443**	**223**	**220**	**181**	**136**	**45**	**262**	**87**	**175**
55岁	90	42	48	30	22	8	60	20	40
56岁	90	43	47	30	20	10	60	23	37
57岁	78	41	37	35	28	7	43	13	30
58岁	86	44	42	42	30	12	44	14	30
59岁	99	53	46	44	36	8	55	17	38

2－13 续表 2

单位：人

年 龄	15岁及以上残疾人口			在业人口			不在业人口		
	合计	男	女	小计	男	女	小计	男	女
60-64	**399**	**214**	**185**	**136**	**109**	**27**	**263**	**105**	**158**
60岁	80	38	42	26	18	8	54	20	34
61岁	75	35	40	28	22	6	47	13	34
62岁	88	51	37	31	26	5	57	25	32
63岁	74	40	34	19	17	2	55	23	32
64岁	82	50	32	32	26	6	50	24	26
65-69	**520**	**307**	**213**	**156**	**133**	**23**	**364**	**174**	**190**
65岁	74	45	29	27	23	4	47	22	25
66岁	92	59	33	36	28	8	56	31	25
67岁	109	64	45	32	27	5	77	37	40
68岁	127	74	53	34	30	4	93	44	49
69岁	118	65	53	27	25	2	91	40	51
70-74	**824**	**405**	**419**	**142**	**115**	**27**	**682**	**290**	**392**
70岁	143	69	74	29	24	5	114	45	69
71岁	153	79	74	24	22	2	129	57	72
72岁	158	78	80	29	23	6	129	55	74
73岁	189	83	106	33	25	8	156	58	98
74岁	181	96	85	27	21	6	154	75	79
75-79	**874**	**399**	**475**	**73**	**63**	**10**	**801**	**336**	**465**
75岁	143	64	79	12	8	4	131	56	75
76岁	168	81	87	19	18	1	149	63	86
77岁	217	113	104	16	15	1	201	98	103
78岁	185	75	110	16	13	3	169	62	107
79岁	161	66	95	10	9	1	151	57	94
80-84	**695**	**290**	**405**	**19**	**15**	**4**	**676**	**275**	**401**
80岁	159	74	85	4	4		155	70	85
81岁	146	58	88	6	4	2	140	54	86
82岁	143	52	91	5	4	1	138	48	90
83岁	129	59	70	2	1	1	127	58	69
84岁	118	47	71	2	2		116	45	71
85+	**403**	**135**	**268**	**4**	**3**	**1**	**399**	**132**	**267**

2－13a　城镇残疾人分年龄、性别的经济活动人口

单位：人

年　龄	15岁及以上残疾人口			在业人口			不在业人口		
	合计	男	女	小计	男	女	小计	男	女
总　计	**1574**	**753**	**821**	**355**	**252**	**103**	**1219**	**501**	**718**
15-19	**12**	**5**	**7**	**4**	**2**	**2**	**8**	**3**	**5**
15岁	1	1					1	1	
16岁	3	1	2	1	1		2		2
17岁	2	1	1	1		1	1	1	
18岁	5	2	3	2	1	1	3	1	2
19岁	1		1				1		1
20-24	**21**	**9**	**12**	**8**	**7**	**1**	**13**	**2**	**11**
20岁	3		3				3		3
21岁	3		3				3		3
22岁	6	3	3	2	2		4	1	3
23岁	4	4		3	3		1	1	
24岁	5	2	3	3	2	1	2		2
25-29	**26**	**15**	**11**	**15**	**10**	**5**	**11**	**5**	**6**
25岁	6	4	2	3	2	1	3	2	1
26岁	3	2	1	2	1	1	1	1	
27岁	4	2	2	2	2		2		2
28岁	7	4	3	5	4	1	2		2
29岁	6	3	3	3	1	2	3	2	1
30-34	**45**	**20**	**25**	**25**	**11**	**14**	**20**	**9**	**11**
30岁	4	1	3	3	1	2	1		1
31岁	7	2	5	4	1	3	3	1	2
32岁	6	4	2	3	2	1	3	2	1
33岁	13	5	8	8	3	5	5	2	3
34岁	15	8	7	7	4	3	8	4	4
35-39	**68**	**45**	**23**	**43**	**29**	**14**	**25**	**16**	**9**
35岁	9	7	2	6	4	2	3	3	
36岁	12	9	3	6	5	1	6	4	2

2－13a 续表 1

单位：人

年 龄	15岁及以上残疾人口			在业人口			不在业人口		
	合计	男	女	小计	男	女	小计	男	女
37岁	19	11	8	13	8	5	6	3	3
38岁	15	8	7	9	5	4	6	3	3
39岁	13	10	3	9	7	2	4	3	1
40-44	**84**	**45**	**39**	**49**	**33**	**16**	**35**	**12**	**23**
40岁	12	8	4	9	6	3	3	2	1
41岁	13	8	5	7	5	2	6	3	3
42岁	27	12	15	14	8	6	13	4	9
43岁	21	12	9	12	10	2	9	2	7
44岁	11	5	6	7	4	3	4	1	3
45-49	**80**	**46**	**34**	**52**	**33**	**19**	**28**	**13**	**15**
45岁	12	9	3	11	8	3	1	1	
46岁	19	9	10	13	6	7	6	3	3
47岁	11	8	3	7	5	2	4	3	1
48岁	20	9	11	9	6	3	11	3	8
49岁	18	11	7	12	8	4	6	3	3
50-54	**102**	**51**	**51**	**39**	**28**	**11**	**63**	**23**	**40**
50岁	22	14	8	13	10	3	9	4	5
51岁	18	6	12	7	4	3	11	2	9
52岁	21	8	13	5	3	2	16	5	11
53岁	23	11	12	7	5	2	16	6	10
54岁	18	12	6	7	6	1	11	6	5
55-59	**118**	**57**	**61**	**33**	**26**	**7**	**85**	**31**	**54**
55岁	26	12	14	7	5	2	19	7	12
56岁	21	8	13	3	2	1	18	6	12
57岁	19	10	9	4	4		15	6	9
58岁	25	13	12	10	7	3	15	6	9
59岁	27	14	13	9	8	1	18	6	12

2-13a 续表 2

单位：人

年 龄	15岁及以上残疾人口			在业人口			不在业人口		
	合计	男	女	小计	男	女	小计	男	女
60-64	**125**	**62**	**63**	**22**	**18**	**4**	**103**	**44**	**59**
60岁	22	12	10	3	3		19	9	10
61岁	30	10	20	4	4		26	6	20
62岁	24	12	12	5	5		19	7	12
63岁	26	15	11	4	3	1	22	12	10
64岁	23	13	10	6	3	3	17	10	7
65-69	**148**	**87**	**61**	**34**	**27**	**7**	**114**	**60**	**54**
65岁	27	14	13	5	4	1	22	10	12
66岁	32	22	10	10	8	2	22	14	8
67岁	30	20	10	10	7	3	20	13	7
68岁	30	14	16	2	1	1	28	13	15
69岁	29	17	12	7	7		22	10	12
70-74	**202**	**97**	**105**	**20**	**19**	**1**	**182**	**78**	**104**
70岁	39	20	19	6	6		33	14	19
71岁	25	14	11	3	2	1	22	12	10
72岁	34	16	18	4	4		30	12	18
73岁	47	19	28	4	4		43	15	28
74岁	57	28	29	3	3		54	25	29
75-79	**212**	**96**	**116**	**8**	**6**	**2**	**204**	**90**	**114**
75岁	36	15	21	1		1	35	15	20
76岁	32	14	18	2	2		30	12	18
77岁	54	30	24	2	2		52	28	24
78岁	51	23	28	1	1		50	22	28
79岁	39	14	25	2	1	1	37	13	24
80-84	**202**	**77**	**125**	**2**	**2**		**200**	**75**	**125**
80岁	47	18	29	2	2		45	16	29
81岁	42	13	29				42	13	29
82岁	49	22	27				49	22	27
83岁	37	14	23				37	14	23
84岁	27	10	17				27	10	17
85+	**129**	**41**	**88**	**1**	**1**		**128**	**40**	**88**

2－13b 农村残疾人分年龄、性别的经济活动人口

单位：人

年 龄	15岁及以上残疾人口			在业人口			不在业人口		
	合计	男	女	小计	男	女	小计	男	女
总 计	**4316**	**2171**	**2145**	**1262**	**927**	**335**	**3054**	**1244**	**1810**
15-19	**65**	**34**	**31**	**9**	**4**	**5**	**56**	**30**	**26**
15岁	13	8	5				13	8	5
16岁	14	7	7	2	1	1	12	6	6
17岁	19	13	6	2	1	1	17	12	5
18岁	11	3	8	2		2	9	3	6
19岁	8	3	5	3	2	1	5	1	4
20-24	**52**	**32**	**20**	**16**	**13**	**3**	**36**	**19**	**17**
20岁	9	8	1	3	3		6	5	1
21岁	7	2	5				7	2	5
22岁	12	9	3	4	3	1	8	6	2
23岁	16	10	6	7	5	2	9	5	4
24岁	8	3	5	2	2		6	1	5
25-29	**102**	**48**	**54**	**38**	**20**	**18**	**64**	**28**	**36**
25岁	25	13	12	10	5	5	15	8	7
26岁	14	8	6	7	4	3	7	4	3
27岁	25	10	15	9	3	6	16	7	9
28岁	21	9	12	8	6	2	13	3	10
29岁	17	8	9	4	2	2	13	6	7
30-34	**139**	**73**	**66**	**63**	**39**	**24**	**76**	**34**	**42**
30岁	22	11	11	8	5	3	14	6	8
31岁	31	15	16	13	8	5	18	7	11
32岁	26	14	12	14	8	6	12	6	6
33岁	20	9	11	8	5	3	12	4	8
34岁	40	24	16	20	13	7	20	11	9
35-39	**191**	**91**	**100**	**112**	**61**	**51**	**79**	**30**	**49**
35岁	39	23	16	24	15	9	15	8	7
36岁	36	15	21	20	10	10	16	5	11

2－13b 续表 1

单位：人

年 龄	15岁及以上残疾人口			在业人口			不在业人口		
	合计	男	女	小计	男	女	小计	男	女
37岁	41	21	20	24	14	10	17	7	10
38岁	32	11	21	19	8	11	13	3	10
39岁	43	21	22	25	14	11	18	7	11
40－44	**222**	**122**	**100**	**138**	**87**	**51**	**84**	**35**	**49**
40岁	36	17	19	20	13	7	16	4	12
41岁	38	18	20	24	13	11	14	5	9
42岁	52	34	18	33	23	10	19	11	8
43岁	60	35	25	38	24	14	22	11	11
44岁	36	18	18	23	14	9	13	4	9
45－49	**229**	**146**	**83**	**140**	**108**	**32**	**89**	**38**	**51**
45岁	36	25	11	21	18	3	15	7	8
46岁	41	20	21	24	15	9	17	5	12
47岁	38	25	13	22	17	5	16	8	8
48岁	57	37	20	40	31	9	17	6	11
49岁	57	39	18	33	27	6	24	12	12
50－54	**294**	**169**	**125**	**155**	**120**	**35**	**139**	**49**	**90**
50岁	54	28	26	33	20	13	21	8	13
51岁	53	31	22	27	23	4	26	8	18
52岁	58	38	20	27	25	2	31	13	18
53岁	72	41	31	37	29	8	35	12	23
54岁	57	31	26	31	23	8	26	8	18
55－59	**325**	**166**	**159**	**148**	**110**	**38**	**177**	**56**	**121**
55岁	64	30	34	23	17	6	41	13	28
56岁	69	35	34	27	18	9	42	17	25
57岁	59	31	28	31	24	7	28	7	21
58岁	61	31	30	32	23	9	29	8	21
59岁	72	39	33	35	28	7	37	11	26

2－13b 续表 2

单位：人

年龄	15岁及以上残疾人口			在业人口			不在业人口		
	合计	男	女	小计	男	女	小计	男	女
60-64	**274**	**152**	**122**	**114**	**91**	**23**	**160**	**61**	**99**
60岁	58	26	32	23	15	8	35	11	24
61岁	45	25	20	24	18	6	21	7	14
62岁	64	39	25	26	21	5	38	18	20
63岁	48	25	23	15	14	1	33	11	22
64岁	59	37	22	26	23	3	33	14	19
65-69	**372**	**220**	**152**	**122**	**106**	**16**	**250**	**114**	**136**
65岁	47	31	16	22	19	3	25	12	13
66岁	60	37	23	26	20	6	34	17	17
67岁	79	44	35	22	20	2	57	24	33
68岁	97	60	37	32	29	3	65	31	34
69岁	89	48	41	20	18	2	69	30	39
70-74	**622**	**308**	**314**	**122**	**96**	**26**	**500**	**212**	**288**
70岁	104	49	55	23	18	5	81	31	50
71岁	128	65	63	21	20	1	107	45	62
72岁	124	62	62	25	19	6	99	43	56
73岁	142	64	78	29	21	8	113	43	70
74岁	124	68	56	24	18	6	100	50	50
75-79	**662**	**303**	**359**	**65**	**57**	**8**	**597**	**246**	**351**
75岁	107	49	58	11	8	3	96	41	55
76岁	136	67	69	17	16	1	119	51	68
77岁	163	83	80	14	13	1	149	70	79
78岁	134	52	82	15	12	3	119	40	79
79岁	122	52	70	8	8		114	44	70
80-84	**493**	**213**	**280**	**17**	**13**	**4**	**476**	**200**	**276**
80岁	112	56	56	2	2		110	54	56
81岁	104	45	59	6	4	2	98	41	57
82岁	94	30	64	5	4	1	89	26	63
83岁	92	45	47	2	1	1	90	44	46
84岁	91	37	54	2	2		89	35	54
85+	**274**	**94**	**180**	**3**	**2**	**1**	**271**	**92**	**179**

2－14　残疾人分年龄、性别的职业状况

单位：人

年　龄	在业残疾人			国家机关、党群组织、企业、事业单位负责人			专业技术人员			办事人员和有关人员		
	合计	男	女	小计	男	女	小计	男	女	小计	男	女
总　计	**1617**	**1179**	**438**	**11**	**11**		**33**	**22**	**11**	**49**	**48**	**1**
15-19	13	6	7									
20-24	24	20	4				1		1			
25-29	53	30	23				6	3	3			
30-34	88	50	38	1	1		3	1	2	4	4	
35-39	155	90	65				3	1	2	3	2	1
40-44	187	120	67	1	1		2	1	1	1	1	
45-49	192	141	51	4	4		2	1	1	9	9	
50-54	194	148	46	2	2		5	4	1	10	10	
55-59	181	136	45	1	1		2	2		7	7	
60-64	136	109	27	1	1		6	6		6	6	
65+	394	329	65	1	1		3	3		9	9	

2－14　续表

单位：人

年　龄	商业、服务业人员			农、林、牧、渔、水利业生产人员			生产、运输设备操作人员及有关人员			不便分类的其他从业人员		
	小计	男	女	小计	男	女	小计	男	女	小计	男	女
总　计	**222**	**163**	**59**	**829**	**630**	**199**	**473**	**305**	**168**			
15-19				3	2	1	10	4	6			
20-24				4	4		19	16	3			
25-29	8	7	1	13	8	5	26	12	14			
30-34	11	5	6	21	11	10	48	28	20			
35-39	28	16	12	56	34	22	65	37	28			
40-44	31	23	8	60	39	21	92	55	37			
45-49	28	17	11	79	57	22	70	53	17			
50-54	31	25	6	84	60	24	62	47	15			
55-59	32	28	4	106	74	32	33	24	9			
60-64	18	14	4	89	70	19	16	12	4			
65+	35	28	7	314	271	43	32	17	15			

2－15 残疾人分性别、受教育程度的职业状况

单位：人

受教育程度	在业残疾人			国家机关、党群组织、企业、事业单位负责人			专业技术人员			办事人员和有关人员		
	合计	男	女	小计	男	女	小计	男	女	小计	男	女
总　计	**1617**	**1179**	**438**	**11**	**11**		**33**	**22**	**11**	**49**	**48**	**1**
不 识 字	422	265	157				1	1		7	7	
未上过学	18	14	4									
小　学	769	596	173	4	4		7	6	1	27	27	
初　中	331	244	87	5	5		13	7	6	7	7	
高　中	55	45	10	1	1		2	2		5	5	
中　专	10	5	5				3	1	2	1		1
大学专科	9	7	2	1	1		5	3	2	2	2	
大学本科	2	2					1	1				
研 究 生	1	1					1	1				

2－15 续表

单位：人

受教育程度	商业、服务业人员			农、林、牧、渔、水利业生产人员			生产、运输设备操作人员及有关人员			不便分类的其他从业人员		
	小计	男	女	小计	男	女	小计	男	女	小计	男	女
总　计	**222**	**163**	**59**	**829**	**630**	**199**	**473**	**305**	**168**			
不 识 字	39	22	17	277	179	98	98	56	42			
未上过学	3	1	2	12	11	1	3	2	1			
小　学	92	71	21	432	361	71	207	127	80			
初　中	68	54	14	98	70	28	140	101	39			
高　中	16	12	4	9	8	1	22	17	5			
中　专	3	2	1	1	1		2	1	1			
大学专科							1	1				
大学本科	1	1										
研 究 生												

2－16　各地区残疾人分性别的未工作状况

单位：人

地　区	合　计			在校学生			离退休			料理家务		
	合计	男	女	小计	男	女	小计	男	女	小计	男	女
总　计	**4273**	**1745**	**2528**	**27**	**11**	**16**	**596**	**350**	**246**	**1568**	**363**	**1205**
杭州市下城区	185	79	106	2	1	1	155	68	87	8	1	7
杭州市余杭区	151	45	106				5	3	2	91	22	69
杭州市富阳市	182	63	119	2		2	18	11	7	109	30	79
杭州市临安市	129	56	73	2		2	13	11	2	29	1	28
宁波市江东区	117	47	70				82	34	48	10	1	9
宁波市宁海县	249	87	162	2		2	15	12	3	87	12	75
宁波市慈溪市	141	55	86				11	8	3	60	16	44
温州市永嘉县	188	96	92	2		2	10	9	1	50	11	39
温州市瑞安市	124	60	64				6	5	1	80	29	51
温州市乐清市	162	71	91	2	2		7	7		40	2	38
嘉兴市嘉善县	189	79	110				35	20	15	51	18	33
嘉兴市桐乡市	156	66	90				43	27	16	41	7	34
湖州市德清县	148	67	81				10	6	4	42	7	35
绍兴市绍兴县	147	54	93	2	2		22	11	11	41	5	36
绍兴市嵊州市	198	80	118	2	1	1	13	10	3	151	52	99
金华市金东区	165	51	114				9	8	1	58	5	53
金华市义乌市	144	65	79	1	1		13	12	1	47	15	32
衢州市开化县	151	67	84				9	7	2	79	31	48
衢州市江山市	157	72	85	4	1	3	13	12	1	62	13	49
舟山市岱山县	225	91	134	1		1	19	14	5	77	11	66
台州市椒江区	152	57	95	1	1		29	16	13	72	15	57
台州市三门县	156	52	104	1	1		8	6	2	81	17	64
台州市临海市	196	74	122				24	13	11	82	16	66
丽水市莲都区	217	89	128	2	1	1	19	14	5	38	5	33
丽水市青田县	244	122	122	1		1	8	6	2	82	21	61

2-16 续表 1

单位：人

地 区	丧失劳动能力			毕业后未工作			因单位原因失去原工作			因本人原因失去原工作		
	小计	男	女	小计	男	女	小计	男	女	小计	男	女
总 计	**1893**	**897**	**996**	**7**	**3**	**4**	**32**	**22**	**10**	**57**	**45**	**12**
杭州市下城区	11	2	9				7	6	1	2	1	1
杭州市余杭区	52	19	33				2		2	1	1	
杭州市富阳市	50	20	30							2	1	1
杭州市临安市	80	39	41							3	3	
宁波市江东区	3		3	1		1	1	1		4	3	1
宁波市宁海县	137	58	79				3	1	2	3	2	1
宁波市慈溪市	43	21	22				1		1	6	4	2
温州市永嘉县	119	71	48	1		1				2	1	1
温州市瑞安市	32	20	12							3	3	
温州市乐清市	108	56	52	1	1		2	2		2	1	1
嘉兴市嘉善县	95	35	60	1	1					3	2	1
嘉兴市桐乡市	66	28	38				4	2	2	2	2	
湖州市德清县	88	48	40							7	6	1
绍兴市绍兴县	76	31	45				1	1				
绍兴市嵊州市	31	17	14							1		1
金华市金东区	83	32	51	1		1	1	1				
金华市义乌市	81	35	46				1	1		1	1	
衢州市开化县	60	27	33							3	2	1
衢州市江山市	73	41	32				3	3				
舟山市岱山县	125	63	62							2	2	
台州市椒江区	32	13	19				1	1		3	3	
台州市三门县	64	26	38									
台州市临海市	86	43	43	1		1	1		1	1	1	
丽水市莲都区	153	64	89				2	2		3	3	
丽水市青田县	145	88	57	1	1		2	1	1	3	3	

2-16 续表 2

单位：人

地区	承包土地被征用			其他		
	小计	男	女	小计	男	女
总计	**75**	**38**	**37**	**18**	**16**	**2**
杭州市下城区						
杭州市余杭区						
杭州市富阳市	1	1				
杭州市临安市	2	2				
宁波市江东区	16	8	8			
宁波市宁海县	2	2				
宁波市慈溪市	16	3	13	4	3	1
温州市永嘉县				4	4	
温州市瑞安市	3	3				
温州市乐清市						
嘉兴市嘉善县	4	3	1			
嘉兴市桐乡市						
湖州市德清县				1		1
绍兴市绍兴县	4	3	1	1	1	
绍兴市嵊州市						
金华市金东区	13	5	8			
金华市义乌市						
衢州市开化县						
衢州市江山市	1	1		1	1	
舟山市岱山县				1	1	
台州市椒江区	11	5	6	3	3	
台州市三门县	1	1		1	1	
台州市临海市				1	1	
丽水市莲都区						
丽水市青田县	1	1		1	1	

2－16a 各地区城镇残疾人分性别的未工作状况

单位：人

地　区	合　计			在校学生			离退休		
	合计	男	女	小计	男	女	小计	男	女
总　计	**1219**	**501**	**718**	**6**	**2**	**4**	**474**	**243**	**231**
杭州市下城区	185	79	106	2	1	1	155	68	87
杭州市余杭区									
杭州市富阳市	90	29	61	1		1	16	9	7
杭州市临安市	49	20	29	1		1	3	2	1
宁波市江东区	117	47	70				82	34	48
宁波市宁海县	95	36	59	1		1	13	10	3
宁波市慈溪市	57	21	36				6	4	2
温州市永嘉县	10	4	6				2	1	1
温州市瑞安市	20	8	12				1		1
温州市乐清市									
嘉兴市嘉善县	50	25	25				34	19	15
嘉兴市桐乡市	80	40	40				40	24	16
湖州市德清县	33	19	14				7	4	3
绍兴市绍兴县	42	13	29				16	5	11
绍兴市嵊州市									
金华市金东区	37	14	23				4	3	1
金华市义乌市	20	12	8				7	6	1
衢州市开化县	18	8	10				7	5	2
衢州市江山市									
舟山市岱山县	51	21	30				13	10	3
台州市椒江区	152	57	95	1	1		29	16	13
台州市三门县	1		1						
台州市临海市	32	12	20				19	9	10
丽水市莲都区	62	28	34				17	12	5
丽水市青田县	18	8	10				3	2	1

2-16a 续表 1

单位：人

地　区	料理家务			丧失劳动能力			毕业后未工作		
	小计	男	女	小计	男	女	小计	男	女
总　计	**298**	**57**	**241**	**342**	**141**	**201**	**1**		**1**
杭州市下城区	8	1	7	11	2	9			
杭州市余杭区									
杭州市富阳市	44	9	35	28	10	18			
杭州市临安市	9		9	33	15	18			
宁波市江东区	10	1	9	3		3	1		1
宁波市宁海县	21	4	17	55	20	35			
宁波市慈溪市	29	7	22	12	6	6			
温州市永嘉县	3	1	2	5	2	3			
温州市瑞安市	16	5	11	2	2				
温州市乐清市									
嘉兴市嘉善县	3	1	2	11	4	7			
嘉兴市桐乡市	14	2	12	21	11	10			
湖州市德清县	4	2	2	22	13	9			
绍兴市绍兴县	9	1	8	16	6	10			
绍兴市嵊州市									
金华市金东区	11	2	9	9	4	5			
金华市义乌市	6	2	4	7	4	3			
衢州市开化县	3		3	6	2	4			
衢州市江山市									
舟山市岱山县	13		13	24	10	14			
台州市椒江区	72	15	57	32	13	19			
台州市三门县	1		1						
台州市临海市	4		4	8	3	5			
丽水市莲都区	14	4	10	29	10	19			
丽水市青田县	4		4	8	4	4			

2－16a 续表 2

单位：人

地 区	因单位原因失去原工作			因本人原因失去原工作			承包土地被征用			其 他		
	小计	男	女	小计	男	女	小计	男	女	小计	男	女
总 计	**20**	**12**	**8**	**25**	**18**	**7**	**47**	**23**	**24**	**6**	**5**	**1**
杭州市下城区	7	6	1	2	1	1						
杭州市余杭区												
杭州市富阳市				1	1							
杭州市临安市				1	1		2	2				
宁波市江东区	1	1		4	3	1	16	8	8			
宁波市宁海县	2		2	2	1	1	1	1				
宁波市慈溪市	1		1	4	2	2	4	2	2	1		1
温州市永嘉县												
温州市瑞安市				1	1							
温州市乐清市												
嘉兴市嘉善县				2	1	1						
嘉兴市桐乡市	4	2	2	1	1							
湖州市德清县												
绍兴市绍兴县										1	1	
绍兴市嵊州市												
金华市金东区							13	5	8			
金华市义乌市												
衢州市开化县				2	1	1						
衢州市江山市												
舟山市岱山县										1	1	
台州市椒江区	1	1		3	3		11	5	6	3	3	
台州市三门县												
台州市临海市	1		1									
丽水市莲都区	1	1		1	1							
丽水市青田县	2	1	1	1	1							

2－16b　各地区农村残疾人分性别的未工作状况

单位：人

地　区	合　计			在校学生			离退休		
	合计	男	女	小计	男	女	小计	男	女
总　计	**3054**	**1244**	**1810**	**21**	**9**	**12**	**122**	**107**	**15**
杭州市下城区									
杭州市余杭区	151	45	106				5	3	2
杭州市富阳市	92	34	58	1		1	2	2	
杭州市临安市	80	36	44	1		1	10	9	1
宁波市江东区									
宁波市宁海县	154	51	103	1		1	2	2	
宁波市慈溪市	84	34	50				5	4	1
温州市永嘉县	178	92	86	2		2	8	8	
温州市瑞安市	104	52	52				5	5	
温州市乐清市	162	71	91	2	2		7	7	
嘉兴市嘉善县	139	54	85				1	1	
嘉兴市桐乡市	76	26	50				3	3	
湖州市德清县	115	48	67				3	2	1
绍兴市绍兴县	105	41	64	2	2		6	6	
绍兴市嵊州市	198	80	118	2	1	1	13	10	3
金华市金东区	128	37	91				5	5	
金华市义乌市	124	53	71	1	1		6	6	
衢州市开化县	133	59	74				2	2	
衢州市江山市	157	72	85	4	1	3	13	12	1
舟山市岱山县	174	70	104	1		1	6	4	2
台州市椒江区									
台州市三门县	155	52	103	1	1		8	6	2
台州市临海市	164	62	102				5	4	1
丽水市莲都区	155	61	94	2	1	1	2	2	
丽水市青田县	226	114	112	1		1	5	4	1

2－16b 续表 1

单位：人

地　区	料理家务			丧失劳动能力			毕业后未工作		
	小计	男	女	小计	男	女	小计	男	女
总　计	**1270**	**306**	**964**	**1551**	**756**	**795**	**6**	**3**	**3**
杭州市下城区									
杭州市余杭区	91	22	69	52	19	33			
杭州市富阳市	65	21	44	22	10	12			
杭州市临安市	20	1	19	47	24	23			
宁波市江东区									
宁波市宁海县	66	8	58	82	38	44			
宁波市慈溪市	31	9	22	31	15	16			
温州市永嘉县	47	10	37	114	69	45	1		1
温州市瑞安市	64	24	40	30	18	12			
温州市乐清市	40	2	38	108	56	52	1	1	
嘉兴市嘉善县	48	17	31	84	31	53	1	1	
嘉兴市桐乡市	27	5	22	45	17	28			
湖州市德清县	38	5	33	66	35	31			
绍兴市绍兴县	32	4	28	60	25	35			
绍兴市嵊州市	151	52	99	31	17	14			
金华市金东区	47	3	44	74	28	46	1		1
金华市义乌市	41	13	28	74	31	43			
衢州市开化县	76	31	45	54	25	29			
衢州市江山市	62	13	49	73	41	32			
舟山市岱山县	64	11	53	101	53	48			
台州市椒江区									
台州市三门县	80	17	63	64	26	38			
台州市临海市	78	16	62	78	40	38	1		1
丽水市莲都区	24	1	23	124	54	70			
丽水市青田县	78	21	57	137	84	53	1	1	

2－16b 续表 2

单位：人

地区	因单位原因失去原工作			因本人原因失去原工作			承包土地被征用			其他		
	小计	男	女	小计	男	女	小计	男	女	小计	男	女
总　计	**12**	**10**	**2**	**32**	**27**	**5**	**28**	**15**	**13**	**12**	**11**	**1**
杭州市下城区												
杭州市余杭区	2		2	1	1							
杭州市富阳市				1		1	1	1				
杭州市临安市				2	2							
宁波市江东区												
宁波市宁海县	1	1		1	1		1	1				
宁波市慈溪市				2	2		12	1	11	3	3	
温州市永嘉县				2	1	1				4	4	
温州市瑞安市				2	2		3	3				
温州市乐清市	2	2		2	1	1						
嘉兴市嘉善县				1	1		4	3	1			
嘉兴市桐乡市				1	1							
湖州市德清县				7	6	1				1		1
绍兴市绍兴县	1	1					4	3	1			
绍兴市嵊州市				1		1						
金华市金东区	1	1										
金华市义乌市	1	1		1	1							
衢州市开化县				1	1							
衢州市江山市	3	3					1	1		1	1	
舟山市岱山县				2	2							
台州市椒江区												
台州市三门县							1	1		1	1	
台州市临海市				1	1					1	1	
丽水市莲都区	1	1		2	2							
丽水市青田县				2	2		1	1		1	1	

2－17 残疾人分年龄、性别的未工作状况

单位：人

年 龄	合 计			在校学生			离退休		
	合计	男	女	小计	男	女	小计	男	女
总 计	**4273**	**1745**	**2528**	**27**	**11**	**16**	**596**	**350**	**246**
15-19	64	33	31	25	11	14			
20-24	49	21	28	2		2			
25-29	75	33	42						
30-34	96	43	53						
35-39	104	46	58				1	1	
40-44	119	47	72				5	2	3
45-49	117	51	66				5	3	2
50-54	202	72	130				26	7	19
55-59	262	87	175				39	16	23
60-64	263	105	158				68	37	31
65-69	364	174	190				80	53	27
70-74	682	290	392				129	79	50
75-79	801	336	465				113	74	39
80-84	676	275	401				94	58	36
85+	399	132	267				36	20	16

2－17 续表 1

单位：人

年 龄	料理家务			丧失劳动能力			毕业后未工作		
	小计	男	女	小计	男	女	小计	男	女
总 计	**1568**	**363**	**1205**	**1893**	**897**	**996**	**7**	**3**	**4**
15-19	7	2	5	24	15	9	3	2	1
20-24	11	1	10	27	12	15	2	1	1
25-29	18	2	16	48	26	22	2		2
30-34	42	7	35	42	25	17			
35-39	45	6	39	47	30	17			
40-44	38	2	36	67	38	29			
45-49	55	10	45	50	33	17			
50-54	90	14	76	70	41	29			
55-59	117	16	101	88	42	46			
60-64	119	22	97	66	39	27			
65-69	157	43	114	112	69	43			
70-74	292	77	215	238	120	118			
75-79	291	77	214	378	172	206			
80-84	196	55	141	372	155	217			
85+	90	29	61	264	80	184			

2-17 续表 2

单位：人

年 龄	因单位原因失去原工作			因本人原因失去原工作			承包土地被征用			其 他		
	小计	男	女	小计	男	女	小计	男	女	小计	男	女
总 计	**32**	**22**	**10**	**57**	**45**	**12**	**75**	**38**	**37**	**18**	**16**	**2**
15-19				3	2	1				2	1	1
20-24				6	6					1	1	
25-29				5	3	2				2	2	
30-34				7	6	1	2	2		3	3	
35-39	2	2		9	7	2						
40-44	2	1	1	6	4	2	1		1			
45-49	1	1		4	3	1	2	1	1			
50-54	6	3	3	5	5		3		3	2	2	
55-59	12	9	3	1	1		5	3	2			
60-64				3	3		5	2	3	2	2	
65-69	1		1	2	2		12	7	5			
70-74	2	2		3	2	1	15	8	7	3	2	1
75-79	5	4	1	1	1		11	6	5	2	2	
80-84				1		1	12	6	6	1	1	
85+	1		1	1		1	7	3	4			

2-17a 城镇残疾人分年龄、性别的未工作状况

单位：人

年 龄	合 计			在校学生			离退休		
	合计	男	女	小计	男	女	小计	男	女
总 计	**1219**	**501**	**718**	**6**	**2**	**4**	**474**	**243**	**231**
15-19	8	3	5	5	2	3			
20-24	13	2	11	1		1			
25-29	11	5	6						
30-34	20	9	11						
35-39	25	16	9				1	1	
40-44	35	12	23				5	2	3
45-49	28	13	15				4	2	2
50-54	63	23	40				25	7	18
55-59	85	31	54				35	13	22
60-64	103	44	59				58	29	29
65-69	114	60	54				64	40	24
70-74	182	78	104				99	51	48
75-79	204	90	114				79	44	35
80-84	200	75	125				76	40	36
85+	128	40	88				28	14	14

2－17a 续表 1

单位：人

年 龄	料理家务			丧失劳动能力			毕业后未工作		
	小计	男	女	小计	男	女	小计	男	女
总 计	**298**	**57**	**241**	**342**	**141**	**201**	**1**		**1**
15-19	1		1	2	1	1			
20-24	5		5	5	1	4	1		1
25-29	1		1	7	3	4			
30-34	4		4	8	2	6			
35-39	7	1	6	11	9	2			
40-44	8		8	15	7	8			
45-49	9	3	6	10	4	6			
50-54	17	5	12	10	5	5			
55-59	24	2	22	14	6	8			
60-64	23	2	21	18	11	7			
65-69	32	8	24	11	8	3			
70-74	38	7	31	36	17	19			
75-79	60	14	46	58	29	29			
80-84	38	6	32	75	24	51			
85+	31	9	22	62	14	48			

2－17a 续表 2

单位：人

年 龄	因单位原因失去原工作			因本人原因失去原工作			承包土地被征用			其 他		
	小计	男	女	小计	男	女	小计	男	女	小计	男	女
总 计	**20**	**12**	**8**	**25**	**18**	**7**	**47**	**23**	**24**	**6**	**5**	**1**
15-19												
20-24				1	1							
25-29				1		1				2	2	
30-34				5	4	1	2	2		1	1	
35-39	1	1		5	4	1						
40-44	2	1	1	4	2	2	1		1			
45-49	1	1		2	2		2	1	1			
50-54	5	2	3	3	3		2		2	1	1	
55-59	9	7	2				3	3				
60-64							3	1	2	1	1	
65-69	1		1	1	1		5	3	2			
70-74				2	1	1	6	2	4	1		1
75-79							7	3	4			
80-84							11	5	6			
85+	1		1	1		1	5	3	2			

2－17b 农村残疾人分年龄、性别的未工作状况

单位：人

年 龄	合 计			在校学生			离退休		
	合计	男	女	小计	男	女	小计	男	女
总 计	**3054**	**1244**	**1810**	**21**	**9**	**12**	**122**	**107**	**15**
15-19	56	30	26	20	9	11			
20-24	36	19	17	1		1			
25-29	64	28	36						
30-34	76	34	42						
35-39	79	30	49						
40-44	84	35	49						
45-49	89	38	51				1	1	
50-54	139	49	90				1		1
55-59	177	56	121				4	3	1
60-64	160	61	99				10	8	2
65-69	250	114	136				16	13	3
70-74	500	212	288				30	28	2
75-79	597	246	351				34	30	4
80-84	476	200	276				18	18	
85+	271	92	179				8	6	2

2－17b 续表 1

单位：人

年 龄	料理家务			丧失劳动能力			毕业后未工作		
	小计	男	女	小计	男	女	小计	男	女
总 计	**1270**	**306**	**964**	**1551**	**756**	**795**	**6**	**3**	**3**
15-19	6	2	4	22	14	8	3	2	1
20-24	6	1	5	22	11	11	1	1	
25-29	17	2	15	41	23	18	2		2
30-34	38	7	31	34	23	11			
35-39	38	5	33	36	21	15			
40-44	30	2	28	52	31	21			
45-49	46	7	39	40	29	11			
50-54	73	9	64	60	36	24			
55-59	93	14	79	74	36	38			
60-64	96	20	76	48	28	20			
65-69	125	35	90	101	61	40			
70-74	254	70	184	202	103	99			
75-79	231	63	168	320	143	177			
80-84	158	49	109	297	131	166			
85+	59	20	39	202	66	136			

2－17b 续表 2

单位：人

年 龄	因单位原因失去原工作			因本人原因失去原工作			承包土地被征用			其 他		
	小计	男	女	小计	男	女	小计	男	女	小计	男	女
总 计	**12**	**10**	**2**	**32**	**27**	**5**	**28**	**15**	**13**	**12**	**11**	**1**
15–19				3	2	1				2	1	1
20–24				5	5					1	1	
25–29				4	3	1						
30–34				2	2					2	2	
35–39	1	1		4	3	1						
40–44				2	2							
45–49				2	1	1						
50–54	1	1		2	2		1		1	1	1	
55–59	3	2	1	1	1		2		2			
60–64				3	3		2	1	1	1	1	
65–69				1	1		7	4	3			
70–74	2	2		1	1		9	6	3	2	2	
75–79	5	4	1	1	1		4	3	1	2	2	
80–84				1		1	1	1		1	1	
85+							2		2			

2－18 各地区分性别、未工作残疾人的主要生活来源

单位：人

地区	合计			离退休金			领取基本生活费		
	合计	男	女	小计	男	女	小计	男	女
总计	**4273**	**1745**	**2528**	**645**	**371**	**274**	**333**	**234**	**99**
杭州市下城区	185	79	106	154	67	87	10	8	2
杭州市余杭区	151	45	106	5	3	2	5	2	3
杭州市富阳市	182	63	119	18	11	7	7	5	2
杭州市临安市	129	56	73	13	11	2	9	8	1
宁波市江东区	117	47	70	88	38	50	6	3	3
宁波市宁海县	249	87	162	15	12	3	27	15	12
宁波市慈溪市	141	55	86	25	11	14	27	17	10
温州市永嘉县	188	96	92	10	9	1	14	12	2
温州市瑞安市	124	60	64	8	8		16	11	5
温州市乐清市	162	71	91	7	7		15	11	4
嘉兴市嘉善县	189	79	110	39	23	16	21	11	10
嘉兴市桐乡市	156	66	90	42	26	16	8	7	1
湖州市德清县	148	67	81	10	6	4	17	15	2
绍兴市绍兴县	147	54	93	22	11	11	16	12	4
绍兴市嵊州市	198	80	118	13	10	3	10	9	1
金华市金东区	165	51	114	22	13	9	10	5	5
金华市义乌市	144	65	79	13	12	1	19	12	7
衢州市开化县	151	67	84	9	7	2	16	10	6
衢州市江山市	157	72	85	13	12	1	17	14	3
舟山市岱山县	225	91	134	19	14	5	16	9	7
台州市椒江区	152	57	95	40	20	20	9	5	4
台州市三门县	156	52	104	9	7	2	4	4	
台州市临海市	196	74	122	24	13	11	8	6	2
丽水市莲都区	217	89	128	20	14	6	18	15	3
丽水市青田县	244	122	122	7	6	1	8	8	

2－18 续表

单位：人

地　　区	家庭其他成员供养			财产性收入			保险收入			其　他		
	小计	男	女	小计	男	女	小计	男	女	小计	男	女
总　　计	**3236**	**1104**	**2132**	**40**	**23**	**17**	**2**	**1**	**1**	**17**	**12**	**5**
杭州市下城区	21	4	17									
杭州市余杭区	141	40	101									
杭州市富阳市	156	46	110	1	1							
杭州市临安市	102	35	67	5	2	3						
宁波市江东区	16	4	12	7	2	5						
宁波市宁海县	202	57	145	4	3	1	1		1			
宁波市慈溪市	87	26	61							2	1	1
温州市永嘉县	162	74	88	2	1	1						
温州市瑞安市	100	41	59									
温州市乐清市	138	52	86	1		1				1	1	
嘉兴市嘉善县	128	44	84	1	1							
嘉兴市桐乡市	105	33	72							1		1
湖州市德清县	121	46	75									
绍兴市绍兴县	105	28	77	4	3	1						
绍兴市嵊州市	174	60	114							1	1	
金华市金东区	132	32	100							1	1	
金华市义乌市	111	41	70	1		1						
衢州市开化县	125	49	76	1	1							
衢州市江山市	119	41	78	7	4	3	1	1				
舟山市岱山县	187	66	121	1	1					2	1	1
台州市椒江区	101	30	71							2	2	
台州市三门县	142	40	102							1	1	
台州市临海市	163	54	109							1	1	
丽水市莲都区	172	55	117	4	3	1				3	2	1
丽水市青田县	226	106	120	1	1					2	1	1

2－19　分年龄、性别、未工作残疾人的主要生活来源

单位：人

年　龄	合　计			离退休金			领取基本生活费		
	合计	男	女	小计	男	女	小计	男	女
总　计	**4273**	**1745**	**2528**	**645**	**371**	**274**	**333**	**234**	**99**
15–19	64	33	31				1		1
20–24	49	21	28				1	1	
25–29	75	33	42				5	4	1
30–34	96	43	53				9	8	1
35–39	104	46	58	1	1		17	12	5
40–44	119	47	72	5	2	3	26	19	7
45–49	117	51	66	5	3	2	16	15	1
50–54	202	72	130	26	6	20	27	19	8
55–59	262	87	175	40	16	24	33	27	6
60–64	263	105	158	71	37	34	16	10	6
65–69	364	174	190	89	56	33	22	15	7
70–74	682	290	392	142	86	56	45	34	11
75–79	801	336	465	123	81	42	43	30	13
80–84	676	275	401	102	60	42	50	31	19
85+	399	132	267	41	23	18	22	9	13

2－19　续表

单位：人

年　龄	家庭其他成员供养			财产性收入			保险收入			其　他		
	小计	男	女	小计	男	女	小计	男	女	小计	男	女
总　计	**3236**	**1104**	**2132**	**40**	**23**	**17**	**2**	**1**	**1**	**17**	**12**	**5**
15–19	61	32	29	1		1				1	1	
20–24	48	20	28									
25–29	67	26	41							3	3	
30–34	81	31	50	3	2	1				3	2	1
35–39	84	31	53	1	1					1	1	
40–44	84	26	58	4		4						
45–49	93	30	63	2	2					1	1	
50–54	144	43	101	2	2		1		1	2	2	
55–59	183	41	142	5	2	3				1	1	
60–64	174	56	118	2	2							
65–69	248	99	149	4	3	1	1	1				
70–74	488	167	321	5	3	2				2		2
75–79	629	221	408	6	4	2						
80–84	521	182	339	3	2	1						
85+	331	99	232	2		2				3	1	2

2－19a 城镇分年龄、性别、未工作残疾人的主要生活来源

单位：人

年龄	合计			离退休金			领取基本生活费		
	合计	男	女	小计	男	女	小计	男	女
总计	**1219**	**501**	**718**	**506**	**256**	**250**	**81**	**53**	**28**
15-19	8	3	5						
20-24	13	2	11				1	1	
25-29	11	5	6						
30-34	20	9	11				1	1	
35-39	25	16	9	1	1		6	4	2
40-44	35	12	23	5	2	3	7	4	3
45-49	28	13	15	4	2	2	4	3	1
50-54	63	23	40	25	6	19	8	5	3
55-59	85	31	54	35	13	22	10	8	2
60-64	103	44	59	60	29	31	5	3	2
65-69	114	60	54	70	42	28	4	4	
70-74	182	78	104	104	53	51	7	5	2
75-79	204	90	114	86	49	37	7	6	1
80-84	200	75	125	84	42	42	13	6	7
85+	128	40	88	32	17	15	8	3	5

2－19a 续表

单位：人

年龄	家庭其他成员供养			财产性收入			保险收入			其他		
	小计	男	女	小计	男	女	小计	男	女	小计	男	女
总计	**611**	**181**	**430**	**15**	**7**	**8**	**1**		**1**	**5**	**4**	**1**
15-19	8	3	5									
20-24	12	1	11									
25-29	9	3	6							2	2	
30-34	16	5	11	2	2					1	1	
35-39	18	11	7									
40-44	21	6	15	2		2						
45-49	19	7	12	1	1							
50-54	28	11	17				1		1	1	1	
55-59	37	8	29	3	2	1						
60-64	38	12	26									
65-69	40	14	26									
70-74	69	20	49	1		1				1		1
75-79	109	34	75	2	1	1						
80-84	101	26	75	2	1	1						
85+	86	20	66	2		2						

2－19b 农村分年龄、性别、未工作残疾人的主要生活来源

单位：人

年龄	合计			离退休金			领取基本生活费		
	合计	男	女	小计	男	女	小计	男	女
总计	**3054**	**1244**	**1810**	**139**	**115**	**24**	**252**	**181**	**71**
15-19	56	30	26				1		1
20-24	36	19	17						
25-29	64	28	36				5	4	1
30-34	76	34	42				8	7	1
35-39	79	30	49				11	8	3
40-44	84	35	49				19	15	4
45-49	89	38	51	1	1		12	12	
50-54	139	49	90	1		1	19	14	5
55-59	177	56	121	5	3	2	23	19	4
60-64	160	61	99	11	8	3	11	7	4
65-69	250	114	136	19	14	5	18	11	7
70-74	500	212	288	38	33	5	38	29	9
75-79	597	246	351	37	32	5	36	24	12
80-84	476	200	276	18	18		37	25	12
85+	271	92	179	9	6	3	14	6	8

2－19b 续表

单位：人

年龄	家庭其他成员供养			财产性收入			保险收入			其他		
	小计	男	女	小计	男	女	小计	男	女	小计	男	女
总计	**2625**	**923**	**1702**	**25**	**16**	**9**	**1**	**1**		**12**	**8**	**4**
15-19	53	29	24	1		1				1	1	
20-24	36	19	17									
25-29	58	23	35							1	1	
30-34	65	26	39	1		1				2	1	1
35-39	66	20	46	1	1					1	1	
40-44	63	20	43	2		2						
45-49	74	23	51	1	1					1	1	
50-54	116	32	84	2	2					1	1	
55-59	146	33	113	2		2				1	1	
60-64	136	44	92	2	2							
65-69	208	85	123	4	3	1	1	1				
70-74	419	147	272	4	3	1				1		1
75-79	520	187	333	4	3	1						
80-84	420	156	264	1	1							
85+	245	79	166							3	1	2

2－20　0－14岁残疾儿童及其家庭基本情况

指　　标	单　位	数　量
0－14岁残疾儿童总人数	人	173
有残疾儿童的家庭户	户	167
残疾类别		
视力残疾	人	7
听力残疾	人	6
言语残疾	人	13
肢体残疾	人	17
智力残疾	人	69
精神残疾	人	5
多重残疾	人	56
性别		
男	人	104
女	人	69
性别比(以女性为100)		151
年龄		
0-5岁	人	74
6岁	人	11
7-14岁	人	88
民族		
汉族	人	173
少数民族	人	
户口性质		
农业	人	149
非农业	人	17
户口待定	人	7
受教育程度		
未上过学	人	
小学	人	64
初中	人	4
在校生接受义务教育情况		
普通教育学校普通班	人	58
普通教育学校特教班	人	
特殊教育学校	人	12
其他	人	6
残疾儿童家庭户人均收入水平		
2005年本户人均收入	元	4586
城市	元	6475
农村	元	4033
人均收入在0-683元之间	户	4
人均收入在684-994元之间	户	5

2－21　15岁及以上残疾妇女及其家庭基本情况

指　　标	单 位	数 量
15岁及以上残疾妇女总人数	人	2966
有残疾妇女的家庭户	户	2912
残疾类别		
视力残疾	人	509
听力残疾	人	950
言语残疾	人	19
肢体残疾	人	640
智力残疾	人	148
精神残疾	人	272
多重残疾	人	428
年龄		
15-49岁	人	605
50-59岁	人	396
60-74岁	人	817
75-89岁	人	1088
90岁以上	人	60
民族		
汉族	人	2952
少数民族	人	14
户口性质		
农业	人	2530
非农业	人	435
户口待定	人	1
文盲人口	人	1921
受教育程度		
未上过学	人	23
小学	人	693
初中	人	239

2－21 续表

指　　标	单 位	数 量
高中	人	53
中专	人	25
大学专科	人	10
大学本科	人	2
研究生	人	
婚姻状况		
未婚	人	106
初婚有配偶	人	1504
再婚有配偶	人	59
离婚	人	23
丧偶	人	1274
当前工作状况		
当前有工作	人	438
当前无工作	人	2528
当前无工作者主要生活来源		
离退休金	人	274
领取基本生活费	人	99
家庭其他成员供养	人	2132
财产性收入	人	17
保险收入	人	1
其他	人	5
残疾妇女家庭户人均收入水平		
2005年本户人均收入	元	5258
城市	元	7837
农村	元	4294
人均收入在0-683元之间	户	116
人均收入在684-994元之间	户	86

2－22　60岁及以上老年残疾人及其家庭基本情况

指　　标	单 位	数 量
60岁及以上老年残疾人总数	人	3715
有老年残疾人的家庭户	户	3468
残疾类别		
视力残疾	人	644
听力残疾	人	1750
言语残疾	人	12
肢体残疾	人	639
智力残疾	人	54
精神残疾	人	118
多重残疾	人	498
性别		
男	人	1750
女	人	1965
性别比(以女性为100)		89
年龄		
60-74岁	人	1743
75-89岁	人	1876
90岁以上	人	96
民族		
汉族	人	3705
少数民族	人	10
户口性质		
农业	人	3076
非农业	人	639
户口待定	人	
文盲人口	人	2206
受教育程度		
未上过学	人	68
小学	人	1101

2－22 续表

指　　标	单 位	数 量
初中	人	209
高中	人	56
中专	人	47
大学专科	人	13
大学本科	人	15
研究生	人	
婚姻状况		
未婚	人	94
初婚有配偶	人	1927
再婚有配偶	人	61
离婚	人	35
丧偶	人	1598
当前工作状况		
当前有工作	人	530
当前无工作	人	3185
当前无工作者主要生活来源		
离退休金	人	568
领取基本生活费	人	198
家庭其他成员供养	人	2391
财产性收入	人	22
保险收入	人	1
其他	人	5
老年残疾人家庭户人均收入水平		
2005年本户人均收入	元	5208
城市	元	7748
农村	元	4267
人均收入在0-683元之间	户	151
人均收入在684-994元之间	户	103

第三部分　残疾人的残疾类别、等级和主要致残原因

3－1　各地区残疾人分残疾类别、残疾等级的分布

单位：人

地　区	视力残疾					听力残疾				
	小计	一级	二级	三级	四级	小计	一级	二级	三级	四级
总　计	**822**	**184**	**71**	**70**	**497**	**2060**	**113**	**201**	**1036**	**710**
杭州市下城区	37		1		36	94	1	2	25	66
杭州市余杭区	35	3	1	3	28	82	3	8	38	33
杭州市富阳市	53	15	2	4	32	91	13	11	46	21
杭州市临安市	20	3		1	16	80	3	6	42	29
宁波市江东区	41	6	4	1	30	29		5	12	12
宁波市宁海县	43	11		7	25	115	1	9	55	50
宁波市慈溪市	36	10	7	4	15	69	2	8	31	28
温州市永嘉县	21	10	3	2	6	65	8	19	26	12
温州市瑞安市	17	1	3		13	63	3	6	42	12
温州市乐清市	16	2	2	6	6	95	4	4	30	57
嘉兴市嘉善县	32	7	1	2	22	103	6	8	48	41
嘉兴市桐乡市	29	2	1	1	25	87	3	2	35	47
湖州市德清县	69	12	6	5	46	39	4	7	22	6
绍兴市绍兴县	27	9	1	4	13	59	1	7	31	20
绍兴市嵊州市	26	9	5	4	8	140	7	27	82	24
金华市金东区	35	11	8	2	14	96	5	3	39	49
金华市义乌市	20	9	1	1	9	69	7	5	44	13
衢州市开化县	44	7	5	4	28	67	2	5	32	28
衢州市江山市	23	5	4	2	12	97	4	7	60	26
舟山市岱山县	50	14	8	5	23	56	5	2	42	7
台州市椒江区	26	4	1	3	18	70	2	9	39	20
台州市三门县	28	3	3	4	18	76	7	12	47	10
台州市临海市	37	14	3		20	92	9	7	50	26
丽水市莲都区	31	10	1	2	18	123	9	18	72	24
丽水市青田县	26	7		3	16	103	4	4	46	49

3－1 续表 1

单位：人

地区	言语残疾					肢体残疾					智力残疾				
	小计	一级	二级	三级	四级	小计	一级	二级	三级	四级	小计	一级	二级	三级	四级
总　计	**64**	**15**	**14**	**17**	**18**	**1373**	**37**	**160**	**368**	**808**	**387**	**17**	**49**	**122**	**199**
杭州市下城区						24	2	2	4	16	13		3	5	5
杭州市余杭区	2	2				42	1	2	14	25	16		3	7	6
杭州市富阳市	3		1	1	1	78	2	6	22	48	38		2	11	25
杭州市临安市	5		2	1	2	59		6	21	32	21			4	17
宁波市江东区	1	1				28		6	13	9	13			5	8
宁波市宁海县	6	3	2		1	75	2	5	22	46	6	1	1		4
宁波市慈溪市	1				1	37	1	3	6	27	18	2	7	5	4
温州市永嘉县	8		2	4	2	80	4	28	16	32	18	1	1	9	7
温州市瑞安市	2	1			1	48	2	9	9	28	7			2	5
温州市乐清市	2	1			1	34	1	1	7	25	22	2	3	7	10
嘉兴市嘉善县	3		1	1	1	38	1	1	5	31	10		1	2	7
嘉兴市桐乡市	1			1		67		2	15	50	7		1		6
湖州市德清县	3			3		51	1	4	17	29	18		1	8	9
绍兴市绍兴县	1				1	61		5	17	39	9	1	3	2	3
绍兴市嵊州市	3	1	1	1		62	3	10	13	36	17		1	10	6
金华市金东区	1	1				42		6	13	23	15		1	4	10
金华市义乌市						62	3	5	14	40	6		2	2	2
衢州市开化县	3		1		2	38		4	13	21	20		4	8	8
衢州市江山市	4		2	2		56	1	10	14	31	21	1	5	4	11
舟山市岱山县	2	2				97	2	10	20	65	19		2	6	11
台州市椒江区	4			2	2	58	1	10	21	26	8			3	5
台州市三门县	3	1	1		1	46	2	4	20	20	11			4	7
台州市临海市	2		1	1		65	1	6	12	46	19	5	2	1	11
丽水市莲都区	2	2				72	4	9	21	38	14	1	2	7	4
丽水市青田县	2				2	53	3	6	19	25	21	3	4	6	8

3-1 续表 2

单位：人

地区	精神残疾					多重残疾				
	小计	一级	二级	三级	四级	小计	一级	二级	三级	四级
总计	**509**	**91**	**67**	**67**	**284**	**848**	**379**	**132**	**226**	**111**
杭州市下城区	17	5	2	4	6	22	10	3	5	4
杭州市余杭区	16	2		2	12	27	12	5	7	3
杭州市富阳市	15	3	5	1	6	23	13	3	5	2
杭州市临安市	9	2	3	1	3	35	13	10	9	3
宁波市江东区	12			3	9	20	9	1	3	7
宁波市宁海县	26		2	1	23	60	24	9	18	9
宁波市慈溪市	25	5	1	2	17	16	9	1	4	2
温州市永嘉县	30	7	4	5	14	32	22	3	7	
温州市瑞安市	16	7	3	2	4	22	11	3	7	1
温州市乐清市	21	8	2	1	10	41	11	7	13	10
嘉兴市嘉善县	23	8	5	3	7	25	11	6	3	5
嘉兴市桐乡市	11	2	1		8	34	8	5	12	9
湖州市德清县	16	2	5	3	6	23	8	3	8	4
绍兴市绍兴县	24	6	3	1	14	42	21	7	8	6
绍兴市嵊州市	28	3	2	5	18	30	13	9	8	
金华市金东区	16			2	14	32	16	5	6	5
金华市义乌市	13	1		4	8	46	19	7	17	3
衢州市开化县	33	3	6	4	20	25	10	3	9	3
衢州市江山市	40	4	3	8	25	22	10		8	4
舟山市岱山县	23	4	5	1	13	65	30	10	17	8
台州市椒江区	9	1	2	1	5	19	7	3	7	2
台州市三门县	17	5	2	1	9	12	3	3	5	1
台州市临海市	19	1	4	5	9	31	18	4	6	3
丽水市莲都区	22	7		4	11	49	22	6	12	9
丽水市青田县	28	5	7	3	13	95	49	16	22	8

3－1a　各地区城镇残疾人分残疾类别、残疾等级的分布

单位：人

地　区	视力残疾					听力残疾					言语残疾				
	小计	一级	二级	三级	四级	小计	一级	二级	三级	四级	小计	一级	二级	三级	四级
总　计	**233**	**35**	**18**	**18**	**162**	**567**	**15**	**43**	**268**	**241**	**15**	**4**	**2**	**3**	**6**
杭州市下城区	37		1		36	94	1	2	25	66					
杭州市余杭区															
杭州市富阳市	26	5	1	2	18	43	4	4	20	15	1		1		
杭州市临安市	6	1			5	26	1	2	13	10	1				1
宁波市江东区	41	6	4	1	30	29		5	12	12	1	1			
宁波市宁海县	15	2		4	9	41		3	21	17	2	1	1		
宁波市慈溪市	11	5	2	1	3	35		4	21	10	1				1
温州市永嘉县	1		1			1			1		1				1
温州市瑞安市	3				3	10			8	2					
温州市乐清市															
嘉兴市嘉善县	5				5	26	2	1	12	11	1				1
嘉兴市桐乡市	16	1	1	1	13	38		2	14	22	1			1	
湖州市德清县	17	3	2	2	10	7			5	2					
绍兴市绍兴县	5	1		2	2	22		1	12	9					
绍兴市嵊州市															
金华市金东区	4	2			2	22		2	6	14					
金华市义乌市						8	1	1	6						
衢州市开化县	5	1	1	1	2	6		1	4	1					
衢州市江山市															
舟山市岱山县	8	2	3	1	2	14	1	1	12		1	1			
台州市椒江区	26	4	1	3	18	70	2	9	39	20	4			2	2
台州市三门县						1	1								
台州市临海市	1		1			18			8	10					
丽水市莲都区	4	2			2	44	2	4	25	13	1	1			
丽水市青田县	2				2	12		1	4	7					

3-1a 续表 1

单位：人

地区	肢体残疾					智力残疾				
	小计	一级	二级	三级	四级	小计	一级	二级	三级	四级
总　计	**371**	**7**	**46**	**104**	**214**	**101**	**1**	**15**	**27**	**58**
杭州市下城区	24	2	2	4	16	13		3	5	5
杭州市余杭区										
杭州市富阳市	36		3	14	19	16			6	10
杭州市临安市	26		4	7	15	9			3	6
宁波市江东区	28		6	13	9	13			5	8
宁波市宁海县	35	1	4	12	18	4		1		3
宁波市慈溪市	18		3	2	13	7	1	4	1	1
温州市永嘉县	6		1		5	2				2
温州市瑞安市	9			2	7					
温州市乐清市										
嘉兴市嘉善县	6			1	5	1				1
嘉兴市桐乡市	32		2	8	22	3				3
湖州市德清县	9			4	5					
绍兴市绍兴县	13			3	10	3		1		2
绍兴市嵊州市										
金华市金东区	7		1	1	5	4			1	3
金华市义乌市	13		2	2	9	1			1	
衢州市开化县	1				1	1		1		
衢州市江山市										
舟山市岱山县	18	2	4	3	9	7		1	1	5
台州市椒江区	58	1	10	21	26	8			3	5
台州市三门县	1				1					
台州市临海市	9	1	2	2	4	3		1		2
丽水市莲都区	17		2	4	11	2		1	1	
丽水市青田县	5			1	4	4		2		2

3-1a 续表 2

单位：人

地区	精神残疾					多重残疾				
	小计	一级	二级	三级	四级	小计	一级	二级	三级	四级
总　计	**126**	**23**	**23**	**16**	**64**	**200**	**84**	**30**	**52**	**34**
杭州市下城区	17	5	2	4	6	22	10	3	5	4
杭州市余杭区										
杭州市富阳市	3	1		1	1	12	8	3	1	
杭州市临安市	4		3		1	16	4	5	5	2
宁波市江东区	12			3	9	20	9	1	3	7
宁波市宁海县	14		1	1	12	21	7	3	9	2
宁波市慈溪市	11	3	1	1	6	3	2			1
温州市永嘉县	2	1	1							
温州市瑞安市	6	3	2	1		5	2		3	
温州市乐清市										
嘉兴市嘉善县	9	1	3	1	4	5	3	1		1
嘉兴市桐乡市	2				2	17	5	3	5	4
湖州市德清县	5	1	3	1		3		1	1	1
绍兴市绍兴县	5	2	2		1	7	4	1	1	1
绍兴市嵊州市										
金华市金东区	6			1	5	6	2		1	3
金华市义乌市	2				2	7	4	2	1	
衢州市开化县	4		2		2	1		1		
衢州市江山市										
舟山市岱山县	6	1			5	18	7	1	5	5
台州市椒江区	9	1	2	1	5	19	7	3	7	2
台州市三门县										
台州市临海市	3	1		1	1	4	3		1	
丽水市莲都区	4	2			2	12	6	1	4	1
丽水市青田县	2	1	1			2	1	1		

3－1b 各地区农村残疾人分残疾类别、残疾等级的分布

单位：人

地区	视力残疾					听力残疾					言语残疾				
	小计	一级	二级	三级	四级	小计	一级	二级	三级	四级	小计	一级	二级	三级	四级
总计	**589**	**149**	**53**	**52**	**335**	**1493**	**98**	**158**	**768**	**469**	**49**	**11**	**12**	**14**	**12**
杭州市下城区															
杭州市余杭区	35	3	1	3	28	82	3	8	38	33	2	2			
杭州市富阳市	27	10	1	2	14	48	9	7	26	6	2			1	1
杭州市临安市	14	2		1	11	54	2	4	29	19	4		2	1	1
宁波市江东区															
宁波市宁海县	28	9		3	16	74	1	6	34	33	4	2	1		1
宁波市慈溪市	25	5	5	3	12	34	2	4	10	18					
温州市永嘉县	20	10	2	2	6	64	8	19	25	12	7		2	4	1
温州市瑞安市	14	1	3		10	53	3	6	34	10	2	1			1
温州市乐清市	16	2	2	6	6	95	4	4	30	57	2	1			1
嘉兴市嘉善县	27	7	1	2	17	77	4	7	36	30	2		1	1	
嘉兴市桐乡市	13	1			12	49	3		21	25					
湖州市德清县	52	9	4	3	36	32	4	7	17	4	3			3	
绍兴市绍兴县	22	8	1	2	11	37	1	6	19	11	1				1
绍兴市嵊州市	26	9	5	4	8	140	7	27	82	24	3	1	1	1	
金华市金东区	31	9	8	2	12	74	5	1	33	35	1	1			
金华市义乌市	20	9	1	1	9	61	6	4	38	13					
衢州市开化县	39	6	4	3	26	61	2	4	28	27	3		1		2
衢州市江山市	23	5	4	2	12	97	4	7	60	26	4		2	2	
舟山市岱山县	42	12	5	4	21	42	4	1	30	7	1	1			
台州市椒江区															
台州市三门县	28	3	3	4	18	75	6	12	47	10	3	1	1		1
台州市临海市	36	14	2		20	74	9	7	42	16	2		1	1	
丽水市莲都区	27	8	1	2	16	79	7	14	47	11	1	1			
丽水市青田县	24	7		3	14	91	4	3	42	42	2				2

3-1b 续表 1

单位：人

地区	肢体残疾					智力残疾				
	小计	一级	二级	三级	四级	小计	一级	二级	三级	四级
总　计	**1002**	**30**	**114**	**264**	**594**	**286**	**16**	**34**	**95**	**141**
杭州市下城区										
杭州市余杭区	42	1	2	14	25	16		3	7	6
杭州市富阳市	42	2	3	8	29	22		2	5	15
杭州市临安市	33		2	14	17	12			1	11
宁波市江东区										
宁波市宁海县	40	1	1	10	28	2	1			1
宁波市慈溪市	19	1		4	14	11	1	3	4	3
温州市永嘉县	74	4	27	16	27	16	1	1	9	5
温州市瑞安市	39	2	9	7	21	7			2	5
温州市乐清市	34	1	1	7	25	22	2	3	7	10
嘉兴市嘉善县	32	1	1	4	26	9		1	2	6
嘉兴市桐乡市	35			7	28	4		1		3
湖州市德清县	42	1	4	13	24	18		1	8	9
绍兴市绍兴县	48		5	14	29	6	1	2	2	1
绍兴市嵊州市	62	3	10	13	36	17		1	10	6
金华市金东区	35		5	12	18	11		1	3	7
金华市义乌市	49	3	3	12	31	5		2	1	2
衢州市开化县	37		4	13	20	19		3	8	8
衢州市江山市	56	1	10	14	31	21	1	5	4	11
舟山市岱山县	79		6	17	56	12		1	5	6
台州市椒江区										
台州市三门县	45	2	4	20	19	11			4	7
台州市临海市	56		4	10	42	16	5	1	1	9
丽水市莲都区	55	4	7	17	27	12	1	1	6	4
丽水市青田县	48	3	6	18	21	17	3	2	6	6

3－1b 续表 2

单位：人

地区	精神残疾					多重残疾				
	小计	一级	二级	三级	四级	小计	一级	二级	三级	四级
总计	**383**	**68**	**44**	**51**	**220**	**648**	**295**	**102**	**174**	**77**
杭州市下城区										
杭州市余杭区	16	2		2	12	27	12	5	7	3
杭州市富阳市	12	2	5		5	11	5		4	2
杭州市临安市	5	2		1	2	19	9	5	4	1
宁波市江东区										
宁波市宁海县	12		1		11	39	17	6	9	7
宁波市慈溪市	14	2		1	11	13	7	1	4	1
温州市永嘉县	28	6	3	5	14	32	22	3	7	
温州市瑞安市	10	4	1	1	4	17	9	3	4	1
温州市乐清市	21	8	2	1	10	41	11	7	13	10
嘉兴市嘉善县	14	7	2	2	3	20	8	5	3	4
嘉兴市桐乡市	9	2	1		6	17	3	2	7	5
湖州市德清县	11	1	2	2	6	20	8	2	7	3
绍兴市绍兴县	19	4	1	1	13	35	17	6	7	5
绍兴市嵊州市	28	3	2	5	18	30	13	9	8	
金华市金东区	10			1	9	26	14	5	5	2
金华市义乌市	11	1		4	6	39	15	5	16	3
衢州市开化县	29	3	4	4	18	24	10	2	9	3
衢州市江山市	40	4	3	8	25	22	10		8	4
舟山市岱山县	17	3	5	1	8	47	23	9	12	3
台州市椒江区										
台州市三门县	17	5	2	1	9	12	3	3	5	1
台州市临海市	16		4	4	8	27	15	4	5	3
丽水市莲都区	18	5		4	9	37	16	5	8	8
丽水市青田县	26	4	6	3	13	93	48	15	22	8

3－2 残疾人分残疾类别、残疾等级的年龄构成

单位：人

年 龄	视力残疾					听力残疾				
	小计	一级	二级	三级	四级	小计	一级	二级	三级	四级
总 计	**822**	**184**	**71**	**70**	**497**	**2060**	**113**	**201**	**1036**	**710**
0岁										
1岁	1		1			3	3			
2岁	1				1					
3岁	1				1					
4岁	1				1					
5岁	1			1						
6岁	1				1					
7岁										
8岁						1		1		
9岁						1	1			
10岁						1		1		
11岁										
12岁										
13岁	1				1					
14岁										
15岁	1		1							
16岁										
17岁						1		1		
18岁	1				1					
19岁						1		1		
20岁										
21岁										
22岁	1				1					
23岁										
24岁										
25岁	3	3								
26岁	1				1					
27岁	1				1	2			1	1
28岁	1	1				2			2	
29岁						1				1

3－2 续表 1

单位：人

年 龄	视力残疾					听力残疾				
	小计	一级	二级	三级	四级	小计	一级	二级	三级	四级
30岁	2				2					
31岁	1				1					
32岁	2	1		1						
33岁	2				2	5		1	2	2
34岁	1				1	4			1	3
35岁						3	1			2
36岁	3	1			2	1				1
37岁	5	3	1		1	4			2	2
38岁	3				3	4			2	2
39岁	5	1			4	6		1	2	3
40岁						5			1	4
41岁	3	1			2	4	1		1	2
42岁	6	1	1	1	3	6	1	1	3	1
43岁	6	1	1		4	8			4	4
44岁	3				3	5	1			4
45岁	3				3	5	1	1	3	
46岁	8	1	1	1	5	5		1	1	3
47岁	4	2	1		1	8			5	3
48岁	3		2		1	20	2		10	8
49岁	7	1	3	1	2	12		2	8	2
50岁	4	1	1		2	16	1	2	9	4
51岁	9	1	1		7	10			7	3
52岁	11	1	1		9	13	1		7	5
53岁	9	2	1	2	4	20	1	2	7	10
54岁	8	1	1		6	16			6	10
55岁	12	3	1		8	20		2	10	8
56岁	9	2		2	5	20	1	1	7	11
57岁	13	1		2	10	25	2	1	15	7
58岁	8	2	2		4	16	2		11	3
59岁	12	1		1	10	36	2	5	14	15
60岁	12	3	2		7	27	1	1	15	10
61岁	13	1		1	11	25	2	2	6	15

3－2 续表 2

单位：人

年 龄	视力残疾					听力残疾				
	小计	一级	二级	三级	四级	小计	一级	二级	三级	四级
62岁	17	4		3	10	33	2	3	14	14
63岁	12	5	2	1	4	25	2	2	9	12
64岁	14	3			11	29	2	2	12	13
65岁	10	4		1	5	33	1	3	12	17
66岁	18	5			13	39	1	3	15	20
67岁	21	7	1		13	47	5	5	15	22
68岁	18	2	1	1	14	55	1	5	23	26
69岁	25	3	4	2	16	52	2	6	24	20
70岁	16	4	4	3	5	71	2	10	29	30
71岁	29	4	2	6	17	71	2	6	35	28
72岁	30	6	5	2	17	72	2	5	34	31
73岁	29	4	1	3	21	100	4	5	48	43
74岁	35	7	3	3	22	90	7	2	45	36
75岁	22	4	2	4	12	69	3	6	36	24
76岁	18	5	1	1	11	94	6	6	60	22
77岁	44	11	2	3	28	119	7	11	57	44
78岁	34	9	1	4	20	93	6	11	41	35
79岁	30	4	5	3	18	88	7	11	47	23
80岁	30	6		4	20	76	3	11	47	15
81岁	28	10	1	2	15	68	2	5	43	18
82岁	22	6	2	2	12	65	7	5	37	16
83岁	25	9	2	1	13	69	1	8	41	19
84岁	24	3	2	2	17	56	2	10	35	9
85+	68	23	8	6	31	184	12	33	115	24

3-2 续表 3

单位：人

年 龄	言语残疾					肢体残疾					智力残疾				
	小计	一级	二级	三级	四级	小计	一级	二级	三级	四级	小计	一级	二级	三级	四级
总 计	**64**	**15**	**14**	**17**	**18**	**1373**	**37**	**160**	**368**	**808**	**387**	**17**	**49**	**122**	**199**
0岁											6			1	5
1岁											5				5
2岁	2		1	1		2			1	1	8	1	1	2	4
3岁	2	1			1	1				1	3				3
4岁	2			1	1	1		1			5				5
5岁	1			1							4			2	2
6岁	4			2	2						4				4
7岁						1			1		1				1
8岁						2			1	1	5				5
9岁						1				1	2		1	1	
10岁						1				1	6	1	1		4
11岁	2		1	1		1				1	9		3		6
12岁						1	1				4		1	1	2
13岁						3	1	1		1	4	1		1	2
14岁						3	2			1	3		1	1	1
15岁						2				2	8	1	1	2	4
16岁	2		1		1	6		1	1	4	5	1		1	3
17岁	1		1			6	1	1	1	3	3			2	1
18岁	1				1	1			1		4		1	2	1
19岁						2			1	1	4			1	3
20岁						2		1		1	8		1	2	5
21岁						4		1	2	1	4			2	2
22岁	1			1		2				2	5			1	4
23岁						10	1	1	4	4	2		1		1
24岁						2			1	1	3			1	2
25岁	2			1	1	8		1	1	6	9			4	5
26岁						4	1		2	1	5	1			4
27岁						5			1	4	4		2	1	1
28岁	1				1	8			1	7	4			2	2
29岁						7		3		4	5			3	2

3-2 续表 4

单位：人

年龄	言语残疾					肢体残疾					智力残疾				
	小计	一级	二级	三级	四级	小计	一级	二级	三级	四级	小计	一级	二级	三级	四级
30岁	1		1			5		1	2	2	6		1	1	4
31岁						7		2	1	4	8	1	2	4	1
32岁	3	1		1	1	11		1	2	8	2				2
33岁	1				1	8		1	2	5	7		2	2	3
34岁	1			1		19			6	13	7		1	2	4
35岁	1			1		12		2	2	8	6		1	4	1
36岁	2		1		1	15		2	4	9	7			4	3
37岁	2	1		1		24	2	4	4	14	7		1	3	3
38岁						18	1	3	5	9	4			1	3
39岁	1				1	17		3	6	8	9			5	4
40岁						15	1	1	5	8	9	2		3	4
41岁	3		1	1	1	15	1		2	12	9		1	3	5
42岁	2	1	1			23		2	3	18	12	1		3	8
43岁	1	1				30		2	6	22	13		1	3	9
44岁	1	1				18	1		4	13	6		2	2	2
45岁						24			8	16	8	1		2	5
46岁	1	1				27	1		7	19	5			3	2
47岁	2	1	1			15	1	1	6	7	7	1		1	5
48岁	1		1			27		3	8	16	4			2	2
49岁						26			6	20	10		3	2	5
50岁	1			1		30	1	7	8	14	3			1	2
51岁	2		2			25		2	5	18	4		1		3
52岁	1		1			27		3	11	13	11		2	6	3
53岁	2	1		1		33		3	6	24	6			4	2
54岁	1	1				26		2	10	14	5			3	2
55岁						29	2	1	3	23	6	1	1	3	1
56岁	1				1	31	1	6	8	16	3		2	1	
57岁						18		1	3	14	1			1	
58岁						39		2	7	30	1				1
59岁						34	1	2	11	20	5			3	2
60岁						20		5	5	10	6	1	1	1	3
61岁						23		1	10	12	3		1	1	1

3－2 续表 5

单位：人

年 龄	言语残疾					肢体残疾					智力残疾				
	小计	一级	二级	三级	四级	小计	一级	二级	三级	四级	小计	一级	二级	三级	四级
62岁	1	1				24		1	6	17	3	1			2
63岁	1	1				27	1	2	9	15					
64岁	1			1		17		3	5	9	2				2
65岁						20	1	2	5	12	1		1		
66岁						20	1	3	2	14	1		1		
67岁						28	2	5	7	14	1				1
68岁	1	1				30		6	8	16	1				1
69岁						24		1	8	15	3		1	1	1
70岁	1		1			31	1	2	9	19	1				1
71岁						31		5	13	13					
72岁						32		8	8	16	1		1		
73岁						31		3	9	19	3	1	1		1
74岁	1	1				32	2	3	10	17					
75岁						23		3	8	12	2		2		
76岁						28	1	8	3	16	3			1	2
77岁	3				3	29		5	7	17	1			1	
78岁	1			1		18		2	9	7	5	1	1	1	2
79岁						15	1	3	2	9	1			1	
80岁						23	1	4	8	10	4			3	1
81岁						16	1	1	8	6	2		1	1	
82岁	1	1				23		3	7	13	4		2	1	1
83岁	1				1	14	1	2	3	8	2		1	1	
84岁						11	1	1	5	4	1			1	
85+						49	3	10	14	22	3			3	

3-2 续表 6

单位：人

年龄	精神残疾					多重残疾				
	小计	一级	二级	三级	四级	小计	一级	二级	三级	四级
总计	**509**	**91**	**67**	**67**	**284**	**848**	**379**	**132**	**226**	**111**
0岁						1	1			
1岁						3	2	1		
2岁						2	1	1		
3岁						3	2	1		
4岁						4	1	2	1	
5岁						11	7	3	1	
6岁						2	1	1		
7岁						1	1			
8岁	1		1			3	2		1	
9岁	1				1	3	1		2	
10岁	1			1		7	4	3		
11岁	1				1	2	2			
12岁						8	5	3		
13岁	1		1			4	3	1		
14岁						2	2			
15岁						3	1		2	
16岁						4	1	2	1	
17岁	2		1	1		8	4	3	1	
18岁	2				2	7	3	1	3	
19岁						2	2			
20岁						2	1		1	
21岁	1			1		1	1			
22岁	5	2		1	2	4	2	1	1	
23岁	3			2	1	5	1	2	1	1
24岁	4	1			3	4	2	1		1
25岁	1				1	8	2	4	2	
26岁	5	1		2	2	2	1	1		
27岁	8	1	1	2	4	9	7		1	1
28岁	6	1	1		4	6	5	1		
29岁	6	2		1	3	4	2	1	1	

3-2 续表 7

单位：人

年 龄	精神残疾					多重残疾				
	小计	一级	二级	三级	四级	小计	一级	二级	三级	四级
30岁	4	1		1	2	8	6		1	1
31岁	7		1	1	5	15	11	2	2	
32岁	5			1	4	9	5		4	
33岁	6	2	1		3	4	4			
34岁	13	4	2	2	5	10	8		2	
35岁	16	1	3		12	10	5	3	1	1
36岁	9		3	2	4	11	9	1	1	
37岁	9	1			8	9	3	2	1	3
38岁	11	1	1	1	8	7	6		1	
39岁	13	3	4		6	5	3		2	
40岁	10	5		1	4	9	7		1	1
41岁	13	4	1		8	4	1	1	1	1
42岁	17	3	3	2	9	13	11		1	1
43岁	11	1	1	2	7	12	10		2	
44岁	10	2	1	3	4	4	1		3	
45岁	4	1	1		2	4	1	2	1	
46岁	10		2	1	7	4	2	1	1	
47岁	9	1	3	1	4	4	2		1	1
48岁	12	2		2	8	10	4	2	4	
49岁	10	1	1	1	7	10	6	3		1
50岁	17	1	3	3	10	5	3			2
51岁	12	2	2	1	7	9	5	3		1
52岁	12	1	2	3	6	4	2	1		1
53岁	19	2	2	3	12	6	4	1		1
54岁	11	1		1	9	8	7	1		
55岁	15	4	3	3	5	8	4	1	2	1
56岁	15	2	2	3	8	11	7	1		3
57岁	16	3	1	4	8	5	4			1
58岁	16	1	1	4	10	6	2	1	2	1
59岁	11	2	2	1	6	1	1			
60岁	10	2	1		7	5	2	1		2
61岁	5	2	2		1	6	5		1	

3-2 续表 8

单位：人

年龄	精神残疾					多重残疾				
	小计	一级	二级	三级	四级	小计	一级	二级	三级	四级
62岁	3				3	7	3	1	2	1
63岁	2				2	7	4	1		2
64岁	11		1	1	9	8	4		2	2
65岁	3				3	7	6			1
66岁	4	1	1		2	10	3		1	6
67岁	5	1			4	7	4		3	
68岁	6			2	4	16	2	3	5	6
69岁	6	3			3	8	4		1	3
70岁	8	2	1		5	15	7	2	1	5
71岁	1	1				21	6	4	5	6
72岁	7	1	1	3	2	16	6	4	2	4
73岁	3	1	1		1	23	5	2	14	2
74岁	4	2	1		1	19	8	1	7	3
75岁	3			1	2	24	6	5	11	2
76岁	5		1	1	3	20	9	2	7	2
77岁	1		1			20	5	3	9	3
78岁	5	2			3	29	5	4	12	8
79岁	4	3			1	23	7	4	7	5
80岁	2	1	1			24	4	5	13	2
81岁	3		2		1	29	9	5	10	5
82岁	6	2	1	1	2	22	10	4	7	1
83岁	2	1			1	16	5	2	6	3
84岁	3	2			1	23	2	7	10	4
85+	6	4	1		1	93	34	13	37	9

3－2a　残疾人分残疾类别、残疾等级的年龄构成(男性)

单位：人

年　龄	视力残疾					听力残疾				
	小计	一级	二级	三级	四级	小计	一级	二级	三级	四级
总　计	**309**	**75**	**25**	**23**	**186**	**1108**	**54**	**115**	**549**	**390**
0岁										
1岁						3	3			
2岁	1				1					
3岁										
4岁										
5岁	1			1						
6岁										
7岁										
8岁										
9岁										
10岁						1		1		
11岁										
12岁										
13岁	1				1					
14岁										
15岁	1		1							
16岁										
17岁						1		1		
18岁										
19岁										
20岁										
21岁										
22岁	1				1					
23岁										
24岁										
25岁	3	3								
26岁	1				1					
27岁	1				1					
28岁						1			1	
29岁										

3-2a 续表 1

单位：人

年龄	视力残疾					听力残疾				
	小计	一级	二级	三级	四级	小计	一级	二级	三级	四级
30岁	2				2					
31岁										
32岁	1	1								
33岁						1				1
34岁						2			1	1
35岁						3	1			2
36岁										
37岁	2	1			1	1				1
38岁						3			1	2
39岁	1	1				4		1		3
40岁						2				2
41岁	3	1			2					
42岁	3		1		2	5	1		3	1
43岁	4	1	1		2	4			2	2
44岁	2				2	3				3
45岁	1				1	4	1	1	2	
46岁	5			1	4	1				1
47岁	3	2			1	7			5	2
48岁	2		1		1	13	1		7	5
49岁	3	1	2			8		2	5	1
50岁	3	1			2	9		2	4	3
51岁	3	1			2	6			5	1
52岁	4	1			3	7			4	3
53岁	6	1	1	2	2	11		2	4	5
54岁	4	1			3	10			4	6
55岁	4	1			3	7		1	3	3
56岁	3	1		1	1	9	1	1	3	4
57岁	5	1			4	19	2		12	5
58岁	3	1			2	10	1		9	
59岁	5	1			4	25		5	9	11

3－2a 续表 2

单位：人

年 龄	视力残疾					听力残疾				
	小计	一级	二级	三级	四级	小计	一级	二级	三级	四级
60岁	5	1	1		3	17		1	10	6
61岁	4				4	12			5	7
62岁	5	1		1	3	25	2	3	10	10
63岁	4	2	1		1	17	2	2	5	8
64岁	9	3			6	22	1	2	8	11
65岁	3	1			2	20	1	1	9	9
66岁	11	3			8	27	1	3	9	14
67岁	11	5	1		5	34	4	3	12	15
68岁	10	2			8	35		3	16	16
69岁	9	2	1	1	5	33		6	13	14
70岁	6	1	2	1	2	38		5	15	18
71岁	9	1	1	2	5	41	1	5	21	14
72岁	13	4	3	2	4	37	1	3	16	17
73岁	11	1		1	9	52	2	2	22	26
74岁	13	2	1	1	9	46	3		26	17
75岁	6		1	1	4	35	1	4	19	11
76岁	4	1			3	45	2	4	30	9
77岁	10	3	1		6	74	4	5	38	27
78岁	3	2			1	45	5	7	15	18
79岁	10		1		9	43	1	3	24	15
80岁	15	1		3	11	37	1	5	27	4
81岁	7	3	1	1	2	30	1	3	20	6
82岁	6			1	5	28	3	2	15	8
83岁	14	5	1		8	31		4	22	5
84岁	8	1	1	1	5	32	2	6	18	6
85+	21	9	1	2	9	72	5	16	40	11

3－2a 续表 3

单位：人

年 龄	言语残疾					肢体残疾				
	小计	一级	二级	三级	四级	小计	一级	二级	三级	四级
总 计	**40**	**9**	**8**	**10**	**13**	**727**	**18**	**66**	**199**	**444**
0岁										
1岁										
2岁	1		1			1			1	
3岁	1	1								
4岁	1				1	1		1		
5岁										
6岁	3			1	2					
7岁						1			1	
8岁						1			1	
9岁						1				1
10岁						1				1
11岁	2		1	1						
12岁						1	1			
13岁						2	1	1		
14岁						2	2			
15岁						2				2
16岁	1				1	1				1
17岁						6	1	1	1	3
18岁						1			1	
19岁										
20岁						1				1
21岁						1			1	
22岁						2				2
23岁						9	1		4	4
24岁						1				1
25岁	2			1	1	2			1	1
26岁						3	1		1	1
27岁						2			1	1
28岁	1				1	3				3
29岁						3		2		1

3－2a 续表 4

单位：人

年龄	言语残疾					肢体残疾				
	小计	一级	二级	三级	四级	小计	一级	二级	三级	四级
30岁	1		1			2		1	1	
31岁						3		1		2
32岁	1			1		6		1	1	4
33岁						5			1	4
34岁	1			1		11			2	9
35岁	1			1		11		1	2	8
36岁	1		1			11		1	3	7
37岁	2	1		1		12	1	1	2	8
38岁						6	1	1	2	2
39岁	1				1	9		1	4	4
40岁						8	1		4	3
41岁	2			1	1	8			1	7
42岁	1		1			13		1	2	10
43岁	1	1				17		2	4	11
44岁						9			1	8
45岁						16			4	12
46岁						17			5	12
47岁	1	1				11		1	4	6
48岁						15		1	5	9
49岁						18			4	14
50岁	1			1		17	1	3	3	10
51岁	2		2			15		1	4	10
52岁	1		1			18		2	6	10
53岁						17		1	3	13
54岁	1	1				17			7	10
55岁						17	1	1	1	14
56岁	1				1	16		5	4	7
57岁						7				7
58岁						18			5	13
59岁						18	1	1	6	10

3－2a 续表 5

单位：人

年 龄	言语残疾					肢体残疾				
	小计	一级	二级	三级	四级	小计	一级	二级	三级	四级
60岁						7		2	1	4
61岁						11		1	4	6
62岁	1	1				14		1	2	11
63岁	1	1				15	1	2	5	7
64岁	1			1		6			2	4
65岁						16	1	1	4	10
66岁						13	1	1	1	10
67岁						15	1	3	3	8
68岁						21		4	8	9
69岁						19		1	8	10
70岁						12			2	10
71岁						16		2	7	7
72岁						16		4	4	8
73岁						11			4	7
74岁	1	1				19		1	8	10
75岁						11		1	6	4
76岁						15		5	3	7
77岁	3				3	15		1	4	10
78岁						9		1	4	4
79岁						5			1	4
80岁						11			5	6
81岁						6		1	3	2
82岁	1	1				6			1	5
83岁	1				1	5				5
84岁						3		1	2	
85+						14	1	1	3	9

3－2a 续表 6

单位：人

年 龄	智力残疾					精神残疾					多重残疾				
	小计	一级	二级	三级	四级	小计	一级	二级	三级	四级	小计	一级	二级	三级	四级
总 计	**211**	**9**	**25**	**67**	**110**	**237**	**47**	**34**	**34**	**122**	**396**	**193**	**69**	**93**	**41**
0岁	5			1	4										
1岁	2				2						1		1		
2岁	6	1	1		4										
3岁	2				2						3	2	1		
4岁	2				2						3	1	2		
5岁	2			2							3	1	1	1	
6岁	2				2						2	1	1		
7岁											1	1			
8岁	4				4	1		1			2	1		1	
9岁	1			1		1				1	2	1		1	
10岁	5	1	1		3	1			1		5	3	2		
11岁	6		1		5	1				1	1	1			
12岁	1			1							6	3	3		
13岁	2	1			1	1		1			2	1	1		
14岁	1		1								1	1			
15岁	3			1	2						3	1		2	
16岁	3			1	2						3		2	1	
17岁	1				1	1			1		5	2	2	1	
18岁	2		1	1							2	1		1	
19岁	2				2						1	1			
20岁	6		1	2	3						1	1			
21岁	1				1										
22岁	3			1	2	4	2		1	1	2	2			
23岁	1		1			1			1		3	1	1		1
24岁	1				1	1				1	2	1			1
25岁	7			4	3	1				1	2		2		
26岁	2				2	2	1		1		2	1	1		
27岁						5	1	1	1	2	4	3		1	
28岁						4	1	1		2	4	4			
29岁	3			2	1	2	1			1	3	2	1		

3－2a 续表 7

单位：人

年 龄	智力残疾					精神残疾					多重残疾				
	小计	一级	二级	三级	四级	小计	一级	二级	三级	四级	小计	一级	二级	三级	四级
30岁	2		1	1		3	1			2	2	2			
31岁	3	1	1	1		3				3	8	6	2		
32岁	1				1	4			1	3	5	4		1	
33岁	4		1		3	4		1		3					
34岁	3		1	1	1	7	2	2	1	2	8	7		1	
35岁	2		1	1		9	1	2		6	4	1	2	1	
36岁	5			3	2	3		2	1		4	3	1		
37岁	4			2	2	5				5	6	2	1	1	2
38岁	2				2	4	1	1		2	4	4			
39岁	5			2	3	8	3	3		2	3	2		1	
40岁	7	1		3	3	4	1		1	2	4	3		1	
41岁	4		1	3		8	3	1		4	1		1		
42岁	6			3	3	11	1	3	1	6	7	7			
43岁	7			2	5	7	1		1	5	7	6		1	
44岁	2			1	1	6	1	1	2	2	1			1	
45岁	6			2	4	3	1	1		1	4	1	2	1	
46岁	1				1	4			1	3	1	1			
47岁	6	1		1	4	3		1		2	2	1			1
48岁	2			1	1	6	1		2	3	8	4	1	3	
49岁	9		3	2	4	5	1	1	1	2	7	3	3		1
50岁	1				1	10	1	3	3	3	1	1			
51岁	2		1		1	4	1		1	2	5	4	1		
52岁	9		2	5	2	4	1		2	1	3	2			1
53岁	4			3	1	11	2		1	8	3	2	1		
54岁	3			1	2	3				3	5	4	1		
55岁	5	1		3	1	5	2	1	1	1	4	1	1	1	1
56岁	2		1	1		7	1	1	1	4	5	4	1		
57岁						7	2		2	3	3	3			
58岁	1				1	8	1		2	5	4	1	1	1	1
59岁	3			1	2	2			1	1					

3－2a 续表 8

单位：人

年龄	智力残疾					精神残疾					多重残疾				
	小计	一级	二级	三级	四级	小计	一级	二级	三级	四级	小计	一级	二级	三级	四级
60岁	2			1	1	4	1	1		2	3	1	1		1
61岁	2			1	1	2	1			1	4	4			
62岁	3	1			2						3	2	1		
63岁											3	3			
64岁						5				5	7	3		2	2
65岁	1		1			1				1	4	4			
66岁						3	1	1		1	5	1			4
67岁						1	1				3	2		1	
68岁	1				1	2			1	1	5	1	1	2	1
69岁	1		1			2	1			1	1				1
70岁	1				1	3		1		2	9	5	2		2
71岁											13	3	4	3	3
72岁						4	1	1	1	1	8	5	1	1	1
73岁	2		1		1						7	2	1	4	
74岁						3	2			1	14	6	1	6	1
75岁	1		1			1				1	10	3	2	4	1
76岁	2				2	4		1		3	11	5		5	1
77岁						1		1			10	2	2	5	1
78岁	2	1		1		2	1			1	14	3	2	6	3
79岁						1	1				7	2	1	3	1
80岁	1			1							10	2	2	5	1
81岁											15	4	2	5	4
82岁	1				1	1	1				9	4	1	4	
83岁	2		1	1		1				1	5	2	1	1	1
84岁						1	1				3		1	2	
85+	2			2		1				1	25	8	3	11	3

3－2b 残疾人分残疾类别、残疾等级的年龄构成(女性)

单位：人

年 龄	视力残疾					听力残疾				
	小计	一级	二级	三级	四级	小计	一级	二级	三级	四级
总 计	**513**	**109**	**46**	**47**	**311**	**952**	**59**	**86**	**487**	**320**
0岁										
1岁	1		1							
2岁										
3岁	1				1					
4岁	1				1					
5岁										
6岁	1				1					
7岁										
8岁						1		1		
9岁						1	1			
10岁										
11岁										
12岁										
13岁										
14岁										
15岁										
16岁										
17岁										
18岁	1				1					
19岁						1		1		
20岁										
21岁										
22岁										
23岁										
24岁										
25岁										
26岁										
27岁						2			1	1
28岁	1	1				1			1	
29岁						1				1

3－2b　续表 1

单位：人

年龄	视力残疾					听力残疾				
	小计	一级	二级	三级	四级	小计	一级	二级	三级	四级
30岁										
31岁	1				1					
32岁	1			1						
33岁	2				2	4		1	2	1
34岁	1				1	2				2
35岁										
36岁	3	1			2	1				1
37岁	3	2	1			3			2	1
38岁	3				3	1			1	
39岁	4				4	2			2	
40岁						3			1	2
41岁						4	1		1	2
42岁	3	1		1	1	1		1		
43岁	2				2	4			2	2
44岁	1				1	2	1			1
45岁	2				2	1			1	
46岁	3	1	1		1	4		1	1	2
47岁	1		1			1				1
48岁	1		1			7	1		3	3
49岁	4		1	1	2	4			3	1
50岁	1		1			7	1		5	1
51岁	6		1		5	4			2	2
52岁	7		1		6	6	1		3	2
53岁	3	1			2	9	1		3	5
54岁	4		1		3	6			2	4
55岁	8	2	1		5	13		1	7	5
56岁	6	1		1	4	11			4	7
57岁	8			2	6	6		1	3	2
58岁	5	1	2		2	6	1		2	3
59岁	7			1	6	11	2		5	4

3－2b 续表 2

单位：人

年龄	视力残疾					听力残疾				
	小计	一级	二级	三级	四级	小计	一级	二级	三级	四级
60岁	7	2	1		4	10	1		5	4
61岁	9	1		1	7	13	2	2	1	8
62岁	12	3		2	7	8			4	4
63岁	8	3	1	1	3	8			4	4
64岁	5				5	7	1		4	2
65岁	7	3		1	3	13		2	3	8
66岁	7	2			5	12			6	6
67岁	10	2			8	13	1	2	3	7
68岁	8		1	1	6	20	1	2	7	10
69岁	16	1	3	1	11	19	2		11	6
70岁	10	3	2	2	3	33	2	5	14	12
71岁	20	3	1	4	12	30	1	1	14	14
72岁	17	2	2		13	35	1	2	18	14
73岁	18	3	1	2	12	48	2	3	26	17
74岁	22	5	2	2	13	44	4	2	19	19
75岁	16	4	1	3	8	34	2	2	17	13
76岁	14	4	1	1	8	49	4	2	30	13
77岁	34	8	1	3	22	45	3	6	19	17
78岁	31	7	1	4	19	48	1	4	26	17
79岁	20	4	4	3	9	45	6	8	23	8
80岁	15	5		1	9	39	2	6	20	11
81岁	21	7		1	13	38	1	2	23	12
82岁	16	6	2	1	7	37	4	3	22	8
83岁	11	4	1	1	5	38	1	4	19	14
84岁	16	2	1	1	12	24		4	17	3
85+	47	14	7	4	22	112	7	17	75	13

3－2b 续表 3

单位：人

年 龄	言语残疾					肢体残疾				
	小计	一级	二级	三级	四级	小计	一级	二级	三级	四级
总 计	**24**	**6**	**6**	**7**	**5**	**646**	**19**	**94**	**169**	**364**
0岁										
1岁										
2岁	1			1		1				1
3岁	1				1	1				1
4岁	1			1						
5岁	1			1						
6岁	1			1						
7岁										
8岁						1				1
9岁										
10岁										
11岁						1				1
12岁										
13岁						1				1
14岁						1				1
15岁										
16岁	1		1			5		1	1	3
17岁	1		1							
18岁	1				1					
19岁						2			1	1
20岁						1		1		
21岁						3		1	1	1
22岁	1			1						
23岁						1		1		
24岁						1			1	
25岁						6		1		5
26岁						1			1	
27岁						3				3
28岁						5			1	4
29岁						4		1		3

3-2b 续表 4

单位：人

年 龄	言语残疾					肢体残疾				
	小计	一级	二级	三级	四级	小计	一级	二级	三级	四级
30岁						3			1	2
31岁						4		1	1	2
32岁	2	1			1	5			1	4
33岁	1				1	3		1	1	1
34岁						8			4	4
35岁						1		1		
36岁	1				1	4		1	1	2
37岁						12	1	3	2	6
38岁						12		2	3	7
39岁						8		2	2	4
40岁						7		1	1	5
41岁	1		1			7	1		1	5
42岁	1	1				10		1	1	8
43岁						13			2	11
44岁	1	1				9	1		3	5
45岁						8			4	4
46岁	1	1				10	1		2	7
47岁	1		1			4	1		2	1
48岁	1		1			12		2	3	7
49岁						8			2	6
50岁						13		4	5	4
51岁						10		1	1	8
52岁						9		1	5	3
53岁	2	1		1		16		2	3	11
54岁						9		2	3	4
55岁						12	1		2	9
56岁						15	1	1	4	9
57岁						11		1	3	7
58岁						21		2	2	17
59岁						16		1	5	10

3-2b 续表 5

单位：人

年 龄	言语残疾					肢体残疾				
	小计	一级	二级	三级	四级	小计	一级	二级	三级	四级
60岁						13		3	4	6
61岁						12			6	6
62岁						10			4	6
63岁						12			4	8
64岁						11		3	3	5
65岁						4		1	1	2
66岁						7		2	1	4
67岁						13	1	2	4	6
68岁	1	1				9		2		7
69岁						5				5
70岁	1		1			19	1	2	7	9
71岁						15		3	6	6
72岁						16		4	4	8
73岁						20		3	5	12
74岁						13	2	2	2	7
75岁						12		2	2	8
76岁						13	1	3		9
77岁						14		4	3	7
78岁	1			1		9		1	5	3
79岁						10	1	3	1	5
80岁						12	1	4	3	4
81岁						10	1		5	4
82岁						17		3	6	8
83岁						9	1	2	3	3
84岁						8	1		3	4
85+						35	2	9	11	13

3－2b 续表 6

单位：人

年龄	智力残疾					精神残疾					多重残疾				
	小计	一级	二级	三级	四级	小计	一级	二级	三级	四级	小计	一级	二级	三级	四级
总　计	**176**	**8**	**24**	**55**	**89**	**272**	**44**	**33**	**33**	**162**	**452**	**186**	**63**	**133**	**70**
0岁	1				1						1	1			
1岁	3				3						2	2			
2岁	2			2							2	1	1		
3岁	1				1										
4岁	3				3						1			1	
5岁	2				2						8	6	2		
6岁	2				2										
7岁	1				1										
8岁	1				1						1	1			
9岁	1		1								1			1	
10岁	1				1						2	1	1		
11岁	3		2		1						1	1			
12岁	3		1		2						2	2			
13岁	2			1	1						2	2			
14岁	2			1	1						1	1			
15岁	5	1	1	1	2										
16岁	2	1			1						1	1			
17岁	2			2		1		1			3	2	1		
18岁	2			1	1	2				2	5	2	1	2	
19岁	2			1	1						1	1			
20岁	2				2						1			1	
21岁	3			2	1	1			1		1	1			
22岁	2				2	1				1	2		1	1	
23岁	1				1	2			1	1	2		1	1	
24岁	2			1	1	3	1			2	2	1	1		
25岁	2				2						6	2	2	2	
26岁	3	1			2	3			1	2					
27岁	4		2	1	1	3			1	2	5	4			1
28岁	4			2	2	2				2	2	1	1		
29岁	2			1	1	4	1		1	2	1			1	

3－2b 续表 7

单位：人

年 龄	智力残疾					精神残疾					多重残疾				
	小计	一级	二级	三级	四级	小计	一级	二级	三级	四级	小计	一级	二级	三级	四级
30岁	4				4	1			1		6	4		1	1
31岁	5		1	3	1	4		1	1	2	7	5		2	
32岁	1				1	1				1	4	1		3	
33岁	3		1	2		2	2				4	4			
34岁	4			1	3	6	2		1	3	2	1		1	
35岁	4			3	1	7		1		6	6	4	1		1
36岁	2			1	1	6		1	1	4	7	6		1	
37岁	3		1	1	1	4	1			3	3	1	1		1
38岁	2			1	1	7			1	6	3	2		1	
39岁	4			3	1	5		1		4	2	1		1	
40岁	2	1			1	6	4			2	5	4			1
41岁	5				5	5	1			4	3	1		1	1
42岁	6	1			5	6	2		1	3	6	4		1	1
43岁	6		1	1	4	4		1	1	2	5	4		1	
44岁	4		2	1	1	4	1		1	2	3	1		2	
45岁	2	1			1	1				1					
46岁	4			3	1	6		2		4	3	1	1	1	
47岁	1				1	6	1	2	1	2	2	1		1	
48岁	2			1	1	6	1			5	2		1	1	
49岁	1				1	5				5	3	3			
50岁	2			1	1	7				7	4	2			2
51岁	2				2	8	1	2		5	4	1	2		1
52岁	2			1	1	8		2	1	5	1		1		
53岁	2			1	1	8		2	2	4	3	2			1
54岁	2			2		8	1		1	6	3	3			
55岁	1		1			10	2	2	2	4	4	3		1	
56岁	1		1			8	1	1	2	4	6	3			3
57岁	1			1		9	1	1	2	5	2	1			1
58岁						8		1	2	5	2	1		1	
59岁	2			2		9	2	2		5	1	1			

3－2b 续表 8

单位：人

年龄	智力残疾					精神残疾					多重残疾				
	小计	一级	二级	三级	四级	小计	一级	二级	三级	四级	小计	一级	二级	三级	四级
60岁	4	1	1		2	6	1			5	2	1			1
61岁	1		1			3	1	2			2	1		1	
62岁						3				3	4	1		2	1
63岁						2				2	4	1	1		2
64岁	2				2	6		1	1	4	1	1			
65岁						2				2	3	2			1
66岁	1		1			1				1	5	2		1	2
67岁	1				1	4				4	4	2		2	
68岁						4			1	3	11	1	2	3	5
69岁	2			1	1	4	2			2	7	4		1	2
70岁						5	2			3	6	2		1	3
71岁						1	1				8	3		2	3
72岁	1		1			3			2	1	8	1	3	1	3
73岁	1	1				3	1	1		1	16	3	1	10	2
74岁						1		1			5	2		1	2
75岁	1		1			2			1	1	14	3	3	7	1
76岁	1			1		1			1		9	4	2	2	1
77岁	1			1							10	3	1	4	2
78岁	3		1		2	3	1			2	15	2	2	6	5
79岁	1			1		3	2			1	16	5	3	4	4
80岁	3			2	1	2	1	1			14	2	3	8	1
81岁	2		1	1		3		2		1	14	5	3	5	1
82岁	3		2	1		5	1	1	1	2	13	6	3	3	1
83岁						1	1				11	3	1	5	2
84岁	1			1		2	1			1	20	2	6	8	4
85+	1			1		5	4	1			68	26	10	26	6

3－3 各地区多重残疾人分残疾类别、残疾等级的分布

单位：人

地区	视力残疾					听力残疾				
	小计	一级	二级	三级	四级	小计	一级	二级	三级	四级
总计	**293**	**74**	**21**	**37**	**161**	**535**	**172**	**48**	**218**	**97**
杭州市下城区	11	2	1		8	9	1		4	4
杭州市余杭区	10		1	1	8	19	6	1	8	4
杭州市富阳市	1				1	14	11		3	
杭州市临安市	7	2	1		4	20	5	3	7	5
宁波市江东区	13	4			9	17	6		5	6
宁波市宁海县	29	8	1	8	12	46	12	3	18	13
宁波市慈溪市	5	1		2	2	9	2	1	6	
温州市永嘉县	2			1	1	16	10	1	5	
温州市瑞安市	4	2			2	14	7	1	6	
温州市乐清市	20	2	4	2	12	25	5	1	11	8
嘉兴市嘉善县	10	4	1	1	4	15	4	1	5	5
嘉兴市桐乡市	14	1		1	12	26	4	3	11	8
湖州市德清县	11	2	1	1	7	10	3	1	4	2
绍兴市绍兴县	9	3			6	35	16	6	7	6
绍兴市嵊州市	12	3	3	2	4	20	7	2	9	2
金华市金东区	13	4	1	3	5	25	9	3	8	5
金华市义乌市	22	7	2	3	10	31	9	2	18	2
衢州市开化县	7			1	6	19	6	1	9	3
衢州市江山市	3				3	10	6		4	
舟山市岱山县	14	7	2	1	4	29	9	4	16	
台州市椒江区	9	1			8	12	3	2	7	
台州市三门县	7	2		1	4	8	3	2	3	
台州市临海市	10	5		1	4	24	9	1	9	5
丽水市莲都区	23	5	1	4	13	36	11	5	11	9
丽水市青田县	27	9	2	4	12	46	8	4	24	10

3-3 续表 1

单位：人

地　区	言语残疾					肢体残疾				
	小计	一级	二级	三级	四级	小计	一级	二级	三级	四级
总　计	**310**	**196**	**52**	**37**	**25**	**284**	**28**	**47**	**78**	**131**
杭州市下城区	9	7		2		10	6	1	2	1
杭州市余杭区	10	6	2	2		6	1	1	3	1
杭州市富阳市	16	12	1		3	5			2	3
杭州市临安市	15	4	4	5	2	12		2	6	4
宁波市江东区	5	5				5		1	2	2
宁波市宁海县	16	8	3	5		26	3	3	2	18
宁波市慈溪市	7	5	1	1		4			2	2
温州市永嘉县	19	17	1	1		10	3	4	3	
温州市瑞安市	11	7	3		1	10		2	4	4
温州市乐清市	14	6	3	1	4	19	1	2	6	10
嘉兴市嘉善县	4	2		2		8		1		7
嘉兴市桐乡市	8	4	1	2	1	16		2	4	10
湖州市德清县	12	4	2	3	3	8	1	1	2	4
绍兴市绍兴县	25	16	4	1	4	9			3	6
绍兴市嵊州市	14	10	1	3		14	4	6	2	2
金华市金东区	10	8	2			8		3	1	4
金华市义乌市	16	8	3	4	1	16		5	5	6
衢州市开化县	13	10	2	1		6	1		3	2
衢州市江山市	8	8				5	1	1	1	2
舟山市岱山县	14	8	4	1	1	32	3	8	6	15
台州市椒江区	7	4	1	1	1	2	1			1
台州市三门县	1			1		8	1	1	4	2
台州市临海市	13	10	3			13		1	4	8
丽水市莲都区	17	15	2			15	1	2	5	7
丽水市青田县	26	12	9	1	4	17	1		6	10

3-3 续表 2

单位：人

地区	智力残疾					精神残疾				
	小计	一级	二级	三级	四级	小计	一级	二级	三级	四级
总计	**253**	**49**	**75**	**76**	**53**	**149**	**68**	**21**	**21**	**39**
杭州市下城区	9	4	2	2	1	2	1	1		
杭州市余杭区	7	1	6			6	4	1		1
杭州市富阳市	7		3	3	1	3		1	2	
杭州市临安市	19	3	2	6	8	8	5	3		
宁波市江东区	2			1	1					
宁波市宁海县	7	3		3	1	2			1	1
宁波市慈溪市	6	2	2	1	1	4	3			1
温州市永嘉县	14	3	6	3	2	8	3		2	3
温州市瑞安市	6		1	5		2	1			1
温州市乐清市	9	1	3	1	4					
嘉兴市嘉善县	9	1	6	2		6	4	1		1
嘉兴市桐乡市	5		2	2	1	4	3			1
湖州市德清县	5		2	2	1	2	1	1		
绍兴市绍兴县	6	2		2	2	2		1		1
绍兴市嵊州市	5		2	2	1					
金华市金东区	5		2		3	4	2			2
金华市义乌市	8	1	3	3	1	3	1		1	1
衢州市开化县	7	1	3	2	1	1				1
衢州市江山市	11	1	2	4	4	9	2		2	5
舟山市岱山县	32	2	6	14	10	26	11	1	4	10
台州市椒江区	7	1		3	3	3	1			2
台州市三门县	1			1						
台州市临海市	5	3		2		3	2	1		
丽水市莲都区	10	1	6	3		4	2		1	1
丽水市青田县	51	19	16	9	7	47	22	10	8	7

3－3a 各地区城镇多重残疾人分残疾类别、残疾等级的分布

单位：人

地区	视力残疾					听力残疾				
	小计	一级	二级	三级	四级	小计	一级	二级	三级	四级
总计	**77**	**20**	**3**	**8**	**46**	**119**	**36**	**8**	**50**	**25**
杭州市下城区	11	2	1		8	9	1		4	4
杭州市余杭区										
杭州市富阳市						8	7		1	
杭州市临安市	4	1	1		2	10	1	2	5	2
宁波市江东区	13	4			9	17	6		5	6
宁波市宁海县	10	1		5	4	15	5		7	3
宁波市慈溪市										
温州市永嘉县										
温州市瑞安市						3	2		1	
温州市乐清市										
嘉兴市嘉善县	1			1		1				1
嘉兴市桐乡市	8	1			7	13	3	2	5	3
湖州市德清县	2				2	2		1	1	
绍兴市绍兴县	4	3			1	6	2		2	2
绍兴市嵊州市										
金华市金东区	3	2			1	3			2	1
金华市义乌市	2	1			1	5	2	1	2	
衢州市开化县										
衢州市江山市										
舟山市岱山县	3	1	1	1		4	1		3	
台州市椒江区	9	1			8	12	3	2	7	
台州市三门县										
台州市临海市	1	1				2			1	1
丽水市莲都区	6	2		1	3	9	3		4	2
丽水市青田县										

3－3a 续表 1

单位：人

地区	言语残疾					肢体残疾				
	小计	一级	二级	三级	四级	小计	一级	二级	三级	四级
总　计	**62**	**42**	**8**	**8**	**4**	**67**	**9**	**14**	**18**	**26**
杭州市下城区	9	7		2		10	6	1	2	1
杭州市余杭区										
杭州市富阳市	9	8	1							
杭州市临安市	5	1	2	2		6		1	2	3
宁波市江东区	5	5				5		1	2	2
宁波市宁海县	5	2	1	2		12	1	3	2	6
宁波市慈溪市	2	2								
温州市永嘉县										
温州市瑞安市	2	2				3			2	1
温州市乐清市										
嘉兴市嘉善县						2		1		1
嘉兴市桐乡市	5	3	1		1	7		2		5
湖州市德清县						2			1	1
绍兴市绍兴县	1	1				1			1	
绍兴市嵊州市										
金华市金东区						1				1
金华市义乌市	4	2		1	1	3		2		1
衢州市开化县						1			1	
衢州市江山市										
舟山市岱山县	1				1	6	1	1	2	2
台州市椒江区	7	4	1	1	1	2	1			1
台州市三门县										
台州市临海市	2	2				2		1	1	
丽水市莲都区	5	3	2			4		1	2	1
丽水市青田县										

3－3a 续表 2

单位：人

地区	智力残疾					精神残疾				
	小计	一级	二级	三级	四级	小计	一级	二级	三级	四级
总计	**65**	**11**	**12**	**24**	**18**	**38**	**15**	**6**	**5**	**12**
杭州市下城区	9	4	2	2	1	2	1	1		
杭州市余杭区										
杭州市富阳市	4		2	2		3		1	2	
杭州市临安市	8	1		4	3	3	1	2		
宁波市江东区	2			1	1					
宁波市宁海县	2	1		1		1				1
宁波市慈溪市	2	1			1	2	1			1
温州市永嘉县										
温州市瑞安市	3			3						
温州市乐清市										
嘉兴市嘉善县	3		3			3	3			
嘉兴市桐乡市	2		1	1		1	1			
湖州市德清县										
绍兴市绍兴县	2	1		1		1		1		
绍兴市嵊州市										
金华市金东区	3		1		2	2				2
金华市义乌市						1	1			
衢州市开化县	1		1							
衢州市江山市										
舟山市岱山县	12	1	1	4	6	13	5		3	5
台州市椒江区	7	1		3	3	3	1			2
台州市三门县										
台州市临海市	1	1								
丽水市莲都区	2		1	1		1				1
丽水市青田县	2			1	1	2	1	1		

3－3b　各地区农村多重残疾人分残疾类别、残疾等级的分布

单位：人

地　区	视力残疾					听力残疾				
	小计	一级	二级	三级	四级	小计	一级	二级	三级	四级
总　计	**216**	**54**	**18**	**29**	**115**	**416**	**136**	**40**	**168**	**72**
杭州市下城区										
杭州市余杭区	10		1	1	8	19	6	1	8	4
杭州市富阳市	1				1	6	4		2	
杭州市临安市	3	1			2	10	4	1	2	3
宁波市江东区										
宁波市宁海县	19	7	1	3	8	31	7	3	11	10
宁波市慈溪市	5	1		2	2	9	2	1	6	
温州市永嘉县	2			1	1	16	10	1	5	
温州市瑞安市	4	2			2	11	5	1	5	
温州市乐清市	20	2	4	2	12	25	5	1	11	8
嘉兴市嘉善县	9	4	1		4	14	4	1	5	4
嘉兴市桐乡市	6			1	5	13	1	1	6	5
湖州市德清县	9	2	1	1	5	8	3		3	2
绍兴市绍兴县	5				5	29	14	6	5	4
绍兴市嵊州市	12	3	3	2	4	20	7	2	9	2
金华市金东区	10	2	1	3	4	22	9	3	6	4
金华市义乌市	20	6	2	3	9	26	7	1	16	2
衢州市开化县	7			1	6	19	6	1	9	3
衢州市江山市	3				3	10	6		4	
舟山市岱山县	11	6	1		4	25	8	4	13	
台州市椒江区										
台州市三门县	7	2		1	4	8	3	2	3	
台州市临海市	9	4		1	4	22	9	1	8	4
丽水市莲都区	17	3	1	3	10	27	8	5	7	7
丽水市青田县	27	9	2	4	12	46	8	4	24	10

3－3b 续表 1

单位：人

地区	言语残疾					肢体残疾				
	小计	一级	二级	三级	四级	小计	一级	二级	三级	四级
总计	**248**	**154**	**44**	**29**	**21**	**217**	**19**	**33**	**60**	**105**
杭州市下城区										
杭州市余杭区	10	6	2	2		6	1	1	3	1
杭州市富阳市	7	4			3	5			2	3
杭州市临安市	10	3	2	3	2	6		1	4	1
宁波市江东区										
宁波市宁海县	11	6	2	3		14	2			12
宁波市慈溪市	5	3	1	1		4			2	2
温州市永嘉县	19	17	1	1		10	3	4	3	
温州市瑞安市	9	5	3		1	7		2	2	3
温州市乐清市	14	6	3	1	4	19	1	2	6	10
嘉兴市嘉善县	4	2		2		6				6
嘉兴市桐乡市	3	1		2		9			4	5
湖州市德清县	12	4	2	3	3	6	1	1	1	3
绍兴市绍兴县	24	15	4	1	4	8			2	6
绍兴市嵊州市	14	10	1	3		14	4	6	2	2
金华市金东区	10	8	2			7		3	1	3
金华市义乌市	12	6	3	3		13		3	5	5
衢州市开化县	13	10	2	1		5	1		2	2
衢州市江山市	8	8				5	1	1	1	2
舟山市岱山县	13	8	4	1		26	2	7	4	13
台州市椒江区										
台州市三门县	1			1		8	1	1	4	2
台州市临海市	11	8	3			11			3	8
丽水市莲都区	12	12				11	1	1	3	6
丽水市青田县	26	12	9	1	4	17	1		6	10

3－3b 续表 2

单位：人

地区	智力残疾					精神残疾				
	小计	一级	二级	三级	四级	小计	一级	二级	三级	四级
总计	**188**	**38**	**63**	**52**	**35**	**111**	**53**	**15**	**16**	**27**
杭州市下城区										
杭州市余杭区	7	1	6			6	4	1		1
杭州市富阳市	3		1	1	1					
杭州市临安市	11	2	2	2	5	5	4	1		
宁波市江东区										
宁波市宁海县	5	2		2	1	1			1	
宁波市慈溪市	4	1	2	1		2	2			
温州市永嘉县	14	3	6	3	2	8	3		2	3
温州市瑞安市	3		1	2		2	1			1
温州市乐清市	9	1	3	1	4					
嘉兴市嘉善县	6	1	3	2		3	1	1		1
嘉兴市桐乡市	3		1	1	1	3	2			1
湖州市德清县	5		2	2	1	2	1	1		
绍兴市绍兴县	4	1		1	2	1				1
绍兴市嵊州市	5		2	2	1					
金华市金东区	2		1		1	2	2			
金华市义乌市	8	1	3	3	1	2			1	1
衢州市开化县	6	1	2	2	1	1				1
衢州市江山市	11	1	2	4	4	9	2		2	5
舟山市岱山县	20	1	5	10	4	13	6	1	1	5
台州市椒江区										
台州市三门县	1			1						
台州市临海市	4	2		2		3	2	1		
丽水市莲都区	8	1	5	2		3	2		1	
丽水市青田县	49	19	16	8	6	45	21	9	8	7

3－4 多重残疾人分残疾类别、残疾等级的年龄构成

单位：人

年龄	视力残疾					听力残疾				
	小计	一级	二级	三级	四级	小计	一级	二级	三级	四级
总　计	**293**	**74**	**21**	**37**	**161**	**535**	**172**	**48**	**218**	**97**
0岁										
1岁						2	2			
2岁										
3岁										
4岁						1			1	
5岁						2	2			
6岁										
7岁						1	1			
8岁										
9岁						1			1	
10岁	1	1								
11岁										
12岁						2	1	1		
13岁	1				1	1	1			
14岁						1	1			
15岁						1	1			
16岁						1	1			
17岁						3	2		1	
18岁						3	1	1	1	
19岁										
20岁	1				1					
21岁										
22岁						1	1			
23岁						1			1	
24岁	1				1	1	1			
25岁						1			1	
26岁						1	1			
27岁						5	3	1	1	

3-4 续表 1

单位：人

年龄	视力残疾					听力残疾				
	小计	一级	二级	三级	四级	小计	一级	二级	三级	四级
28岁						3	3			
29岁						2	2			
30岁						4	2	2		
31岁						10	8	2		
32岁	1				1	5	4		1	
33岁						2	2			
34岁						4	4			
35岁	1	1				3	2	1		
36岁						7	6		1	
37岁	1				1	4	1	1	1	1
38岁						6	6			
39岁						1	1			
40岁	2		1		1	2	2			
41岁						2		1		1
42岁	1			1		8	8			
43岁	1	1				8	6			2
44岁						2	1		1	
45岁						1	1			
46岁						4	2	1	1	
47岁	1				1	1			1	
48岁	1		1			7	2	1	3	1
49岁						6	5		1	
50岁	3	1			2	1	1			
51岁						5	4	1		
52岁						3	2			1
53岁						3	3			
54岁						4	4			
55岁	1		1			4	2		2	
56岁	2	2				4	2			2

3-4 续表 2

单位：人

年龄	视力残疾					听力残疾				
	小计	一级	二级	三级	四级	小计	一级	二级	三级	四级
57岁	1	1				4	3			1
58岁	3	1		1	1	4	1	1	1	1
59岁	1	1				1			1	
60岁	3				3	3	1	1		1
61岁	1	1				5	4			1
62岁	1				1	6	3	1	1	1
63岁	1				1	4	3			1
64岁	1				1	3	1			2
65岁	1				1	4	3			1
66岁	4	1			3	7	2		2	3
67岁	3			1	2	6	3		2	1
68岁	10	1	1	1	7	10			5	5
69岁	2	1			1	5	2	1	1	1
70岁	5				5	10	4	1	1	4
71岁	6	1		1	4	13	3	1	3	6
72岁	6	1		1	4	13	2	2	4	5
73岁	12	2		2	8	18	3	2	11	2
74岁	9	3	1	1	4	13	1	2	7	3
75岁	12	3	2	3	4	19	2	2	13	2
76岁	9	4		1	4	17	3	1	9	4
77岁	13	2	1	2	8	16	2		11	3
78岁	16	1	1	2	12	23		3	12	8
79岁	14	3	1	1	9	14	2	2	6	4
80岁	18	3	2	3	10	21		3	17	1
81岁	21	6	3	2	10	23			17	6
82岁	14	6	1	2	5	18	3	2	8	5
83岁	12	3	1		8	15	3	3	6	3
84岁	16	2		5	9	16		1	11	4
85+	59	21	4	7	27	79	13	6	50	10

3－4 续表 3

单位：人

年龄	言语残疾					肢体残疾				
	小计	一级	二级	三级	四级	小计	一级	二级	三级	四级
总 计	**310**	**196**	**52**	**37**	**25**	**284**	**28**	**47**	**78**	**131**
0岁						1	1			
1岁						1		1		
2岁						2		2		
3岁	3	1	1	1		1	1			
4岁	3	1	2			2	1		1	
5岁	11	7	2	2		2	1	1		
6岁	2	1	1			1	1			
7岁	1			1						
8岁	1	1								
9岁	2	1			1	1			1	
10岁	6	3	1	1	1	2		2		
11岁	2	2				1	1			
12岁	8	4	2	1	1					
13岁	3	1	2			2	1	1		
14岁	2	2				1			1	
15岁	2			1	1	1			1	
16岁	3	1	1	1		2			1	1
17岁	7	4	1	1	1	2			1	1
18岁	6	3		3		2			2	
19岁	2	2				1	1			
20岁	1		1							
21岁	1	1				1			1	
22岁	1	1								
23岁	3		2	1		1			1	
24岁	2	1	1			1				1
25岁	3	1	2			2				2
26岁	1	1				2		2		
27岁	7	4		2	1	3	1		1	1

3-4 续表 4

单位：人

年 龄	言语残疾					肢体残疾				
	小计	一级	二级	三级	四级	小计	一级	二级	三级	四级
28岁	6	5			1	2	1	1		
29岁	2	2							1	
30岁	5	4	1			2				2
31岁	11	9	1	1		1			1	
32岁	6	4	1	1		2			2	
33岁	3	3								
34岁	7	6		1		2	1		1	
35岁	7	3	2		2	2				2
36岁	8	4	3		1	2			1	1
37岁	4		2	1	1	2			2	
38岁	6	5		1						
39岁	2		1		1	1			1	
40岁	6	4	1	1		1				1
41岁	2	1			1					
42岁	9	7		2		2	2			
43岁	7	5	1	1		3			2	1
44岁	1	1				1				1
45岁	2		1	1		3		1	1	1
46岁	3	2		1		1				1
47岁	2	1		1		3	1		1	1
48岁	5	3		1	1	3		1		2
49岁	6	5		1						
50岁	2	1	1			2				2
51岁	7	5	2			2		1	1	
52岁	2	1	1							
53岁	3	3				1				1
54岁	5	2	1	1	1	1	1			
55岁	5	4			1	2	1			1
56岁	3	3				4	2			2

3-4 续表 5

单位：人

年龄	言语残疾					肢体残疾				
	小计	一级	二级	三级	四级	小计	一级	二级	三级	四级
57岁	3	3				1				1
58岁	3	2			1					
59岁										
60岁	1	1				2			1	1
61岁	5	4		1		1				1
62岁	3	3				1				1
63岁	4	3	1			1				1
64岁	3	2		1		7		1	4	2
65岁	4	4				2		1		1
66岁	2	2				3				3
67岁	4	3	1							
68岁	4	1	1	1	1	6		2	2	2
69岁	4	2	1		1	4				4
70岁	5	5				6	1	1	2	2
71岁	7	4	1	1	1	12	1	2	2	7
72岁	8	4	3		1	6		2	2	2
73岁	3	2			1	11		1	7	3
74岁	3	2	1			4			2	2
75岁	5	3		1	1	10		1	3	6
76岁	3	2	1			11	2	3	1	5
77岁	2	1			1	6		2	2	2
78岁	2	1	1			13	1	2	3	7
79岁	4	2		2		13	3	2	2	6
80岁						7			1	6
81岁	2	1	1			11	1	2	3	5
82岁	3	2	1			10	1	3	3	3
83岁						3			1	2
84岁						12		3	2	7
85+	3	1	1		1	40		6	10	24

3-4 续表 6

单位：人

年龄	智力残疾					精神残疾				
	小计	一级	二级	三级	四级	小计	一级	二级	三级	四级
总计	**253**	**49**	**75**	**76**	**53**	**149**	**68**	**21**	**21**	**39**
0岁	1		1							
1岁	3				3					
2岁	2	1		1						
3岁	3		1		2					
4岁	3	1		1	1					
5岁	10	4	3	2	1	1	1			
6岁	2	1	1			1				1
7岁										
8岁	3	2		1		2	1		1	
9岁	3		1		2					
10岁	7	1	5	1		1				1
11岁	2	1	1			1				1
12岁	6	1	4	1		1			1	
13岁	2	2				1			1	
14岁	1			1						
15岁	2			2						
16岁	3		2	1						
17岁	6	1	3	2		2	1	1		
18岁	4	1	1	1	1	1			1	
19岁	2	2				2	2			
20岁	2	1		1						
21岁	1			1						
22岁	3		2	1		3	1		2	
23岁	4		2	1	1	2	1			1
24岁	3	1		1	1					
25岁	8	2	2	4		4		3	1	
26岁	1			1						
27岁	1			1		2	1		1	

3-4 续表 7

单位：人

年 龄	智力残疾					精神残疾				
	小计	一级	二级	三级	四级	小计	一级	二级	三级	四级
28岁	2	1	1							
29岁	2		1	1		1			1	
30岁	4	2		1	1	3	1	1		1
31岁	6	1	1	4		3	2		1	
32岁	4	1		2	1					
33岁	2	1		1		1	1			
34岁	5		3	1	1	3	1		1	1
35岁	7	2	1	3	1	3	2	1		
36岁	4		2	2		3	3			
37岁	5	1	1		3	4	2			2
38岁	2	1			1	1			1	
39岁	3	1	1		1	3	2		1	
40岁	7	1	4	1	1	3	2	1		
41岁	2			2		2		1	1	
42岁	4		1	1	2	3	2			1
43岁	5	2	1	1	1	3	3			
44岁	1			1		3			2	1
45岁	3		1		2					
46岁	1			1						
47岁	1	1				1	1			
48岁	3			3		2	1			1
49岁	4		1	1	2	4		2		2
50岁	2		1	1		1				1
51岁	4		2	1	1	2		1		1
52岁	2			1	1	2		1		1
53岁	3		1	1	1	3	1	1		1
54岁	4		1	3		2	1	1		
55岁	4		1	2	1	1		1		
56岁	5	1	1		3	5	2		1	2

3-4 续表 8

单位：人

年 龄	智力残疾					精神残疾				
	小计	一级	二级	三级	四级	小计	一级	二级	三级	四级
57岁						1				1
58岁	2	1		1		1				1
59岁										
60岁	1			1		1	1			
61岁	1				1					
62岁	3			1	2	1			1	
63岁	2	1			1	2	1			1
64岁	4			2	2	2	2			
65岁	2		2			2	2			
66岁	3				3	3				3
67岁	1		1			1	1			
68岁	2				2					
69岁	1				1					
70岁						5	2	1		2
71岁	1				1	4	2		1	1
72岁	2		2			2	2			
73岁						4			1	3
74岁	5		1	1	3	6	3			3
75岁	1	1				2	1			1
76岁	4		3	1		4	3		1	
77岁	1	1				3	2			1
78岁	3	2		1		3	1	1		1
79岁	3	1	1	1		3	2			1
80岁	3			2	1	1	1			
81岁	3	1	2			1	1			
82岁	3	1	1	1						
83岁	2		1	1		1		1		
84岁	3		3			1		1		
85+	8	2	3	3		9	6	2		1

3－5 残疾(含多重)人分残疾类别、残疾等级的残疾发现年龄

单位：人

残疾发现年龄	视力残疾					听力残疾				
	小计	一级	二级	三级	四级	小计	一级	二级	三级	四级
总　计	**1115**	**258**	**92**	**107**	**658**	**2595**	**285**	**249**	**1254**	**807**
0岁	21	7	4	2	8	72	53	5	11	3
1岁	10	4	1		5	49	35	4	6	4
2岁	5		1		4	19	9	2	5	3
3岁	15	6	1	1	7	26	18	2	4	2
4岁	4		2		2	18	7	5	3	3
5岁	3	2			1	22	12	1	7	2
6岁	7	3			4	15	7	3	1	4
7岁	6	3			3	13	6		3	4
8岁	7	2		1	4	18	8		4	6
9岁	4	3			1	8	2		5	1
10岁	11	3	2	1	5	20	6	1	9	4
11岁	5				5	5	2	1		2
12岁	3	1		1	1	12	5	2	3	2
13岁	1				1	10	3	2	4	1
14岁	4		1	1	2	6		2		4
15岁	6			1	5	11	3	1	3	4
16岁	3	1			2	5			3	2
17岁	2				2	5	1		4	
18岁	3	2		1		5		1	2	2
19岁	1	1				5	2	1		2
20岁	10			1	9	13	1	2	5	5
21岁	6	2			4	7		1	4	2
22岁	7		1	3	3	5		1	2	2
23岁	1				1	7	1		5	1
24岁	3			1	2	6			5	1
25岁	5	2			3	6			2	4
26岁	1				1	6		1	4	1

3-5 续表 1

单位：人

残疾发现年龄	视力残疾					听力残疾				
	小计	一级	二级	三级	四级	小计	一级	二级	三级	四级
27岁	2				2	8		2	4	2
28岁	4	1	2		1	5		1	3	1
29岁	4	1	1		2	7			2	5
30岁	5	1	1	1	2	13	2	4	4	3
31岁	4			2	2	8		1	3	4
32岁	2	1			1	6	1	2	2	1
33岁	5	1			4	6		1	1	4
34岁	2	1	1			11	3	1	3	4
35岁	6	2			4	8	1	1	3	3
36岁	4	3			1	10	1	1	6	2
37岁	5	1	1	1	2	5	2		3	
38岁	5	1			4	7		2		5
39岁	6	1	1	1	3	15	2	1	5	7
40岁	5	1			4	17	2	5	8	2
41岁	10	4	1		5	10	2	3	2	3
42岁	7	2	1	1	3	11		2	5	4
43岁	12	6	2		4	12	1	3	4	4
44岁	11	3	4	1	3	13		2	7	4
45岁	6				6	14	2	1	9	2
46岁	10	2	2		6	18			8	10
47岁	8	2		1	5	15		2	7	6
48岁	11	2	1	2	6	13	2	1	8	2
49岁	8	1	2		5	20	1	2	11	6
50岁	12	3	2		7	20	4	2	9	5
51岁	5	1			4	17	2	1	4	10
52岁	14	4	2	3	5	17		3	7	7
53岁	11	2	1	2	6	25	1	1	10	13
54岁	14	4			10	22	2	1	10	9
55岁	13	4		1	8	21		1	12	8

3－5 续表 2

单位：人

残疾发现年龄	视力残疾					听力残疾				
	小计	一级	二级	三级	四级	小计	一级	二级	三级	四级
56岁	8	2	2		4	29	1	1	11	16
57岁	10	4		1	5	35	5	2	14	14
58岁	14	7		2	5	29	3	6	13	7
59岁	19	3	1	3	12	42		7	18	17
60岁	17	4	2	2	9	43	2	5	22	14
61岁	13	3		2	8	54	3	8	24	19
62岁	18	5			13	38		5	23	10
63岁	21	5		3	13	50	3	7	25	15
64岁	23	3	3	2	15	54	2	5	23	24
65岁	16	1	2	1	12	54	2	5	25	22
66岁	24	3	3	3	15	71	4	1	39	27
67岁	24	3	1	1	19	75	6	10	32	27
68岁	34	4	5	5	20	91	1	5	49	36
69岁	31	8	2	5	16	85	5	10	42	28
70岁	37	7	3	4	23	85	2	8	44	31
71岁	29	1	3	3	22	87	4	5	48	30
72岁	32	6	2	3	21	89	3	4	50	32
73岁	33	8	3	5	17	86	1	8	44	33
74岁	33	7		2	24	73	3	8	43	19
75岁	40	12		3	25	84	2	7	38	37
76岁	36	7	4	3	22	82	1	6	49	26
77岁	22	10	1	1	10	84	3	7	50	24
78岁	33	11	1	1	20	67	4	3	40	20
79岁	34	7	2	6	19	48	1	3	29	15
80岁	31	9	2	1	19	61	3	1	43	14
81岁	21	2	2	3	14	60	1	8	43	8
82岁	21	7	1	4	9	43	3	5	26	9
83岁	23	4	2	2	15	43		3	30	10
84岁	16	1	4	3	8	19	1	1	15	2
85+	37	7	3	3	24	66	4	10	38	14

3－5 续表 3

单位：人

残疾发现年龄	言语残疾					肢体残疾				
	小计	一级	二级	三级	四级	小计	一级	二级	三级	四级
总　计	**374**	**211**	**66**	**54**	**43**	**1657**	**65**	**207**	**446**	**939**
0岁	86	49	13	16	8	102	9	15	31	47
1岁	47	35	4	3	5	72	7	6	12	47
2岁	44	19	10	8	7	58	1	6	17	34
3岁	64	41	12	6	5	54	1	6	18	29
4岁	15	10	1	3	1	28		2	7	19
5岁	15	8	2	3	2	27	2	2	4	19
6岁	13	8	4	1		21		1	2	18
7岁	5	5				21	1		5	15
8岁	7	3	2	1	1	6		1	1	4
9岁	3	1	1	1		4			1	3
10岁	3	1	1		1	17		1	5	11
11岁	3	2			1	5			1	4
12岁	2	1			1	15		3		12
13岁						6			1	5
14岁	1			1		11		1	2	8
15岁	2	2				14		1	2	11
16岁	1				1	17		1	5	11
17岁						17	1	2	3	11
18岁						24		2	9	13
19岁	1	1				9			2	7
20岁	1	1				17			5	12
21岁						11			7	4
22岁	1			1		17	1	2	6	8
23岁						13		1	5	7
24岁	1			1		14	1	2	3	8
25岁						14	2		3	9
26岁						17		1	2	14

3－5 续表 4

单位：人

残疾发现年龄	言语残疾					肢体残疾				
	小计	一级	二级	三级	四级	小计	一级	二级	三级	四级
27岁						10			2	8
28岁	1		1			10		1	4	5
29岁	1		1			14		2	4	8
30岁						15		2	3	10
31岁						10		1	2	7
32岁	1			1		10	1	1	1	7
33岁						18			1	17
34岁						17		3	6	8
35岁						10		2	4	4
36岁						15	1	2	2	10
37岁						12		2		10
38岁						21	1	2	7	11
39岁						9			1	8
40岁						18	2	1	7	8
41岁	2	2				12			3	9
42岁						14		1	4	9
43岁	1	1				13		1	3	9
44岁	1	1				13	1	1	4	7
45岁						21		1	6	14
46岁	2		2			11	2	2	5	2
47岁						17			5	12
48岁						16		1	7	8
49岁	2		1	1		10			4	6
50岁	1	1				17	1	4	3	9
51岁	1		1			16		3	6	7
52岁	1	1				20	1	2	3	14
53岁						24		6	6	12
54岁	1	1				23	1	2	6	14
55岁	1				1	16	2	4	2	8

3-5 续表 5

单位：人

残疾发现年龄	言语残疾					肢体残疾				
	小计	一级	二级	三级	四级	小计	一级	二级	三级	四级
56岁						20		3	4	13
57岁	2	2				10	1	3	2	4
58岁						23	1	5	7	10
59岁	1	1				26	2	2	6	16
60岁						15		3	5	7
61岁	1	1				17		2	6	9
62岁	3		1	2		17		3	6	8
63岁						18	1	2	7	8
64岁	1	1				18		3	3	12
65岁	2	1		1		20	2	4	6	8
66岁	3	1	2			22		4	8	10
67岁	1	1				29	1	3	10	15
68岁	2	2				28	1	6	8	13
69岁	3	1	1		1	28	2	6	9	11
70岁	1			1		28		5	9	14
71岁	3	1			2	25		3	10	12
72岁	3		1	1	1	21	1	8	7	5
73岁	1	1				23	1		7	15
74岁	2		1		1	15	1	3	2	9
75岁	3		2		1	24	1	3	3	17
76岁	1				1	19		4	6	9
77岁	1	1				17	1	6	6	4
78岁	5	2	1	2		20	2	3	6	9
79岁						16	2	3	3	8
80岁	1	1				18	2	4	5	7
81岁	1				1	15		1	7	7
82岁						8		2	3	3
83岁						9	1	1	3	4
84岁	1		1			4	1	1	1	1
85+	1				1	41	2	8	11	20

3-5 续表 6

单位：人

残疾发现年龄	智力残疾					精神残疾				
	小计	一级	二级	三级	四级	小计	一级	二级	三级	四级
总　计	**640**	**66**	**124**	**198**	**252**	**658**	**159**	**88**	**88**	**323**
0岁	145	18	27	47	53	10	4	4	1	1
1岁	85	12	17	24	32	9	5	1	2	1
2岁	74	10	20	25	19	12	7	1	1	3
3岁	48	6	7	18	17	8	2		3	3
4岁	39	2	3	11	23	1			1	
5岁	29	1	4	8	16	3	2	1		
6岁	25	1	3	10	11	5	1	1	3	
7岁	18	1	1	5	11	2	1			1
8岁	13			7	6	3	1		1	1
9岁	3		1		2	2	1			1
10岁	10	1	2	4	3	3	2			1
11岁	1			1		1				1
12岁	4			1	3	1				1
13岁	1				1	3		1		2
14岁	2		1		1	5	1	1		3
15岁	2		1	1		4	1		2	1
16岁	1			1		14	3	2	3	6
17岁	2	1	1			16	4	3	2	7
18岁	5	1	1		3	14	5		4	5
19岁	5	2	1	1	1	18	2	6	1	9
20岁	2			2		22	5	3	6	8
21岁	4		1		3	15	3	2	3	7
22岁	3	2		1		21	6	3	3	9
23岁	3			2	1	22	5	2	3	12
24岁	1			1		10	1		1	8
25岁						19	3	2	3	11
26岁	1			1		17	5	3	2	7

3－5 续表 7

单位：人

残疾发现年龄	智力残疾					精神残疾				
	小计	一级	二级	三级	四级	小计	一级	二级	三级	四级
27岁	1				1	15	1	6	2	6
28岁	1				1	11	2		3	6
29岁						12	2	1	2	7
30岁						17	5		3	9
31岁	1				1	17	2	2		13
32岁	2				2	10	1	1	2	6
33岁	1		1			9	2	2		5
34岁	3		1		2	8		2	1	5
35岁						11	3	1	1	6
36岁	1				1	8		3	2	3
37岁	3		1	1	1	14	5	1	1	7
38岁	1				1	12	3	2	1	6
39岁						10	3	3	3	1
40岁	2				2	10	2	2		6
41岁	3				3	10	3	1	2	4
42岁	1				1	7	1			6
43岁	1			1		8	1		2	5
44岁	1				1	7			1	6
45岁	1				1	3			1	2
46岁	2			2		11		1	1	9
47岁						8		1	3	4
48岁	1				1	9	1	1		7
49岁						10		2	1	7
50岁	1				1	10	1	1		8
51岁	3			1	2	6	2	2		2
52岁						8		1		7
53岁	2			1	1	3		1		2
54岁						5		1	2	2
55岁	1		1			4	1	1	1	1

3－5 续表 8

单位：人

残疾发现年龄	智力残疾					精神残疾				
	小计	一级	二级	三级	四级	小计	一级	二级	三级	四级
56岁	1		1			7	3			4
57岁	4				4	5	1			4
58岁	1				1	8				8
59岁	1		1			4	1			3
60岁						5			1	4
61岁	4		2		2	8	3	1	1	3
62岁	3			1	2	4			2	2
63岁	4			1	3	3	1	1		1
64岁	2				2	3	1	1	1	
65岁	1				1	7	1			6
66岁	2		1		1	2	1			1
67岁	1		1			5		1	1	3
68岁	2	1	1			3	2			1
69岁	1			1		4	2			2
70岁	4		1	1	2	6	2	1		3
71岁	3		2		1	5	3			2
72岁	4		1	3		5	2		1	2
73岁	1		1			2	2			
74岁	2	1	1			4	1	3		
75岁	5		2	1	2	6	4		1	1
76岁	2			2		2	2			
77岁	2	1		1		1	1			
78岁	9	3	5		1	5	4			1
79岁	5		2	3		5	3			2
80岁	4	1	1	2		2	1	1		
81岁	4	1	1	1	1	6	2	1		3
82岁	1		1			1		1		
83岁	4		2	2		2	1	1		
84岁	1		1			1	1			
85+	3		1	2		4	3	1		

3－6　视力残疾(含多重)人分城乡、残疾等级的主要致残原因

单位：人

致残主要原因	视力残疾(含多重)人			残疾等级 一级		
	合计	城镇	农村	小计	城镇	农村
总　计	**1115**	**310**	**805**	**258**	**55**	**203**
致残原因一						
遗传、先天异常或发育障碍	66	8	58	21	1	20
白内障	694	211	483	144	34	110
青光眼	31	10	21	14	5	9
沙眼	2		2	1		1
角膜病	51	11	40	29	6	23
视神经病变	44	12	32	10	2	8
视网膜、色素膜病变	155	44	111	25	5	20
屈光不正	38	10	28	3	1	2
弱视	6		6	1		1
外伤	9		9	4		4
中毒	1		1			
其他	12	3	9	4		4
原因不明	6	1	5	2	1	1
致残原因二						
遗传、先天异常或发育障碍						
白内障	7	2	5	2		2
青光眼	30	9	21	13	1	12
沙眼	1		1	1		1
角膜病	71	13	58	24	4	20
视神经病变	18	5	13	5	1	4
视网膜、色素膜病变	118	46	72	33	9	24
屈光不正	170	76	94	16	4	12
弱视	32	5	27	2		2
外伤	25	2	23	7	1	6
中毒						
其他						
原因不明						

3－6 续表

单位：人

致残主要原因	残疾等级								
	二级			三级			四级		
	小计	城镇	农村	小计	城镇	农村	小计	城镇	农村
总　　计	**92**	**21**	**71**	**107**	**26**	**81**	**658**	**208**	**450**
致残原因一									
遗传、先天异常或发育障碍	10		10	2		2	33	7	26
白内障	62	15	47	63	15	48	425	147	278
青光眼	2		2	5	1	4	10	4	6
沙眼				1		1			
角膜病	2	1	1	5	2	3	15	2	13
视神经病变	1	1		5	2	3	28	7	21
视网膜、色素膜病变	14	3	11	19	5	14	97	31	66
屈光不正				7	1	6	28	8	20
弱视							5		5
外伤							5		5
中毒							1		1
其他	1	1					7	2	5
原因不明							4		4
致残原因二									
遗传、先天异常或发育障碍									
白内障	2		2				3	2	1
青光眼				1		1	16	8	8
沙眼									
角膜病	10	4	6	8	1	7	29	4	25
视神经病变	6	1	5	3	1	2	4	2	2
视网膜、色素膜病变	11	5	6	6	1	5	68	31	37
屈光不正	11	2	9	14	6	8	129	64	65
弱视				5		5	25	5	20
外伤	4		4	5	1	4	9		9
中毒									
其他									
原因不明									

3－7　听力残疾(含多重)人分城乡、残疾等级的主要致残原因

单位：人

致残主要原因	听力残疾(含多重)人			残疾等级					
				一级			二级		
	合计	城镇	农村	小计	城镇	农村	小计	城镇	农村
总　　计	**2595**	**686**	**1909**	**285**	**51**	**234**	**249**	**51**	**198**
致残原因一									
遗传	66	16	50	40	7	33	9	2	7
母孕期病毒感染	3	1	2	1	1		2		2
传染性疾病	25	5	20	12	2	10	3	1	2
自身免疫缺陷性疾病	1		1				1		1
全身性疾病	76	26	50	6		6	4	2	2
中耳炎	349	94	255	28	4	24	46	8	38
老年性耳聋	1664	433	1231	55	9	46	141	29	112
早产和低体重	1		1						
新生儿窒息	1		1				1		1
高胆红素血症									
药物中毒	57	10	47	32	5	27	8		8
创伤或意外伤害	48	9	39	11	2	9	5	3	2
噪声和爆震	53	24	29	5	2	3	2		2
其他	18	5	13	8	3	5			
原因不明	233	63	170	87	16	71	27	6	21
致残原因二									
遗传									
母孕期病毒感染									
传染性疾病									
自身免疫缺陷性疾病	1		1				1		1
全身性疾病	3	1	2				1		1
中耳炎	5	2	3				1		1
老年性耳聋	172	52	120	16	3	13	25	4	21
早产和低体重									
新生儿窒息									
高胆红素血症	1	1							
药物中毒	8	5	3	1		1	3	2	1
创伤或意外伤害	14	4	10	1		1			
噪声和爆震	42	26	16	1		1	6	3	3
其他									
原因不明									

3－7 续表

单位：人

致残主要原因	残疾等级					
	三级			四级		
	小计	城镇	农村	小计	城镇	农村
总　计	**1254**	**318**	**936**	**807**	**266**	**541**
致残原因一						
遗传	11	5	6	6	2	4
母孕期病毒感染						
传染性疾病	6	1	5	4	1	3
自身免疫缺陷性疾病						
全身性疾病	38	16	22	28	8	20
中耳炎	162	45	117	113	37	76
老年性耳聋	907	219	688	561	176	385
早产和低体重	1		1			
新生儿窒息						
高胆红素血症						
药物中毒	15	3	12	2	2	
创伤或意外伤害	20	3	17	12	1	11
噪声和爆震	19	7	12	27	15	12
其他	6	1	5	4	1	3
原因不明	69	18	51	50	23	27
致残原因二						
遗传						
母孕期病毒感染						
传染性疾病						
自身免疫缺陷性疾病						
全身性疾病				2	1	1
中耳炎	1	1		3	1	2
老年性耳聋	80	24	56	51	21	30
早产和低体重						
新生儿窒息						
高胆红素血症	1	1				
药物中毒	1	1		3	2	1
创伤或意外伤害	10	3	7	3	1	2
噪声和爆震	20	10	10	15	13	2
其他						
原因不明						

3－8 言语残疾(含多重)人分城乡、残疾等级的主要致残原因

单位：人

致残主要原因	言语残疾(含多重)人			残疾等级		
				一级		
	合计	城镇	农村	小计	城镇	农村
总　计	**374**	**77**	**297**	**211**	**46**	**165**
致残原因一						
唐氏综合症	2		2	2		2
脑性瘫痪	19	9	10	8	4	4
新生儿病理性黄疸						
早产、低体重和过期产	5	1	4	1		1
腭裂	16	1	15	1		1
智力低下	44	3	41	19	2	17
脑梗死	26	11	15	9	5	4
脑出血	13	2	11	5	1	4
脑炎	21	2	19	12	2	10
脑囊虫病						
喉、舌疾病术后	10	1	9	4	1	3
听力障碍	119	27	92	93	21	72
帕金森氏病	2	1	1	1	1	
多发性硬化						
脊髓侧索硬化	1		1	1		1
脑外伤	4	1	3	2		2
产伤						
孤独症						
癫痫	1	1		1	1	
CO中毒						
其他	42	10	32	24	5	19
原因不明	49	7	42	28	3	25
致残原因二						
唐氏综合症						
脑性瘫痪						
新生儿病理性黄疸						
早产、低体重和过期产						
腭裂						
智力低下	4		4	3		3
脑梗死						
脑出血	1		1	1		1
脑炎						
脑囊虫病						
喉、舌疾病术后						
听力障碍	6		6	4		4
帕金森氏病						
多发性硬化						
脊髓侧索硬化						
脑外伤	1	1		1	1	
产伤						
孤独症						
癫痫	1	1		1	1	
CO中毒	1		1	1		1
其他						
原因不明						

3-8 续表

单位：人

致残主要原因	残疾等级								
	二级			三级			四级		
	小计	城镇	农村	小计	城镇	农村	小计	城镇	农村
总　　计	**66**	**10**	**56**	**54**	**11**	**43**	**43**	**10**	**33**
致残原因一									
唐氏综合症									
脑性瘫痪	4	2	2	6	3	3	1		1
新生儿病理性黄疸									
早产、低体重和过期产	2		2	1		1	1	1	
腭裂	3		3	7		7	5	1	4
智力低下	18	1	17	5		5	2		2
脑梗死	11	3	8	3	2	1	3	1	2
脑出血	2		2				6	1	5
脑炎	5		5	3		3	1		1
脑囊虫病									
喉、舌疾病术后	3		3	2		2	1		1
听力障碍	8	1	7	10	4	6	8	1	7
帕金森氏病				1		1			
多发性硬化									
脊髓侧索硬化									
脑外伤	1	1					1		1
产伤									
孤独症									
癫痫									
CO中毒									
其他	1		1	8	2	6	9	3	6
原因不明	8	2	6	8		8	5	2	3
致残原因二									
唐氏综合症									
脑性瘫痪									
新生儿病理性黄疸									
早产、低体重和过期产									
腭裂									
智力低下				1		1			
脑梗死									
脑出血									
脑炎									
脑囊虫病									
喉、舌疾病术后									
听力障碍	2		2						
帕金森氏病									
多发性硬化									
脊髓侧索硬化									
脑外伤									
产伤									
孤独症									
癫痫									
CO中毒									
其他									
原因不明									

3－9 肢体残疾(含多重)人分城乡、残疾等级的主要致残原因

单位：人

致残主要原因	肢体残疾(含多重)人			残疾等级 一级		
	合计	城镇	农村	小计	城镇	农村
总　　计	**1657**	**438**	**1219**	**65**	**16**	**49**
致残原因一						
脑性瘫痪	59	19	40	9	4	5
发育畸形	53	18	35	2		2
侏儒症	6		6			
其他先天性或发育障碍	32	5	27	3		3
脊髓灰质炎	155	45	110	3	1	2
脑血管疾病	275	89	186	17	5	12
周围血管疾病	7	1	6			
肿瘤	22	10	12	1		1
骨关节病	265	65	200	3	2	1
地方病						
脊髓疾病	33	8	25	2		2
工伤	130	39	91	1		1
交通事故	85	17	68	6	1	5
脊髓损伤	23	7	16	4	1	3
脑外伤	13	2	11			
其他外伤	261	60	201	3		3
结核性感染	8	3	5			
化脓性感染	49	10	39	1		1
中毒	4		4	1		1
其他	123	28	95	8	2	6
原因不明	54	12	42	1		1
致残原因二						
脑性瘫痪	1		1			
发育畸形	1		1			
侏儒症	1	1				
其他先天性或发育障碍	1		1			
脊髓灰质炎	1		1			
脑血管疾病	11	5	6			
周围血管疾病						
肿瘤	4		4	1		1
骨关节病	14		14			
地方病	1	1				
脊髓疾病	2	1	1			
工伤	4	1	3			
交通事故	7	2	5			
脊髓损伤	8	6	2	1	1	
脑外伤	4		4	1		1
其他外伤	40	6	34			
结核性感染						
化脓性感染	9	2	7			
中毒	1	1				
其他						
原因不明						

3-9 续表

单位：人

致残主要原因	残疾等级								
	二级			三级			四级		
	小计	城镇	农村	小计	城镇	农村	小计	城镇	农村
总　计	**207**	**60**	**147**	**446**	**122**	**324**	**939**	**240**	**699**
致残原因一									
脑性瘫痪	14	5	9	25	7	18	11	3	8
发育畸形	7	1	6	10	6	4	34	11	23
侏儒症							6		6
其他先天性或发育障碍	5	1	4	6	2	4	18	2	16
脊髓灰质炎	15	4	11	46	15	31	91	25	66
脑血管疾病	84	27	57	94	29	65	80	28	52
周围血管疾病				4	1	3	3		3
肿瘤	2	1	1	9	5	4	10	4	6
骨关节病	20	5	15	59	15	44	183	43	140
地方病									
脊髓疾病	9	1	8	8	2	6	14	5	9
12.工伤	3	2	1	35	15	20	91	22	69
交通事故	6	2	4	22	3	19	51	11	40
脊髓损伤	5	1	4	7	3	4	7	2	5
脑外伤	2		2	5		5	6	2	4
其他外伤	17	5	12	63	15	48	178	40	138
结核性感染	1	1		1	1		6	1	5
化脓性感染	1		1	9	1	8	38	9	29
中毒				1		1	2		2
其他	11	4	7	31	1	30	73	21	52
原因不明	5		5	11	1	10	37	11	26
致残原因二									
脑性瘫痪							1		1
发育畸形							1		1
侏儒症							1	1	
其他先天性或发育障碍				1		1			
脊髓灰质炎	1		1						
脑血管疾病	4	1	3	5	3	2	2	1	1
周围血管疾病									
肿瘤				1		1	2		2
骨关节病	1		1	5		5	8		8
地方病				1	1				
脊髓疾病	1	1		1		1			
工伤				1	1		3		3
交通事故	1		1	1		1	5	2	3
脊髓损伤	2	2					5	3	2
脑外伤	1		1	1		1	1		1
其他外伤	11	2	9	6	1	5	23	3	20
结核性感染									
化脓性感染				3	2	1	6		6
中毒							1	1	
其他									
原因不明									

3－10 智力残疾(含多重)人分城乡、残疾等级的主要致残原因

单位：人

致残主要原因	智力残疾(含多重)人			残疾等级					
				一级			二级		
	合计	城镇	农村	小计	城镇	农村	小计	城镇	农村
总　计	**640**	**166**	**474**	**66**	**12**	**54**	**124**	**27**	**97**
致残原因一									
遗传	97	32	65	6		6	20	4	16
脑疾病	185	54	131	17	7	10	44	12	32
内分泌障碍	3	1	2				1	1	
惊厥性疾病	41	8	33	2		2	9	2	7
新生儿窒息	9	4	5	2	1	1	2		2
早产、低体重和过期产	11	4	7	1	1		1		1
发育畸形	7	1	6	2		2	3		3
营养不良	2		2						
母孕期外伤及物理伤害	3		3	1		1			
产伤	2	1	1				1	1	
工伤									
交通事故	10	2	8				2		2
其他外伤	27	3	24	5		5	5		5
中毒与过敏反应	5	1	4	1		1			
不良社会文化因素	10	5	5				1	1	
其他	27	4	23	4		4	2		2
原因不明	201	46	155	25	3	22	33	6	27
致残原因二									
遗传									
脑疾病	4	4							
内分泌障碍	1	1		1	1				
惊厥性疾病	6	2	4				3	2	1
新生儿窒息	4	1	3	1		1	1	1	
早产、低体重和过期产	3	1	2	1		1	1		1
发育畸形	9	3	6				4		4
营养不良	1		1				1		1
母孕期外伤及物理伤害	1		1						
产伤	4	3	1	1	1				
工伤									
交通事故									
其他外伤	1		1						
中毒与过敏反应	2	1	1						
不良社会文化因素	2		2				1		1
其他									
原因不明									

3-10 续表

单位：人

致残主要原因	残疾等级					
	三级			四级		
	小计	城镇	农村	小计	城镇	农村
总　计	**198**	**51**	**147**	**252**	**76**	**176**
致残原因一						
遗传	35	13	22	36	15	21
脑疾病	64	18	46	60	17	43
内分泌障碍	2		2			
惊厥性疾病	14	2	12	16	4	12
新生儿窒息	1		1	4	3	1
早产、低体重和过期产	3	2	1	6	1	5
发育畸形	1		1	1	1	
营养不良				2		2
母孕期外伤及物理伤害	1		1	1		1
产伤	1		1			
工伤						
交通事故	4	1	3	4	1	3
其他外伤	5	1	4	12	2	10
中毒与过敏反应				4	1	3
不良社会文化因素	1	1		8	3	5
其他	8	1	7	13	3	10
原因不明	58	12	46	85	25	60
致残原因二						
遗传						
脑疾病	3	3		1	1	
内分泌障碍						
惊厥性疾病	2		2	1		1
新生儿窒息	2		2			
早产、低体重和过期产				1	1	
发育畸形	1		1	4	3	1
营养不良						
母孕期外伤及物理伤害				1		1
产伤	1	1		2	1	1
工伤						
交通事故						
其他外伤				1		1
中毒与过敏反应	2	1	1			
不良社会文化因素	1		1			
其他						
原因不明						

3－11 精神残疾(含多重)人分城乡、残疾等级的主要致残原因

单位：人

致残主要原因	精神残疾(含多重)人			残疾等级		
				一级		
	合计	城镇	农村	小计	城镇	农村
总　计	**658**	**164**	**494**	**159**	**38**	**121**
致残原因一						
痴呆	71	28	43	40	12	28
其他器质性精神障碍	35	9	26	8	1	7
使用精神活性物质所致的障碍	35	5	30	1	1	
精神分裂症	345	88	257	83	20	63
妄想性障碍	3	1	2	1		1
分裂情感性障碍	4	3	1			
其他精神病性障碍	11	2	9	3	1	2
心境障碍	51	12	39	6	1	5
神经症性障碍	44	6	38	1		1
行为综合症						
人格障碍						
孤独症	10	1	9	3		3
癫痫	32	9	23	8	2	6
其他	12		12	2		2
原因不明	5		5	3		3
致残原因二						
痴呆	1		1			
其他器质性精神障碍	1	1				
使用精神活性物质所致的障碍						
精神分裂症	2	1	1			
妄想性障碍						
分裂情感性障碍						
其他精神病性障碍						
心境障碍	1		1			
神经症性障碍						
行为综合症	3	2	1	2	1	1
人格障碍						
孤独症						
癫痫	3	1	2			
其他						
原因不明						

3－11 续表

单位：人

致残主要原因	残疾等级								
	二级			三级			四级		
	小计	城镇	农村	小计	城镇	农村	小计	城镇	农村
总　　计	**88**	**29**	**59**	**88**	**21**	**67**	**323**	**76**	**247**
致残原因一									
痴呆	7	4	3	5	3	2	19	9	10
其他器质性精神障碍	11	2	9	4	1	3	12	5	7
使用精神活性物质所致的障碍	5	2	3	7	1	6	22	1	21
精神分裂症	50	16	34	55	14	41	157	38	119
妄想性障碍	1		1				1	1	
分裂情感性障碍							4	3	1
其他精神病性障碍	3	1	2	1		1	4		4
心境障碍	3	2	1	4	1	3	38	8	30
神经症性障碍	2		2	2		2	39	6	33
行为综合症									
人格障碍									
孤独症	3		3	3	1	2	1		1
癫痫	3	2	1	4		4	17	5	12
其他				3		3	7		7
原因不明							2		2
致残原因二									
痴呆							1		1
其他器质性精神障碍	1	1							
使用精神活性物质所致的障碍									
精神分裂症	1	1		1		1			
妄想性障碍									
分裂情感性障碍									
其他精神病性障碍									
心境障碍	1		1						
神经症性障碍									
行为综合症							1	1	
人格障碍									
孤独症									
癫痫				2	1	1	1		1
其他									
原因不明									

3－12　视力残疾(含多重)人分年龄、性别的主要致残原因

单位：人

年　龄	遗传、先天异常或发育障碍		白内障		青光眼		沙　眼	
	男	女	男	女	男	女	男	女
总　计	**40**	**26**	**231**	**470**	**16**	**45**		**3**
0岁								
1岁		1						
2岁								
3岁								
4岁								
5岁	1							
6岁		1						
7岁								
8岁								
9岁								
10岁	1							
11岁								
12岁								
13岁	2							
14岁								
15岁	1							
16岁								
17岁								
18岁		1						
19岁								
20岁		1						
21岁								
22岁	1							
23岁								
24岁	1							
25岁	2							
26岁	1							

3－12 续表 1

单位：人

年 龄	遗传、先天异常或发育障碍		白内障		青光眼		沙 眼	
	男	女	男	女	男	女	男	女
27岁								
28岁		1						
29岁								
30岁			1					
31岁		1						
32岁	1							
33岁		2						
34岁		1						
35岁		1		1				
36岁		1						
37岁	1	2						
38岁				1				
39岁	1	1						
40岁	1	1						
41岁	1							
42岁	1		2	1				
43岁	2							
44岁	1							
45岁			1					
46岁				1		1		
47岁			1		1			
48岁	1							
49岁	1							
50岁		1	1	2				
51岁	1	1	1					
52岁	2			1				
53岁	1	1						
54岁	1	2	1	3				
55岁		1	1	1				

3－12　续表 2

单位：人

年　龄	遗传、先天异常或发育障碍		白内障		青光眼		沙眼	
	男	女	男	女	男	女	男	女
56岁		1	1		1	1		
57岁	1		1	5				
58岁			2	2		1		
59岁	2		1	2		2		
60岁	1		1	4				
61岁		1	3	4		1		
62岁			3	4				
63岁	1			4		3		
64岁	1		6	2		1		
65岁				4				
66岁	2		6	5				
67岁	1		4	5	1	1		
68岁			7	10	1	1		
69岁	1		1	13		1		
70岁			5	10	1			
71岁			7	16	1	2		
72岁			10	14		2		
73岁			7	21	1	1		
74岁		1	14	18		2		1
75岁	1	1	7	19		3		
76岁			7	14		4		
77岁		1	12	31	2	3		1
78岁			7	30		2		
79岁			10	24		3		
80岁			20	23	3	1		
81岁			15	29		2		
82岁	1		8	21	2			
83岁	1		16	18	1			
84岁			11	26				
85+	1		30	81	1	7		1

3－12 续表 3

单位：人

年 龄	角膜病		视神经病变		视网膜、色素膜病变		屈光不正	
	男	女	男	女	男	女	男	女
总 计	**51**	**71**	**29**	**33**	**101**	**172**	**74**	**134**
0岁								
1岁								
2岁								
3岁								1
4岁								1
5岁								
6岁								
7岁								
8岁								
9岁								
10岁								
11岁								
12岁								
13岁							1	
14岁								
15岁								
16岁								
17岁								
18岁								
19岁								
20岁								
21岁								
22岁							1	
23岁								
24岁								
25岁			1		1			
26岁							1	

3－12 续表 4

年龄	角膜病		视神经病变		视网膜、色素膜病变		屈光不正	
	男	女	男	女	男	女	男	女
27岁							1	
28岁								
29岁								
30岁			1		1			
31岁						1		
32岁					1	1	1	
33岁								1
34岁								
35岁								
36岁						1		1
37岁			1			1	1	1
38岁						1		2
39岁						2	1	4
40岁					1			
41岁					3		1	
42岁		1		1	1	1	1	1
43岁				2	3	1	1	1
44岁			1				1	1
45岁						1		1
46岁	1				1		3	
47岁					2	1	1	1
48岁	1					1	1	1
49岁					2	2	2	3
50岁	1				2		1	1
51岁					1	4	1	2
52岁				1	2	4		5
53岁	1			1	2	1	1	2
54岁					2	2	2	1
55岁		2	2		1	3		2

3-12 续表 5

年 龄	角膜病		视神经病变		视网膜、色素膜病变		屈光不正	
	男	女	男	女	男	女	男	女
56岁		1		1	1	2	1	3
57岁		1		2	5	4		4
58岁	2				2	4	3	1
59岁		1	1	1	3	3		2
60岁	1	1	4	1	1	1	2	2
61岁		1		1	2	6	3	5
62岁		3	1		2	5	1	4
63岁	1	2	1		1	2	2	1
64岁	1	1				1	3	2
65岁				1	3	3		3
66岁	1	1	1		6	4	3	6
67岁	2	2			5	6	2	4
68岁	2		1	2	3	6	2	2
69岁	1	2	3	1	2	5	2	5
70岁	1	2		1	1	4	2	2
71岁	3	3			4	9	4	3
72岁	5	4	2	1	3	4	1	3
73岁	4	3	1	2	3	8	2	4
74岁	3	2	1	1	3	8	6	6
75岁	1	3			2	3	1	2
76岁	1	1			1	4	1	3
77岁	3	4	1	2	4	12		4
78岁	3	1		4	2	9	1	8
79岁	3	4	1	1	3	6	1	5
80岁		4	1		3	5	2	2
81岁	2	4			1	3	2	3
82岁		5	1		3	4		4
83岁	1	2	1	1	1	2	3	2
84岁	1	2			1	2	1	1
85+	5	8	2	5	4	9		5

3-12 续表 6

单位：人

年龄	弱视		外伤		中毒		其他		原因不明	
	男	女	男	女	男	女	男	女	男	女
总计	**20**	**18**	**21**	**13**		**1**	**3**	**9**	**1**	**5**
0岁										
1岁										
2岁	1									
3岁		1								
4岁		1								
5岁										
6岁		1								
7岁										
8岁										
9岁										
10岁										
11岁										
12岁										
13岁										
14岁										
15岁			1							
16岁										
17岁										
18岁										
19岁										
20岁										
21岁										
22岁										
23岁										
24岁	1									
25岁										
26岁										

3－12 续表 7

单位：人

年龄	弱视		外伤		中毒		其他		原因不明	
	男	女	男	女	男	女	男	女	男	女
27岁	1									
28岁										
29岁										
30岁										
31岁										
32岁	1	1								
33岁										
34岁										
35岁										
36岁				1						
37岁	1									
38岁		2								
39岁										
40岁										
41岁										
42岁	1			1						
43岁										
44岁		1								
45岁										
46岁	2		2	1						
47岁			1							
48岁								1		
49岁		1	1							1
50岁	1	1				1				
51岁		1								
52岁										
53岁	1		1							
54岁			1							
55岁	1	1						1		

3－12 续表 8

单位：人

年 龄	弱视		外伤		中毒		其他		原因不明	
	男	女	男	女	男	女	男	女	男	女
56岁		1	1							
57岁										
58岁							1			
59岁	1		1					1		
60岁	1	1	1	1						
61岁										
62岁		1		1						
63岁	1	1								
64岁	1						1	1		
65岁								1		
66岁	1									
67岁		1					1			1
68岁										1
69岁		1	1							1
70岁	2									
71岁								1		
72岁			2	1						
73岁			1	1				2		
74岁									1	
75岁			3	1						
76岁	1		1							
77岁										
78岁	1	1								
79岁				1						
80岁										
81岁			1	1				1		
82岁			2	1						
83岁				1						
84岁										
85+				1						1

3－13 听力残疾(含多重)人分年龄、性别的主要致残原因

单位：人

年龄	遗传		母孕期病毒感染		传染性疾病		自身免疫缺陷性疾病		全身性疾病	
	男	女	男	女	男	女	男	女	男	女
总计	**36**	**30**	**3**		**11**	**14**	**2**		**38**	**41**
0岁										
1岁	3	2								
2岁										
3岁										
4岁										
5岁										1
6岁										
7岁	1									
8岁										
9岁		2								
10岁			1							
11岁										
12岁	1									
13岁										
14岁	1									
15岁										
16岁										
17岁	1	1								
18岁		1								
19岁										
20岁										
21岁										
22岁										
23岁										
24岁										
25岁										
26岁										

3－13 续表 1

单位：人

年 龄	遗 传		母孕期病毒感染		传染性疾病		自身免疫缺陷性疾病		全身性疾病	
	男	女	男	女	男	女	男	女	男	女
27岁	1	2								
28岁	1									
29岁	1									
30岁										
31岁	3									
32岁										
33岁										
34岁	1									
35岁		2								
36岁	1	1				1				
37岁	1					1				
38岁	2	1								
39岁		1			1					
40岁	1									
41岁		1				1				
42岁	1				1	1				
43岁	1	1								
44岁									1	
45岁	1									
46岁	1									
47岁	1									
48岁		1							3	
49岁	2	2				1				
50岁		2				1				2
51岁	1					1				
52岁										
53岁	1		1			1				
54岁		1							1	

3－13　续表 2

单位：人

年 龄	遗 传		母孕期病毒感染		传染性疾病		自身免疫缺陷性疾病		全身性疾病	
	男	女	男	女	男	女	男	女	男	女
55岁	2	3				1				1
56岁	1									
57岁	2									
58岁					1					
59岁		1				1				2
60岁	1								1	
61岁						1				1
62岁		1								
63岁	1				1			1		
64岁					1				1	1
65岁					2				2	
66岁					1				2	1
67岁									3	1
68岁										
69岁						1			2	
70岁									2	3
71岁									2	2
72岁					1				3	2
73岁								1	2	2
74岁										2
75岁										5
76岁	1	1							1	1
77岁									2	1
78岁									2	1
79岁		1							2	
80岁		1							1	2
81岁			1							2
82岁						1			1	4
83岁		1							2	
84岁					1					2
85+					1	1			2	2

3－13 续表 3

单位：人

年 龄	中耳炎		老年性耳聋		早产和低体重		新生儿窒息		高胆红素血症	
	男	女	男	女	男	女	男	女	男	女
总 计	**195**	**159**	**916**	**920**		**1**	**1**			**1**
0岁										
1岁										
2岁										
3岁										
4岁										
5岁										
6岁										
7岁										
8岁										
9岁										
10岁										
11岁										
12岁										
13岁										
14岁										
15岁										
16岁										
17岁										
18岁										
19岁										
20岁										
21岁										
22岁										
23岁										
24岁										
25岁										
26岁										

3－13 续表 4

单位：人

年龄	中耳炎		老年性耳聋		早产和低体重		新生儿窒息		高胆红素血症	
	男	女	男	女	男	女	男	女	男	女
27岁		2								
28岁	1	1								
29岁										
30岁										
31岁										
32岁										
33岁		2								
34岁		1								
35岁										
36岁		1								
37岁	2									
38岁	2	1								
39岁	1									
40岁		3								
41岁										
42岁	3	1								
43岁	3	3								
44岁	2	2	1							
45岁	3		1							
46岁		2		1						
47岁	3		1							
48岁	10	3	2	1						
49岁	3	1	1							
50岁	6		1							1
51岁	2	4								
52岁	4	3	2	1						
53岁	3	5	3							
54岁	2	2	5	1						

3－13 续表 5

单位：人

年龄	中耳炎		老年性耳聋		早产和低体重		新生儿窒息		高胆红素血症	
	男	女	男	女	男	女	男	女	男	女
55岁	5	5	1	5						
56岁	4	6	4	1						
57岁	4	3	9	3						
58岁	1	2	4	2						
59岁	5	2	10	5						
60岁	2	3	10	9						
61岁	2	3	7	6						
62岁	8	2	14	8						
63岁	7		8	8						
64岁	3		16	7						
65岁	6	2	13	9						
66岁	4	1	18	12						
67岁	5	5	24	7						
68岁	5	3	30	23						
69岁	8	4	20	16			1			
70岁	11	5	34	29						
71岁	7	7	39	28						
72岁	6	1	36	34						
73岁	6	6	48	51						
74岁	3	5	51	38						
75岁	5	5	39	36		1				
76岁	5	4	40	49						
77岁	6	7	74	45						
78岁	7	4	51	54						
79岁	4	3	40	50						
80岁	3	2	40	52						
81岁	4	5	38	43						
82岁	1	7	34	44						
83岁	3	3	29	47						
84岁	2	3	31	36						
85+	3	14	87	159						

3-13 续表 6

单位：人

年龄	药物中毒		创伤或意外伤害		噪声和爆震		其他		原因不明	
	男	女	男	女	男	女	男	女	男	女
总计	**32**	**33**	**38**	**24**	**72**	**23**	**11**	**7**	**130**	**103**
0岁										
1岁										
2岁										
3岁										
4岁									1	
5岁										1
6岁										
7岁										
8岁										1
9岁										
10岁										
11岁										
12岁									1	
13岁										1
14岁										
15岁									1	
16岁										1
17岁	1	1								
18岁		1								1
19岁										1
20岁										
21岁										
22岁									1	
23岁		1								
24岁									1	
25岁										1
26岁									1	

3-13 续表 7

单位：人

年龄	药物中毒		创伤或意外伤害		噪声和爆震		其他		原因不明	
	男	女	男	女	男	女	男	女	男	女
27岁		2								
28岁	1								1	
29岁									1	1
30岁	1	1							1	1
31岁	1	1					1		1	3
32岁	2	1	1						1	
33岁		1					1	1		2
34岁	1						1		2	2
35岁	1		1						1	1
36岁									2	2
37岁		1			1				1	2
38岁	1	1							2	
39岁			1		1				1	1
40岁	1				1				1	
41岁				1		1		1		1
42岁	1	1							5	
43岁	4	2							1	1
44岁		1								1
45岁			1	1					1	
46岁					1					4
47岁			2		1			1		1
48岁					1	1	2		3	2
49岁		1	1						4	2
50岁		1	1		1				1	3
51岁									7	
52岁			1				1		2	2
53岁		1		1	1	2			4	1
54岁		1		1	2	1	1			4

3－13 续表 8

单位：人

年 龄	药物中毒		创伤或意外伤害		噪声和爆震		其 他		原因不明	
	男	女	男	女	男	女	男	女	男	女
55岁				1					1	1
56岁		1							2	5
57岁	1		1		2				4	1
58岁	1		3						4	3
59岁	1	1			5	1			5	
60岁	1		1		1				4	
61岁	2			1	4				4	2
62岁									9	1
63岁	1		1			1			3	2
64岁			2		1				2	
65岁		1			1	1			1	3
66岁			1		2		1		3	3
67岁			1		5	1		1	5	3
68岁		1	3	1	1					2
69岁	1	3	1	2	2				2	
70岁				2	1	3	1		3	2
71岁		3			4	1			4	1
72岁	2		1	1	1	3				3
73岁		1		1	3	2		1	3	4
74岁	1		1		5	1			3	4
75岁	1		2		2			1		2
76岁			2	3	4				4	1
77岁	2		2	1	2		1		3	5
78岁	2	1		2	1				1	1
79岁		1		1	2				1	4
80岁					2				2	
81岁			1	1	3	2	1	1	1	1
82岁		1	1		1					1
83岁			1		3	2			2	
84岁			2	1	2				1	
85+	1		2	2	2				4	4

3-14 言语残疾(含多重)人分年龄、性别的主要致残原因

单位：人

年 龄	唐氏综合症		脑性瘫痪		新生儿病理性黄疸		早产、低体重和过期产		腭 裂	
	男	女	男	女	男	女	男	女	男	女
总 计	**1**	**1**	**11**	**8**			**2**	**3**	**9**	**7**
0岁										
1岁										
2岁										
3岁			1				1	1	1	
4岁			1				1			
5岁		1	1	2						1
6岁			1							
7岁										
8岁										
9岁										
10岁				1						
11岁									1	
12岁								1		
13岁				1						
14岁				1						
15岁										
16岁										1
17岁								1		
18岁			1	1						1
19岁										
20岁										
21岁										
22岁										1
23岁			1							
24岁										
25岁									2	
26岁										

3-14 续表 1

单位：人

年 龄	唐氏综合症		脑性瘫痪		新生儿病理性黄疸		早产、低体重和过期产		腭 裂	
	男	女	男	女	男	女	男	女	男	女
27岁			1							
28岁	1			1						
29岁										
30岁									1	
31岁										
32岁										1
33岁										1
34岁			1						1	
35岁									1	
36岁										
37岁				1						
38岁										
39岁			1						1	
40岁			1							
41岁										
42岁									1	1
43岁										
44岁										
45岁										
46岁										
47岁										
48岁										
49岁										
50岁			1							
51岁										
52岁										
53岁										
54岁										

3-14 续表 2

单位：人

年龄	唐氏综合症		脑性瘫痪		新生儿病理性黄疸		早产、低体重和过期产		腭裂	
	男	女	男	女	男	女	男	女	男	女
55岁										
56岁										
57岁										
58岁										
59岁										
60岁										
61岁										
62岁										
63岁										
64岁										
65岁										
66岁										
67岁										
68岁										
69岁										
70岁										
71岁										
72岁										
73岁										
74岁										
75岁										
76岁										
77岁										
78岁										
79岁										
80岁										
81岁										
82岁										
83岁										
84岁										
85+										

3-14 续表 3

单位：人

年 龄	智力低下		脑梗死		脑出血		脑 炎		脑囊虫病	
	男	女	男	女	男	女	男	女	男	女
总 计	**29**	**19**	**12**	**14**	**12**	**2**	**11**	**10**		
0岁										
1岁										
2岁										
3岁	1									
4岁										
5岁	1	2								
6岁	1									
7岁										
8岁	1									
9岁	1									
10岁	2	1								
11岁							1			
12岁	4	2								
13岁	1									
14岁										
15岁	1									
16岁	2									
17岁	4						1			
18岁		1								
19岁		1								
20岁	1									
21岁								1		
22岁										
23岁								1		
24岁		1								
25岁	1	2								
26岁										

3-14 续表 4

单位：人

年龄	智力低下		脑梗死		脑出血		脑炎		脑囊虫病	
	男	女	男	女	男	女	男	女	男	女
27岁										
28岁										
29岁										
30岁		1								
31岁	1									
32岁							1	1		
33岁		1								
34岁	1						1			
35岁	2	1						1		
36岁		1								
37岁							1			
38岁										
39岁							1			
40岁		2						1		
41岁							1			
42岁							1			
43岁			1							
44岁								1		
45岁							1			
46岁										
47岁										
48岁										
49岁										
50岁	1							1		
51岁	1			1	1			1		
52岁			1							
53岁						1				
54岁	1									

3-14 续表 5

单位：人

年 龄	智力低下		脑梗死		脑出血		脑 炎		脑囊虫病	
	男	女	男	女	男	女	男	女	男	女
55岁	1			1						
56岁					1					
57岁										
58岁		1					1			
59岁										
60岁										
61岁										
62岁										
63岁				1						
64岁			1		1					
65岁					1					
66岁								1		
67岁										
68岁		1	1	1	1					
69岁					1			1		
70岁				1						
71岁			2		2					
72岁			1	1	1		1			
73岁										
74岁			1							
75岁			1		1	1				
76岁			1							
77岁				1	2					
78岁		1		1						
79岁			1	2						
80岁										
81岁			1	1						
82岁				1						
83岁										
84岁										
85+				2						

3-14 续表 6

单位：人

年 龄	喉、舌疾病术后		听力障碍		帕金森氏病		多发性硬化		脊髓侧索硬化		脑外伤	
	男	女	男	女	男	女	男	女	男	女	男	女
总 计	**9**	**1**	**64**	**61**	**2**					**1**	**3**	**2**
0岁												
1岁												
2岁												
3岁												
4岁			1									
5岁				2								
6岁												
7岁			1									
8岁												
9岁				1								
10岁											1	
11岁	1											
12岁			1									
13岁				1								
14岁			1									
15岁			1									
16岁				1								
17岁				2								
18岁				3								
19岁												
20岁												
21岁												
22岁			1									
23岁				1								
24岁			1									
25岁				1								
26岁			1									

3-14 续表 7

单位：人

年 龄	喉、舌疾病术后		听力障碍		帕金森氏病		多发性硬化		脊髓侧索硬化		脑外伤	
	男	女	男	女	男	女	男	女	男	女	男	女
27岁			1	4								
28岁			2									
29岁			2									
30岁			2	2								
31岁			3	4								
32岁	1		1	1							1	
33岁												
34岁			2	1								
35岁				2								
36岁			3	2								
37岁				1								
38岁			3	1								
39岁												
40岁			2									
41岁				2								
42岁			4	2								
43岁			4	2								
44岁												
45岁			1									
46岁			1	1								
47岁				1						1		
48岁			2									
49岁			2	2								
50岁				1								
51岁	1		2									
52岁			2									
53岁			1									1
54岁	1			2								

3-14 续表 8

单位：人

年龄	喉、舌疾病术后		听力障碍		帕金森氏病		多发性硬化		脊髓侧索硬化		脑外伤	
	男	女	男	女	男	女	男	女	男	女	男	女
55岁				1								
56岁				1								
57岁												
58岁												
59岁												
60岁			1									
61岁			3									
62岁			1	1								
63岁	1			1								
64岁												
65岁			2	1								
66岁				2								
67岁			1	2								
68岁	1											1
69岁				2								
70岁		1	1									
71岁			1	1								
72岁			2								1	
73岁				2								
74岁	1		1	1								
75岁			1	1								
76岁			1									
77岁				1								
78岁												
79岁					1							
80岁												
81岁												
82岁	1			1	1							
83岁	1											
84岁												
85+			1									

3-14 续表 9

单位：人

年龄	产伤		孤独症		癫痫		CO中毒		其他		原因不明	
	男	女	男	女	男	女	男	女	男	女	男	女
总计						**2**		**1**	**27**	**15**	**30**	**19**
0岁												
1岁												
2岁											1	1
3岁									1			
4岁									1	1		
5岁											1	2
6岁											3	1
7岁												
8岁												
9岁												
10岁											1	
11岁						1						
12岁											1	
13岁												
14岁												
15岁												
16岁											1	
17岁								1				
18岁												
19岁											1	
20岁												
21岁												
22岁												
23岁												
24岁												
25岁												
26岁												

3-14 续表 10

单位：人

年龄	产伤		孤独症		癫痫		CO中毒		其他		原因不明	
	男	女	男	女	男	女	男	女	男	女	男	女
27岁												1
28岁									1	1	1	
29岁												
30岁												
31岁									2		1	
32岁									1			1
33岁										1		1
34岁						1			1		1	
35岁												1
36岁										2	1	1
37岁									2		1	
38岁										1	1	
39岁												
40岁												
41岁									1			1
42岁									1	1		
43岁										1		
44岁										1		
45岁												
46岁												2
47岁											1	1
48岁									2		1	1
49岁										1	1	
50岁												
51岁									2		1	
52岁												
53岁									1	1		
54岁										1	1	

3-14 续表 11

单位：人

年龄	产伤		孤独症		癫痫		CO中毒		其他		原因不明	
	男	女	男	女	男	女	男	女	男	女	男	女
55岁									1	1		
56岁									2			
57岁									2		1	
58岁												1
59岁												
60岁												
61岁										1	1	
62岁											2	
63岁											2	
64岁											2	
65岁												
66岁												
67岁									1			
68岁												
69岁										1		
70岁									1		1	1
71岁									1			
72岁												2
73岁									1			
74岁												
75岁									1			
76岁											1	
77岁									1			
78岁												1
79岁												
80岁												
81岁												
82岁												
83岁												
84岁												
85+												

3－15　肢体残疾(含多重)人分年龄、性别的主要致残原因

单位：人

年　龄	脑性瘫痪		发育畸形		侏儒症		其他先天性或发育障碍		脊髓灰质炎	
	男	女	男	女	男	女	男	女	男	女
总　计	**30**	**30**	**30**	**24**	**1**	**6**	**12**	**21**	**84**	**72**
0岁								1		
1岁	1									
2岁		2								
3岁			1	1						
4岁	1		1	1						
5岁	1	1								
6岁	1									
7岁										
8岁										
9岁			1							
10岁	1		1							
11岁										
12岁										
13岁	2	1							1	
14岁	1	2								
15岁	2								1	
16岁		1					1	2		
17岁			3		1		1		1	
18岁	1	1								
19岁		1		1						
20岁										
21岁		1		1						1
22岁										
23岁	3		2					1		
24岁			1							

3－15 续表 1

单位：人

年龄	脑性瘫痪		发育畸形		侏儒症		其他先天性或发育障碍		脊髓灰质炎	
	男	女	男	女	男	女	男	女	男	女
25岁		1	1					2	1	3
26岁			1							1
27岁	1			1		1				1
28岁		1						1	3	1
29岁				1				1	3	1
30岁				1		1			1	
31岁		2					1			1
32岁		1						1	1	2
33岁								1		2
34岁		2	1				1		1	1
35岁	1								1	
36岁		1	2						3	4
37岁		1		1				1	1	3
38岁				2				2	1	4
39岁	1			2					1	4
40岁	1								2	1
41岁			1						2	2
42岁			1				1		4	4
43岁		1	2	1			1	1	6	3
44岁			1			1	1	1	2	5
45岁		1							12	3
46岁	1		1	1		1			2	1
47岁	1		1						2	2
48岁	1			2			1		2	3
49岁									2	2
50岁	1			1			1	1	1	1
51岁		1								
52岁			1				1		1	1
53岁			1	1					1	1
54岁								1	5	

3－15 续表 2

单位：人

年 龄	脑性瘫痪		发育畸形		侏儒症		其他先天性或发育障碍		脊髓灰质炎	
	男	女	男	女	男	女	男	女	男	女
55岁	1								3	3
56岁		1					1		1	2
57岁								1		2
58岁			1	1		1			4	1
59岁									2	
60岁		2								3
61岁										
62岁							1			
63岁	2		1	2						
64岁	1	1		1					1	
65岁										1
66岁			1	1					1	
67岁										
68岁	1								2	
69岁									2	
70岁	1								1	
71岁								1		1
72岁									1	
73岁		2	1							
74岁										
75岁	1	1	1	1				1		1
76岁		1	1							
77岁									2	
78岁										
79岁										
80岁						1				
81岁										
82岁	1							1		
83岁										
84岁										
85+										

3－15 续表 3

单位：人

年 龄	脑血管疾病		周围血管疾病		肿 瘤		骨关节病		地方病	
	男	女	男	女	男	女	男	女	男	女
总 计	**141**	**145**	**6**	**1**	**8**	**18**	**121**	**158**	**1**	
0岁										
1岁										
2岁										
3岁										
4岁										
5岁										
6岁										
7岁										
8岁										
9岁										
10岁										
11岁								1		
12岁										
13岁										
14岁										
15岁										
16岁								1		
17岁					1					
18岁										
19岁										
20岁										
21岁										
22岁							1			
23岁										
24岁		1								

3－15 续表 4

单位：人

年龄	脑血管疾病		周围血管疾病		肿瘤		骨关节病		地方病	
	男	女	男	女	男	女	男	女	男	女
25岁						1				
26岁										
27岁							1			
28岁										
29岁										
30岁										
31岁										
32岁								1		
33岁	1									
34岁					1			1		
35岁							1			
36岁										
37岁								1		
38岁								1		
39岁							1	1		
40岁	1	1								
41岁							2			
42岁							1	2		
43岁	1					1	1	4		
44岁		1					2			
45岁						1	1			
46岁							4	1		
47岁	1							1		
48岁	2	1				1	1	2		
49岁		1				1	1			
50岁	2	1				1	3	4		
51岁	1	1					3	1		
52岁	4							2	1	
53岁	4	1				1		5		
54岁	1	3			1		3	3		

3－15 续表 5

单位：人

年龄	脑血管疾病		周围血管疾病		肿瘤		骨关节病		地方病	
	男	女	男	女	男	女	男	女	男	女
55岁	1	3			1		2			
56岁	3	3			1	1		3		
57岁		4						2		
58岁		4					3	6		
59岁	4	4				1	1	4		
60岁	2	4			1	1		2		
61岁	1	3					1	4		
62岁	5	4				1	4	2		
63岁	6	5					1	4		
64岁	5	2				1	1	2		
65岁	3	2					5			
66岁	2	2				1	4	1		
67岁	4	5	1			1	4	3		
68岁	10	5					2	3		
69岁	6	1	1					1		
70岁	4	5					2	6		
71岁	11	4	1			1	4	3		
72岁	4	10			1	1	3	3		
73岁	5	6					5	8		
74岁	10	5					5	2		
75岁	4	3	1	1	1		2	5		
76岁	8	8					6	3		
77岁	3	6					6	4		
78岁	3	3					3	1		
79岁	4	6	1			1	4	2		
80岁	5	4					4	7		
81岁	4	2				1	4	6		
82岁	2	6					3	11		
83岁	1	2					2	2		
84岁		4					2	5		
85+	3	9	1				12	21		

3－15　续表 6

单位：人

年　龄	脊髓疾病		工　伤		交通事故		脊髓损伤		脑外伤	
	男	女	男	女	男	女	男	女	男	女
总　计	**14**	**21**	**98**	**36**	**53**	**39**	**17**	**14**	**13**	**4**
0岁										
1岁										
2岁										
3岁										
4岁										
5岁										
6岁										
7岁										
8岁									1	
9岁										
10岁										
11岁										
12岁										
13岁										
14岁										
15岁										
16岁									1	
17岁										
18岁					1					
19岁										
20岁			1							
21岁					1					
22岁										
23岁					2					
24岁										

3-15 续表 7

单位：人

年龄	脊髓疾病		工伤		交通事故		脊髓损伤		脑外伤	
	男	女	男	女	男	女	男	女	男	女
25岁										
26岁			1						2	
27岁			1		1					
28岁				3						
29岁						1				
30岁			1							
31岁			1		1	1				
32岁	1		2					1		
33岁			1		1					
34岁			2	3	2				1	
35岁	1		5		1					
36岁			2				1			
37岁		1	5		2	3		2		
38岁			2	1	1					
39岁	1		3			1				
40岁			2	3	2					
41岁				2				1		
42岁			4			2			1	
43岁			1	1		1				
44岁			1	1	1					
45岁			2		2				1	
46岁			2	2	1	1	3			1
47岁	1	1	3							
48岁			3	1	2	1				
49岁			4		1	3				
50岁			1	1	1		2	1		
51岁			3	2	1	3	1			
52岁	1		1	1	1	1		2		
53岁			4	2	3			1		
54岁			2		2	1			1	

3－15 续表 8

单位：人

年龄	脊髓疾病		工伤		交通事故		脊髓损伤		脑外伤	
	男	女	男	女	男	女	男	女	男	女
55岁			3	2	2	3				
56岁	1			2	4	1	2		2	
57岁			2			1				1
58岁	1	2	3						1	
59岁		1	3	1		1	1			
60岁		1	2	1	1					
61岁	1	1	1	2			1			
62岁			1	1	1	2				
63岁	1		1	1	3	1				
64岁		1				1	1	1		
65岁			5							
66岁			1				1			
67岁				1	1		2			
68岁	1		1		2	2				
69岁		1	2			1				
70岁			1	1	1	2			1	
71岁	2	1	2							
72岁			1		2			1	1	
73岁	1	1		1	1		1	2		
74岁		1	2		1	1				
75岁			3							1
76岁		3	3							
77岁		1	1		1		1			
78岁		1			1	1				1
79岁		1								
80岁					1	2				
81岁										
82岁		1			1					
83岁		1								
84岁						1		1		
85+	1	1						1		

3-15 续表 9

单位：人

年龄	其他外伤		结核性感染		化脓性感染		中毒		其他		原因不明	
	男	女	男	女	男	女	男	女	男	女	男	女
总计	**145**	**156**	**6**	**2**	**32**	**26**	**2**	**3**	**72**	**51**	**29**	**25**
0岁												
1岁												
2岁											1	1
3岁												
4岁												
5岁												
6岁												
7岁	1											
8岁		1										
9岁	1											
10岁											1	
11岁									1			
12岁									1			
13岁										1		
14岁									1			
15岁												
16岁		2							1			
17岁					1							
18岁												
19岁											1	
20岁										1		
21岁										1		
22岁									1			
23岁	2								1			
24岁										1		

3-15 续表 10

单位：人

年龄	其他外伤		结核性感染		化脓性感染		中毒		其他		原因不明	
	男	女	男	女	男	女	男	女	男	女	男	女
25岁		2										
26岁	1											
27岁												1
28岁		1										
29岁						1						
30岁		1				1				1		
31岁										1		
32岁	1	2	1									
33岁									2			
34岁	3									2		
35岁	2									1	1	1
36岁	3											1
37岁	4								1	1		1
38岁	2	1				1						
39岁	2					1			1			
40岁	1	1				1						
41岁	2	2							1			
42岁	1	3	1							1		
43岁	5	1							1	1	1	
44岁	1	1				1						
45岁	1					2			1			1
46岁	5	1				2			1	1	1	
47岁	1								2	1	1	
48岁	4	2									1	
49岁	5	1			1	1			4		1	
50岁	5	2			1			2	3			
51岁	2	2			3				4	1		1
52岁	4	1			4						1	1
53岁		4			1				3		1	
54岁	1	1			3				1			

3－15 续表 11

单位：人

年龄	其他外伤		结核性感染		化脓性感染		中毒		其他		原因不明	
	男	女	男	女	男	女	男	女	男	女	男	女
55岁	4	1			1	1			1	1		
56岁	3	3	1		1	2			1	1		1
57岁	2	1			1	1			1	1	1	
58岁	3	2			1				2	2		2
59岁	2	4							5	1	1	1
60岁					1	1			1			1
61岁	4	1			1	2			1	1	1	
62岁	2			1					1		2	
63岁	1									1	1	
64岁	2	2			2					1		1
65岁	3		1						1	1	1	
66岁	3	2					1		1		1	1
67岁	1	3			1				1	1		
68岁	4	1			2	1				1	1	
69岁	3	3		1					6			
70岁	5	6			1					2	1	
71岁	4	5				1				2	1	
72岁	3	4			1				4	1		
73岁	1	4				1			2	2		1
74岁	3	4							1	2		1
75岁	2	4	1		1				1			1
76岁	2	2			2	1				2		
77岁	5	3							2	2		1
78岁	5	6	1					1		2	1	1
79岁	2	7							1			
80岁	1	3				1			3		2	
81岁	4	4			1				2			1
82岁	1	6			1	1	1		2	1		2
83岁	1	8								1	2	
84岁	1	5				2				1		1
85+	8	30							1	6	2	1

3－16 智力残疾(含多重)人分年龄、性别的主要致残原因

单位：人

年 龄	遗 传		脑疾病		内分泌障碍		惊厥性疾病		新生儿窒息	
	男	女	男	女	男	女	男	女	男	女
总 计	**52**	**45**	**91**	**98**	**2**	**2**	**28**	**19**	**8**	**5**
0岁	1			1						
1岁		1							1	
2岁	1	3		1					2	
3岁	1		1							1
4岁	1									
5岁	2	3	1		1	1		1	1	
6岁	2		1	1					1	1
7岁		1								
8岁	2						1	1		
9岁		1								
10岁	1		3	2			2			1
11岁		1	2	1				2		
12岁		1	1	1				1	2	
13岁		1								1
14岁				1			1			
15岁		1	2				2	1		1
16岁	2		2							
17岁			1				2			
18岁	2		1	1				1		
19岁		1								
20岁	1	2						1		
21岁				2						
22岁		1	2	1			1			
23岁	1		1	1			1			
24岁	1	1								
25岁	3	1	2	2						
26岁	1	1								
27岁	1							1		
28岁	1	1		3						
29岁	1		2	1						

3－16　续表 1

单位：人

年龄	遗传		脑疾病		内分泌障碍		惊厥性疾病		新生儿窒息	
	男	女	男	女	男	女	男	女	男	女
30岁		2	1	2						
31岁	1		1	4					1	
32岁			1	3						
33岁		1	2	2				1		
34岁	1	1	1				1			
35岁		1	1	2			1	1		
36岁	1		1	1			1			
37岁	2		1	2				2		
38岁			1	1						
39岁	2	1	1	2				2		
40岁	1	1	3	2			1			
41岁	1		2	4			1	1		
42岁	1	2	2	3			1	1		
43岁	2	3	1							
44岁		1	2	1			1			
45岁	1		5							
46岁				5						
47岁	1		2	1						
48岁	2		1	2						
49岁	2		4				1			
50岁	1	1		1			1			
51岁	1	1	1	1			1			
52岁	2		2				1	1		
53岁		2	2				2			
54岁		1	1				1	1		
55岁		1	1	1			2			
56岁	2									
57岁										
58岁	1		1							
59岁	1									

3－16 续表 2

单位：人

年 龄	遗 传		脑疾病		内分泌障碍		惊厥性疾病		新生儿窒息	
	男	女	男	女	男	女	男	女	男	女
60岁				3						
61岁		1						1		
62岁			1	1						
63岁										
64岁		1	3	1						
65岁										
66岁			2							
67岁		1						1		
68岁			1	1						
69岁					1					
70岁										
71岁			1							
72岁			1							
73岁		1								
74岁			1	2						
75岁			2	1						
76岁		1	2	2						
77岁				1						
78岁	1		2	4						
79岁			2	2		1				
80岁			1	4						
81岁			1	2						
82岁			3	3						
83岁			3	1						
84岁			1	3						
85+			1	8						

3-16 续表 3

单位：人

年龄	早产、低体重和过期产		发育畸形		营养不良		母孕期外伤及物理伤害		产伤		工伤	
	男	女	男	女	男	女	男	女	男	女	男	女
总计	**7**	**7**	**9**	**7**	**1**	**2**		**4**	**5**	**1**		
0岁	1	1										
1岁	1	1				1		1				
2岁		1							1			
3岁			1									
4岁	2	1										
5岁						1						
6岁	1							1				
7岁												
8岁												
9岁	1			1								
10岁			1									
11岁	1											
12岁		1										
13岁												
14岁												
15岁				1								
16岁									1			
17岁												
18岁				1								
19岁												
20岁			1		1							
21岁		1										
22岁												
23岁												
24岁				1					1			
25岁												
26岁			1									
27岁		1										
28岁										1		
29岁								1				

3－16　续表 4

单位：人

年　龄	早产、低体重和过期产		发育畸形		营养不良		母孕期外伤及物理伤害		产　伤		工　伤	
	男	女	男	女	男	女	男	女	男	女	男	女
30岁								1				
31岁												
32岁												
33岁												
34岁			2	1								
35岁												
36岁									1			
37岁				1								
38岁												
39岁												
40岁									1			
41岁												
42岁			1									
43岁												
44岁												
45岁												
46岁												
47岁												
48岁												
49岁												
50岁												
51岁												
52岁												
53岁												
54岁												
55岁												
56岁			2									
57岁												
58岁												
59岁												

3－16 续表 5

单位：人

年 龄	早产、低体重和过期产		发育畸形		营养不良		母孕期外伤及物理伤害		产 伤		工 伤	
	男	女	男	女	男	女	男	女	男	女	男	女
60岁												
61岁												
62岁												
63岁												
64岁												
65岁												
66岁												
67岁				1								
68岁												
69岁												
70岁												
71岁												
72岁												
73岁												
74岁												
75岁												
76岁												
77岁												
78岁												
79岁												
80岁												
81岁												
82岁												
83岁												
84岁												
85+												

3－16 续表 6

单位：人

年龄	交通事故		其他外伤		中毒与过敏反应		不良社会文化因素		其他		原因不明	
	男	女	男	女	男	女	男	女	男	女	男	女
总计	**8**	**2**	**21**	**7**	**4**	**3**	**8**	**4**	**11**	**16**	**108**	**93**
0岁							3				1	1
1岁									1	1	1	
2岁							2				1	
3岁							2				1	
4岁								2			1	1
5岁											1	4
6岁							1					
7岁												
8岁									1		2	1
9岁			1								1	
10岁			2						1		1	1
11岁			1		1						2	1
12岁				1							2	
13岁											3	1
14岁												2
15岁											1	2
16岁											1	2
17岁									1		3	3
18岁										1	1	1
19岁											3	2
20岁											4	
21岁						1					1	
22岁										1	2	1
23岁			2							1		
24岁	1											2
25岁				1	1					1	4	4
26岁			1	1							1	1
27岁												2
28岁												1
29岁										1	1	

3-16 续表 7

单位：人

年龄	交通事故		其他外伤		中毒与过敏反应		不良社会文化因素		其他		原因不明	
	男	女	男	女	男	女	男	女	男	女	男	女
30岁											1	3
31岁											3	4
32岁											1	1
33岁											2	2
34岁											3	2
35岁					1						4	3
36岁			1							1	2	2
37岁		1							2		2	
38岁											2	2
39岁			1	1							2	
40岁											4	4
41岁				2							1	
42岁									1	1	2	3
43岁	2		2						1	1	2	4
44岁										1	1	1
45岁		1	1							1	2	
46岁	1											
47岁			2						1		1	
48岁											1	1
49岁			2								4	1
50岁												1
51岁											1	2
52岁					1	1				1	4	1
53岁										1	1	1
54岁	1		2								2	
55岁	1								1		3	
56岁	1			1							1	3
57岁								1				
58岁												1
59岁	1										1	2

3-16 续表 8

单位：人

年 龄	交通事故		其他外伤		中毒与过敏反应		不良社会文化因素		其 他		原因不明	
	男	女	男	女	男	女	男	女	男	女	男	女
60岁										1	2	1
61岁											2	
62岁									1		2	1
63岁			1									1
64岁												1
65岁			1							1	1	
66岁												2
67岁												
68岁												1
69岁												3
70岁											1	
71岁												
72岁								1				1
73岁											2	
74岁											2	
75岁												
76岁											1	1
77岁										1		
78岁						1						1
79岁												
80岁											1	1
81岁			1									1
82岁												1
83岁												
84岁												
85+											2	

3－17 精神残疾(含多重)人分年龄、性别的主要致残原因

单位：人

年 龄	痴 呆		其他器质性精神疾病		使用精神活性物质所致的障碍		精神分裂症		妄想性障碍	
	男	女	男	女	男	女	男	女	男	女
总 计	**27**	**45**	**21**	**15**	**35**		**174**	**173**		**3**
0岁										
1岁										
2岁										
3岁										
4岁										
5岁										
6岁										
7岁										
8岁										
9岁										
10岁										
11岁										
12岁										
13岁										
14岁										
15岁										
16岁										
17岁				1			1			
18岁							1			
19岁										
20岁										
21岁								1		
22岁		1					4	1		
23岁	1		1				1	1		
24岁		1					1	2		
25岁				1			1	2		
26岁							1	2		
27岁							7	3		
28岁							4			
29岁							2	3		

3-17 续表 1

单位：人

年 龄	痴 呆		其他器质性精神疾病		使用精神活性物质所致的障碍		精神分裂症		妄想性障碍	
	男	女	男	女	男	女	男	女	男	女
30岁				1			2	3		
31岁							2	4		
32岁							4	1		
33岁			1				3	3		
34岁							7	5		
35岁			1				9	7		
36岁					1		2	6		
37岁			1				4	4		
38岁			1	1	1		2	3		
39岁							7	2		
40岁				1			4	6		
41岁		1					8	2		
42岁		1	1		2		6	5		
43岁			1		1		7	5		
44岁			1		1		4	4		
45岁							2			
46岁			1				3	5		
47岁					1		1	4		1
48岁	1				3		3	4		
49岁	1		1		3		3	1		
50岁					1		8	3		
51岁							4	6		
52岁		1		2	1		3	4		
53岁			1	1			8	4		
54岁			1	1	1		3	5		
55岁		1	1				4	7		
56岁			1	1	4		3	6		1
57岁					2		4	7		
58岁					1		7	4		
59岁					1		1	7		

3－17 续表 2

单位：人

年龄	痴呆		其他器质性精神疾病		使用精神活性物质所致的障碍		精神分裂症		妄想性障碍	
	男	女	男	女	男	女	男	女	男	女
60岁		1					3	4		
61岁					1		1	3		
62岁								2		
63岁			1					1		
64岁	1	1		1	2		1	2		
65岁							2	1		
66岁	2	1			1					
67岁	1		1					1		
68岁		1					1	2		
69岁	1						1	1		
70岁	2	2		1			3	2		
71岁	2	2		1						
72岁	1	1					4	2		
73岁		2	1		1			1		
74岁	3	2	1				2			
75岁		1		1	1			1		
76岁	1	2			2		3			
77岁		2					2			
78岁	2	2	1		2			1		
79岁	3		1					2		
80岁	1	1						1		
81岁		3						1		
82岁	1	4		1						1
83岁		1								
84岁	2							2		
85+	1	10	1		1			1		

3－17 续表 3

单位：人

年 龄	分裂情感性障碍		其他精神病性障碍		心境障碍		神经症性障碍		行为综合症	
	男	女	男	女	男	女	男	女	男	女
总 计	**2**	**2**	**3**	**8**	**16**	**36**	**5**	**39**	**2**	**1**
0岁										
1岁										
2岁										
3岁										
4岁										
5岁										
6岁										
7岁										
8岁										
9岁										
10岁										
11岁										
12岁										
13岁										
14岁										
15岁										
16岁										
17岁										
18岁								2		
19岁				1						
20岁										
21岁										
22岁										
23岁								1		
24岁						1				
25岁										
26岁										
27岁										
28岁										
29岁										

3－17　续表 4

单位：人

年 龄	分裂情感性障碍		其他精神病性障碍		心境障碍		神经症性障碍		行为综合症	
	男	女	男	女	男	女	男	女	男	女
30岁					1					
31岁								1		
32岁										
33岁										
34岁						2				
35岁			1					1		
36岁				1		1				
37岁						1				
38岁						1		1		
39岁			1			1		2		
40岁					1	1				
41岁					1	2				
42岁					1			2		1
43岁										
44岁					1			2		
45岁						1				
46岁								1		
47岁					1	1				
48岁		1				1	1			
49岁						2		2		
50岁						3	1	1		
51岁								1		
52岁					1	1		3		
53岁				1	1	1	2	3		
54岁				1						
55岁				1		2				
56岁	1							3		
57岁					1	2		1		
58岁				1	1			3		
59岁						1		1		

3－17　续表 5

单位：人

年龄	分裂情感性障碍		其他精神病性障碍		心境障碍		神经症性障碍		行为综合症	
	男	女	男	女	男	女	男	女	男	女
60岁						1		1		
61岁										
62岁								1		
63岁		1								
64岁					2	3				
65岁						1				
66岁					1	1				
67岁						2		1		
68岁					1			1		
69岁								1		
70岁			1		1			1		
71岁										
72岁								1		
73岁						1				
74岁						1	1		2	
75岁	1									
76岁				1						
77岁										
78岁										
79岁								1		
80岁										
81岁										
82岁										
83岁				1	1					
84岁										
85+						1				

3－17 续表 6

单位：人

年龄	人格障碍		孤独症		癫痫		其他		原因不明	
	男	女	男	女	男	女	男	女	男	女
总计			**8**	**2**	**18**	**17**	**6**	**6**	**3**	**2**
0岁										
1岁										
2岁										
3岁										
4岁										
5岁						1				
6岁			1							
7岁										
8岁			2	1						
9岁							1			
10岁			1				1			
11岁					1	1				
12岁			1							
13岁			1				1			
14岁										
15岁										
16岁										
17岁			1	1						
18岁										
19岁					1					
20岁										
21岁										
22岁					1	1		1		
23岁					1					
24岁										
25岁					1					
26岁						1			1	
27岁										
28岁						2				
29岁					1	1				

3-17 续表 7

单位：人

年龄	人格障碍		孤独症		癫痫		其他		原因不明	
	男	女	男	女	男	女	男	女	男	女
30岁										
31岁					1	1			1	
32岁										
33岁										
34岁			1		1					
35岁										
36岁					1					
37岁					2		1			
38岁						2				
39岁					1	2				
40岁										
41岁						1				
42岁					2					
43岁										
44岁										
45岁					1					
46岁										
47岁							1			
48岁					1					
49岁									1	
50岁						1				
51岁						2		1		
52岁										
53岁										
54岁						1				
55岁										
56岁										
57岁					1					
58岁										
59岁										

3－17 续表 8

单位：人

年龄	人格障碍		孤独症		癫痫		其他		原因不明	
	男	女	男	女	男	女	男	女	男	女
60岁							1			
61岁										
62岁								1		
63岁										1
64岁										
65岁								1		
66岁					1					
67岁										
68岁										
69岁								1		1
70岁										
71岁										
72岁										
73岁								1		
74岁										
75岁										
76岁										
77岁										
78岁										
79岁										
80岁										
81岁										
82岁										
83岁										
84岁										
85+										

第四部分　残疾人的活动和参与、义务教育、社会保障、接受服务及主要需求

4－1 各地区18岁及以上视力残疾人分残疾等级的生活自理状况

单位：人

地　区	无障碍/无适用				轻度障碍				中度障碍			
	一级	二级	三级	四级	一级	二级	三级	四级	一级	二级	三级	四级
总　计	**34**	**30**	**43**	**415**	**54**	**23**	**23**	**67**	**56**	**12**	**3**	**10**
杭州市下城区				35		1		1				
杭州市余杭区			3	26	2	1		2				
杭州市富阳市	2	1	3	26	3		1	4				1
杭州市临安市	1		1	13	1			3				
宁波市江东区	3	4	1	27	1			1	2			2
宁波市宁海县	2		6	24	4		1	1	5			
宁波市慈溪市				3		1	3	12	3	6	1	
温州市永嘉县		1	2	6	2	2			8			
温州市瑞安市		2		7				6	1	1		
温州市乐清市	1		4	6			2			2		
嘉兴市嘉善县	3	1	2	21	2			1	2			
嘉兴市桐乡市	1	1	1	24				1	1			
湖州市德清县		1	3	42	7	5	2	4	3			
绍兴市绍兴县	3	1		11	5		4	1	1			
绍兴市嵊州市		2		5	1	2	3	2	6	1		1
金华市金东区	2	1	2	10	2	3		4	4	2		
金华市义乌市			1	8	2	1		1	5			
衢州市开化县	1	3	2	25	4	2	2	2	2			
衢州市江山市	1	2	1	11	1		1	1	3			
舟山市岱山县	9	8	4	23	3		1		1			
台州市椒江区	4	1	3	18								
台州市三门县		1	2	15	1	2	2	2	1			
台州市临海市	1			19	10	3		1	3			
丽水市莲都区				1				12	4		2	5
丽水市青田县			2	9	3		1	5	1			1

4-1 续表

单位：人

地　区	重度障碍				极重度障碍/不能完成			
	一级	二级	三级	四级	一级	二级	三级	四级
总　计	**32**	**3**			**8**	**1**		
杭州市下城区								
杭州市余杭区	1							
杭州市富阳市	6	1			4			
杭州市临安市	1							
宁波市江东区								
宁波市宁海县								
宁波市慈溪市	7							
温州市永嘉县								
温州市瑞安市								
温州市乐清市					1			
嘉兴市嘉善县								
嘉兴市桐乡市								
湖州市德清县	2							
绍兴市绍兴县								
绍兴市嵊州市	1				1			
金华市金东区	3	1				1		
金华市义乌市	2							
衢州市开化县								
衢州市江山市								
舟山市岱山县					1			
台州市椒江区								
台州市三门县	1							
台州市临海市								
丽水市莲都区	5	1			1			
丽水市青田县	3							

4－2 各地区18岁及以上视力残疾人分残疾等级的生活活动状况

单位：人

地区	无障碍/无适用				轻度障碍				中度障碍			
	一级	二级	三级	四级	一级	二级	三级	四级	一级	二级	三级	四级
总　计			**1**	**39**	**5**	**8**	**20**	**219**	**30**	**26**	**24**	**180**
杭州市下城区								25				10
杭州市余杭区				3			1	15			1	6
杭州市富阳市							1	20	3		2	7
杭州市临安市					1		1	5	1			10
宁波市江东区				12	1		1	14	3	4		2
宁波市宁海县							2	12	3		5	12
宁波市慈溪市							1	5		1	1	10
温州市永嘉县								2		3	2	4
温州市瑞安市								12		3		1
温州市乐清市			1	3	1		3	3				
嘉兴市嘉善县				3			1	8	1			7
嘉兴市桐乡市												14
湖州市德清县				5		2	2	37	2	4	3	3
绍兴市绍兴县								2	2	1		8
绍兴市嵊州市												2
金华市金东区								3	1	2	2	11
金华市义乌市								3			1	6
衢州市开化县								6	1	2	1	17
衢州市江山市				1		2		7	1		1	4
舟山市岱山县				5	2	3	3	11	3	3	1	5
台州市椒江区								13	2	1	3	4
台州市三门县				4			2	3				7
台州市临海市				2		1		6	6	2		12
丽水市莲都区								1				10
丽水市青田县				1			2	6	1		1	8

4-2 续表

单位：人

地区	重度障碍				极重度障碍/不能完成			
	一级	二级	三级	四级	一级	二级	三级	四级
总计	**74**	**28**	**23**	**49**	**75**	**7**	**1**	**5**
杭州市下城区		1		1				
杭州市余杭区			1	4	3	1		
杭州市富阳市	3	1	1	3	9	1		1
杭州市临安市				1	1			
宁波市江东区	2			1				1
宁波市宁海县	6			1	2			
宁波市慈溪市	2	6	2		8			
温州市永嘉县	2				8			
温州市瑞安市	1							
温州市乐清市		2	2		1			
嘉兴市嘉善县	3	1	1	3	3			1
嘉兴市桐乡市	1	1	1	11	1			
湖州市德清县	4			1	6			
绍兴市绍兴县	7		4	2				
绍兴市嵊州市	3	2	2	4	6	3	1	2
金华市金东区	6	4			4	2		
金华市义乌市	6	1			3			
衢州市开化县	2	3	3	4	4			
衢州市江山市	3		1		1			
舟山市岱山县	5	2	1	2	4			
台州市椒江区	2			1				
台州市三门县		3	2	3	3			
台州市临海市	8							
丽水市莲都区	2	1	2	7	8			
丽水市青田县	6							

4－3 各地区18岁及以上视力残疾人分残疾等级的社会参与状况

单位：人

地区	无障碍/无适用				轻度障碍				中度障碍			
	一级	二级	三级	四级	一级	二级	三级	四级	一级	二级	三级	四级
总计		**1**	**3**	**60**	**17**	**19**	**28**	**306**	**75**	**34**	**33**	**115**
杭州市下城区								34		1		2
杭州市余杭区				4			2	19	2		1	5
杭州市富阳市							2	22	2		1	7
杭州市临安市								6	2		1	10
宁波市江东区				16	2	3	1	11	4	1		2
宁波市宁海县					1		3	19	5		4	6
宁波市慈溪市							2	12	1	7	2	3
温州市永嘉县				2				2	2	2	2	2
温州市瑞安市				1				10		3		2
温州市乐清市				3		1	3	2	1	1	3	1
嘉兴市嘉善县				3	1	1		13	3		2	6
嘉兴市桐乡市				2			1	20	1	1		3
湖州市德清县			1	9	1	2	3	37	6	4	1	
绍兴市绍兴县				5	2	1	3	7	4		1	
绍兴市嵊州市								1		1		4
金华市金东区								1	1	1	2	10
金华市义乌市							1	6	7	1		3
衢州市开化县						1	1	15	4	4	3	11
衢州市江山市				1		1		4	3	1	2	6
舟山市岱山县		1	2	6	8	5	2	17	3	2	1	
台州市椒江区				1	1	1	1	15	3		2	2
台州市三门县				3		2	2	12	1	1	2	2
台州市临海市				2		1		8	14	2		10
丽水市莲都区								4	3	1	1	14
丽水市青田县				2	1		1	9	3		2	4

4-3 续表

单位：人

地区	重度障碍				极重度障碍/不能完成			
	一级	二级	三级	四级	一级	二级	三级	四级
总计	**71**	**13**	**5**	**11**	**21**	**2**		
杭州市下城区								
杭州市余杭区	1	1						
杭州市富阳市	9	1	1	2	4	1		
杭州市临安市	1							
宁波市江东区				1				
宁波市宁海县	5							
宁波市慈溪市	9							
温州市永嘉县		1			8			
温州市瑞安市	1							
温州市乐清市	1							
嘉兴市嘉善县	3							
嘉兴市桐乡市					1			
湖州市德清县	5							
绍兴市绍兴县	3							
绍兴市嵊州市	5	4	3	3	4			
金华市金东区	7	6		3	3	1		
金华市义乌市	2							
衢州市开化县	3			1				
衢州市江山市	2			1				
舟山市岱山县	2				1			
台州市椒江区								
台州市三门县	2							
台州市临海市								
丽水市莲都区	7		1					
丽水市青田县	3							

4-4 各地区18岁及以上听力残疾人分残疾等级的理解和交流状况

单位：人

地区	无障碍/无适用				轻度障碍				中度障碍			
	一级	二级	三级	四级	一级	二级	三级	四级	一级	二级	三级	四级
总计	**3**	**10**	**214**	**285**	**28**	**88**	**528**	**345**	**50**	**79**	**257**	**71**
杭州市下城区	1		20	62		2	3	3			2	1
杭州市余杭区				5			9	7		3	14	13
杭州市富阳市			1	6	1	1	26	15	8	10	16	
杭州市临安市			6	8		3	25	20	3	3	11	1
宁波市江东区			1	4			7	7		4	4	1
宁波市宁海县				2			16	28	1	7	35	20
宁波市慈溪市		2	4	5		3	18	21	2	2	9	2
温州市永嘉县		1	5	7	3	14	18	5	3	1	2	
温州市瑞安市			5	2	2	4	32	9		2	4	1
温州市乐清市	1	1	14	52	1	2	14	5			2	
嘉兴市嘉善县				2			16	29	1	7	30	10
嘉兴市桐乡市			2	12	1	1	27	35	2	1	6	
湖州市德清县	1		11	6		4	10		2	3	1	
绍兴市绍兴县			5	5		1	18	14		6	8	1
绍兴市嵊州市			31	18	5	21	43	5	2	3	6	
金华市金东区				4			17	41	3	1	20	4
金华市义乌市			2			1	27	13	6	3	15	
衢州市开化县			3	3		1	13	15	1	3	15	10
衢州市江山市		1	16	16	1	4	27	7	3	1	14	3
舟山市岱山县			17	5	3	2	19	2			4	
台州市椒江区			2	7	1	2	27	13	1	7	10	
台州市三门县		5	31	9	7	7	16	1				
台州市临海市			9	12	1	3	32	12	4	2	9	2
丽水市莲都区			8	12	2	9	48	12	6	9	15	
丽水市青田县			21	21		3	20	26	2	1	5	2

4-4 续表

单位：人

地区	重度障碍				极重度障碍/不能完成			
	一级	二级	三级	四级	一级	二级	三级	四级
总计	**22**	**19**	**37**	**9**	**6**	**2**		
杭州市下城区								
杭州市余杭区		4	15	8	3	1		
杭州市富阳市	3		3		1			
杭州市临安市								
宁波市江东区		1						
宁波市宁海县		2	4					
宁波市慈溪市		1						
温州市永嘉县	2	2	1					
温州市瑞安市			1		1			
温州市乐清市	2	1						
嘉兴市嘉善县	4	1	2		1			
嘉兴市桐乡市								
湖州市德清县	1							
绍兴市绍兴县								
绍兴市嵊州市		3	2	1				
金华市金东区	2		2			1		
金华市义乌市								
衢州市开化县	1	1	1					
衢州市江山市		1	3					
舟山市岱山县	2		2					
台州市椒江区								
台州市三门县								
台州市临海市	4	2						
丽水市莲都区	1		1					
丽水市青田县								

4－5 各地区18岁及以上听力残疾人分残疾等级的生活自理状况

单位：人

地区	无障碍/无适用				轻度障碍				中度障碍			
	一级	二级	三级	四级	一级	二级	三级	四级	一级	二级	三级	四级
总计	**76**	**137**	**915**	**670**	**20**	**53**	**109**	**38**	**11**	**5**	**8**	**2**
杭州市下城区	1	1	24	65		1		1			1	
杭州市余杭区		1	25	25	2	6	12	8	1	1	1	
杭州市富阳市	11	9	39	21		2	6		2			
杭州市临安市	3	6	42	29								
宁波市江东区			9	10		5	3	2				
宁波市宁海县	1	3	35	45		6	20	5				
宁波市慈溪市	1	7	28	27	1		2	1		1	1	
温州市永嘉县	4	7	19	12	2	9	6		2	1	1	
温州市瑞安市	1	3	40	12	1	3	1		1		1	
温州市乐清市	4	3	30	57		1						
嘉兴市嘉善县	4	4	38	34		3	10	7	2	1		
嘉兴市桐乡市	1	2	25	43	2		10	4				
湖州市德清县	2	4	21	5	1	3	1	1	1			
绍兴市绍兴县		7	29	20			2					
绍兴市嵊州市	7	23	81	23		3	1			1		1
金华市金东区	3		32	48	1	1	7					1
金华市义乌市	6	4	44	13								
衢州市开化县		3	17	22	2	2	14	6				
衢州市江山市	4	6	58	26							2	
舟山市岱山县	2	2	40	7	2		1		1			
台州市椒江区	2	9	39	20								
台州市三门县	7	12	47	10								
台州市临海市	6	6	49	23	1	1	1	3	1			
丽水市莲都区	4	12	62	24	5	6	9				1	
丽水市青田县	2	3	42	49		1	3					

4-5 续表

单位：人

地区	重度障碍				极重度障碍/不能完成			
	一级	二级	三级	四级	一级	二级	三级	四级
总　计	**1**	**3**	**3**		**1**		**1**	
杭州市下城区								
杭州市余杭区								
杭州市富阳市							1	
杭州市临安市								
宁波市江东区								
宁波市宁海县								
宁波市慈溪市								
温州市永嘉县		1						
温州市瑞安市								
温州市乐清市								
嘉兴市嘉善县								
嘉兴市桐乡市								
湖州市德清县								
绍兴市绍兴县								
绍兴市嵊州市								
金华市金东区	1	1						
金华市义乌市								
衢州市开化县			1					
衢州市江山市		1						
舟山市岱山县			1					
台州市椒江区								
台州市三门县								
台州市临海市					1			
丽水市莲都区								
丽水市青田县			1					

4－6　各地区18岁及以上听力残疾人分残疾等级的与人相处状况

单位：人

地　区	无障碍/无适用				轻度障碍				中度障碍			
	一级	二级	三级	四级	一级	二级	三级	四级	一级	二级	三级	四级
总　计	**13**	**36**	**308**	**364**	**33**	**83**	**514**	**300**	**37**	**63**	**198**	**45**
杭州市下城区	1	2	21	65			2				2	1
杭州市余杭区		2	15	18		6	22	13	1		1	2
杭州市富阳市			3	7	2	4	29	14	6	6	11	
杭州市临安市		2	7	11	1	4	33	18	2		2	
宁波市江东区			3	4		2	9	8		2		
宁波市宁海县	1		2	6		1	19	27		7	34	16
宁波市慈溪市		4	12	14	1	2	15	14	1	2	4	
温州市永嘉县		3	13	7	5	14	11	5	2			
温州市瑞安市	1		1	1		3	37	11	1	2	4	
温州市乐清市	3	2	24	54	1	1	5	3			1	
嘉兴市嘉善县			1	3			15	20	3	8	30	18
嘉兴市桐乡市	2		14	28	1	2	21	19				
湖州市德清县	2	5	20	6	1	2	2		1			
绍兴市绍兴县			6	8		5	21	10		2	4	2
绍兴市嵊州市		1	8	15	4	13	66	9	2	13	7	
金华市金东区				2			16	45	3	1	21	2
金华市义乌市			1	2		1	33	11	6	3	10	
衢州市开化县				3		3	19	21	1	1	12	4
衢州市江山市	2	5	54	25	2	1	5	1			1	
舟山市岱山县		2	26	5	3		9	2	2		5	
台州市椒江区		3	23	20	2	4	15			2	1	
台州市三门县	1	4	19	10	6	8	28					
台州市临海市			10	13	2	4	35	13	5	2	5	
丽水市莲都区							27	24	1	12	42	
丽水市青田县		1	25	37	2	3	20	12			1	

4－6　续表

单位：人

地　区	重度障碍				极重度障碍/不能完成			
	一级	二级	三级	四级	一级	二级	三级	四级
总　计	**22**	**15**	**16**	**1**	**4**	**1**		
杭州市下城区								
杭州市余杭区	2							
杭州市富阳市	4	1	3		1			
杭州市临安市								
宁波市江东区		1						
宁波市宁海县		1		1				
宁波市慈溪市								
温州市永嘉县	1	1	2					
温州市瑞安市		1			1			
温州市乐清市		1						
嘉兴市嘉善县	2		2		1			
嘉兴市桐乡市								
湖州市德清县								
绍兴市绍兴县								
绍兴市嵊州市	1		1					
金华市金东区	2		2			1		
金华市义乌市								
衢州市开化县	1	1	1					
衢州市江山市		1						
舟山市岱山县			2					
台州市椒江区								
台州市三门县								
台州市临海市	2	1						
丽水市莲都区	7	6	3		1			
丽水市青田县								

4－7　各地区18岁及以上听力残疾人分残疾等级的生活活动状况

单位：人

地　区	无障碍/无适用				轻度障碍				中度障碍			
	一级	二级	三级	四级	一级	二级	三级	四级	一级	二级	三级	四级
总　计	**12**	**20**	**224**	**263**	**36**	**78**	**474**	**310**	**29**	**66**	**255**	**112**
杭州市下城区			9	41	1		13	20		1	1	4
杭州市余杭区		1	3	7			15	14		3	8	9
杭州市富阳市			2	3	3	2	20	13	3	3	13	5
杭州市临安市				1		2	25	26	2	3	17	2
宁波市江东区			5	4			3	4		1	2	2
宁波市宁海县	1		7	14		2	22	27		6	23	8
宁波市慈溪市		2	6	9		3	12	11	1	2	11	6
温州市永嘉县			2	1	4	9	20	11	2	7	3	
温州市瑞安市			3	3	1	4	24	8	1	1	15	1
温州市乐清市	1		20	45	1	3	8	11	2		2	1
嘉兴市嘉善县			1	5	2		15	18	1	4	22	16
嘉兴市桐乡市			3	11	1		1	2	1	1	23	27
湖州市德清县		1	3	4	1	2	15	2	2	4	3	
绍兴市绍兴县			7	4		4	15	10		3	7	6
绍兴市嵊州市		2	22	14	6	15	55	9		7	5	
金华市金东区			2	2	2		18	41			11	5
金华市义乌市			2	1	1		21	9	5	4	19	3
衢州市开化县		2	9	7		2	6	13		1	15	8
衢州市江山市			6	9	1	3	24	12	2	3	23	3
舟山市岱山县		1	22	4	1	1	8	1	3		6	1
台州市椒江区			9	13	2	5	27	7		4	3	
台州市三门县	7	10	42	10						2	5	
台州市临海市	2		3	8	1	3	41	14	3	3	6	3
丽水市莲都区			4	7	8	16	58	17		2	9	
丽水市青田县	1	1	32	36		2	8	10	1	1	3	2

4－7 续表

单位：人

地　区	重度障碍				极重度障碍/不能完成			
	一级	二级	三级	四级	一级	二级	三级	四级
总　计	**20**	**23**	**63**	**21**	**12**	**11**	**20**	**4**
杭州市下城区		1	2	1				
杭州市余杭区	2		6	2	1	4	6	1
杭州市富阳市	6	6	7		1		4	
杭州市临安市	1	1						
宁波市江东区		1	2	1		3		1
宁波市宁海县		1	3	1				
宁波市慈溪市	1	1	2	2				
温州市永嘉县		1			2	1	1	
温州市瑞安市		1			1			
温州市乐清市						1		
嘉兴市嘉善县	1	4	10	2	2			
嘉兴市桐乡市	1	1	8	7				
湖州市德清县	1		1					
绍兴市绍兴县			2					
绍兴市嵊州市	1	3		1				
金华市金东区	2	1	6	1	1	1	2	
金华市义乌市			2					
衢州市开化县	2		2					
衢州市江山市	1		5	2		1	2	
舟山市岱山县			4		1		2	1
台州市椒江区								
台州市三门县								
台州市临海市	1	1			2			1
丽水市莲都区			1		1			
丽水市青田县				1			3	

4-8 各地区18岁及以上听力残疾人分残疾等级的社会参与状况

单位：人

地区	无障碍/无适用				轻度障碍				中度障碍			
	一级	二级	三级	四级	一级	二级	三级	四级	一级	二级	三级	四级
总　计	**2**	**13**	**168**	**277**	**27**	**75**	**586**	**380**	**52**	**87**	**263**	**52**
杭州市下城区		1	19	64	1	1	5	2			1	
杭州市余杭区			5	10		3	23	21	1	3	10	2
杭州市富阳市			3	9	4		21	12	2	8	14	
杭州市临安市				1		1	7	27		2	35	1
宁波市江东区			3	5		2	8	7		3	1	
宁波市宁海县				2		1	23	34	1	8	31	14
宁波市慈溪市		1	4	3		4	13	16	2	3	14	9
温州市永嘉县			1			8	22	11	5	4	1	
温州市瑞安市			2	1		2	27	10	1	3	13	1
温州市乐清市			2	32		3	26	25	2	1	2	
嘉兴市嘉善县				1			18	29	2	6	29	11
嘉兴市桐乡市	1		29	43	2	2	6	4				
湖州市德清县			3	4		5	18	2	4	2	1	
绍兴市绍兴县			5	9		3	24	10		4	2	1
绍兴市嵊州市			4	2	5	13	71	20	2	13	7	2
金华市金东区				3	1		22	44	4	1	14	2
金华市义乌市							18	11	6	4	26	2
衢州市开化县			1	5		3	16	18	2	2	15	5
衢州市江山市		1	2	6		2	42	19	4	2	15	1
舟山市岱山县		1	12	4	1	1	20	2	3		9	1
台州市椒江区		1	11	13	1	3	20	7	1	5	7	
台州市三门县	1	7	37	10	6	5	10					
台州市临海市			8	14	3	4	39	12	3	2	3	
丽水市莲都区				4	2	6	60	20	6	11	11	
丽水市青田县		1	17	32	1	3	27	17	1		2	

4-8 续表

单位：人

地　　区	重度障碍				极重度障碍/不能完成			
	一级	二级	三级	四级	一级	二级	三级	四级
总　　计	**24**	**21**	**15**	**1**	**4**	**2**	**4**	
杭州市下城区								
杭州市余杭区	2	2						
杭州市富阳市	4	3	5		3		3	
杭州市临安市	3	3						
宁波市江东区								
宁波市宁海县			1					
宁波市慈溪市								
温州市永嘉县	3	5	2	1		1		
温州市瑞安市	1	1			1			
温州市乐清市	2							
嘉兴市嘉善县	4	2	1					
嘉兴市桐乡市								
湖州市德清县								
绍兴市绍兴县								
绍兴市嵊州市		1						
金华市金东区		1	3					
金华市义乌市								
衢州市开化县								
衢州市江山市		1				1	1	
舟山市岱山县	1		1					
台州市椒江区			1					
台州市三门县								
台州市临海市	3	1						
丽水市莲都区	1	1	1					
丽水市青田县								

4－9　各地区18岁及以上言语残疾人分残疾等级的理解和交流状况

单位：人

地　区	无障碍/无适用				轻度障碍				中度障碍			
	一级	二级	三级	四级	一级	二级	三级	四级	一级	二级	三级	四级
总　计	**2**	**1**	**3**	**7**	**6**	**3**	**5**	**6**	**1**	**4**	**2**	
杭州市下城区												
杭州市余杭区												
杭州市富阳市								1		1		
杭州市临安市				1		1	1	1		1		
宁波市江东区	1											
宁波市宁海县	1				1	1		1	1	1		
宁波市慈溪市												
温州市永嘉县		1	2									
温州市瑞安市				1	1							
温州市乐清市												
嘉兴市嘉善县								1		1	1	
嘉兴市桐乡市											1	
湖州市德清县			1				1					
绍兴市绍兴县				1								
绍兴市嵊州市					1		1					
金华市金东区					1							
金华市义乌市												
衢州市开化县				1				1				
衢州市江山市						1	1					
舟山市岱山县					2							
台州市椒江区				1			1					
台州市三门县								1				
台州市临海市												
丽水市莲都区												
丽水市青田县				2								

4－9 续表

单位：人

地　区	重度障碍				极重度障碍/不能完成			
	一级	二级	三级	四级	一级	二级	三级	四级
总　计	**3**	**2**	**1**		**2**			
杭州市下城区								
杭州市余杭区	1				1			
杭州市富阳市			1					
杭州市临安市								
宁波市江东区								
宁波市宁海县								
宁波市慈溪市								
温州市永嘉县								
温州市瑞安市								
温州市乐清市								
嘉兴市嘉善县								
嘉兴市桐乡市								
湖州市德清县								
绍兴市绍兴县								
绍兴市嵊州市								
金华市金东区								
金华市义乌市								
衢州市开化县		1						
衢州市江山市								
舟山市岱山县								
台州市椒江区								
台州市三门县		1			1			
台州市临海市								
丽水市莲都区	2							
丽水市青田县								

4－10　各地区18岁及以上言语残疾人分残疾等级的生活自理状况

单位：人

地　区	无障碍/无适用				轻度障碍				中度障碍			
	一级	二级	三级	四级	一级	二级	三级	四级	一级	二级	三级	四级
总　计	**7**	**9**	**11**	**13**	**6**	**1**			**1**			
杭州市下城区												
杭州市余杭区					2							
杭州市富阳市		1	1	1								
杭州市临安市		2	1	2								
宁波市江东区	1											
宁波市宁海县	2	2		1	1							
宁波市慈溪市												
温州市永嘉县		1	2									
温州市瑞安市	1			1								
温州市乐清市												
嘉兴市嘉善县			1	1		1						
嘉兴市桐乡市			1									
湖州市德清县			2									
绍兴市绍兴县				1								
绍兴市嵊州市			1		1							
金华市金东区	1											
金华市义乌市												
衢州市开化县		1		2								
衢州市江山市		1	1									
舟山市岱山县	2											
台州市椒江区			1	1								
台州市三门县		1		1	1							
台州市临海市												
丽水市莲都区					1				1			
丽水市青田县				2								

4-10 续表

单位：人

地　区	重度障碍				极重度障碍/不能完成			
	一级	二级	三级	四级	一级	二级	三级	四级
总　计								
杭州市下城区								
杭州市余杭区								
杭州市富阳市								
杭州市临安市								
宁波市江东区								
宁波市宁海县								
宁波市慈溪市								
温州市永嘉县								
温州市瑞安市								
温州市乐清市								
嘉兴市嘉善县								
嘉兴市桐乡市								
湖州市德清县								
绍兴市绍兴县								
绍兴市嵊州市								
金华市金东区								
金华市义乌市								
衢州市开化县								
衢州市江山市								
舟山市岱山县								
台州市椒江区								
台州市三门县								
台州市临海市								
丽水市莲都区								
丽水市青田县								

4－11 各地区18岁及以上言语残疾人分残疾等级的与人相处状况

单位：人

地区	无障碍/无适用				轻度障碍				中度障碍			
	一级	二级	三级	四级	一级	二级	三级	四级	一级	二级	三级	四级
总　计	**2**			**3**	**2**	**5**	**6**	**9**	**2**	**3**	**4**	**1**
杭州市下城区												
杭州市余杭区												
杭州市富阳市												1
杭州市临安市				1		1		1		1	1	
宁波市江东区					1							
宁波市宁海县	2					2		1				
宁波市慈溪市												
温州市永嘉县						1	1				1	
温州市瑞安市								1	1			
温州市乐清市												
嘉兴市嘉善县								1		1	1	
嘉兴市桐乡市							1					
湖州市德清县							1				1	
绍兴市绍兴县				1								
绍兴市嵊州市							1					
金华市金东区												
金华市义乌市												
衢州市开化县								2		1		
衢州市江山市						1	1					
舟山市岱山县					1							
台州市椒江区				1			1					
台州市三门县								1				
台州市临海市												
丽水市莲都区									1			
丽水市青田县								2				

4－11 续表

单位：人

地区	重度障碍				极重度障碍/不能完成			
	一级	二级	三级	四级	一级	二级	三级	四级
总计	**5**	**1**	**1**		**3**	**1**		
杭州市下城区								
杭州市余杭区	1				1			
杭州市富阳市		1	1					
杭州市临安市								
宁波市江东区								
宁波市宁海县	1							
宁波市慈溪市								
温州市永嘉县								
温州市瑞安市								
温州市乐清市								
嘉兴市嘉善县								
嘉兴市桐乡市								
湖州市德清县								
绍兴市绍兴县								
绍兴市嵊州市					1			
金华市金东区	1							
金华市义乌市								
衢州市开化县								
衢州市江山市								
舟山市岱山县	1							
台州市椒江区								
台州市三门县					1	1		
台州市临海市								
丽水市莲都区	1							
丽水市青田县								

4－12 各地区18岁及以上言语残疾人分残疾等级的生活活动状况

单位：人

地区	无障碍/无适用				轻度障碍				中度障碍			
	一级	二级	三级	四级	一级	二级	三级	四级	一级	二级	三级	四级
总计	**2**	**3**	**4**	**8**	**5**	**4**	**3**	**5**	**1**	**3**	**3**	
杭州市下城区												
杭州市余杭区												
杭州市富阳市				1		1					1	
杭州市临安市						1		2		1		
宁波市江东区	1											
宁波市宁海县		1		1	2	1			1			
宁波市慈溪市												
温州市永嘉县		1	1				1					
温州市瑞安市				1	1							
温州市乐清市												
嘉兴市嘉善县								1		1	1	
嘉兴市桐乡市											1	
湖州市德清县			1				1					
绍兴市绍兴县				1								
绍兴市嵊州市			1									
金华市金东区	1											
金华市义乌市												
衢州市开化县				1		1		1				
衢州市江山市		1					1					
舟山市岱山县					2							
台州市椒江区			1	1								
台州市三门县								1		1		
台州市临海市												
丽水市莲都区												
丽水市青田县				2								

4－12 续表

单位：人

地　区	重度障碍				极重度障碍/不能完成			
	一级	二级	三级	四级	一级	二级	三级	四级
总　计	**5**		**1**		**1**			
杭州市下城区								
杭州市余杭区	2							
杭州市富阳市								
杭州市临安市			1					
宁波市江东区								
宁波市宁海县								
宁波市慈溪市								
温州市永嘉县								
温州市瑞安市								
温州市乐清市								
嘉兴市嘉善县								
嘉兴市桐乡市								
湖州市德清县								
绍兴市绍兴县								
绍兴市嵊州市					1			
金华市金东区								
金华市义乌市								
衢州市开化县								
衢州市江山市								
舟山市岱山县								
台州市椒江区								
台州市三门县	1							
台州市临海市								
丽水市莲都区	2							
丽水市青田县								

4－13　各地区18岁及以上言语残疾人分残疾等级的社会参与状况

单位：人

地　区	无障碍/无适用				轻度障碍				中度障碍			
	一级	二级	三级	四级	一级	二级	三级	四级	一级	二级	三级	四级
总　计				**1**	**4**	**3**	**6**	**9**	**2**	**5**	**3**	**3**
杭州市下城区												
杭州市余杭区												
杭州市富阳市												1
杭州市临安市						1		1		1		1
宁波市江东区					1							
宁波市宁海县					2			1		2		
宁波市慈溪市												
温州市永嘉县						1	1				1	
温州市瑞安市					1			1				
温州市乐清市												
嘉兴市嘉善县								1		1	1	
嘉兴市桐乡市											1	
湖州市德清县							2					
绍兴市绍兴县				1								
绍兴市嵊州市							1		1			
金华市金东区									1			
金华市义乌市												
衢州市开化县								2		1		
衢州市江山市						1	1					
舟山市岱山县												
台州市椒江区							1	1				
台州市三门县												1
台州市临海市												
丽水市莲都区												
丽水市青田县								2				

4－13 续表

单位：人

地区	重度障碍				极重度障碍/不能完成			
	一级	二级	三级	四级	一级	二级	三级	四级
总计	**6**	**2**	**2**		**2**			
杭州市下城区								
杭州市余杭区	1				1			
杭州市富阳市		1	1					
杭州市临安市			1					
宁波市江东区								
宁波市宁海县	1							
宁波市慈溪市								
温州市永嘉县								
温州市瑞安市								
温州市乐清市								
嘉兴市嘉善县								
嘉兴市桐乡市								
湖州市德清县								
绍兴市绍兴县								
绍兴市嵊州市								
金华市金东区								
金华市义乌市								
衢州市开化县								
衢州市江山市								
舟山市岱山县	2							
台州市椒江区								
台州市三门县	1	1						
台州市临海市								
丽水市莲都区	1				1			
丽水市青田县								

4－14　各地区18岁及以上肢体残疾人分残疾等级的身体移动状况

单位：人

地　区	无障碍/无适用				轻度障碍				中度障碍			
	一级	二级	三级	四级	一级	二级	三级	四级	一级	二级	三级	四级
总　计	**1**	**7**	**61**	**249**	**1**	**3**	**59**	**358**		**22**	**155**	**153**
杭州市下城区			1	7				5			3	4
杭州市余杭区			1	12				6			2	3
杭州市富阳市			1	12	1		3	28			17	6
杭州市临安市		2		13			4	16		1	9	3
宁波市江东区			7	6			2	2			3	
宁波市宁海县			7	13			3	20		1	11	12
宁波市慈溪市			1	10				17		1	5	
温州市永嘉县		1	2	20		2	11	10		11	3	2
温州市瑞安市		1	2	10			3	8				7
温州市乐清市			2	10			1	5			1	9
嘉兴市嘉善县				5			1	19			3	6
嘉兴市桐乡市							3	14			6	32
湖州市德清县	1		4	9			3	11		1	7	6
绍兴市绍兴县			1	8				13			6	13
绍兴市嵊州市		1		11			5	20			7	4
金华市金东区		1	5	9				6		2	4	5
金华市义乌市			3	8			2	29			9	1
衢州市开化县			3	7				6			9	7
衢州市江山市			2	12			4	17		1	5	2
舟山市岱山县		1	3	22		1	2	22		1	4	12
台州市椒江区			2	4			6	20		1	10	1
台州市三门县			3	3			1	10			8	4
台州市临海市				17			1	22		2	7	7
丽水市莲都区			7	11				20			7	4
丽水市青田县			4	10			4	12			9	3

4－14 续表

单位：人

地　区	重度障碍				极重度障碍/不能完成			
	一级	二级	三级	四级	一级	二级	三级	四级
总　计	**1**	**72**	**67**	**27**	**29**	**52**	**21**	**4**
杭州市下城区		1			2	1		
杭州市余杭区			6	4	1	2	5	
杭州市富阳市		6	1					
杭州市临安市		1	8			2		
宁波市江东区		2	1			4		
宁波市宁海县		2			2	2		1
宁波市慈溪市		1						
温州市永嘉县	1	13			2			
温州市瑞安市		1	2	1	2	7	2	1
温州市乐清市			2		1	1	1	
嘉兴市嘉善县		1	1		1			
嘉兴市桐乡市		2	5	4			1	
湖州市德清县		3	1	1			2	2
绍兴市绍兴县			8	4		5	2	
绍兴市嵊州市		7	1		3	2		
金华市金东区		3	3	2			1	
金华市义乌市		3			3	1		
衢州市开化县		1	1			3		
衢州市江山市		5			1	4	1	
舟山市岱山县		3	9	8	2	4	2	
台州市椒江区		3	2		1	6		
台州市三门县		2	5	3	1	2	3	
台州市临海市		3	4		1	1		
丽水市莲都区		5	6		4	3	1	
丽水市青田县		4	1		2	2		

4－15　各地区18岁及以上肢体残疾人分残疾等级的生活自理状况

单位：人

地区	无障碍/无适用				轻度障碍				中度障碍			
	一级	二级	三级	四级	一级	二级	三级	四级	一级	二级	三级	四级
总　计		**7**	**77**	**435**	**1**	**23**	**154**	**281**	**1**	**40**	**100**	**72**
杭州市下城区			2	13				3			2	
杭州市余杭区				7			7	13			4	4
杭州市富阳市				16			11	30		2	10	
杭州市临安市		2	10	26		2	9	6			2	
宁波市江东区		1	6	5			5	3			2	
宁波市宁海县		1	14	41		1	6	5	1		1	
宁波市慈溪市			2	14		1	4	13				
温州市永嘉县			3	26		5	11	6		11	2	
温州市瑞安市		1	1	14	1	1	3	12		2	3	1
温州市乐清市			2	18			5	5		1		1
嘉兴市嘉善县				17		1	2	11			3	2
嘉兴市桐乡市							2	13		1	9	37
湖州市德清县			4	18			6	8		2	3	3
绍兴市绍兴县			6	17		1	3	16		1	6	4
绍兴市嵊州市			2	25		1	9	10		6	2	
金华市金东区		1	4	17		1	1	1		1	7	3
金华市义乌市			2	18			8	20			4	
衢州市开化县				6			4	7		2	7	7
衢州市江山市			1	19		2	8	12		4	2	
舟山市岱山县		1	2	33		2	10	26		1	5	5
台州市椒江区			5	11			7	12		1	8	2
台州市三门县			1	3			6	16		2	11	1
台州市临海市				32			6	12			2	2
丽水市莲都区			7	24		4	12	11		2		
丽水市青田县			3	15		1	9	10		1	5	

4-15 续表

单位：人

地区	重度障碍				极重度障碍/不能完成			
	一级	二级	三级	四级	一级	二级	三级	四级
总计	**12**	**75**	**29**	**2**	**18**	**11**	**3**	**1**
杭州市下城区					2	2		
杭州市余杭区	1	2	3	1				
杭州市富阳市		4	1		1			
杭州市临安市		2						
宁波市江东区		4				1		
宁波市宁海县	1	2				1		
宁波市慈溪市		1						
温州市永嘉县	1	11			2			
温州市瑞安市	1	3	1			2	1	
温州市乐清市	1							
嘉兴市嘉善县	1							
嘉兴市桐乡市		1	4					
湖州市德清县		1	3		1	1	1	
绍兴市绍兴县		3	1				1	1
绍兴市嵊州市	1	2			2	1		
金华市金东区		3	1	1				
金华市义乌市		4			3			
衢州市开化县		1	2			1		
衢州市江山市		4	1		1			
舟山市岱山县	1	6	3		1			
台州市椒江区		8			1	1		
台州市三门县		2	2		1			
台州市临海市		5	4		1	1		
丽水市莲都区	2	2	2		2			
丽水市青田县	2	4	1					

4－16 各地区18岁及以上肢体残疾人分残疾等级的生活活动状况

单位：人

地区	无障碍/无适用				轻度障碍				中度障碍			
	一级	二级	三级	四级	一级	二级	三级	四级	一级	二级	三级	四级
总计				**30**		**1**	**33**	**426**		**11**	**180**	**231**
杭州市下城区							1	13			1	3
杭州市余杭区								9			5	13
杭州市富阳市								27			17	19
杭州市临安市								16		2	9	14
宁波市江东区							2	8		1	10	
宁波市宁海县				2			8	32			12	11
宁波市慈溪市				3			1	21			5	3
温州市永嘉县							5	30		2	11	2
温州市瑞安市				1		1	2	19		1	2	6
温州市乐清市				1			1	8			2	10
嘉兴市嘉善县								22			5	8
嘉兴市桐乡市							3	3		1	4	12
湖州市德清县								9			2	9
绍兴市绍兴县				1				21			9	13
绍兴市嵊州市				1			1	27		1	9	7
金华市金东区								3		1	1	6
金华市义乌市								34			12	4
衢州市开化县								12			5	6
衢州市江山市								17			5	12
舟山市岱山县				3				11		1	5	27
台州市椒江区							2	10			8	14
台州市三门县							2	17			15	3
台州市临海市				16			1	15			7	14
丽水市莲都区							1	27		1	12	8
丽水市青田县				2			3	15			7	7

4－16 续表

单位：人

地　区	重度障碍				极重度障碍/不能完成			
	一级	二级	三级	四级	一级	二级	三级	四级
总　计	**1**	**68**	**101**	**89**	**31**	**76**	**49**	**15**
杭州市下城区			1		2	2	1	
杭州市余杭区			3	1	1	2	6	2
杭州市富阳市		4	5		1	2		
杭州市临安市		1	9	2		3	3	
宁波市江东区			1			5		
宁波市宁海县		3	1		2	2		1
宁波市慈溪市		1				1		
温州市永嘉县		25			3			
温州市瑞安市	1	3	1	1	1	4	4	
温州市乐清市			2	5	1	1	2	
嘉兴市嘉善县		1			1			
嘉兴市桐乡市			7	35		1	1	
湖州市德清县		2	9	8	1	2	6	3
绍兴市绍兴县			5	1		5	3	2
绍兴市嵊州市		6	3		3	3		
金华市金东区			6	9		5	6	4
金华市义乌市		2	2		3	2		
衢州市开化县		1	7	2		3	1	
衢州市江山市		4	5	1	1	6	2	1
舟山市岱山县		2	10	21	2	7	5	2
台州市椒江区		1	7	1	1	9	3	
台州市三门县		4	3		1			
台州市临海市		3	3	1	1	3	1	
丽水市莲都区		2	6		4	5	2	
丽水市青田县		3	5	1	2	3	3	

4－17　各地区18岁及以上肢体残疾人分残疾等级的社会参与状况

单位：人

地　区	无障碍/无适用				轻度障碍				中度障碍			
	一级	二级	三级	四级	一级	二级	三级	四级	一级	二级	三级	四级
总　计			**9**	**65**	**1**	**3**	**77**	**460**	**3**	**45**	**213**	**238**
杭州市下城区				3	1		3	13	1	2	1	
杭州市余杭区			5	19			6	6			2	
杭州市富阳市								23			18	23
杭州市临安市				2		1	2	21		2	14	8
宁波市江东区							5	7		1	8	1
宁波市宁海县			1				4	13		1	16	32
宁波市慈溪市				1			2	24		1	4	2
温州市永嘉县								28		4	16	4
温州市瑞安市			1	2		1	3	17		2	2	8
温州市乐清市			1	1			2	18	1	1	3	5
嘉兴市嘉善县				2				20			5	8
嘉兴市桐乡市							1	7			9	35
湖州市德清县				1			2	22		4	15	6
绍兴市绍兴县				1			8	30		2	7	7
绍兴市嵊州市				3			5	29		4	8	3
金华市金东区				1			1	9		3	4	10
金华市义乌市							1	31			9	7
衢州市开化县			1	4			2	7		1	10	9
衢州市江山市							8	29		8	4	2
舟山市岱山县				2			2	13		2	5	34
台州市椒江区							2	10			9	14
台州市三门县							5	15		2	12	5
台州市临海市				20			1	19		1	8	7
丽水市莲都区				2			3	28		1	15	5
丽水市青田县				1		1	9	21	1	3	9	3

4－17 续表

单位：人

地　区	重度障碍				极重度障碍/不能完成			
	一级	二级	三级	四级	一级	二级	三级	四级
总　计	**11**	**90**	**57**	**27**	**17**	**18**	**7**	**1**
杭州市下城区								
杭州市余杭区	1	2	1					
杭州市富阳市	1	6	4					
杭州市临安市		3	5	1				
宁波市江东区		5						
宁波市宁海县	2	4		1				
宁波市慈溪市		1						
温州市永嘉县		23			3			
温州市瑞安市	2	3	1			3	2	
温州市乐清市			1					
嘉兴市嘉善县	1	1						
嘉兴市桐乡市		2	5	8				
湖州市德清县	1							
绍兴市绍兴县		2	2			1		
绍兴市嵊州市	1	5			2	1		
金华市金东区		3	8	2				
金华市义乌市		4	4		3			
衢州市开化县		3						
衢州市江山市	1	2						
舟山市岱山县		2	9	14	2	6	4	1
台州市椒江区		5	9	1	1	5		
台州市三门县		2	3		1			
台州市临海市		4	3		1	1		
丽水市莲都区		6	2		4	1	1	
丽水市青田县	1	2						

4－18　各地区18岁及以上智力残疾人分残疾等级的理解和交流状况

单位：人

地　区	无障碍/无适用				轻度障碍				中度障碍			
	一级	二级	三级	四级	一级	二级	三级	四级	一级	二级	三级	四级
总　计				**3**			**8**	**78**	**1**	**4**	**65**	**56**
杭州市下城区								4			5	1
杭州市余杭区								2			4	
杭州市富阳市								2			4	13
杭州市临安市								2			2	9
宁波市江东区							3	8			1	
宁波市宁海县								3				
宁波市慈溪市				1				1				2
温州市永嘉县				1			1	3			5	
温州市瑞安市								1			2	3
温州市乐清市								4			4	
嘉兴市嘉善县								1			1	5
嘉兴市桐乡市								2		1		2
湖州市德清县								4			4	3
绍兴市绍兴县											1	
绍兴市嵊州市								1			8	3
金华市金东区								7			3	1
金华市义乌市								1			2	
衢州市开化县								2			4	2
衢州市江山市							1	6		1	3	2
舟山市岱山县							1	5			1	4
台州市椒江区								4			3	1
台州市三门县								3			2	2
台州市临海市								7		1		2
丽水市莲都区								1			5	1
丽水市青田县				1			2	4	1	1	1	

4－18 续表

单位：人

地　区	重度障碍				极重度障碍/不能完成			
	一级	二级	三级	四级	一级	二级	三级	四级
总　计	**1**	**18**	**27**	**4**	**10**	**18**	**8**	**1**
杭州市下城区		3						
杭州市余杭区		1	2			2		
杭州市富阳市			6	1		2	1	
杭州市临安市			1	2			1	
宁波市江东区			1					
宁波市宁海县		1						
宁波市慈溪市			2		2	7	3	
温州市永嘉县			1		1	1		
温州市瑞安市								
温州市乐清市			2		2	1		
嘉兴市嘉善县			1			1		
嘉兴市桐乡市								
湖州市德清县		1	2	1				
绍兴市绍兴县					1	3	1	1
绍兴市嵊州市		1	1					
金华市金东区			1					
金华市义乌市		2						
衢州市开化县		3	1					
衢州市江山市		2						
舟山市岱山县		1	4					
台州市椒江区								
台州市三门县			1				1	
台州市临海市	1				3	1	1	
丽水市莲都区		1			1			
丽水市青田县		2	1					

4－19　各地区18岁及以上智力残疾人分残疾等级的身体移动状况

单位：人

地　区	无障碍/无适用				轻度障碍				中度障碍			
	一级	二级	三级	四级	一级	二级	三级	四级	一级	二级	三级	四级
总　计	**6**	**33**	**96**	**132**	**3**	**5**	**8**	**9**	**2**	**1**	**3**	**1**
杭州市下城区		3	5	5								
杭州市余杭区		3	6	2								
杭州市富阳市		2	11	14				2				
杭州市临安市			3	13			1					
宁波市江东区			5	7				1				
宁波市宁海县				2		1		1				
宁波市慈溪市	1	5	4	3		2		1			1	
温州市永嘉县		1	6	4	1		1					
温州市瑞安市			2	4								
温州市乐清市			3	4		1	3		2			
嘉兴市嘉善县		1	2	6								
嘉兴市桐乡市		1		4								
湖州市德清县		1	6	8								
绍兴市绍兴县	1	3	1	1								
绍兴市嵊州市		1	8	3				1			1	
金华市金东区			3	7			1					1
金华市义乌市		2	2	1								
衢州市开化县		2	5	3				1				
衢州市江山市		3	3	7			1	1				
舟山市岱山县		1	6	9								
台州市椒江区			2	5							1	
台州市三门县			4	5								
台州市临海市	3	2	1	9	1							
丽水市莲都区			4	1	1		1	1		1		
丽水市青田县	1	2	4	5		1						

4－19 续表

单位：人

地　区	重度障碍				极重度障碍/不能完成			
	一级	二级	三级	四级	一级	二级	三级	四级
总　计		**1**			**1**		**1**	
杭州市下城区								
杭州市余杭区								
杭州市富阳市								
杭州市临安市								
宁波市江东区								
宁波市宁海县								
宁波市慈溪市					1			
温州市永嘉县								
温州市瑞安市								
温州市乐清市								
嘉兴市嘉善县								
嘉兴市桐乡市								
湖州市德清县								
绍兴市绍兴县							1	
绍兴市嵊州市								
金华市金东区								
金华市义乌市								
衢州市开化县		1						
衢州市江山市								
舟山市岱山县								
台州市椒江区								
台州市三门县								
台州市临海市								
丽水市莲都区								
丽水市青田县								

4－20 各地区18岁及以上智力残疾人分残疾等级的生活自理状况

单位：人

地区	无障碍/无适用				轻度障碍				中度障碍			
	一级	二级	三级	四级	一级	二级	三级	四级	一级	二级	三级	四级
总计		**6**	**47**	**116**	**1**	**13**	**43**	**23**	**2**	**9**	**14**	**3**
杭州市下城区			1	4		1	3	1		1		
杭州市余杭区		1	4	2		2	2					
杭州市富阳市			2	11			7	5		1	2	
杭州市临安市			1	7			3	5				1
宁波市江东区			5	8								
宁波市宁海县				3								
宁波市慈溪市		2	4	4		3	1					
温州市永嘉县				2			6	2			1	
温州市瑞安市			1	4			1					
温州市乐清市			2	4			1				3	
嘉兴市嘉善县			1	6			1			1		
嘉兴市桐乡市		1		3				1				
湖州市德清县			4	8			2			1		
绍兴市绍兴县			1			1		1		1		
绍兴市嵊州市		1	7	3			2					1
金华市金东区			2	7			2	1				
金华市义乌市							2	1		2		
衢州市开化县			2	3			2			1	1	1
衢州市江山市				5		3	4	3				
舟山市岱山县		1	6	9								
台州市椒江区				5			1				2	
台州市三门县			2	5								
台州市临海市			1	8		1		1	2	1		
丽水市莲都区								2			5	
丽水市青田县			1	5	1	2	3					

4－20 续表

单位：人

地区	重度障碍				极重度障碍/不能完成			
	一级	二级	三级	四级	一级	二级	三级	四级
总计	**6**	**10**	**4**		**3**	**2**		
杭州市下城区		1	1					
杭州市余杭区								
杭州市富阳市		1						
杭州市临安市								
宁波市江东区								
宁波市宁海县		1						
宁波市慈溪市		1			2	1		
温州市永嘉县		1			1			
温州市瑞安市								
温州市乐清市	2	1						
嘉兴市嘉善县								
嘉兴市桐乡市								
湖州市德清县								
绍兴市绍兴县	1		1			1		
绍兴市嵊州市								
金华市金东区								
金华市义乌市								
衢州市开化县		2						
衢州市江山市								
舟山市岱山县								
台州市椒江区								
台州市三门县			2					
台州市临海市	2							
丽水市莲都区	1	1						
丽水市青田县		1						

4－21　各地区18岁及以上智力残疾人分残疾等级的与人相处状况

单位：人

地　区	无障碍/无适用				轻度障碍				中度障碍			
	一级	二级	三级	四级	一级	二级	三级	四级	一级	二级	三级	四级
总　计				**6**		**1**	**20**	**72**		**7**	**49**	**55**
杭州市下城区							1	3			4	2
杭州市余杭区							1			1		2
杭州市富阳市								1			1	12
杭州市临安市								5			1	5
宁波市江东区				1			4	6			1	1
宁波市宁海县								3		1		
宁波市慈溪市				2							1	
温州市永嘉县							1	3			5	1
温州市瑞安市							1	3			1	1
温州市乐清市							1	4			5	
嘉兴市嘉善县								1			1	5
嘉兴市桐乡市								4		1		
湖州市德清县								4			4	4
绍兴市绍兴县											1	1
绍兴市嵊州市								3			7	1
金华市金东区				1			1	4			1	3
金华市义乌市							1	1		1	1	
衢州市开化县							2	2			2	2
衢州市江山市							3	5		1	1	3
舟山市岱山县							2	5			2	4
台州市椒江区								4			3	1
台州市三门县								1			1	3
台州市临海市								5		1		4
丽水市莲都区								2			5	
丽水市青田县				2		1	2	3		1	1	

4－21 续表

单位：人

地　区	重度障碍				极重度障碍/不能完成			
	一级	二级	三级	四级	一级	二级	三级	四级
总　计	**3**	**21**	**33**	**9**	**9**	**11**	**6**	
杭州市下城区		3						
杭州市余杭区		2	5					
杭州市富阳市			10	3		2		
杭州市临安市			3	3				
宁波市江东区								
宁波市宁海县								
宁波市慈溪市		4	1	2	2	3	3	
温州市永嘉县		1	1		1			
温州市瑞安市								
温州市乐清市					2	1		
嘉兴市嘉善县			1			1		
嘉兴市桐乡市								
湖州市德清县		1	2					
绍兴市绍兴县	1		1			3		
绍兴市嵊州市		1	2					
金华市金东区			2					
金华市义乌市		1						
衢州市开化县		3	1					
衢州市江山市		2						
舟山市岱山县			2			1		
台州市椒江区								
台州市三门县			1	1			2	
台州市临海市	1	1			3		1	
丽水市莲都区		1			1			
丽水市青田县	1	1	1					

4－22　各地区18岁及以上智力残疾人分残疾等级的生活活动状况

单位：人

地　区	无障碍/无适用				轻度障碍				中度障碍			
	一级	二级	三级	四级	一级	二级	三级	四级	一级	二级	三级	四级
总　计			**1**	**3**		**1**	**6**	**59**		**2**	**46**	**68**
杭州市下城区							1	4			1	
杭州市余杭区								1			3	1
杭州市富阳市								2			4	14
杭州市临安市								3			1	9
宁波市江东区			1	1				5			4	2
宁波市宁海县								3				
宁波市慈溪市								1		1	1	2
温州市永嘉县							1	2			2	2
温州市瑞安市								1			2	2
温州市乐清市							2	3			1	1
嘉兴市嘉善县								2				4
嘉兴市桐乡市						1		1				3
湖州市德清县											3	8
绍兴市绍兴县											2	1
绍兴市嵊州市								2			7	
金华市金东区								6			2	1
金华市义乌市											2	1
衢州市开化县								1			2	3
衢州市江山市								4			3	4
舟山市岱山县							1	7		1	1	2
台州市椒江区								3				2
台州市三门县												1
台州市临海市								3				5
丽水市莲都区								2			5	
丽水市青田县				2			1	3				

4－22 续表

单位：人

地　区	重度障碍				极重度障碍/不能完成			
	一级	二级	三级	四级	一级	二级	三级	四级
总　计		**19**	**47**	**12**	**12**	**18**	**8**	
杭州市下城区		3	3	1				
杭州市余杭区		1	3			2		
杭州市富阳市			6			2	1	
杭州市临安市			2	1			1	
宁波市江东区								
宁波市宁海县		1						
宁波市慈溪市		1	4	1	2	5		
温州市永嘉县			4		1	1		
温州市瑞安市				1				
温州市乐清市			3		2	1		
嘉兴市嘉善县		1	2					
嘉兴市桐乡市								
湖州市德清县		1	3					
绍兴市绍兴县					1	3		
绍兴市嵊州市		1	2	2				
金华市金东区			2	1				
金华市义乌市		2						
衢州市开化县		1	2			2	1	
衢州市江山市		3	1					
舟山市岱山县			4					
台州市椒江区			1				2	
台州市三门县			2	4			2	
台州市临海市		2	1	1	4			
丽水市莲都区		1			1			
丽水市青田县		1	2		1	2	1	

4－23　各地区18岁及以上智力残疾人分残疾等级的社会参与状况

单位：人

地　区	无障碍/无适用				轻度障碍				中度障碍			
	一级	二级	三级	四级	一级	二级	三级	四级	一级	二级	三级	四级
总　计			**2**	**5**	**1**		**17**	**67**		**10**	**63**	**62**
杭州市下城区								1		2	5	4
杭州市余杭区							3	1		1	2	1
杭州市富阳市								3			8	11
杭州市临安市							1	3				8
宁波市江东区			1	2			1	6			3	
宁波市宁海县								3				
宁波市慈溪市												1
温州市永嘉县							1	3			5	1
温州市瑞安市							1	2			1	2
温州市乐清市							1	2			3	2
嘉兴市嘉善县								3			2	3
嘉兴市桐乡市								3		1		1
湖州市德清县								2			3	6
绍兴市绍兴县											1	1
绍兴市嵊州市								2			7	2
金华市金东区								7			3	1
金华市义乌市								1			2	
衢州市开化县								2			3	2
衢州市江山市							3	2		3	1	6
舟山市岱山县							2	6			3	3
台州市椒江区								4			3	1
台州市三门县				1			1	2			3	2
台州市临海市								4				4
丽水市莲都区								2			5	
丽水市青田县			1	2	1		3	3		3		

4－23 续表

单位：人

地　区	重度障碍				极重度障碍/不能完成			
	一级	二级	三级	四级	一级	二级	三级	四级
总　计	**7**	**27**	**25**	**7**	**4**	**3**	**1**	**1**
杭州市下城区		1						
杭州市余杭区		2	1					
杭州市富阳市		2	3	2				
杭州市临安市			3	2				
宁波市江东区								
宁波市宁海县		1						
宁波市慈溪市	2	7	5	2				1
温州市永嘉县		1	1		1			
温州市瑞安市								
温州市乐清市	2	1	2					
嘉兴市嘉善县		1						
嘉兴市桐乡市								
湖州市德清县		1	3					
绍兴市绍兴县	1		1			3		
绍兴市嵊州市		1	2					
金华市金东区			1					
金华市义乌市		2						
衢州市开化县		3	2					
衢州市江山市								
舟山市岱山县		1	1					
台州市椒江区								
台州市三门县								
台州市临海市	2	2		1	2		1	
丽水市莲都区		1			1			
丽水市青田县								

4－24 各地区18岁及以上精神残疾人分残疾等级的理解和交流状况

单位：人

地 区	无障碍/无适用				轻度障碍				中度障碍			
	一级	二级	三级	四级	一级	二级	三级	四级	一级	二级	三级	四级
总 计			**1**	**30**	**1**	**5**	**15**	**194**	**22**	**37**	**41**	**56**
杭州市下城区			1	6		1	2		2	1	1	
杭州市余杭区				4				6	2		2	2
杭州市富阳市								4		2	1	2
杭州市临安市								1		2	1	2
宁波市江东区				1			2	7			1	1
宁波市宁海县				2		1		16		1	1	5
宁波市慈溪市								15	1	1	1	1
温州市永嘉县							1	4	2	2	4	9
温州市瑞安市							1	3	2	2	1	1
温州市乐清市				1				9	1	2	1	
嘉兴市嘉善县							1	4	2		2	3
嘉兴市桐乡市								8	1	1		
湖州市德清县								5		3	2	1
绍兴市绍兴县					1	1		14		2	1	
绍兴市嵊州市				1				14		1	3	2
金华市金东区				2			1	10			1	2
金华市义乌市				1			3	6	1		1	1
衢州市开化县				7				11	1	5	2	2
衢州市江山市				1			3	18	1	2	4	6
舟山市岱山县						1		12		4	1	1
台州市椒江区								2	1	2	1	3
台州市三门县				2		1		6	2	1	1	1
台州市临海市								3			4	6
丽水市莲都区							1	8	3		3	3
丽水市青田县				2				8		3	1	2

4-24 续表

单位：人

地区	重度障碍				极重度障碍/不能完成			
	一级	二级	三级	四级	一级	二级	三级	四级
总　　计	**40**	**21**	**8**	**2**	**28**	**1**		
杭州市下城区	1				2			
杭州市余杭区								
杭州市富阳市	1	1			2			
杭州市临安市	2					1		
宁波市江东区								
宁波市宁海县								
宁波市慈溪市	2		1	1	2			
温州市永嘉县	2	2			3			
温州市瑞安市	3	1			2			
温州市乐清市	3				4			
嘉兴市嘉善县	5	5			1			
嘉兴市桐乡市	1							
湖州市德清县	1	2	1		1			
绍兴市绍兴县	4				1			
绍兴市嵊州市	1	1	1	1	2			
金华市金东区								
金华市义乌市								
衢州市开化县	2	1	2					
衢州市江山市	2	1	1		1			
舟山市岱山县	2				2			
台州市椒江区								
台州市三门县	2				1			
台州市临海市	1	4	1					
丽水市莲都区	2				2			
丽水市青田县	3	3	1		2			

4－25　各地区18岁及以上精神残疾人分残疾等级的身体移动状况

单位：人

地　区	无障碍/无适用				轻度障碍				中度障碍			
	一级	二级	三级	四级	一级	二级	三级	四级	一级	二级	三级	四级
总　计	**58**	**53**	**60**	**278**	**17**	**9**	**4**	**4**	**9**	**2**	**1**	
杭州市下城区	4	2	3	6			1					
杭州市余杭区	1		2	12	1							
杭州市富阳市		3	1	6	2				1			
杭州市临安市	1	3	1	3	1							
宁波市江东区			3	9								
宁波市宁海县		2	1	23								
宁波市慈溪市	2	1	2	17	1				1			
温州市永嘉县	7	4	4	13			1					
温州市瑞安市	5	3	2	4					1			
温州市乐清市	7	2	1	9				1	1			
嘉兴市嘉善县	6	2	2	7	2	3					1	
嘉兴市桐乡市	1	1		8					1			
湖州市德清县	1	3	3	6	1	2						
绍兴市绍兴县	3	3	1	14	2							
绍兴市嵊州市		1	4	18	2					1		
金华市金东区			1	14			1					
金华市义乌市	1		4	8								
衢州市开化县	1	5	4	18	1	1		2	1			
衢州市江山市	3	3	7	24			1	1	1			
舟山市岱山县	2	4	1	13		1			1			
台州市椒江区	1	1	1	5		1						
台州市三门县	2	2	1	9	2				1			
台州市临海市	1	4	5	9								
丽水市莲都区	6		4	11								
丽水市青田县	3	4	2	12	2	1				1		

4-25 续表

单位：人

地　区	重度障碍				极重度障碍/不能完成			
	一级	二级	三级	四级	一级	二级	三级	四级
总　计	**2**				**5**			
杭州市下城区					1			
杭州市余杭区								
杭州市富阳市								
杭州市临安市								
宁波市江东区								
宁波市宁海县								
宁波市慈溪市					1			
温州市永嘉县								
温州市瑞安市	1							
温州市乐清市								
嘉兴市嘉善县								
嘉兴市桐乡市								
湖州市德清县								
绍兴市绍兴县					1			
绍兴市嵊州市					1			
金华市金东区								
金华市义乌市								
衢州市开化县								
衢州市江山市								
舟山市岱山县	1							
台州市椒江区								
台州市三门县								
台州市临海市								
丽水市莲都区					1			
丽水市青田县								

4－26 各地区18岁及以上精神残疾人分残疾等级的生活自理状况

单位：人

地区	无障碍/无适用				轻度障碍				中度障碍			
	一级	二级	三级	四级	一级	二级	三级	四级	一级	二级	三级	四级
总　计	**8**	**10**	**23**	**233**	**26**	**38**	**37**	**47**	**25**	**16**	**5**	**2**
杭州市下城区			3	6	2	2	1		2			
杭州市余杭区			2	10	2			2				
杭州市富阳市		1		6	1	2					1	
杭州市临安市		1		2	1	2	1	1	1			
宁波市江东区				9			2				1	
宁波市宁海县			1	22		2		1				
宁波市慈溪市	1			15			2	1	3	1		1
温州市永嘉县	1	1	5	12	4	3		1	1			
温州市瑞安市	1	1	2	3	2	1		1	1	1		
温州市乐清市				10	1	1	1		2	1		
嘉兴市嘉善县		2	1	7	4	2	1		4	1	1	
嘉兴市桐乡市		1		8	2							
湖州市德清县		2	1	6	1	3	2		1			
绍兴市绍兴县	1		1	13	2	3		1	1			
绍兴市嵊州市			2	14		2	2	4	1			
金华市金东区				12			1	2			1	
金华市义乌市			3	8	1		1					
衢州市开化县	1	1		14	1	5	4	6	1			
衢州市江山市			1	19		2	7	6	2	1		
舟山市岱山县				9		2	1	3	1	3		1
台州市椒江区				2		1		3		1	1	
台州市三门县	1			8	1	1	1	1	1	1		
台州市临海市							5	9		4		
丽水市莲都区	1		1	10	1		3	1	2			
丽水市青田县	1			8		4	2	4	1	2		

4－26 续表

单位：人

地区	重度障碍				极重度障碍/不能完成			
	一级	二级	三级	四级	一级	二级	三级	四级
总　计	**22**				**10**			
杭州市下城区	1							
杭州市余杭区								
杭州市富阳市	1				1			
杭州市临安市								
宁波市江东区								
宁波市宁海县								
宁波市慈溪市	1							
温州市永嘉县	1							
温州市瑞安市	3							
温州市乐清市	4				1			
嘉兴市嘉善县								
嘉兴市桐乡市								
湖州市德清县								
绍兴市绍兴县	1				1			
绍兴市嵊州市	2							
金华市金东区								
金华市义乌市								
衢州市开化县								
衢州市江山市	2							
舟山市岱山县					3			
台州市椒江区	1							
台州市三门县	1				1			
台州市临海市	1							
丽水市莲都区	1				2			
丽水市青田县	2				1			

4－27　各地区18岁及以上精神残疾人分残疾等级的与人相处状况

单位：人

地　区	无障碍/无适用				轻度障碍				中度障碍			
	一级	二级	三级	四级	一级	二级	三级	四级	一级	二级	三级	四级
总　计		**1**		**31**	**2**	**2**	**2**	**139**	**4**	**24**	**40**	**98**
杭州市下城区				1				5			1	
杭州市余杭区								7			2	5
杭州市富阳市				1				3		1		2
杭州市临安市								1		1	1	2
宁波市江东区				1				5			3	3
宁波市宁海县				4				13		1	1	6
宁波市慈溪市				1	1		1	6			1	10
温州市永嘉县				4				1				3
温州市瑞安市								4		2		
温州市乐清市								3			1	5
嘉兴市嘉善县								3	1	1	2	4
嘉兴市桐乡市				2				2		1		4
湖州市德清县										2	1	6
绍兴市绍兴县				1	1	1		13	1	2	1	
绍兴市嵊州市				2		1		13		1	3	3
金华市金东区							1	12			1	2
金华市义乌市				3				3	1		4	2
衢州市开化县				4				5		2	3	9
衢州市江山市				2				14		1	6	8
舟山市岱山县								10		1		3
台州市椒江区				1				3		2	1	1
台州市三门县				1				3		2	1	2
台州市临海市								4		1	4	5
丽水市莲都区				1				3	1		2	7
丽水市青田县		1		2				3		3	1	6

4－27 续表

单位：人

地　区	重度障碍				极重度障碍/不能完成			
	一级	二级	三级	四级	一级	二级	三级	四级
总　计	**44**	**35**	**20**	**14**	**41**	**2**	**3**	
杭州市下城区	2	2	2		3		1	
杭州市余杭区	2							
杭州市富阳市	2	2	1		1			
杭州市临安市	2	2						
宁波市江东区								
宁波市宁海县		1						
宁波市慈溪市	2	1			2			
温州市永嘉县	3	3	3	5	4	1	2	
温州市瑞安市	3	1	2		4			
温州市乐清市	2	1		2	6	1		
嘉兴市嘉善县	6	4	1		1			
嘉兴市桐乡市	2							
湖州市德清县	2	3	2					
绍兴市绍兴县	1				3			
绍兴市嵊州市	1		1		2			
金华市金东区								
金华市义乌市								
衢州市开化县	1	4	1	2	2			
衢州市江山市	3	2	2	1	1			
舟山市岱山县		4	1		4			
台州市椒江区	1							
台州市三门县	2			3	3			
台州市临海市	1	3	1					
丽水市莲都区	4		2		2			
丽水市青田县	2	2	1	1	3			

4－28　各地区18岁及以上精神残疾人分残疾等级的生活活动状况

单位：人

地　区	无障碍/无适用				轻度障碍				中度障碍			
	一级	二级	三级	四级	一级	二级	三级	四级	一级	二级	三级	四级
总　计			**1**	**11**	**1**			**73**	**2**	**2**	**11**	**107**
杭州市下城区								1				3
杭州市余杭区				1				2				7
杭州市富阳市								6		1	1	
杭州市临安市								1			1	2
宁波市江东区								2				7
宁波市宁海县								1				5
宁波市慈溪市								2				5
温州市永嘉县			1	4	1			2				6
温州市瑞安市				1				1				1
温州市乐清市								9				1
嘉兴市嘉善县				1				2		1	1	1
嘉兴市桐乡市								2				4
湖州市德清县								2			1	3
绍兴市绍兴县								6	1		1	5
绍兴市嵊州市								3			1	11
金华市金东区				1				5				6
金华市义乌市				1				2			1	3
衢州市开化县				1				4				6
衢州市江山市				1				12			2	10
舟山市岱山县								4	1			8
台州市椒江区								2				1
台州市三门县								1				3
台州市临海市											2	6
丽水市莲都区												1
丽水市青田县								1				2

4－28 续表

单位：人

地区	重度障碍				极重度障碍/不能完成			
	一级	二级	三级	四级	一级	二级	三级	四级
总计	**16**	**38**	**46**	**85**	**72**	**24**	**7**	**6**
杭州市下城区	1	1	4	1	4	1		1
杭州市余杭区	1		1	2	1		1	
杭州市富阳市	1	1			2	1		
杭州市临安市	1	3			1			
宁波市江东区			3					
宁波市宁海县			1	15		2		2
宁波市慈溪市	1	1	1	10	4		1	
温州市永嘉县	2	2	3		4	2	1	1
温州市瑞安市	1	1	1	1	6	2	1	
温州市乐清市		2	1		8			
嘉兴市嘉善县	1	3	2	3	7	1		
嘉兴市桐乡市				2	2	1		
湖州市德清县	1	4	2	1	1	1		
绍兴市绍兴县	2	1		3	3	2		
绍兴市嵊州市		1	2	4	3	1	1	
金华市金东区			1	2			1	
金华市义乌市			3	2	1			
衢州市开化县	1	5	4	7	2	1		2
衢州市江山市		2	6	2	4	1		
舟山市岱山县		5	1	1	3			
台州市椒江区			1	2	1	2		
台州市三门县			1	5	5	2		
台州市临海市	1	4	3	3				
丽水市莲都区			3	10	7		1	
丽水市青田县	2	2	2	9	3	4		

4－29 各地区18岁及以上精神残疾人分残疾等级的社会参与状况

单位：人

地　区	无障碍/无适用				轻度障碍				中度障碍			
	一级	二级	三级	四级	一级	二级	三级	四级	一级	二级	三级	四级
总　计		**1**		**7**		**2**	**6**	**130**	**24**	**36**	**44**	**136**
杭州市下城区								4			1	1
杭州市余杭区								6			2	6
杭州市富阳市								3		2	1	3
杭州市临安市						1		1			1	2
宁波市江东区				1				5			3	3
宁波市宁海县								15		2	1	7
宁波市慈溪市							1	11	1	1	1	6
温州市永嘉县		1		1			1	7	1	1	1	4
温州市瑞安市								2		1	2	2
温州市乐清市								5	2	1	1	5
嘉兴市嘉善县						1		2	6	4	2	5
嘉兴市桐乡市								2				5
湖州市德清县							2	2		3	1	4
绍兴市绍兴县								6	1			6
绍兴市嵊州市								8	1	2	4	10
金华市金东区				1				5			2	7
金华市义乌市								4				4
衢州市开化县				1			1	9	3	6	3	10
衢州市江山市								16	3	3	7	9
舟山市岱山县								3	1	1	1	9
台州市椒江区				2				2		2	1	1
台州市三门县				1				4	2	2		4
台州市临海市										1	5	9
丽水市莲都区							1	2	2		2	8
丽水市青田县								6	1	4	2	6

4－29 续表

单位：人

地　区	重度障碍				极重度障碍/不能完成			
	一级	二级	三级	四级	一级	二级	三级	四级
总　计	**41**	**23**	**14**	**9**	**26**	**2**	**1**	
杭州市下城区	3	2	3	1	2			
杭州市余杭区	2							
杭州市富阳市	2	1			1			
杭州市临安市	1	2			1			
宁波市江东区								
宁波市宁海县				1				
宁波市慈溪市	3				1			
温州市永嘉县	3	2	3	1	3			
温州市瑞安市	6	2			1			
温州市乐清市	5	1			1			
嘉兴市嘉善县	2		1					
嘉兴市桐乡市	1	1		1	1			
湖州市德清县	1	2			1			
绍兴市绍兴县		1		2	5	2	1	
绍兴市嵊州市					2			
金华市金东区				1				
金华市义乌市	1		4					
衢州市开化县								
衢州市江山市	1		1					
舟山市岱山县		4		1	3			
台州市椒江区	1							
台州市三门县	3		1					
台州市临海市	1	3						
丽水市莲都区	1		1	1	4			
丽水市青田县	4	2						

4－30　各地区18岁及以上多重残疾人分残疾等级的理解和交流状况

单位：人

地　区	无障碍/无适用				轻度障碍				中度障碍			
	一级	二级	三级	四级	一级	二级	三级	四级	一级	二级	三级	四级
总　计	**14**	**10**	**29**	**27**	**68**	**31**	**86**	**50**	**102**	**35**	**78**	**30**
杭州市下城区			2	2	2	1		1			2	
杭州市余杭区				1	1	1		1	1	2	2	
杭州市富阳市							1	1	2		3	1
杭州市临安市			1		1	1	2	1	4	2	3	2
宁波市江东区				1	6		1	5	2		2	1
宁波市宁海县	1	1	1	3	4	5	6	2	9	2	8	4
宁波市慈溪市		1		1	2		2		1		2	1
温州市永嘉县	1				2	1	3		9		2	
温州市瑞安市			1				3		3	2	1	1
温州市乐清市		2	7	6	3	2	5	3	2			1
嘉兴市嘉善县		1						3	2	2	3	2
嘉兴市桐乡市	1			1	3	1	7	5	1	1	2	3
湖州市德清县	2		2	1		1	4	2	1	2	2	1
绍兴市绍兴县	1	1			3	2	4	4	9	1	3	1
绍兴市嵊州市			1		3	4	5		8	2	2	
金华市金东区	2	1	1	1	10	1	5	4		1		
金华市义乌市	1	1	2	1		3	7		12	1	8	2
衢州市开化县	1				2		3	2	3	1	3	
衢州市江山市			1		3		3	2	3		3	2
舟山市岱山县		1	3		4		6	2	12	3	6	6
台州市椒江区				1	1		4	1		2	2	
台州市三门县		1	1	1		1	1		1	1	2	
台州市临海市			1	2	7	1	1	1	3	2	2	
丽水市莲都区	1		2	3	3	3	5	6	2	2	5	
丽水市青田县	3		3	2	8	3	8	4	12	6	10	2

4－30 续表

单位：人

地区	重度障碍				极重度障碍/不能完成			
	一级	二级	三级	四级	一级	二级	三级	四级
总计	**98**	**29**	**21**	**3**	**56**	**6**	**3**	**1**
杭州市下城区	2				5			1
杭州市余杭区	4	1	3	1	5		2	
杭州市富阳市	6	1			4	1		
杭州市临安市	2	5	2		5	2	1	
宁波市江东区	1							
宁波市宁海县	8	1	3		1			
宁波市慈溪市	1				4			
温州市永嘉县	3	1	1		1	1		
温州市瑞安市	5	1	1		2			
温州市乐清市	3	2	1					
嘉兴市嘉善县	3	1			5			
嘉兴市桐乡市	2	2	3		1			
湖州市德清县	2				2			
绍兴市绍兴县	4	2	1	1	2			
绍兴市嵊州市		2			1	1		
金华市金东区	4	2						
金华市义乌市	4							
衢州市开化县	1	1	2	1	1			
衢州市江山市	1				2			
舟山市岱山县	11	3	2		3	1		
台州市椒江区	3							
台州市三门县	1				1			
台州市临海市	4	1	2		2			
丽水市莲都区	7	1			4			
丽水市青田县	16	2			5			

4－31　各地区18岁及以上多重残疾人分残疾等级的身体移动状况

单位：人

地　区	无障碍/无适用				轻度障碍				中度障碍			
	一级	二级	三级	四级	一级	二级	三级	四级	一级	二级	三级	四级
总　计	**204**	**53**	**125**	**72**	**40**	**16**	**41**	**17**	**29**	**15**	**30**	**21**
杭州市下城区	1		4	3		1						1
杭州市余杭区	7	1	3	3	2	1	1					
杭州市富阳市	12	1	3			1	1	1				1
杭州市临安市	5	6	4	3	3		2		4	1	2	
宁波市江东区	6		2	4	1			2			1	1
宁波市宁海县	9	4	3	1	3	1	10	6	5	1	4	2
宁波市慈溪市	6		3	1	1	1	1	1				
温州市永嘉县	12		3		3	1	2			1	1	
温州市瑞安市	7	1	5		1			1	1	1		
温州市乐清市	6	2	5	7		2	3			1	2	3
嘉兴市嘉善县	6	2	1	4		1	1		1		1	1
嘉兴市桐乡市	5	2	8	3				1	1		3	4
湖州市德清县	4	2	4	3			2		1		1	1
绍兴市绍兴县	15	3	2	6	2	1	1		1	1	3	
绍兴市嵊州市	7	5	5				3			1		
金华市金东区	12	2	6	5	1				2	1		
金华市义乌市	12	3	11	1	1	1	3	1	1	1	3	1
衢州市开化县	6	1	8	1	1			1				1
衢州市江山市	6		5	3	2		2					1
舟山市岱山县	11	4	8	7	3	1	1	1	4	1	4	
台州市椒江区	4	2	6	1								1
台州市三门县	1	1	2					1				
台州市临海市	6	2	3	2	4		1		3	2	1	1
丽水市莲都区	12	2	7	8	1		2		3	3	2	1
丽水市青田县	26	7	14	6	11	4	5	1	2		2	1

4－31 续表

单位：人

地区	重度障碍				极重度障碍/不能完成			
	一级	二级	三级	四级	一级	二级	三级	四级
总计	**29**	**12**	**16**	**1**	**36**	**15**	**5**	
杭州市下城区	3				5			
杭州市余杭区	1	1	1		1	1	2	
杭州市富阳市								
杭州市临安市		1	1			2		
宁波市江东区	1				1			
宁波市宁海县	3	2	1		3	1		
宁波市慈溪市					1			
温州市永嘉县	1					1		
温州市瑞安市			1		1	1		
温州市乐清市		1	2		2		1	
嘉兴市嘉善县	1	1			2			
嘉兴市桐乡市	1	2	1	1	1			
湖州市德清县	1		1		1	1		
绍兴市绍兴县	1		1			1	1	
绍兴市嵊州市	1	1			4	2		
金华市金东区	1	1				1		
金华市义乌市	3							
衢州市开化县					1	1		
衢州市江山市					1			
舟山市岱山县	5		4		7	2		
台州市椒江区								
台州市三门县		1	1		2	1	1	
台州市临海市	3		1					
丽水市莲都区		1	1		1			
丽水市青田县	3				2			

4－32 各地区18岁及以上多重残疾人分残疾等级的生活自理状况

单位：人

地区	无障碍/无适用				轻度障碍				中度障碍			
	一级	二级	三级	四级	一级	二级	三级	四级	一级	二级	三级	四级
总　计	**128**	**34**	**124**	**76**	**77**	**33**	**62**	**27**	**58**	**19**	**24**	**8**
杭州市下城区			4	3	1	1			1			1
杭州市余杭区	4	2	1	3	3	1	4		2		1	
杭州市富阳市	9		2		1	1	1	2	2		1	
杭州市临安市	5	1	4	2	1	3	4	1	3	3	1	
宁波市江东区	5		1	6	2			1			2	
宁波市宁海县	7	2	7	4	11	5	10	5	1	1		
宁波市慈溪市	2		2	2	2	1	2		3			
温州市永嘉县	2	1	4		9		2		3			
温州市瑞安市	3		4	1	5	2	1				1	
温州市乐清市	5	2	6	7		2	4	3	1	1	1	
嘉兴市嘉善县	1		1	4	4	2	1	1	2	1	1	
嘉兴市桐乡市	4	1	7	4		1	2		2		1	5
湖州市德清县	3	1	5	3	2	1	2	1	1		1	
绍兴市绍兴县	13	3	5	6	2	2	1		1	1	2	
绍兴市嵊州市	6	6	5				2			1	1	
金华市金东区	11	1	6	4	1				2			1
金华市义乌市	7	2	11	1	2	2	6	2	4	1		
衢州市开化县	3		3	1	1	1	4	1	2		1	1
衢州市江山市	5		5	1			1	3	3		1	
舟山市岱山县	8	3	11	6	8	1	3	2	4	3	3	
台州市椒江区	3	2	5	1			1	1				
台州市三门县		1	1		1			1		2	3	
台州市临海市	9		4	3	1	2	1		5	1		
丽水市莲都区	2		5	8	9	3	5	1	3	1	2	
丽水市青田县	11	6	15	6	11	2	5	2	13	3	1	

4－32 续表

单位：人

地区	重度障碍				极重度障碍/不能完成			
	一级	二级	三级	四级	一级	二级	三级	四级
总　计	**45**	**19**	**7**		**30**	**6**		
杭州市下城区	1				6			
杭州市余杭区	2	1	1					
杭州市富阳市		1						
杭州市临安市	2	3			1			
宁波市江东区	1				1			
宁波市宁海县	3		1		1	1		
宁波市慈溪市					1			
温州市永嘉县	1	1			1	1		
温州市瑞安市	1	1			1			
温州市乐清市	2	1	2					
嘉兴市嘉善县	2	1			1			
嘉兴市桐乡市	1	1	2		1	1		
湖州市德清县					1	1		
绍兴市绍兴县	3							
绍兴市嵊州市	2	2			4			
金华市金东区	1	3			1	1		
金华市义乌市	4							
衢州市开化县	1				1	1		
衢州市江山市					1			
舟山市岱山县	8	1			2			
台州市椒江区	1							
台州市三门县	1				1			
台州市临海市		1	1		1			
丽水市莲都区	1	2			2			
丽水市青田县	7				2			

4－33 各地区18岁及以上多重残疾人分残疾等级的与人相处状况

单位：人

地区	无障碍/无适用				轻度障碍				中度障碍			
	一级	二级	三级	四级	一级	二级	三级	四级	一级	二级	三级	四级
总　计	**20**	**22**	**51**	**33**	**66**	**25**	**90**	**52**	**77**	**31**	**65**	**23**
杭州市下城区			2	3	2	1	1				1	
杭州市余杭区		1		1	1	2	5	1	2		2	1
杭州市富阳市			1								2	2
杭州市临安市			2		3	1	1	1		3	4	2
宁波市江东区	1				6		2	6	2		1	1
宁波市宁海县	1	3	3	4	7	3	4	1	9	3	11	4
宁波市慈溪市		1	1	1	1		2		1		1	1
温州市永嘉县	1	1	1		5				4		5	
温州市瑞安市			1				3		2	3	2	1
温州市乐清市	2	4	8	7	2		4	3	1	1		
嘉兴市嘉善县		1			1		2	4	3	2	1	1
嘉兴市桐乡市	1		3	4	1	1	6	3	2	2	1	2
湖州市德清县	1	2	4	3			3			1	1	1
绍兴市绍兴县	2	3	3	1	4		2	2	7	2	1	3
绍兴市嵊州市			2			5	4		4	2	2	
金华市金东区	1	1	1	1	4	1	5	3	7	2		1
金华市义乌市	1	1	4	1	5	3	10	2	10	1	3	
衢州市开化县	1				2		5	2	1	1	3	
衢州市江山市	1		3	1	1		1	1	1		3	1
舟山市岱山县	1	1	3		4	1	5	6	7	3	8	2
台州市椒江区			2	1	1	2	4	1				
台州市三门县		1	1	1	1	2	2		1		1	
台州市临海市		1	1	1	7		2	2	4		2	
丽水市莲都区	2	1	1	2			6	7	3	2	5	
丽水市青田县	4		4	1	8	3	11	7	6	3	5	

4－33 续表

单位：人

地区	重度障碍				极重度障碍／不能完成			
	一级	二级	三级	四级	一级	二级	三级	四级
总　　计	**114**	**26**	**11**	**3**	**61**	**7**		
杭州市下城区	1			1	6			
杭州市余杭区	4	1			4			
杭州市富阳市	10		1		2	2		
杭州市临安市	3	6	2		6			
宁波市江东区								
宁波市宁海县	6							
宁波市慈溪市	3				3			
温州市永嘉县	4	1			2	1		
温州市瑞安市	5				3			
温州市乐清市	2		1		1	1		
嘉兴市嘉善县	3	1			3			
嘉兴市桐乡市	3	1	2		1			
湖州市德清县	6							
绍兴市绍兴县	4	1	2		2			
绍兴市嵊州市	5	1			3	1		
金华市金东区	3	1			1			
金华市义乌市	1							
衢州市开化县	3	1		1	1			
衢州市江山市	4			1	2			
舟山市岱山县	16	2	1		2	1		
台州市椒江区	3							
台州市三门县					1			
台州市临海市	4	2	1		1	1		
丽水市莲都区	6	3			6			
丽水市青田县	15	5	1		11			

4－34 各地区18岁及以上多重残疾人分残疾等级的生活活动状况

单位：人

地　区	无障碍/无适用				轻度障碍				中度障碍			
	一级	二级	三级	四级	一级	二级	三级	四级	一级	二级	三级	四级
总　计	**33**	**6**	**8**	**7**	**63**	**15**	**53**	**36**	**51**	**26**	**86**	**38**
杭州市下城区							3	2			1	1
杭州市余杭区					2			1	2	2		
杭州市富阳市	4				2		1	1	2	1	3	
杭州市临安市					2	1	2	2	2	1	4	1
宁波市江东区	2				4		1	3	1			2
宁波市宁海县	3	1			4	2	3	3	8	3	12	4
宁波市慈溪市					2	1			1		3	1
温州市永嘉县					6	1	1		3		2	
温州市瑞安市							2		3	1	2	1
温州市乐清市			1	2	4	1	3	3	1	1	3	3
嘉兴市嘉善县								1	3		1	2
嘉兴市桐乡市					3		1	2		2	2	1
湖州市德清县			1				1	2	1	1	4	1
绍兴市绍兴县		1		1	5	1	1	1	9	2	4	2
绍兴市嵊州市					5	4	3		1	1	3	
金华市金东区	4				5		4	3	1	1	1	
金华市义乌市	1	1	1		3		3	1	3	3	8	2
衢州市开化县	1				3		2		1	1	4	2
衢州市江山市					4		2		1		3	3
舟山市岱山县	4			1	3	1	2	2	1		8	3
台州市椒江区	1		1		1		2			2	3	2
台州市三门县		1	1					1		1	3	
台州市临海市	4			1	3	1	2	2	4	1	3	
丽水市莲都区	1					1	5	6	1	1	5	3
丽水市青田县	8	2	3	2	2	1	9		2	1	4	4

4－34 续表

单位：人

地区	重度障碍				极重度障碍/不能完成			
	一级	二级	三级	四级	一级	二级	三级	四级
总计	**70**	**34**	**55**	**28**	**121**	**30**	**15**	**2**
杭州市下城区	2				7	1		1
杭州市余杭区	3	1	2	2	4	1	5	
杭州市富阳市	1			1	3	1		
杭州市临安市	2	4	3		6	4		
宁波市江东区			2	2	2			
宁波市宁海县	1	2	2	2	7	1	1	
宁波市慈溪市			1		5			1
温州市永嘉县	3		2		4	2	1	
温州市瑞安市	5	1	1		2	1	1	
温州市乐清市		3	3	2	3	1	3	
嘉兴市嘉善县	2	1	2	2	5	3		
嘉兴市桐乡市	2	2	9	6	3			
湖州市德清县	3	1	1	1	3	1	1	
绍兴市绍兴县	3	2	1	2	2		2	
绍兴市嵊州市		2	2		6	2		
金华市金东区	3		1	2	3	4		
金华市义乌市	6	1	5		4			
衢州市开化县			2	1	3	1		
衢州市江山市	1		2	1	3			
舟山市岱山县	5	4	6	2	17	3	1	
台州市椒江区	1				1			
台州市三门县	2	1			1			
台州市临海市	2	1	1		3	1		
丽水市莲都区	11	2	2		4	2		
丽水市青田县	12	6	5	2	20	1		

4－35 各地区18岁及以上多重残疾人分残疾等级的社会参与状况

单位：人

地　区	无障碍/无适用				轻度障碍				中度障碍			
	一级	二级	三级	四级	一级	二级	三级	四级	一级	二级	三级	四级
总　计		**1**	**8**	**8**	**36**	**23**	**84**	**53**	**112**	**48**	**98**	**50**
杭州市下城区				2	2		3	1	1		1	1
杭州市余杭区						2	1	1	5		4	2
杭州市富阳市							1		3	2	2	2
杭州市临安市							3	1	3	2	6	2
宁波市江东区				1	1		1	5	6		2	1
宁波市宁海县					2	1	1	1	15	6	14	8
宁波市慈溪市					1	1	1		2		3	2
温州市永嘉县					1		2		10	1	2	
温州市瑞安市							3		1	2	2	1
温州市乐清市			2	1	1	1	5	7	4	3	4	2
嘉兴市嘉善县								2	3	3	3	3
嘉兴市桐乡市			2			1	6	4		2	3	5
湖州市德清县			1			1	5	3	1	2	2	1
绍兴市绍兴县					3	4	4	4	13	2	4	2
绍兴市嵊州市		1				1	4		3	4	3	
金华市金东区					5		4	2	7	3	2	3
金华市义乌市							2	2	6	4	10	1
衢州市开化县					2		4	2	3	1	3	1
衢州市江山市					1		4	2	4		2	2
舟山市岱山县			1	1		2	3	1	2	2	8	6
台州市椒江区					1	1	3	1	1		3	1
台州市三门县						1	2	1	1	1	2	
台州市临海市				1	10		2	2	2	1	3	
丽水市莲都区						3	6	9	2	1	5	
丽水市青田县			2	2	6	4	14	2	14	6	5	4

4－35 续表

单位：人

地区	重度障碍				极重度障碍/不能完成			
	一级	二级	三级	四级	一级	二级	三级	四级
总计	**132**	**30**	**27**		**58**	**9**		
杭州市下城区	3	1			3			
杭州市余杭区	6	2	2					
杭州市富阳市	4		1		5			
杭州市临安市	3	7			6	1		
宁波市江东区	1				1			
宁波市宁海县	4	2	3		2			
宁波市慈溪市	4				1			
温州市永嘉县	5		2			2		
温州市瑞安市	6	1	1		3			
温州市乐清市	2	2	2		1			
嘉兴市嘉善县	7	1						
嘉兴市桐乡市	8	1	1					
湖州市德清县	5				1			
绍兴市绍兴县	3							
绍兴市嵊州市	3	2	1		6	1		
金华市金东区	4	1				1		
金华市义乌市	11	1	5					
衢州市开化县	2	1	1		1			
衢州市江山市	4		1					
舟山市岱山县	19	1	5		9	3		
台州市椒江区	2	1						
台州市三门县	1	1			1			
台州市临海市	3	3	1		1			
丽水市莲都区	1	1	1		14	1		
丽水市青田县	21	1			3			

4－36 各地区视力残疾人分残疾等级的康复形式

单位：人

地 区	机构康复				延伸服务				社区和家庭服务			
	一级	二级	三级	四级	一级	二级	三级	四级	一级	二级	三级	四级
总 计	**125**	**61**	**57**	**431**	**4**	**2**		**9**	**55**	**8**	**13**	**57**
杭州市下城区		1		36								
杭州市余杭区	3	1	3	28								
杭州市富阳市	5	1	2	18				2	10	1	2	12
杭州市临安市			1	13					3			3
宁波市江东区	6	4	1	27								3
宁波市宁海县	9		6	20					2		1	5
宁波市慈溪市	8	7	4	11				1	2			3
温州市永嘉县	8	3	2	4					2			2
温州市瑞安市	1	3		12								1
温州市乐清市	1	2	5	6					1		1	
嘉兴市嘉善县	7	1	2	21								1
嘉兴市桐乡市	2	1	1	25								
湖州市德清县	6	2	3	31					6	4	2	15
绍兴市绍兴县	3		1	11					6	1	3	2
绍兴市嵊州市	4	4	2	7					5	1	2	1
金华市金东区	8	8	2	13					3			1
金华市义乌市	3	1		6					6		1	3
衢州市开化县	6	5	3	27					1		1	1
衢州市江山市	5	4	2	12								
舟山市岱山县	11	6	5	20	2	2		3	1			
台州市椒江区	2	1	3	15	2			3				
台州市三门县	2	2	4	17					1	1		1
台州市临海市	13	3		20					1			
丽水市莲都区	9	1	2	18					1			
丽水市青田县	3		3	13					4			3

4－37 各地区视力残疾人分残疾等级的康复内容

单位：人

地区	医疗服务				辅助器具				康复训练与服务			
	一级	二级	三级	四级	一级	二级	三级	四级	一级	二级	三级	四级
总　计	**121**	**60**	**57**	**432**	**55**	**7**	**19**	**153**	**57**	**15**	**14**	**81**
杭州市下城区		1		36				18				
杭州市余杭区	3	1	3	28	2		2	19	1		1	7
杭州市富阳市	5	1	2	18	2			6	12	1	3	11
杭州市临安市			1	13					3			3
宁波市江东区	6	4	1	30	6			16				
宁波市宁海县	9		6	20	1		1	1	3		2	9
宁波市慈溪市	8	7	4	11	2			3				1
温州市永嘉县	8	3	2	4	1			2	6			1
温州市瑞安市	1	3		12				1				
温州市乐清市	1	2	5	6	2	1	1	1				1
嘉兴市嘉善县	7	1	2	21	1			3	1			5
嘉兴市桐乡市	2	1	1	25				21				6
湖州市德清县	5	2	3	31				7	8	4	2	20
绍兴市绍兴县	3		2	11	7	1	4	4	2	1	4	4
绍兴市嵊州市	4	4	2	7	4		2	2	5	1	1	2
金华市金东区	7	8	2	13	1		1	6	7	5	1	4
金华市义乌市	3	1		6	9	1	1	4	1			
衢州市开化县	6	5	3	27	2		2	7				
衢州市江山市	4	4	2	12	1					2		3
舟山市岱山县	10	5	4	19	3	2	1	4	1	1		
台州市椒江区	2	1	3	15	4		3	18	2			1
台州市三门县	2	2	4	17	1	2		1				
台州市临海市	13	3		19	1			3	1			
丽水市莲都区	9	1	2	18	4			1				
丽水市青田县	3		3	13	1		1	5	4			3

4－38　各地区听力残疾人分残疾等级的康复形式

单位：人

地　区	机构康复				延伸服务				社区和家庭服务			
	一级	二级	三级	四级	一级	二级	三级	四级	一级	二级	三级	四级
总　计	**50**	**62**	**424**	**357**	**9**	**35**	**127**	**55**	**54**	**104**	**485**	**298**
杭州市下城区	1	2	25	54								12
杭州市余杭区	2		18	21		6	7	6	1	2	13	6
杭州市富阳市			1	1			1		13	11	44	20
杭州市临安市	3	6	42	29								
宁波市江东区			9	6						5	3	6
宁波市宁海县			1						1	9	54	50
宁波市慈溪市	2	4	19	11		3	7	13		1	5	4
温州市永嘉县		5	4	4					8	14	22	8
温州市瑞安市	1	2	13	5	1	2	4		1	2	25	7
温州市乐清市			1	2			1	1	4	4	28	54
嘉兴市嘉善县				2					6	8	48	39
嘉兴市桐乡市	3	2	35	46								1
湖州市德清县	1		5	1					3	7	17	5
绍兴市绍兴县	1	2	1	2						5	30	18
绍兴市嵊州市	2	5	8	7		1			5	21	74	17
金华市金东区	5	3	39	49								
金华市义乌市	1	2	8	3			1		6	3	35	10
衢州市开化县		1	8	7					2	4	24	21
衢州市江山市	1	3	30	14					3	4	30	12
舟山市岱山县	4		16	1			3		1	2	23	6
台州市椒江区	1	2	7	6	1	7	32	14				
台州市三门县	7	10	38	8						2	9	2
台州市临海市	9	7	49	26			1					
丽水市莲都区	2	2	3	4	7	16	69	20				
丽水市青田县	4	4	44	48			1	1			1	

4－39　各地区听力残疾人分残疾等级的康复内容

单位：人

地　区	医疗服务				辅助器具				康复训练与服务			
	一级	二级	三级	四级	一级	二级	三级	四级	一级	二级	三级	四级
总　计	**37**	**44**	**253**	**268**	**103**	**192**	**982**	**633**	**15**	**22**	**65**	**83**
杭州市下城区	1		17	44	1	2	25	41	1	1	3	30
杭州市余杭区	2		18	22	1	8	23	13				
杭州市富阳市			1		12	11	44	21	1		1	
杭州市临安市		1	10	6	3	6	42	29			1	
宁波市江东区			6	5		5	12	10		1		1
宁波市宁海县			1		1	9	55	50				
宁波市慈溪市		3	11	10	2	6	27	26			4	6
温州市永嘉县		5	4	3	7	17	24	11	4	13	22	10
温州市瑞安市	1	1	6	2	3	6	41	12		1		
温州市乐清市				1	4	4	30	57				1
嘉兴市嘉善县				2	6	8	48	41	2	1	4	3
嘉兴市桐乡市	3	2	35	46	3	2	35	47	3	1	19	27
湖州市德清县			3	1	4	7	21	6			1	
绍兴市绍兴县	1	3	5	5	1	6	30	18			2	
绍兴市嵊州市	2	4	8	7	5	25	79	20				
金华市金东区		3	25	36	5	3	38	46		1		
金华市义乌市	1	2	11	1	7	5	43	13	1	1		
衢州市开化县		1	8	7	2	4	26	22			3	3
衢州市江山市	3	1	4	7	3	6	56	20			2	1
舟山市岱山县	3		12	2	4	2	39	6			1	
台州市椒江区	1	2	6	6	1	9	38	18				
台州市三门县	6	8	10	2	6	12	39	8				
台州市临海市	7	4	25	16	9	7	49	25	1	1	1	1
丽水市莲都区	2	2	3	4	9	18	72	24		1	1	
丽水市青田县	4	2	24	33	4	4	46	49	2			

4－40 各地区言语残疾人分残疾等级的康复形式

单位：人

地区	机构康复				延伸服务				社区和家庭服务			
	一级	二级	三级	四级	一级	二级	三级	四级	一级	二级	三级	四级
总　计	**1**	**5**	**10**	**8**				**1**	**14**	**9**	**7**	**9**
杭州市下城区												
杭州市余杭区									2			
杭州市富阳市										1	1	1
杭州市临安市		1	1	1						1		1
宁波市江东区									1			
宁波市宁海县				1					3	2		
宁波市慈溪市				1								
温州市永嘉县		1	2	2						1	2	
温州市瑞安市									1			1
温州市乐清市	1											1
嘉兴市嘉善县										1	1	1
嘉兴市桐乡市											1	
湖州市德清县			3									
绍兴市绍兴县												1
绍兴市嵊州市		1	1						1			
金华市金东区									1			
金华市义乌市												
衢州市开化县				1						1		1
衢州市江山市		1	1							1	1	
舟山市岱山县									2			
台州市椒江区			1								1	2
台州市三门县								1	1	1		
台州市临海市		1	1									
丽水市莲都区									2			
丽水市青田县				2								

4－41 各地区言语残疾人分残疾等级的康复内容

单位：人

地区	医疗服务				辅助器具				康复训练与服务			
	一级	二级	三级	四级	一级	二级	三级	四级	一级	二级	三级	四级
总　计	**2**	**5**	**10**	**8**				**1**	**14**	**12**	**10**	**16**
杭州市下城区												
杭州市余杭区									2			
杭州市富阳市										1	1	1
杭州市临安市		1	1	1						2	1	2
宁波市江东区									1			
宁波市宁海县				1					3	2		1
宁波市慈溪市				1								1
温州市永嘉县		1	2	2						1	2	2
温州市瑞安市								1	1			1
温州市乐清市	1								1			1
嘉兴市嘉善县										1	1	1
嘉兴市桐乡市											1	
湖州市德清县			3									
绍兴市绍兴县												1
绍兴市嵊州市		1	1						1	1	1	
金华市金东区									1			
金华市义乌市												
衢州市开化县				1						1		1
衢州市江山市		1	1							1	2	
舟山市岱山县	1								1			
台州市椒江区			1								1	2
台州市三门县									1	1		1
台州市临海市		1	1							1		
丽水市莲都区									2			
丽水市青田县				2								1

4－42　各地区肢体残疾人分残疾等级的康复形式

单位：人

地　区	机构康复				延伸服务				社区和家庭服务			
	一级	二级	三级	四级	一级	二级	三级	四级	一级	二级	三级	四级
总　计	**19**	**78**	**192**	**428**	**4**	**6**	**8**	**32**	**14**	**76**	**168**	**348**
杭州市下城区	2	2	4	14								2
杭州市余杭区	1	1	3	3						1	11	22
杭州市富阳市		1	2	1	1		1	1	1	5	19	46
杭州市临安市		6	21	32								
宁波市江东区		1	2	1			1			5	10	8
宁波市宁海县				6					2	5	22	40
宁波市慈溪市		1	2	20	1	1	1	4		1	3	3
温州市永嘉县	3	11	9	15		1			1	16	7	17
温州市瑞安市	1	3	3	9					1	6	6	19
温州市乐清市	1		7	13		1		3				9
嘉兴市嘉善县	1	1	5	19				3				9
嘉兴市桐乡市		2	12	42			3	8				
湖州市德清县			2	8				3	1	4	15	18
绍兴市绍兴县		5	17	39								
绍兴市嵊州市	1	5	2	12			1	1	2	5	10	23
金华市金东区		6	5	17			1	1			7	5
金华市义乌市	3	2	8	34						3	6	6
衢州市开化县			4	2						4	9	19
衢州市江山市		3	4	9					1	7	10	22
舟山市岱山县		3	7	17	1	2		3	1	5	13	45
台州市椒江区	1	8	20	24		1		1		1	1	1
台州市三门县	2	4	20	15				2				3
台州市临海市		5	12	44	1					1		2
丽水市莲都区	1	3	9	21					3	6	12	17
丽水市青田县	2	5	12	11				2	1	1	7	12

4－43　各地区肢体残疾人分残疾等级的康复内容

单位：人

地　区	医疗服务				辅助器具				康复训练与服务			
	一级	二级	三级	四级	一级	二级	三级	四级	一级	二级	三级	四级
总　计	**17**	**77**	**188**	**414**	**27**	**114**	**191**	**263**	**28**	**105**	**193**	**422**
杭州市下城区	1	1	2	9	1	2	3	3	1	1	1	9
杭州市余杭区	1	1	4	4	1		8	11	1	1	8	20
杭州市富阳市		1	1	1	1	2	8		1	5	17	47
杭州市临安市		6	21	31				1			2	3
宁波市江东区			2	1		5	5	2		4	11	8
宁波市宁海县				7	1	4	12	5	2	4	19	41
宁波市慈溪市		2	2	19	1	1	2	9		1	3	9
温州市永嘉县	3	11	9	15	4	28	14	27	4	28	16	30
温州市瑞安市	1	3	3	9	2	8	6	24	2	7	4	22
温州市乐清市	1		7	16	1	1	7	19	1	1	7	24
嘉兴市嘉善县		1	2	13	1	1	5	18	1		3	26
嘉兴市桐乡市		2	13	42			1	7			2	2
湖州市德清县			2	6			4	4	1	4	12	19
绍兴市绍兴县		5	16	36		2	5	1		3	4	7
绍兴市嵊州市	1	5	2	12	3	9	10	18	1	6	7	18
金华市金东区		6	5	17		5	10	7		1	6	7
金华市义乌市	3	2	8	33	1	3	7	7	1	3	2	4
衢州市开化县			4	2		3	8	11		2	3	11
衢州市江山市		3	4	9	1	10	8	6	1	7	8	27
舟山市岱山县		3	8	17	1	2	5	26	1	7	8	30
台州市椒江区	1	8	20	24		8	12	5		4	7	1
台州市三门县	2	4	20	15	1	1	13	6	2	1	12	7
台州市临海市		5	12	44	1	5	7	3	1	2	3	7
丽水市莲都区	1	3	9	21	4	9	17	26	4	8	20	34
丽水市青田县	2	5	12	11	2	5	14	17	3	5	8	9

4-44 各地区智力残疾人分残疾等级的康复形式

单位：人

地　区	机构康复				延伸服务				社区和家庭服务			
	一级	二级	三级	四级	一级	二级	三级	四级	一级	二级	三级	四级
总　计	**7**	**23**	**34**	**58**				**3**	**10**	**26**	**88**	**138**
杭州市下城区		3									5	5
杭州市余杭区		1	2	1						2	5	5
杭州市富阳市			3	7						2	8	18
杭州市临安市			2	5							2	12
宁波市江东区				1							5	7
宁波市宁海县									1	1		4
宁波市慈溪市	1	5	3	3					1	2	2	1
温州市永嘉县			1						1	1	8	7
温州市瑞安市				2							2	3
温州市乐清市	1	3	7	8					1			2
嘉兴市嘉善县		1		3							2	4
嘉兴市桐乡市		1		2				2				2
湖州市德清县		1	3	2							5	7
绍兴市绍兴县	1	3		1							2	2
绍兴市嵊州市										1	10	6
金华市金东区				3						1	4	7
金华市义乌市		1	1	2						1	1	
衢州市开化县		1	3	4						3	5	4
衢州市江山市	1			2						5	4	9
舟山市岱山县		1	3	3						1	3	8
台州市椒江区				1							3	4
台州市三门县											4	7
台州市临海市	2	1		5				1	3	1	1	5
丽水市莲都区	1	1	5	3						1	2	1
丽水市青田县			1						3	4	5	8

4-45 各地区智力残疾人分残疾等级的康复内容

单位：人

地区	医疗服务				辅助器具				康复训练与服务			
	一级	二级	三级	四级	一级	二级	三级	四级	一级	二级	三级	四级
总　计	**5**	**21**	**34**	**51**		**1**	**3**		**17**	**38**	**108**	**181**
杭州市下城区		3								2	5	5
杭州市余杭区		2	3	2						1	4	4
杭州市富阳市			3	5			1			2	11	25
杭州市临安市			1	5							4	17
宁波市江东区				1							5	7
宁波市宁海县									1	1		4
宁波市慈溪市		3	3	1					2	5	3	3
温州市永嘉县							1		1	1	9	7
温州市瑞安市				2							2	5
温州市乐清市	2	3	7	7					2	3	7	10
嘉兴市嘉善县		1		2						1	2	7
嘉兴市桐乡市		1		2								6
湖州市德清县		1	3	2						1	8	9
绍兴市绍兴县	1	3		1			1		1		2	2
绍兴市嵊州市										1	10	6
金华市金东区				3						1	4	8
金华市义乌市		1	1	1						2	1	1
衢州市开化县		1	3	4						3	5	4
衢州市江山市	1								1	5	4	9
舟山市岱山县		1	4	4						2	3	8
台州市椒江区				1							3	4
台州市三门县											4	7
台州市临海市				3					5	2	1	11
丽水市莲都区	1	1	5	3					1	2	5	4
丽水市青田县			1			1			3	3	6	8

4－46 各地区精神残疾人分残疾等级的康复形式

单位：人

地区	机构康复				延伸服务				社区和家庭服务			
	一级	二级	三级	四级	一级	二级	三级	四级	一级	二级	三级	四级
总　计	**83**	**58**	**59**	**242**	**1**			**6**	**7**	**9**	**8**	**36**
杭州市下城区	5	2	4	6								
杭州市余杭区			1	8					2		1	4
杭州市富阳市	3	2	1	3						3		3
杭州市临安市	2	3	1	3								
宁波市江东区			2	6							1	3
宁波市宁海县		2	1	18								5
宁波市慈溪市	5	1	2	17								
温州市永嘉县	7	4	5	14								
温州市瑞安市	6	3	2	4					1			
温州市乐清市	8	2	1	9								1
嘉兴市嘉善县	7	4	3	7					1	1		
嘉兴市桐乡市	2	1		5				2				1
湖州市德清县	2	4	2	6						1	1	
绍兴市绍兴县	6	3	1	13								1
绍兴市嵊州市	3	2	5	17								1
金华市金东区			1	13							1	1
金华市义乌市	1		4	7								1
衢州市开化县	3	4	2	14						2	2	6
衢州市江山市	3	3	7	21					1		1	4
舟山市岱山县	4	5	1	10				3				
台州市椒江区	1	2	1	4								1
台州市三门县	3	2	1	5	1			1	1			3
台州市临海市	1	4	5	9								
丽水市莲都区	6		4	11					1			
丽水市青田县	5	5	2	12						2	1	1

4－47　各地区精神残疾人分残疾等级的康复内容

单位：人

地　区	医疗服务				辅助器具				康复训练与服务			
	一级	二级	三级	四级	一级	二级	三级	四级	一级	二级	三级	四级
总　计	**83**	**59**	**59**	**253**	**2**				**31**	**14**	**23**	**85**
杭州市下城区	5	1	2	17								
杭州市余杭区	6	3	2	4					2		2	6
杭州市富阳市	2	1		6						2		
杭州市临安市			2	6					2	1		1
宁波市江东区	7	4	5	14							2	8
宁波市宁海县	1	2	1	4								13
宁波市慈溪市			1	13					3			2
温州市永嘉县	6		4	11						1	1	
温州市瑞安市	6	3	1	14	1				1			
温州市乐清市	2	4	2	6					8	2	1	6
嘉兴市嘉善县	1	4	5	9					3	3	1	1
嘉兴市桐乡市	7	4	3	7	1				1			3
湖州市德清县	3	2	1	6						1	1	
绍兴市绍兴县	5	5	2	12								4
绍兴市嵊州市	3	3	1	6					1			5
金华市金东区			1	8							2	10
金华市义乌市	8	2	1	10					1		4	4
衢州市开化县	4	5	1	13						2	2	6
衢州市江山市	2	3	1	3					1		1	5
舟山市岱山县	1		4	7							1	1
台州市椒江区		2	1	19								1
台州市三门县	3	3	7	21					3		1	7
台州市临海市	3	2	5	17					1		1	1
丽水市莲都区	5	2	4	6					3		2	
丽水市青田县	3	4	2	14					1	2	1	1

4－48　各地区多重残疾人分残疾等级的康复形式

单位：人

地　区	机构康复				延伸服务				社区和家庭服务			
	一级	二级	三级	四级	一级	二级	三级	四级	一级	二级	三级	四级
总　计	**216**	**86**	**160**	**80**	**7**	**1**	**5**	**2**	**156**	**45**	**61**	**29**
杭州市下城区	10	2	3	4						1	2	
杭州市余杭区	6	2	3	3			1		6	3	3	
杭州市富阳市	2	3	2						11		3	2
杭州市临安市	13	8	8	2						2	1	1
宁波市江东区	3		2	7					6	1	1	
宁波市宁海县	10	4	10	5					14	5	8	4
宁波市慈溪市	8		2	2		1	2		1			
温州市永嘉县	18	1	5						4	2	2	
温州市瑞安市	3		5						8	3	2	1
温州市乐清市	8	5	9	6			1		3	2	3	4
嘉兴市嘉善县	8	6	1	4					3		2	1
嘉兴市桐乡市	7	5	12	8				1	1			
湖州市德清县	4	2	4	2	1				3	1	4	2
绍兴市绍兴县	5	3	6	2	3			1	13	4	2	3
绍兴市嵊州市	3	5	7						10	4	1	
金华市金东区	6	3	6	5					10	2		
金华市义乌市	8	4	8	2					11	3	9	1
衢州市开化县	3	2	5	1					7	1	4	2
衢州市江山市	3		2	2					7		6	2
舟山市岱山县	17	7	14	5	2				11	3	3	3
台州市椒江区	4	2	7	2					3	1		
台州市三门县	2	3	5	1					1			
台州市临海市	15	3	6	3					3	1		
丽水市莲都区	15	5	9	8	1		1		6	1	2	1
丽水市青田县	35	11	19	6					14	5	3	2

4－49 各地区多重残疾人分残疾等级的康复内容

单位：人

地区	医疗服务				辅助器具				康复训练与服务			
	一级	二级	三级	四级	一级	二级	三级	四级	一级	二级	三级	四级
总计	**208**	**87**	**158**	**85**	**210**	**67**	**163**	**68**	**235**	**71**	**82**	**43**
杭州市下城区	10	2	3	4	9	1	5	4	7	2	2	2
杭州市余杭区	6	2	3	3	5	1	5	1	5	3	2	
杭州市富阳市	2	3	2		3	1	2		12	2	3	2
杭州市临安市	10	8	7	2	6	3	2	2	6	7	3	1
宁波市江东区	3		1	7	4		3	7	6	1		
宁波市宁海县	10	4	10	6	20	7	15	6	14	6	7	4
宁波市慈溪市	8		2	2	3	1	4		3		1	
温州市永嘉县	18	1	6		15	3	4		13	3	3	
温州市瑞安市	3	1	5		7	2	7	1	9	3	3	1
温州市乐清市	5	5	9	6	9	5	12	8	9	5	8	6
嘉兴市嘉善县	8	5	1	4	7	2	3	5	6	2		2
嘉兴市桐乡市	7	5	12	8	2	2	11	6	3	1	5	2
湖州市德清县	4	2	4	2	2	1	2	2	5	2	4	1
绍兴市绍兴县	5	4	6	4	16	3	6	4	16	4	2	1
绍兴市嵊州市	3	5	7		9	7	5		8	3	4	
金华市金东区	5	3	6	5	10	5	5	1	7	2		3
金华市义乌市	7	4	9	2	9	5	13	2	12	4	7	
衢州市开化县	3	2	5	1	2	1	7	2	6	1	1	2
衢州市江山市	2		2	2	5		3	1	9		6	2
舟山市岱山县	18	7	13	7	12	3	8	1	20	6	6	6
台州市椒江区	4	2	7	2	3	1	6		5	1	2	1
台州市三门县	2	3	5	1	2	2	1				2	
台州市临海市	15	3	5	3	14	1	6	2	12	2	1	1
丽水市莲都区	15	5	9	8	13	6	10	7	15	3	5	3
丽水市青田县	35	11	19	6	23	4	18	6	27	8	5	3

4－50　各地区残疾人分城乡、残疾等级的持证情况

单位：人

地　区	持证残疾人数			持有残疾证人数											
				一级			二级			三级			四级		
	合计	城镇	农村	小计	城镇	农村	小计	城镇	农村	小计	城镇	农村	小计	城镇	农村
总　计	**1213**	**340**	**873**	**253**	**51**	**202**	**153**	**47**	**106**	**315**	**96**	**219**	**492**	**146**	**346**
杭州市下城区	42	42		3	3		4	4		11	11		24	24	
杭州市余杭区	39		39	7		7	3		3	10		10	19		19
杭州市富阳市	83	41	42	13	8	5	8	4	4	28	14	14	34	15	19
杭州市临安市	64	36	28	10	2	8	7	5	2	18	12	6	29	17	12
宁波市江东区	28	28		6	6		4	4		12	12		6	6	
宁波市宁海县	70	28	42	17	5	12	4	2	2	19	10	9	30	11	19
宁波市慈溪市	47	18	29	11	2	9	5	4	1	5	1	4	26	11	15
温州市永嘉县	56	3	53	20		20	8		8	12		12	16	3	13
温州市瑞安市	35	9	26	9	2	7	6		6	6	2	4	14	5	9
温州市乐清市	27		27	4		4	1		1	9		9	13		13
嘉兴市嘉善县	37	5	32	7	1	6	5		5	6	2	4	19	2	17
嘉兴市桐乡市	40	21	19	3	3		4	3	1	9	5	4	24	10	14
湖州市德清县	50	3	47	9	2	7	5		5	17	1	16	19		19
绍兴市绍兴县	58	10	48	18	2	16	9	2	7	13	1	12	18	5	13
绍兴市嵊州市	42		42	6		6	9		9	8		8	19		19
金华市金东区	44	8	36	9	2	7	5		5	13	2	11	17	4	13
金华市义乌市	39	10	29	6	1	5	6	1	5	7	2	5	20	6	14
衢州市开化县	47	4	43	8		8	10	3	7	11		11	18	1	17
衢州市江山市	63		63	12		12	11		11	18		18	22		22
舟山市岱山县	72	12	60	16	2	14	12	4	8	14	3	11	30	3	27
台州市椒江区	34	34		5	5		7	7		13	13		9	9	
台州市三门县	28	1	27	4		4	3		3	9		9	12	1	11
台州市临海市	58	6	52	17	1	16	8		8	12	1	11	21	4	17
丽水市莲都区	65	18	47	15	4	11	5	3	2	23	4	19	22	7	15
丽水市青田县	45	3	42	18		18	4	1	3	12		12	11	2	9

4－51 6-14岁视力残疾人分年龄、性别、残疾等级的在校生接受义务教育情况

单位：人

年 龄	残疾人数		残疾一级							
			普通教育学校普通班		普通教育学校特教班		特殊教育学校		其他	
	男	女	男	女	男	女	男	女	男	女
总 计	**1**	**1**								
6岁		1								
7岁										
8岁										
9岁										
10岁										
11岁										
12岁										
13岁	1									
14岁										

4－51 续表 1

单位：人

年 龄	残疾二级							
	普通教育学校普通班		普通教育学校特教班		特殊教育学校		其他	
	男	女	男	女	男	女	男	女
总 计								
6岁								
7岁								
8岁								
9岁								
10岁								
11岁								
12岁								
13岁								
14岁								

4－51　续表 2

单位：人

年　龄	残疾三级							
	普通教育学校普通班		普通教育学校特教班		特殊教育学校		其他	
	男	女	男	女	男	女	男	女
总　计								
6岁								
7岁								
8岁								
9岁								
10岁								
11岁								
12岁								
13岁								
14岁								

4－51　续表 3

单位：人

年　龄	残疾四级							
	普通教育学校普通班		普通教育学校特教班		特殊教育学校		其他	
	男	女	男	女	男	女	男	女
总　计	**1**							
6岁								
7岁								
8岁								
9岁								
10岁								
11岁								
12岁								
13岁	1							
14岁								

4－52　6-14岁听力残疾人分年龄、性别、残疾等级的在校生接受义务教育情况

单位：人

年　龄	残疾人数		残疾一级							
			普通教育学校普通班		普通教育学校特教班		特殊教育学校		其他	
	男	女	男	女	男	女	男	女	男	女
总　计	**1**	**2**		**1**						
6岁										
7岁										
8岁		1								
9岁		1		1						
10岁	1									
11岁										
12岁										
13岁										
14岁										

4－52　续表 1

单位：人

年　龄	残疾二级							
	普通教育学校普通班		普通教育学校特教班		特殊教育学校		其他	
	男	女	男	女	男	女	男	女
总　计	**1**	**1**						
6岁								
7岁								
8岁		1						
9岁								
10岁	1							
11岁								
12岁								
13岁								
14岁								

4－52　续表 2

单位：人

年　龄	残疾三级							
	普通教育学校普通班		普通教育学校特教班		特殊教育学校		其他	
	男	女	男	女	男	女	男	女
总　计								
6岁								
7岁								
8岁								
9岁								
10岁								
11岁								
12岁								
13岁								
14岁								

4－52　续表 3

单位：人

年　龄	残疾四级							
	普通教育学校普通班		普通教育学校特教班		特殊教育学校		其他	
	男	女	男	女	男	女	男	女
总　计								
6岁								
7岁								
8岁								
9岁								
10岁								
11岁								
12岁								
13岁								
14岁								

4－53　6-14岁言语残疾人分年龄、性别、残疾等级的在校生接受义务教育情况

单位：人

年　龄	残疾人数		残疾一级							
			普通教育学校普通班		普通教育学校特教班		特殊教育学校		其他	
	男	女	男	女	男	女	男	女	男	女
总　计	**5**	**1**								
6岁	3	1								
7岁										
8岁										
9岁										
10岁										
11岁	2									
12岁										
13岁										
14岁										

4－53　续表 1

单位：人

年　龄	残疾二级							
	普通教育学校普通班		普通教育学校特教班		特殊教育学校		其他	
	男	女	男	女	男	女	男	女
总　计	**1**							
6岁								
7岁								
8岁								
9岁								
10岁								
11岁	1							
12岁								
13岁								
14岁								

4－53 续表 2

单位：人

年 龄	残疾三级							
	普通教育学校普通班		普通教育学校特教班		特殊教育学校		其他	
	男	女	男	女	男	女	男	女
总 计	**1**	**1**						
6岁		1						
7岁								
8岁								
9岁								
10岁								
11岁	1							
12岁								
13岁								
14岁								

4－53 续表 3

单位：人

年 龄	残疾四级							
	普通教育学校普通班		普通教育学校特教班		特殊教育学校		其他	
	男	女	男	女	男	女	男	女
总 计								
6岁								
7岁								
8岁								
9岁								
10岁								
11岁								
12岁								
13岁								
14岁								

4－54　6-14岁肢体残疾人分年龄、性别、残疾等级的在校生接受义务教育情况

单位：人

年　龄	残疾人数		残疾一级							
			普通教育学校普通班		普通教育学校特教班		特殊教育学校		其他	
	男	女	男	女	男	女	男	女	男	女
总　计	**9**	**4**	**1**							
6岁										
7岁	1									
8岁	1	1								
9岁	1									
10岁	1									
11岁		1								
12岁	1		1							
13岁	2	1								
14岁	2	1								

4－54　续表 1

单位：人

年　龄	残疾二级							
	普通教育学校普通班		普通教育学校特教班		特殊教育学校		其他	
	男	女	男	女	男	女	男	女
总　计	**1**							
6岁								
7岁								
8岁								
9岁								
10岁								
11岁								
12岁								
13岁	1							
14岁								

4－54 续表 2

单位：人

年 龄	残疾三级							
	普通教育学校普通班		普通教育学校特教班		特殊教育学校		其他	
	男	女	男	女	男	女	男	女
总 计	**2**							
6岁								
7岁	1							
8岁	1							
9岁								
10岁								
11岁								
12岁								
13岁								
14岁								

4－54 续表 3

单位：人

年 龄	残疾四级							
	普通教育学校普通班		普通教育学校特教班		特殊教育学校		其他	
	男	女	男	女	男	女	男	女
总 计	**2**	**4**						
6岁								
7岁								
8岁		1						
9岁	1							
10岁	1							
11岁		1						
12岁								
13岁		1						
14岁		1						

4－55　6-14岁智力残疾人分年龄、性别、残疾等级的在校生接受义务教育情况

单位：人

年　龄	残疾人数		残疾一级							
			普通教育学校普通班		普通教育学校特教班		特殊教育学校		其他	
	男	女	男	女	男	女	男	女	男	女
总　计	**22**	**16**	**2**							
6岁	2	2								
7岁		1								
8岁	4	1								
9岁	1	1								
10岁	5	1	1							
11岁	6	3								
12岁	1	3								
13岁	2	2	1							
14岁	1	2								

4－55　续表 1

单位：人

年　龄	残疾二级							
	普通教育学校普通班		普通教育学校特教班		特殊教育学校		其他	
	男	女	男	女	男	女	男	女
总　计	**2**	**1**				**3**		
6岁								
7岁								
8岁								
9岁						1		
10岁	1							
11岁	1	1				1		
12岁						1		
13岁								
14岁								

4－55 续表 2

单位：人

年龄	残疾三级							
	普通教育学校普通班		普通教育学校特教班		特殊教育学校		其他	
	男	女	男	女	男	女	男	女
总计	**1**	**2**			**1**			
6岁								
7岁								
8岁								
9岁	1							
10岁								
11岁								
12岁					1			
13岁		1						
14岁		1						

4－55 续表 3

单位：人

年龄	残疾四级							
	普通教育学校普通班		普通教育学校特教班		特殊教育学校		其他	
	男	女	男	女	男	女	男	女
总计	**14**	**6**						
6岁	2	2						
7岁		1						
8岁	4	1						
9岁								
10岁	3							
11岁	5	1						
12岁		1						
13岁								
14岁								

4－56　6-14岁精神残疾人分年龄、性别、残疾等级的在校生接受义务教育情况

单位：人

年　龄	残疾人数		残疾一级							
			普通教育学校普通班		普通教育学校特教班		特殊教育学校		其他	
	男	女	男	女	男	女	男	女	男	女
总　计	**5**									
6岁										
7岁										
8岁	1									
9岁	1									
10岁	1									
11岁	1									
12岁										
13岁	1									
14岁										

4－56　续表 1

单位：人

年　龄	残疾二级							
	普通教育学校普通班		普通教育学校特教班		特殊教育学校		其他	
	男	女	男	女	男	女	男	女
总　计	**1**							
6岁								
7岁								
8岁								
9岁								
10岁								
11岁								
12岁								
13岁	1							
14岁								

4－56 续表 2

单位：人

年 龄	残疾三级							
	普通教育学校普通班		普通教育学校特教班		特殊教育学校		其他	
	男	女	男	女	男	女	男	女
总 计	**1**							
6岁								
7岁								
8岁								
9岁								
10岁	1							
11岁								
12岁								
13岁								
14岁								

4－56 续表 3

单位：人

年 龄	残疾四级							
	普通教育学校普通班		普通教育学校特教班		特殊教育学校		其他	
	男	女	男	女	男	女	男	女
总 计	**2**							
6岁								
7岁								
8岁								
9岁	1							
10岁								
11岁	1							
12岁								
13岁								
14岁								

4－57 6-14岁多重残疾人分年龄、性别、残疾等级的在校生接受义务教育情况

单位：人

年龄	残疾人数		残疾一级							
			普通教育学校普通班		普通教育学校特教班		特殊教育学校		其他	
	男	女	男	女	男	女	男	女	男	女
总计	**22**	**10**	**1**	**2**			**3**		**3**	**2**
6岁	2									
7岁	1						1			
8岁	2	1							1	
9岁	2	1	1							
10岁	5	2		1						
11岁	1	1								1
12岁	6	2					1		1	
13岁	2	2		1					1	
14岁	1	1					1			1

4－57 续表 1

单位：人

年龄	残疾二级							
	普通教育学校普通班		普通教育学校特教班		特殊教育学校		其他	
	男	女	男	女	男	女	男	女
总计	**3**				**2**	**1**		
6岁								
7岁								
8岁								
9岁								
10岁	1					1		
11岁								
12岁	1				2			
13岁	1							
14岁								

4－57 续表 2

单位：人

年龄	残疾三级							
	普通教育学校普通班		普通教育学校特教班		特殊教育学校		其他	
	男	女	男	女	男	女	男	女
总计	**1**					**1**	**1**	
6岁								
7岁								
8岁							1	
9岁	1					1		
10岁								
11岁								
12岁								
13岁								
14岁								

4－57 续表 3

单位：人

年龄	残疾四级							
	普通教育学校普通班		普通教育学校特教班		特殊教育学校		其他	
	男	女	男	女	男	女	男	女
总计								
6岁								
7岁								
8岁								
9岁								
10岁								
11岁								
12岁								
13岁								
14岁								

4－58　各地区6-14岁残疾人分城乡、残疾等级的在校生接受义务教育情况

单位：人

地　区	残疾人数		残疾一级							
			普通教育学校普通班		普通教育学校特教班		特殊教育学校		其他	
	城镇	农村	城镇	农村	城镇	农村	城镇	农村	城镇	农村
总　计	**16**	**83**	**1**	**6**			**1**	**2**	**1**	**4**
杭州市下城区	1									
杭州市余杭区		5		1						
杭州市富阳市	3	6	1							
杭州市临安市										
宁波市江东区	2									
宁波市宁海县	1	1								
宁波市慈溪市		2								1
温州市永嘉县		10								
温州市瑞安市		2						1		
温州市乐清市		9								
嘉兴市嘉善县		2								
嘉兴市桐乡市										
湖州市德清县		2								
绍兴市绍兴县		3		1				1		1
绍兴市嵊州市		2								
金华市金东区		2								
金华市义乌市		4								
衢州市开化县		6		1						
衢州市江山市		5								
舟山市岱山县	2	1								
台州市椒江区	3						1			
台州市三门县		1								
台州市临海市		5		1						
丽水市莲都区	3	4							1	
丽水市青田县	1	11		2						2

4－58 续表 1

单位：人

地区	残疾二级							
	普通教育学校普通班		普通教育学校特教班		特殊教育学校		其他	
	城镇	农村	城镇	农村	城镇	农村	城镇	农村
总　计	**1**	**10**			**3**	**3**		
杭州市下城区					1			
杭州市余杭区								
杭州市富阳市								
杭州市临安市								
宁波市江东区	1							
宁波市宁海县								
宁波市慈溪市								
温州市永嘉县		1						
温州市瑞安市								
温州市乐清市		1				1		
嘉兴市嘉善县		1						
嘉兴市桐乡市								
湖州市德清县								
绍兴市绍兴县								
绍兴市嵊州市								
金华市金东区		1						
金华市义乌市		1						
衢州市开化县								
衢州市江山市		1				1		
舟山市岱山县								
台州市椒江区					1			
台州市三门县								
台州市临海市		1						
丽水市莲都区		1						
丽水市青田县		2			1	1		

4－58 续表 2

单位：人

地区	残疾三级							
	普通教育学校普通班		普通教育学校特教班		特殊教育学校		其他	
	城镇	农村	城镇	农村	城镇	农村	城镇	农村
总计		**9**			**1**	**1**	**1**	
杭州市下城区								
杭州市余杭区								
杭州市富阳市							1	
杭州市临安市								
宁波市江东区								
宁波市宁海县								
宁波市慈溪市								
温州市永嘉县		3						
温州市瑞安市								
温州市乐清市						1		
嘉兴市嘉善县								
嘉兴市桐乡市								
湖州市德清县								
绍兴市绍兴县								
绍兴市嵊州市								
金华市金东区								
金华市义乌市								
衢州市开化县		1						
衢州市江山市		2						
舟山市岱山县								
台州市椒江区					1			
台州市三门县								
台州市临海市		1						
丽水市莲都区								
丽水市青田县		2						

4－58 续表 3

单位：人

地区	残疾四级							
	普通教育学校普通班		普通教育学校特教班		特殊教育学校		其他	
	城镇	农村	城镇	农村	城镇	农村	城镇	农村
总　计	**4**	**25**						
杭州市下城区								
杭州市余杭区		4						
杭州市富阳市		4						
杭州市临安市								
宁波市江东区	1							
宁波市宁海县		1						
宁波市慈溪市								
温州市永嘉县		1						
温州市瑞安市		1						
温州市乐清市		4						
嘉兴市嘉善县								
嘉兴市桐乡市								
湖州市德清县								
绍兴市绍兴县								
绍兴市嵊州市		1						
金华市金东区								
金华市义乌市		1						
衢州市开化县		3						
衢州市江山市		1						
舟山市岱山县	1	1						
台州市椒江区								
台州市三门县								
台州市临海市		2						
丽水市莲都区	2							
丽水市青田县		1						

4-59 各地区16岁及以上视力残疾人分城乡的参加社会保险情况

单位：人

地　区	残疾人数			养老保险			医疗保险		
	合计	城镇	农村	小计	城镇	农村	小计	城镇	农村
总　计	**814**	**232**	**582**	**99**	**80**	**19**	**664**	**185**	**479**
杭州市下城区	37	37		32	32		33	33	
杭州市余杭区	35		35				34		34
杭州市富阳市	52	26	26	2	2		49	24	25
杭州市临安市	20	6	14	2	1	1	17	5	12
宁波市江东区	41	41		27	27		30	30	
宁波市宁海县	43	15	28				31	14	17
宁波市慈溪市	36	11	25	3		3	33	10	23
温州市永嘉县	21	1	20	1		1	16		16
温州市瑞安市	17	3	14	1		1	5		5
温州市乐清市	16		16				8		8
嘉兴市嘉善县	32	5	27	2	2		28	5	23
嘉兴市桐乡市	29	16	13	6	6		25	14	11
湖州市德清县	69	17	52	8	4	4	53	5	48
绍兴市绍兴县	26	5	21	2	2		18	5	13
绍兴市嵊州市	25		25				24		24
金华市金东区	35	4	31	1	1		35	4	31
金华市义乌市	20		20				14		14
衢州市开化县	43	5	38	3	3		34	3	31
衢州市江山市	21		21	1		1	21		21
舟山市岱山县	50	8	42	1		1	43	6	37
台州市椒江区	26	26					22	22	
台州市三门县	27		27	1		1	14		14
台州市临海市	37	1	36				26	1	25
丽水市莲都区	31	4	27				29	3	26
丽水市青田县	25	1	24	6		6	22	1	21

4-59 续表

单位：人

地区	工伤保险			失业保险			未参加		
	小计	城镇	农村	小计	城镇	农村	小计	城镇	农村
总计	**2**	**1**	**1**	**3**	**1**	**2**	**137**	**40**	**97**
杭州市下城区				1	1		4	4	
杭州市余杭区							1		1
杭州市富阳市				1		1	2	2	
杭州市临安市							3	1	2
宁波市江东区							7	7	
宁波市宁海县							12	1	11
宁波市慈溪市							1	1	
温州市永嘉县	1		1	1		1	5	1	4
温州市瑞安市							11	3	8
温州市乐清市							8		8
嘉兴市嘉善县							4		4
嘉兴市桐乡市							4	2	2
湖州市德清县	1	1					14	10	4
绍兴市绍兴县							8		8
绍兴市嵊州市							1		1
金华市金东区									
金华市义乌市							6		6
衢州市开化县							8	1	7
衢州市江山市									
舟山市岱山县							7	2	5
台州市椒江区							4	4	
台州市三门县							12		12
台州市临海市							11		11
丽水市莲都区							2	1	1
丽水市青田县							2		2

4-60 各地区16岁及以上听力残疾人分城乡的参加社会保险情况

单位：人

地区	残疾人数			养老保险			医疗保险		
	合计	城镇	农村	小计	城镇	农村	小计	城镇	农村
总计	**2054**	**566**	**1488**	**264**	**202**	**62**	**1637**	**482**	**1155**
杭州市下城区	94	94		89	89		87	87	
杭州市余杭区	82		82				78		78
杭州市富阳市	91	43	48	11	9	2	88	40	48
杭州市临安市	80	26	54	9	5	4	71	25	46
宁波市江东区	29	29		26	26		26	26	
宁波市宁海县	115	41	74	2	1	1	64	39	25
宁波市慈溪市	69	35	34	11	4	7	66	34	32
温州市永嘉县	65	1	64	1		1	13	1	12
温州市瑞安市	63	10	53	4		4	8		8
温州市乐清市	95		95	2		2	85		85
嘉兴市嘉善县	103	26	77	20	20		92	26	66
嘉兴市桐乡市	87	38	49	19	15	4	32	23	9
湖州市德清县	39	7	32	3	1	2	11		11
绍兴市绍兴县	58	22	36	1		1	55	22	33
绍兴市嵊州市	140		140				140		140
金华市金东区	95	22	73	23	5	18	92	22	70
金华市义乌市	67	7	60	4	3	1	51	5	46
衢州市开化县	67	6	61	6	5	1	66	6	60
衢州市江山市	97		97	6		6	87		87
舟山市岱山县	56	14	42	3	3		49	11	38
台州市椒江区	70	70		5	5		49	49	
台州市三门县	76	1	75				64		64
台州市临海市	92	18	74	11	7	4	49	12	37
丽水市莲都区	123	44	79				123	44	79
丽水市青田县	101	12	89	8	4	4	91	10	81

4-60 续表

单位：人

地区	工伤保险			失业保险			未参加		
	小计	城镇	农村	小计	城镇	农村	小计	城镇	农村
总计	**3**	**1**	**2**	**3**	**2**	**1**	**389**	**69**	**320**
杭州市下城区							5	5	
杭州市余杭区							4		4
杭州市富阳市							2	2	
杭州市临安市							9	1	8
宁波市江东区				2	2		2	2	
宁波市宁海县							49	1	48
宁波市慈溪市							3	1	2
温州市永嘉县							52		52
温州市瑞安市							52	10	42
温州市乐清市							10		10
嘉兴市嘉善县							11		11
嘉兴市桐乡市							50	13	37
湖州市德清县							25	6	19
绍兴市绍兴县							2		2
绍兴市嵊州市									
金华市金东区	1		1	1		1	3		3
金华市义乌市							16	2	14
衢州市开化县	1		1						
衢州市江山市							8		8
舟山市岱山县	1	1					6	2	4
台州市椒江区							16	16	
台州市三门县							12	1	11
台州市临海市							43	6	37
丽水市莲都区									
丽水市青田县							9	1	8

4-61 各地区16岁及以上言语残疾人分城乡的参加社会保险情况

单位：人

地区	残疾人数			养老保险			医疗保险		
	合计	城镇	农村	小计	城镇	农村	小计	城镇	农村
总　计	**51**	**12**	**39**	**4**	**3**	**1**	**39**	**8**	**31**
杭州市下城区									
杭州市余杭区	2		2				2		2
杭州市富阳市	3	1	2				2	1	1
杭州市临安市	5	1	4				4		4
宁波市江东区	1	1		1	1		1	1	
宁波市宁海县	6	2	4				5	2	3
宁波市慈溪市	1	1							
温州市永嘉县	3		3				1		1
温州市瑞安市	2		2	1		1	2		2
温州市乐清市									
嘉兴市嘉善县	3	1	2	1	1		3	1	2
嘉兴市桐乡市	1	1					1	1	
湖州市德清县	2		2				1		1
绍兴市绍兴县	1		1				1		1
绍兴市嵊州市	3		3				3		3
金华市金东区	1		1				1		1
金华市义乌市									
衢州市开化县	3		3				3		3
衢州市江山市	3		3				3		3
舟山市岱山县	2	1	1	1	1		2	1	1
台州市椒江区	2	2					1	1	
台州市三门县	3		3				1		1
台州市临海市									
丽水市莲都区	2	1	1						
丽水市青田县	2		2				2		2

4-61 续表

单位：人

地　区	工伤保险			失业保险			未参加		
	小计	城镇	农村	小计	城镇	农村	小计	城镇	农村
总　计	**1**		**1**				**11**	**4**	**7**
杭州市下城区									
杭州市余杭区									
杭州市富阳市							1		1
杭州市临安市							1	1	
宁波市江东区									
宁波市宁海县	1		1						
宁波市慈溪市							1	1	
温州市永嘉县							2		2
温州市瑞安市									
温州市乐清市									
嘉兴市嘉善县									
嘉兴市桐乡市									
湖州市德清县							1		1
绍兴市绍兴县									
绍兴市嵊州市									
金华市金东区									
金华市义乌市									
衢州市开化县									
衢州市江山市									
舟山市岱山县									
台州市椒江区							1	1	
台州市三门县							2		2
台州市临海市									
丽水市莲都区							2	1	1
丽水市青田县									

4-62 各地区16岁及以上肢体残疾人分城乡的参加社会保险情况

单位：人

地区	残疾人数			养老保险			医疗保险		
	合计	城镇	农村	小计	城镇	农村	小计	城镇	农村
总计	**1354**	**365**	**989**	**182**	**108**	**74**	**982**	**284**	**698**
杭州市下城区	24	24		22	22		19	19	
杭州市余杭区	42		42	1		1	41		41
杭州市富阳市	77	36	41	16	7	9	72	32	40
杭州市临安市	59	26	33	13	6	7	54	22	32
宁波市江东区	27	27		20	20		21	21	
宁波市宁海县	75	35	40	6	5	1	55	31	24
宁波市慈溪市	35	17	18	3	2	1	27	13	14
温州市永嘉县	78	6	72	2		2	43	5	38
温州市瑞安市	47	9	38	9	2	7	15	3	12
温州市乐清市	34		34	2		2	5		5
嘉兴市嘉善县	38	6	32	8	5	3	35	6	29
嘉兴市桐乡市	67	32	35	22	19	3	53	26	27
湖州市德清县	51	9	42	11	2	9	44	6	38
绍兴市绍兴县	60	13	47	3	1	2	24	3	21
绍兴市嵊州市	62		62	2		2	60		60
金华市金东区	41	6	35	6	1	5	39	5	34
金华市义乌市	60	13	47	5	3	2	37	6	31
衢州市开化县	37	1	36	1		1	28		28
衢州市江山市	54		54				48		48
舟山市岱山县	97	18	79	15	4	11	69	14	55
台州市椒江区	57	57					53	53	
台州市三门县	46	1	45	3		3	13		13
台州市临海市	65	9	56	4	4		32	5	27
丽水市莲都区	70	15	55	5	3	2	47	11	36
丽水市青田县	51	5	46	3	2	1	48	3	45

4-62 续表

单位：人

地区	工伤保险			失业保险			未参加		
	小计	城镇	农村	小计	城镇	农村	小计	城镇	农村
总　计	**20**	**7**	**13**	**10**	**4**	**6**	**333**	**64**	**269**
杭州市下城区	2	2		2	2		2	2	
杭州市余杭区							1		1
杭州市富阳市							5	4	1
杭州市临安市							5	4	1
宁波市江东区							5	5	
宁波市宁海县	1	1		1	1		17	2	15
宁波市慈溪市							5	2	3
温州市永嘉县	1		1				35	1	34
温州市瑞安市							27	6	21
温州市乐清市	2		2	1		1	28		28
嘉兴市嘉善县							3		3
嘉兴市桐乡市							11	4	7
湖州市德清县	2		2	1		1	6	2	4
绍兴市绍兴县	1	1					32	8	24
绍兴市嵊州市	1		1				1		1
金华市金东区							2	1	1
金华市义乌市	1		1				21	6	15
衢州市开化县							9	1	8
衢州市江山市							6		6
舟山市岱山县	5		5	2		2	24	4	20
台州市椒江区	2	2					2	2	
台州市三门县							30	1	29
台州市临海市							33	4	29
丽水市莲都区				1		1	21	4	17
丽水市青田县	2	1	1	2	1	1	2	1	1

4-63 各地区16岁及以上智力残疾人分城乡的参加社会保险情况

单位：人

地区	残疾人数			养老保险			医疗保险		
	合计	城镇	农村	小计	城镇	农村	小计	城镇	农村
总计	**310**	**89**	**221**	**31**	**21**	**10**	**207**	**59**	**148**
杭州市下城区	13	13		8	8		6	6	
杭州市余杭区	12		12				12		12
杭州市富阳市	30	14	16	5		5	30	14	16
杭州市临安市	17	6	11	3	2	1	12	4	8
宁波市江东区	13	13		5	5		6	6	
宁波市宁海县	4	4					2	2	
宁波市慈溪市	18	7	11	1		1	17	7	10
温州市永嘉县	14	2	12	1	1				
温州市瑞安市	6		6				1		1
温州市乐清市	13		13						
嘉兴市嘉善县	9	1	8	1	1		9	1	8
嘉兴市桐乡市	5	2	3				1		1
湖州市德清县	15		15				8		8
绍兴市绍兴县	7	2	5				6	2	4
绍兴市嵊州市	15		15				15		15
金华市金东区	13	4	9				10	1	9
金华市义乌市	5	1	4				5	1	4
衢州市开化县	13	1	12				9	1	8
衢州市江山市	15		15	2		2	15		15
舟山市岱山县	16	5	11	2	2		16	5	11
台州市椒江区	8	8					6	6	
台州市三门县	9		9	1		1	5		5
台州市临海市	16	3	13	2	2		2	2	
丽水市莲都区	10	2	8				1		1
丽水市青田县	14	1	13				13	1	12

4-63 续表

单位：人

地区	工伤保险			失业保险			未参加		
	小计	城镇	农村	小计	城镇	农村	小计	城镇	农村
总　计	**3**	**2**	**1**	**1**	**1**		**98**	**27**	**71**
杭州市下城区	2	2		1	1		5	5	
杭州市余杭区									
杭州市富阳市	1		1						
杭州市临安市							4	2	2
宁波市江东区							7	7	
宁波市宁海县							2	2	
宁波市慈溪市							1		1
温州市永嘉县							13	1	12
温州市瑞安市							5		5
温州市乐清市							13		13
嘉兴市嘉善县									
嘉兴市桐乡市							4	2	2
湖州市德清县							7		7
绍兴市绍兴县							1		1
绍兴市嵊州市									
金华市金东区							3	3	
金华市义乌市									
衢州市开化县							4		4
衢州市江山市									
舟山市岱山县									
台州市椒江区							2	2	
台州市三门县							3		3
台州市临海市							14	1	13
丽水市莲都区							9	2	7
丽水市青田县							1		1

4-64 各地区16岁及以上精神残疾人分城乡的参加社会保险情况

单位：人

地区	残疾人数			养老保险			医疗保险		
	合计	城镇	农村	小计	城镇	农村	小计	城镇	农村
总计	**504**	**126**	**378**	**47**	**35**	**12**	**400**	**99**	**301**
杭州市下城区	17	17		15	15		16	16	
杭州市余杭区	16		16				16		16
杭州市富阳市	14	3	11	2		2	11	2	9
杭州市临安市	9	4	5				9	4	5
宁波市江东区	12	12		5	5		7	7	
宁波市宁海县	26	14	12				25	13	12
宁波市慈溪市	25	11	14				22	11	11
温州市永嘉县	29	2	27				23	2	21
温州市瑞安市	16	6	10				1		1
温州市乐清市	21		21				6		6
嘉兴市嘉善县	23	9	14	6	6		21	7	14
嘉兴市桐乡市	11	2	9				8	1	7
湖州市德清县	16	5	11	4	2	2	13	4	9
绍兴市绍兴县	24	5	19	2		2	23	5	18
绍兴市嵊州市	28		28				28		28
金华市金东区	16	6	10	1	1		10	2	8
金华市义乌市	13	2	11				10	2	8
衢州市开化县	33	4	29				26	3	23
衢州市江山市	40		40	2		2	35		35
舟山市岱山县	23	6	17	9	5	4	22	6	16
台州市椒江区	9	9					8	8	
台州市三门县	17		17				13		13
台州市临海市	19	3	16	1	1		14	2	12
丽水市莲都区	22	4	18				17	3	14
丽水市青田县	25	2	23				16	1	15

4-64 续表

单位：人

地　区	工伤保险			失业保险			未参加		
	小计	城镇	农村	小计	城镇	农村	小计	城镇	农村
总　计				**2**	**2**		**99**	**27**	**72**
杭州市下城区				2	2		1	1	
杭州市余杭区									
杭州市富阳市							1	1	
杭州市临安市									
宁波市江东区							5	5	
宁波市宁海县							1	1	
宁波市慈溪市							3		3
温州市永嘉县							6		6
温州市瑞安市							15	6	9
温州市乐清市							15		15
嘉兴市嘉善县							2	2	
嘉兴市桐乡市							3	1	2
湖州市德清县							2	1	1
绍兴市绍兴县							1		1
绍兴市嵊州市									
金华市金东区							6	4	2
金华市义乌市							3		3
衢州市开化县							7	1	6
衢州市江山市							3		3
舟山市岱山县							1		1
台州市椒江区							1	1	
台州市三门县							4		4
台州市临海市							5	1	4
丽水市莲都区							5	1	4
丽水市青田县							9	1	8

4-65 各地区16岁及以上多重残疾人分城乡的参加社会保险情况

单位：人

地区	残疾人数			养老保险			医疗保险		
	合计	城镇	农村	小计	城镇	农村	小计	城镇	农村
总计	**789**	**183**	**606**	**77**	**52**	**25**	**598**	**149**	**449**
杭州市下城区	18	18		12	12		12	12	
杭州市余杭区	25		25	2		2	23		23
杭州市富阳市	20	9	11	1		1	19	8	11
杭州市临安市	35	16	19	2	1	1	34	16	18
宁波市江东区	19	19		16	16		15	15	
宁波市宁海县	59	20	39	1	1		44	18	26
宁波市慈溪市	15	3	12	1		1	12	2	10
温州市永嘉县	26		26				8		8
温州市瑞安市	20	4	16	1		1	6	1	5
温州市乐清市	37		37				21		21
嘉兴市嘉善县	23	5	18	2	2		23	5	18
嘉兴市桐乡市	33	16	17	8	4	4	27	14	13
湖州市德清县	22	3	19	1		1	16	2	14
绍兴市绍兴县	39	7	32	3	1	2	29	6	23
绍兴市嵊州市	29		29				28		28
金华市金东区	32	6	26	6	2	4	29	5	24
金华市义乌市	44	7	37	3	1	2	29	4	25
衢州市开化县	22	1	21				16		16
衢州市江山市	21		21				21		21
舟山市岱山县	64	18	46	14	10	4	52	15	37
台州市椒江区	14	14					12	12	
台州市三门县	11		11				3		3
台州市临海市	29	4	25	3	2	1	15	4	11
丽水市莲都区	45	11	34				35	9	26
丽水市青田县	87	2	85	1		1	69	1	68

4-65 续表

单位：人

地　区	工伤保险			失业保险			未参加		
	小计	城镇	农村	小计	城镇	农村	小计	城镇	农村
总　计	**2**	**1**	**1**	**5**	**5**		**184**	**33**	**151**
杭州市下城区							6	6	
杭州市余杭区							2		2
杭州市富阳市							1	1	
杭州市临安市							1		1
宁波市江东区				2	2		3	3	
宁波市宁海县				1	1		15	2	13
宁波市慈溪市							3	1	2
温州市永嘉县							18		18
温州市瑞安市							13	3	10
温州市乐清市							16		16
嘉兴市嘉善县									
嘉兴市桐乡市				2	2		5	2	3
湖州市德清县							5	1	4
绍兴市绍兴县							9	1	8
绍兴市嵊州市							1		1
金华市金东区	1		1				3	1	2
金华市义乌市							15	3	12
衢州市开化县							6	1	5
衢州市江山市									
舟山市岱山县							10	3	7
台州市椒江区							2	2	
台州市三门县							8		8
台州市临海市	1	1					14		14
丽水市莲都区							10	2	8
丽水市青田县							18	1	17

4-66 各地区视力残疾人分城乡、残疾等级的领取低保金和救济情况

单位：人

地 区	残疾人数		残疾一级				残疾二级			
			领取低保人数		领取过救济人数		领取低保人数		领取过救济人数	
	城镇	农村	城镇	农村	城镇	农村	城镇	农村	城镇	农村
总 计	**233**	**589**	**6**	**25**	**3**	**21**	**3**	**2**	**2**	
杭州市下城区	37									
杭州市余杭区		35								
杭州市富阳市	26	27				2				
杭州市临安市	6	14		1		1				
宁波市江东区	41		1				1			
宁波市宁海县	15	28		4						
宁波市慈溪市	11	25		2						
温州市永嘉县	1	20		4		4				
温州市瑞安市	3	14		1		1		1		
温州市乐清市		16								
嘉兴市嘉善县	5	27				1				
嘉兴市桐乡市	16	13					1			
湖州市德清县	17	52	2		2	1				
绍兴市绍兴县	5	22	1	1						
绍兴市嵊州市		26		4		2				
金华市金东区	4	31	1							
金华市义乌市		20								
衢州市开化县	5	39		1						
衢州市江山市		23		1						
舟山市岱山县	8	42	1	1	1	2	1		2	
台州市椒江区	26									
台州市三门县		28		1		2		1		
台州市临海市	1	36		3		2				
丽水市莲都区	4	27				1				
丽水市青田县	2	24		1		2				

4-66 续表

单位：人

地区	残疾三级				残疾四级			
	领取低保人数		领取过救济人数		领取低保人数		领取过救济人数	
	城镇	农村	城镇	农村	城镇	农村	城镇	农村
总　计	**1**	**2**	**2**	**4**	**9**	**11**	**6**	**19**
杭州市下城区					2		3	
杭州市余杭区						1		1
杭州市富阳市						1		2
杭州市临安市								1
宁波市江东区					5			
宁波市宁海县								
宁波市慈溪市								
温州市永嘉县		1		1		1		1
温州市瑞安市						2		1
温州市乐清市		1						
嘉兴市嘉善县							1	
嘉兴市桐乡市								4
湖州市德清县	1		1		2	1	2	1
绍兴市绍兴县								
绍兴市嵊州市								
金华市金东区								
金华市义乌市								
衢州市开化县				1		2		
衢州市江山市				2		1		4
舟山市岱山县			1					1
台州市椒江区								
台州市三门县								
台州市临海市								1
丽水市莲都区								
丽水市青田县						2		2

4-67 各地区听力残疾人分城乡、残疾等级的领取低保金和救济情况

单位：人

地区	残疾人数		残疾一级				残疾二级			
			领取低保人数		领取过救济人数		领取低保人数		领取过救济人数	
	城镇	农村	城镇	农村	城镇	农村	城镇	农村	城镇	农村
总计	**567**	**1493**		**1**		**3**	**3**	**6**	**5**	**5**
杭州市下城区	94									
杭州市余杭区		82								
杭州市富阳市	43	48		1		1	1		1	
杭州市临安市	26	54							1	
宁波市江东区	29									
宁波市宁海县	41	74					1	1	1	1
宁波市慈溪市	35	34								
温州市永嘉县	1	64								
温州市瑞安市	10	53						1		1
温州市乐清市		95						1		1
嘉兴市嘉善县	26	77						1	1	1
嘉兴市桐乡市	38	49								
湖州市德清县	7	32								
绍兴市绍兴县	22	37						1		
绍兴市嵊州市		140						1		
金华市金东区	22	74					1			
金华市义乌市	8	61							1	1
衢州市开化县	6	61				1				
衢州市江山市		97								
舟山市岱山县	14	42								
台州市椒江区	70									
台州市三门县	1	75								
台州市临海市	18	74				1				
丽水市莲都区	44	79								
丽水市青田县	12	91								

4-67 续表

单位：人

地区	残疾三级				残疾四级			
	领取低保人数		领取过救济人数		领取低保人数		领取过救济人数	
	城镇	农村	城镇	农村	城镇	农村	城镇	农村
总　计	**12**	**13**	**3**	**20**	**16**	**11**	**4**	**13**
杭州市下城区					1		1	
杭州市余杭区						1		1
杭州市富阳市				1		1		
杭州市临安市								
宁波市江东区								
宁波市宁海县		2		2		2		2
宁波市慈溪市	4				1		1	1
温州市永嘉县								
温州市瑞安市		2		2				
温州市乐清市				1		1		1
嘉兴市嘉善县			1	2		1		1
嘉兴市桐乡市								
湖州市德清县	1	1	1		1		1	
绍兴市绍兴县	1	3		3		2	1	3
绍兴市嵊州市								
金华市金东区	6				13			
金华市义乌市		2		7		1		1
衢州市开化县		2		2		1		2
衢州市江山市						1		1
舟山市岱山县		1						
台州市椒江区								
台州市三门县								
台州市临海市			1					
丽水市莲都区								
丽水市青田县								

4-68 各地区言语残疾人分城乡、残疾等级的领取低保金和救济情况

单位：人

地区	残疾人数		残疾一级				残疾二级			
			领取低保人数		领取过救济人数		领取低保人数		领取过救济人数	
	城镇	农村	城镇	农村	城镇	农村	城镇	农村	城镇	农村
总　计	**15**	**49**		**1**		**3**				**1**
杭州市下城区										
杭州市余杭区		2								
杭州市富阳市	1	2								
杭州市临安市	1	4								
宁波市江东区	1									
宁波市宁海县	2	4		1		1				
宁波市慈溪市	1									
温州市永嘉县	1	7								
温州市瑞安市		2								
温州市乐清市		2								
嘉兴市嘉善县	1	2								
嘉兴市桐乡市	1									
湖州市德清县		3								
绍兴市绍兴县		1								
绍兴市嵊州市		3								
金华市金东区		1								
金华市义乌市										
衢州市开化县		3								1
衢州市江山市		4								
舟山市岱山县	1	1				1				
台州市椒江区	4									
台州市三门县		3				1				
台州市临海市		2								
丽水市莲都区	1	1								
丽水市青田县		2								

4-68 续表

单位：人

地区	残疾三级				残疾四级			
	领取低保人数		领取过救济人数		领取低保人数		领取过救济人数	
	城镇	农村	城镇	农村	城镇	农村	城镇	农村
总计	**1**	**1**	**2**					**1**
杭州市下城区								
杭州市余杭区								
杭州市富阳市								
杭州市临安市								
宁波市江东区								
宁波市宁海县								
宁波市慈溪市								
温州市永嘉县								
温州市瑞安市								1
温州市乐清市								
嘉兴市嘉善县								
嘉兴市桐乡市	1		1					
湖州市德清县								
绍兴市绍兴县								
绍兴市嵊州市								
金华市金东区								
金华市义乌市								
衢州市开化县								
衢州市江山市		1						
舟山市岱山县								
台州市椒江区			1					
台州市三门县								
台州市临海市								
丽水市莲都区								
丽水市青田县								

4-69 各地区肢体残疾人分城乡、残疾等级的领取低保金和救济情况

单位：人

地区	残疾人数		残疾一级				残疾二级			
			领取低保人数		领取过救济人数		领取低保人数		领取过救济人数	
	城镇	农村	城镇	农村	城镇	农村	城镇	农村	城镇	农村
总　计	**371**	**1002**	**1**	**5**	**1**	**5**	**7**	**17**	**13**	**29**
杭州市下城区	24						1		1	
杭州市余杭区		42								
杭州市富阳市	36	42					1		2	2
杭州市临安市	26	33					1	1	2	
宁波市江东区	28						1		1	
宁波市宁海县	35	40		1						
宁波市慈溪市	18	19				1				
温州市永嘉县	6	74		1				4		3
温州市瑞安市	9	39				1		3		4
温州市乐清市		34								
嘉兴市嘉善县	6	32		1						
嘉兴市桐乡市	32	35					2		2	
湖州市德清县	9	42		1		1				
绍兴市绍兴县	13	48						2		1
绍兴市嵊州市		62						1		3
金华市金东区	7	35								2
金华市义乌市	13	49				1			1	
衢州市开化县	1	37						2		2
衢州市江山市		56		1				1		2
舟山市岱山县	18	79	1		1			1	4	3
台州市椒江区	58									
台州市三门县	1	45								1
台州市临海市	9	56					1	1		2
丽水市莲都区	17	55						1		1
丽水市青田县	5	48				1				3

4-69 续表

单位：人

地区	残疾三级				残疾四级			
	领取低保人数		领取过救济人数		领取低保人数		领取过救济人数	
	城镇	农村	城镇	农村	城镇	农村	城镇	农村
总　计	**9**	**36**	**12**	**47**	**17**	**49**	**24**	**71**
杭州市下城区					2			
杭州市余杭区		1		1				
杭州市富阳市	2	2	2	2	2	1	3	5
杭州市临安市	1		2			3	3	
宁波市江东区	1		2					
宁波市宁海县		3	1	2	2	4	4	5
宁波市慈溪市	1	1	1		2	1	5	
温州市永嘉县		2		1		1		2
温州市瑞安市	1		1			3	1	3
温州市乐清市		2		1		3		2
嘉兴市嘉善县		2		2		3		6
嘉兴市桐乡市	2	3		1	6	4	1	
湖州市德清县	1	2	1	4	1		1	3
绍兴市绍兴县		5		2		2		
绍兴市嵊州市						2		1
金华市金东区				3	1	1	2	4
金华市义乌市				2		6		4
衢州市开化县		2		4		3		5
衢州市江山市		2		1		1		1
舟山市岱山县		3	2	10		5	4	20
台州市椒江区								
台州市三门县				3				4
台州市临海市		3		2		4		1
丽水市莲都区		3			1	1		
丽水市青田县				6		1		5

4-70 各地区智力残疾人分城乡、残疾等级的领取低保金和救济情况

单位：人

地区	残疾人数		残疾一级				残疾二级			
			领取低保人数		领取过救济人数		领取低保人数		领取过救济人数	
	城镇	农村	城镇	农村	城镇	农村	城镇	农村	城镇	农村
总计	**101**	**286**	**1**	**3**	**1**	**4**	**4**	**12**	**3**	**11**
杭州市下城区	13									
杭州市余杭区		16						1		1
杭州市富阳市	16	22								2
杭州市临安市	9	12								
宁波市江东区	13									
宁波市宁海县	4	2								
宁波市慈溪市	7	11	1		1		2	2	2	2
温州市永嘉县	2	16		1				1		
温州市瑞安市		7								
温州市乐清市		22		1		2				
嘉兴市嘉善县	1	9						1		1
嘉兴市桐乡市	3	4						1		1
湖州市德清县		18								
绍兴市绍兴县	3	6					1			
绍兴市嵊州市		17								
金华市金东区	4	11						1		1
金华市义乌市	1	5						2		1
衢州市开化县	1	19						1		1
衢州市江山市		21						2		
舟山市岱山县	7	12								1
台州市椒江区	8									
台州市三门县		11								
台州市临海市	3	16								
丽水市莲都区	2	12		1		1	1		1	
丽水市青田县	4	17				1				

4-70 续表

单位：人

地区	残疾三级				残疾四级			
	领取低保人数		领取过救济人数		领取低保人数		领取过救济人数	
	城镇	农村	城镇	农村	城镇	农村	城镇	农村
总　计	**3**	**19**	**5**	**20**	**4**	**15**	**8**	**20**
杭州市下城区			1		1		2	
杭州市余杭区		3		2		3		2
杭州市富阳市		1		2	1	4	3	2
杭州市临安市	2		2				1	3
宁波市江东区							1	
宁波市宁海县								
宁波市慈溪市		3		3				
温州市永嘉县		2		1				
温州市瑞安市						2		1
温州市乐清市						1		1
嘉兴市嘉善县		2		1				1
嘉兴市桐乡市					1		1	
湖州市德清县				1		1		1
绍兴市绍兴县				1	1			
绍兴市嵊州市								2
金华市金东区		1		1				
金华市义乌市								
衢州市开化县		2				2		2
衢州市江山市		1				1		1
舟山市岱山县		2		4				1
台州市椒江区	1		2					
台州市三门县				1				
台州市临海市								
丽水市莲都区		2		2				
丽水市青田县				1		1		3

4-71 各地区精神残疾人分城乡、残疾等级的领取低保金和救济情况

单位：人

地区	残疾人数		残疾一级				残疾二级			
			领取低保人数		领取过救济人数		领取低保人数		领取过救济人数	
	城镇	农村	城镇	农村	城镇	农村	城镇	农村	城镇	农村
总计	**126**	**383**	**2**	**14**	**6**	**16**	**3**	**11**	**3**	**10**
杭州市下城区	17		1		2				1	
杭州市余杭区		16								
杭州市富阳市	3	12						3		3
杭州市临安市	4	5								
宁波市江东区	12									
宁波市宁海县	14	12					1	1		
宁波市慈溪市	11	14		1		1				
温州市永嘉县	2	28		3		1		1		
温州市瑞安市	6	10			1	1				
温州市乐清市		21		2		2				1
嘉兴市嘉善县	9	14		2		3				
嘉兴市桐乡市	2	9								
湖州市德清县	5	11								1
绍兴市绍兴县	5	19	1		2				1	
绍兴市嵊州市		28				1				
金华市金东区	6	10								
金华市义乌市	2	11		1		1				
衢州市开化县	4	29		1		1	1	1	1	1
衢州市江山市		40		1		1		1		1
舟山市岱山县	6	17		1	1	1		2		2
台州市椒江区	9						1			
台州市三门县		17		1		2				
台州市临海市	3	16						2		1
丽水市莲都区	4	18				1				
丽水市青田县	2	26		1						

4-71 续表

单位：人

地　区	残疾三级				残疾四级			
	领取低保人数		领取过救济人数		领取低保人数		领取过救济人数	
	城镇	农村	城镇	农村	城镇	农村	城镇	农村
总　计	**5**	**5**	**8**	**9**	**5**	**21**	**9**	**30**
杭州市下城区	1		4				2	
杭州市余杭区						1		2
杭州市富阳市								
杭州市临安市								
宁波市江东区	1		1					
宁波市宁海县	1		1		1	4	4	3
宁波市慈溪市					1	3		3
温州市永嘉县		1		1		1		
温州市瑞安市								
温州市乐清市				1				1
嘉兴市嘉善县				1			1	
嘉兴市桐乡市					1		1	1
湖州市德清县	1	1	1	1				
绍兴市绍兴县				1		3		3
绍兴市嵊州市						1		
金华市金东区		1				1	1	3
金华市义乌市		1		1				
衢州市开化县					1	3		4
衢州市江山市				2		2		2
舟山市岱山县		1		1	1			2
台州市椒江区	1		1					
台州市三门县								2
台州市临海市						1		2
丽水市莲都区						1		1
丽水市青田县								1

4-72 各地区多重残疾人分城乡、残疾等级的领取低保金和救济情况

单位：人

地区	残疾人数		残疾一级				残疾二级			
			领取低保人数		领取过救济人数		领取低保人数		领取过救济人数	
	城镇	农村	城镇	农村	城镇	农村	城镇	农村	城镇	农村
总计	**200**	**648**	**12**	**54**	**18**	**63**	**4**	**13**	**2**	**16**
杭州市下城区	22				1					
杭州市余杭区		27				1				1
杭州市富阳市	12	11		2		3				
杭州市临安市	16	19		1		2				
宁波市江东区	20		2		2					
宁波市宁海县	21	39	1	5	1	4	1			
宁波市慈溪市	3	13		1		1				
温州市永嘉县		32		4		2		1		
温州市瑞安市	5	17		3	1	3				2
温州市乐清市		41		1		1		2		2
嘉兴市嘉善县	5	20	1	1		1		1		2
嘉兴市桐乡市	17	17	3		3	2	2	1	1	1
湖州市德清县	3	20		1		3	1		1	
绍兴市绍兴县	7	35		5	1	4		1		
绍兴市嵊州市		30		1		1		1		
金华市金东区	6	26	1		1	1				1
金华市义乌市	7	39	1	3	1	5				
衢州市开化县	1	24		2		2		1		1
衢州市江山市		22		3		1				
舟山市岱山县	18	47	1	6	3	11		2		3
台州市椒江区	19		1		3					
台州市三门县		12								
台州市临海市	4	27		2		3				
丽水市莲都区	12	37	1	3	1	1		1		
丽水市青田县	2	93		10		11		2		3

4-72 续表

单位：人

地 区	残疾三级				残疾四级			
	领取低保人数		领取过救济人数		领取低保人数		领取过救济人数	
	城镇	农村	城镇	农村	城镇	农村	城镇	农村
总 计	**3**	**16**	**3**	**19**	**3**	**3**	**2**	**6**
杭州市下城区	1		1					
杭州市余杭区								
杭州市富阳市		1		1				
杭州市临安市	1	1		1				
宁波市江东区								
宁波市宁海县								
宁波市慈溪市								
温州市永嘉县				1				
温州市瑞安市		2		2		1		1
温州市乐清市								1
嘉兴市嘉善县								
嘉兴市桐乡市		2			1			
湖州市德清县								
绍兴市绍兴县		2		1		1		
绍兴市嵊州市								
金华市金东区								
金华市义乌市	1	2	1	4				1
衢州市开化县								
衢州市江山市		3		2				
舟山市岱山县		1	1	3	2		2	1
台州市椒江区								
台州市三门县						1		1
台州市临海市								
丽水市莲都区		1		1				
丽水市青田县		1		3				1

4－73 各地区残疾人分城乡的曾接受服务或扶助

单位：人次

地　区	合　计		医疗服务与救助		辅助器具	
	城镇	农村	城镇	农村	城镇	农村
总　计	**1966**	**5141**	**688**	**1531**	**155**	**179**
杭州市下城区	251		133		11	
杭州市余杭区		275		156		31
杭州市富阳市	162	189	43	43	8	3
杭州市临安市	112	147	51	82	2	
宁波市江东区	245		105		65	
宁波市宁海县	143	201	18	1	1	1
宁波市慈溪市	88	122	9	12	3	
温州市永嘉县	22	340	8	121	3	18
温州市瑞安市	46	206	21	83	4	10
温州市乐清市		234		3		2
嘉兴市嘉善县	54	205	3	23		2
嘉兴市桐乡市	121	139	4	1	1	
湖州市德清县	47	193	21	87	2	4
绍兴市绍兴县	58	181	17	63	1	5
绍兴市嵊州市		324		46		9
金华市金东区	52	208	35	124		7
金华市义乌市	39	250	27	148	3	24
衢州市开化县	19	245	3	27	1	11
衢州市江山市		309		122		9
舟山市岱山县	84	298	33	125	6	10
台州市椒江区	245		112		36	
台州市三门县	3	194	1	79	1	
台州市临海市	45	241	19	40	3	4
丽水市莲都区	91	279	14	42	4	20
丽水市青田县	39	361	11	103		9

4－73 续表 1

单位：人次

地区	康复训练与服务		教育费用补助或减免		职业教育与培训	
	城镇	农村	城镇	农村	城镇	农村
总　计	**91**	**168**	**3**	**27**	**4**	**11**
杭州市下城区	13				1	
杭州市余杭区		10		5		2
杭州市富阳市	8	8	2	3	1	1
杭州市临安市	2			1	2	1
宁波市江东区	28					
宁波市宁海县	3	1				
宁波市慈溪市		1				
温州市永嘉县	6	59		4		
温州市瑞安市	2	10				
温州市乐清市		3				
嘉兴市嘉善县		4		3		
嘉兴市桐乡市						
湖州市德清县		1				
绍兴市绍兴县	3	6		2		
绍兴市嵊州市		2				
金华市金东区		5				
金华市义乌市	1	12				2
衢州市开化县		2		2		1
衢州市江山市		1		4		1
舟山市岱山县		1		1		
台州市椒江区	12					
台州市三门县		1				
台州市临海市	3	3				
丽水市莲都区	2			1		
丽水市青田县	8	38	1	1		3

4-73 续表 2

单位：人次

地区	就业安置或扶持		贫困残疾人救助与扶持		法律援助与服务	
	城镇	农村	城镇	农村	城镇	农村
总计	**29**	**73**	**127**	**471**	**3**	**3**
杭州市下城区	2		16			
杭州市余杭区		7		15		
杭州市富阳市	3	12	15	29		
杭州市临安市	9		7	5		
宁波市江东区	6		7		1	
宁波市宁海县	1	1	13	23	2	
宁波市慈溪市			5	10		
温州市永嘉县		1		32		
温州市瑞安市			2	25		
温州市乐清市				4		
嘉兴市嘉善县		3	5	29		
嘉兴市桐乡市	2		10	8		
湖州市德清县	2	6	4	11		
绍兴市绍兴县		4	1	16		
绍兴市嵊州市		10		14		
金华市金东区	1	5	3	12		1
金华市义乌市		3	4	31		
衢州市开化县		3	4	29		1
衢州市江山市				29		1
舟山市岱山县	1	13	20	74		
台州市椒江区	1		5			
台州市三门县				10		
台州市临海市	1	1	2	20		
丽水市莲都区		3	3	19		
丽水市青田县		1	1	26		

4－73　续表 3

单位：人次

地　区	无障碍设施		信息无障碍		生活服务	
	城镇	农村	城镇	农村	城镇	农村
总　计	**7**	**7**	**9**	**16**	**18**	**80**
杭州市下城区	3					
杭州市余杭区		1				6
杭州市富阳市	1					
杭州市临安市					3	1
宁波市江东区						
宁波市宁海县			5	1	1	
宁波市慈溪市						5
温州市永嘉县						1
温州市瑞安市					2	3
温州市乐清市						1
嘉兴市嘉善县						
嘉兴市桐乡市	3			5	1	4
湖州市德清县					4	
绍兴市绍兴县					3	1
绍兴市嵊州市		2				5
金华市金东区					1	
金华市义乌市				1		2
衢州市开化县		2		8		5
衢州市江山市						15
舟山市岱山县				1	1	4
台州市椒江区						
台州市三门县						1
台州市临海市						
丽水市莲都区					2	25
丽水市青田县		2	4			1

4－73 续表 4

单位：人次

地　区	文化服务		其　他		未曾接受任何服务或扶助	
	城镇	农村	城镇	农村	城镇	农村
总　计		**55**	**24**	**66**	**808**	**2454**
杭州市下城区					72	
杭州市余杭区						42
杭州市富阳市					81	90
杭州市临安市			1		35	57
宁波市江东区			2		31	
宁波市宁海县					99	173
宁波市慈溪市			1		70	94
温州市永嘉县		1			5	103
温州市瑞安市			6	44	9	31
温州市乐清市				6		215
嘉兴市嘉善县				2	46	139
嘉兴市桐乡市		2	9	6	91	113
湖州市德清县					14	84
绍兴市绍兴县			1	1	32	83
绍兴市嵊州市		45		1		190
金华市金东区					12	54
金华市义乌市					4	27
衢州市开化县		1			11	153
衢州市江山市		5		1		121
舟山市岱山县			1		22	69
台州市椒江区			3		76	
台州市三门县		1			1	102
台州市临海市				1	17	172
丽水市莲都区				4	66	165
丽水市青田县					14	177

4-74 各地区视力残疾人分城乡的曾接受服务或扶助

单位：人次

地区	合计		医疗服务与救助		辅助器具	
	城镇	农村	城镇	农村	城镇	农村
总计	**302**	**683**	**143**	**233**	**54**	**54**
杭州市下城区	40		30			
杭州市余杭区		69		34		24
杭州市富阳市	29	27	14	15	1	
杭州市临安市	9	17	5	10		
宁波市江东区	79		41		36	
宁波市宁海县	17	28	1	1		
宁波市慈溪市	11	29	8	7		
温州市永嘉县	1	25	1	17		1
温州市瑞安市	3	19	3	9		
温州市乐清市		17				
嘉兴市嘉善县	5	29	2	6		1
嘉兴市桐乡市	16	13				
湖州市德清县	18	55	9	31		
绍兴市绍兴县	5	25		1		3
绍兴市嵊州市		26				
金华市金东区	4	33	3	27		2
金华市义乌市		21		14		1
衢州市开化县	5	41				
衢州市江山市		24				
舟山市岱山县	9	48	7	32	1	2
台州市椒江区	39		14		12	
台州市三门县		29		5		
台州市临海市	1	37				
丽水市莲都区	8	45	3	13	4	17
丽水市青田县	3	26	2	11		3

4-74 续表 1

单位：人次

地　区	康复训练与服务		教育费用补助或减免		职业教育与培训	
	城镇	农村	城镇	农村	城镇	农村
总　计	**6**	**11**		**1**	**1**	
杭州市下城区					1	
杭州市余杭区		9				
杭州市富阳市	3					
杭州市临安市						
宁波市江东区	1					
宁波市宁海县						
宁波市慈溪市						
温州市永嘉县						
温州市瑞安市						
温州市乐清市						
嘉兴市嘉善县						
嘉兴市桐乡市						
湖州市德清县						
绍兴市绍兴县		1				
绍兴市嵊州市						
金华市金东区						
金华市义乌市						
衢州市开化县						
衢州市江山市				1		
舟山市岱山县		1				
台州市椒江区	1					
台州市三门县						
台州市临海市						
丽水市莲都区						
丽水市青田县	1					

4-74 续表 2

单位：人次

地区	就业安置或扶持		贫困残疾人救助与扶持		法律援助与服务	
	城镇	农村	城镇	农村	城镇	农村
总　计	**3**	**1**	**8**	**52**		
杭州市下城区	1		1			
杭州市余杭区				1		
杭州市富阳市			1	1		
杭州市临安市	2			2		
宁波市江东区			1			
宁波市宁海县						
宁波市慈溪市				2		
温州市永嘉县				5		
温州市瑞安市				2		
温州市乐清市				1		
嘉兴市嘉善县			1	1		
嘉兴市桐乡市			1	4		
湖州市德清县		1	3	2		
绍兴市绍兴县				2		
绍兴市嵊州市				3		
金华市金东区						
金华市义乌市						
衢州市开化县				5		
衢州市江山市				8		
舟山市岱山县				4		
台州市椒江区						
台州市三门县				3		
台州市临海市				4		
丽水市莲都区				1		
丽水市青田县				1		

4-74 续表 3

单位：人次

地 区	无障碍设施		信息无障碍		生活服务	
	城镇	农村	城镇	农村	城镇	农村
总 计	**1**		**5**	**1**	**3**	**11**
杭州市下城区						
杭州市余杭区						
杭州市富阳市	1					
杭州市临安市					1	1
宁波市江东区						
宁波市宁海县			5	1	1	
宁波市慈溪市						3
温州市永嘉县						
温州市瑞安市						
温州市乐清市						1
嘉兴市嘉善县						
嘉兴市桐乡市						
湖州市德清县						
绍兴市绍兴县						
绍兴市嵊州市						
金华市金东区						
金华市义乌市						
衢州市开化县						2
衢州市江山市						
舟山市岱山县						
台州市椒江区						
台州市三门县						
台州市临海市						
丽水市莲都区					1	4
丽水市青田县						

4-74 续表 4

单位：人次

地 区	文化服务		其 他		未曾接受任何服务或扶助	
	城镇	农村	城镇	农村	城镇	农村
总 计		**3**		**7**	**78**	**309**
杭州市下城区					7	
杭州市余杭区						1
杭州市富阳市					9	11
杭州市临安市					1	4
宁波市江东区						
宁波市宁海县					10	26
宁波市慈溪市					3	17
温州市永嘉县						2
温州市瑞安市				6		2
温州市乐清市						15
嘉兴市嘉善县					2	21
嘉兴市桐乡市					15	9
湖州市德清县					6	21
绍兴市绍兴县					5	18
绍兴市嵊州市		3				20
金华市金东区					1	4
金华市义乌市						6
衢州市开化县					5	34
衢州市江山市						15
舟山市岱山县					1	9
台州市椒江区					12	
台州市三门县						21
台州市临海市				1	1	32
丽水市莲都区						10
丽水市青田县						11

4-75 各地区听力残疾人分城乡的曾接受服务或扶助

单位：人次

地 区	合 计		医疗服务与救助		辅助器具	
	城镇	农村	城镇	农村	城镇	农村
总 计	**597**	**1578**	**142**	**388**	**31**	**39**
杭州市下城区	94		32		1	
杭州市余杭区		90		62		7
杭州市富阳市	43	48		1	2	3
杭州市临安市	26	54	3	19		
宁波市江东区	35		15		6	
宁波市宁海县	41	74	9		1	
宁波市慈溪市	37	34	1		2	
温州市永嘉县	1	68	1	19		2
温州市瑞安市	13	60	6	19	3	1
温州市乐清市		96				1
嘉兴市嘉善县	26	80		3		
嘉兴市桐乡市	38	49				
湖州市德清县	8	35	2	4	1	2
绍兴市绍兴县	22	38			1	1
绍兴市嵊州市		142		8		
金华市金东区	23	79	22	62		5
金华市义乌市	10	75	7	44	1	6
衢州市开化县	7	63	1	4	1	2
衢州市江山市		121		64		
舟山市岱山县	20	51	9	24	4	7
台州市椒江区	76		25		6	
台州市三门县	2	75	1	29	1	
台州市临海市	19	76	8	21	1	2
丽水市莲都区	44	79				
丽水市青田县	12	91		5		

4-75 续表 1

单位：人次

地　区	康复训练与服务		教育费用补助或减免		职业教育与培训	
	城镇	农村	城镇	农村	城镇	农村
总　计		**8**				**2**
杭州市下城区						
杭州市余杭区						
杭州市富阳市						
杭州市临安市						
宁波市江东区						
宁波市宁海县						
宁波市慈溪市						
温州市永嘉县		2				
温州市瑞安市						
温州市乐清市		1				
嘉兴市嘉善县						
嘉兴市桐乡市						
湖州市德清县						
绍兴市绍兴县		1				
绍兴市嵊州市		1				
金华市金东区		1				
金华市义乌市		1				2
衢州市开化县						
衢州市江山市		1				
舟山市岱山县						
台州市椒江区						
台州市三门县						
台州市临海市						
丽水市莲都区						
丽水市青田县						

4-75 续表 2

单位：人次

地 区	就业安置或扶持		贫困残疾人救助与扶持		法律援助与服务	
	城镇	农村	城镇	农村	城镇	农村
总 计	**2**	**3**	**6**	**47**		
杭州市下城区						
杭州市余杭区				1		
杭州市富阳市			1	3		
杭州市临安市						
宁波市江东区						
宁波市宁海县			1	5		
宁波市慈溪市						
温州市永嘉县						
温州市瑞安市				4		
温州市乐清市						
嘉兴市嘉善县			2	7		
嘉兴市桐乡市						
湖州市德清县		1		1		
绍兴市绍兴县				7		
绍兴市嵊州市						
金华市金东区	1					
金华市义乌市		1	1	8		
衢州市开化县				4		
衢州市江山市				6		
舟山市岱山县	1	1		1		
台州市椒江区						
台州市三门县						
台州市临海市			1			
丽水市莲都区						
丽水市青田县						

4-75 续表 3

单位：人次

地　区	无障碍设施		信息无障碍		生活服务	
	城镇	农村	城镇	农村	城镇	农村
总　计				**1**	**4**	**17**
杭州市下城区						
杭州市余杭区						
杭州市富阳市						
杭州市临安市					1	
宁波市江东区						
宁波市宁海县						
宁波市慈溪市						
温州市永嘉县						
温州市瑞安市						
温州市乐清市						
嘉兴市嘉善县						
嘉兴市桐乡市						
湖州市德清县					1	
绍兴市绍兴县					1	
绍兴市嵊州市						2
金华市金东区						
金华市义乌市						
衢州市开化县				1		
衢州市江山市						15
舟山市岱山县					1	
台州市椒江区						
台州市三门县						
台州市临海市						
丽水市莲都区						
丽水市青田县						

4-75 续表 4

单位：人次

地　区	文化服务		其　他		未曾接受任何服务或扶助	
	城镇	农村	城镇	农村	城镇	农村
总　计		**37**	**3**	**21**	**409**	**1015**
杭州市下城区					61	
杭州市余杭区						20
杭州市富阳市					40	41
杭州市临安市					22	35
宁波市江东区					14	
宁波市宁海县					30	69
宁波市慈溪市			1		33	34
温州市永嘉县						45
温州市瑞安市				18	4	18
温州市乐清市				1		93
嘉兴市嘉善县				1	24	69
嘉兴市桐乡市			1		37	49
湖州市德清县					4	27
绍兴市绍兴县			1	1	19	28
绍兴市嵊州市		33				98
金华市金东区						11
金华市义乌市					1	13
衢州市开化县					5	52
衢州市江山市		4				31
舟山市岱山县					5	18
台州市椒江区					45	
台州市三门县						46
台州市临海市					9	53
丽水市莲都区					44	79
丽水市青田县					12	86

4-76 各地区言语残疾人分城乡的曾接受服务或扶助

单位：人次

地区	合计		医疗服务与救助		辅助器具	
	城镇	农村	城镇	农村	城镇	农村
总计	**16**	**52**	**4**	**7**	**1**	
杭州市下城区						
杭州市余杭区		2				
杭州市富阳市	2	2	1		1	
杭州市临安市	1	4	1	3		
宁波市江东区	1		1			
宁波市宁海县	2	4				
宁波市慈溪市	1					
温州市永嘉县	1	7				
温州市瑞安市		4		2		
温州市乐清市		2				
嘉兴市嘉善县	1	2				
嘉兴市桐乡市	1					
湖州市德清县		3				
绍兴市绍兴县		1				
绍兴市嵊州市		3				
金华市金东区		1				
金华市义乌市						
衢州市开化县		3				
衢州市江山市		4		1		
舟山市岱山县	1	2	1	1		
台州市椒江区	4					
台州市三门县		3				
台州市临海市		2				
丽水市莲都区	1	1				
丽水市青田县		2				

4-76 续表 1

单位：人次

地　区	康复训练与服务		教育费用补助或减免		职业教育与培训	
	城镇	农村	城镇	农村	城镇	农村
总　计		**1**				
杭州市下城区						
杭州市余杭区						
杭州市富阳市						
杭州市临安市						
宁波市江东区						
宁波市宁海县						
宁波市慈溪市						
温州市永嘉县						
温州市瑞安市		1				
温州市乐清市						
嘉兴市嘉善县						
嘉兴市桐乡市						
湖州市德清县						
绍兴市绍兴县						
绍兴市嵊州市						
金华市金东区						
金华市义乌市						
衢州市开化县						
衢州市江山市						
舟山市岱山县						
台州市椒江区						
台州市三门县						
台州市临海市						
丽水市莲都区						
丽水市青田县						

4-76 续表 2

单位：人次

地区	就业安置或扶持		贫困残疾人救助与扶持		法律援助与服务	
	城镇	农村	城镇	农村	城镇	农村
总　计		**2**	**1**	**5**		
杭州市下城区						
杭州市余杭区		1				
杭州市富阳市						
杭州市临安市						
宁波市江东区						
宁波市宁海县				1		
宁波市慈溪市						
温州市永嘉县						
温州市瑞安市				1		
温州市乐清市						
嘉兴市嘉善县						
嘉兴市桐乡市			1			
湖州市德清县						
绍兴市绍兴县						
绍兴市嵊州市		1				
金华市金东区						
金华市义乌市						
衢州市开化县				1		
衢州市江山市				1		
舟山市岱山县						
台州市椒江区						
台州市三门县				1		
台州市临海市						
丽水市莲都区						
丽水市青田县						

4-76 续表 3

单位：人次

地区	无障碍设施		信息无障碍		生活服务	
	城镇	农村	城镇	农村	城镇	农村
总　计						1
杭州市下城区						
杭州市余杭区						
杭州市富阳市						
杭州市临安市						
宁波市江东区						
宁波市宁海县						
宁波市慈溪市						
温州市永嘉县						
温州市瑞安市						
温州市乐清市						
嘉兴市嘉善县						
嘉兴市桐乡市						
湖州市德清县						
绍兴市绍兴县						
绍兴市嵊州市						
金华市金东区						
金华市义乌市						
衢州市开化县						
衢州市江山市						
舟山市岱山县						1
台州市椒江区						
台州市三门县						
台州市临海市						
丽水市莲都区						
丽水市青田县						

4-76 续表 4

单位：人次

地区	文化服务		其他		未曾接受任何服务或扶助	
	城镇	农村	城镇	农村	城镇	农村
总计					**10**	**36**
杭州市下城区						
杭州市余杭区						1
杭州市富阳市						2
杭州市临安市						1
宁波市江东区						
宁波市宁海县					2	3
宁波市慈溪市					1	
温州市永嘉县					1	7
温州市瑞安市						
温州市乐清市						2
嘉兴市嘉善县					1	2
嘉兴市桐乡市						
湖州市德清县						3
绍兴市绍兴县						1
绍兴市嵊州市						2
金华市金东区						1
金华市义乌市						
衢州市开化县						2
衢州市江山市						2
舟山市岱山县						
台州市椒江区					4	
台州市三门县						2
台州市临海市						2
丽水市莲都区					1	1
丽水市青田县						2

4-77 各地区肢体残疾人分城乡的曾接受服务或扶助

单位：人次

地　区	合　计		医疗服务与救助		辅助器具	
	城镇	农村	城镇	农村	城镇	农村
总　计	**495**	**1293**	**195**	**482**	**41**	**68**
杭州市下城区	32		22		6	
杭州市余杭区		45		34		
杭州市富阳市	45	47	5	3	3	
杭州市临安市	37	33	26	33	1	
宁波市江东区	66		25		11	
宁波市宁海县	36	40	1			
宁波市慈溪市	18	19			1	
温州市永嘉县	15	146	6	62	3	14
温州市瑞安市	16	71	7	35	1	9
温州市乐清市		34				
嘉兴市嘉善县	6	43		6		1
嘉兴市桐乡市	38	43	3	1		
湖州市德清县	9	48	4	36		1
绍兴市绍兴县	14	52	11	42		1
绍兴市嵊州市		72		6		7
金华市金东区	7	39		15		
金华市义乌市	16	76	13	45	2	13
衢州市开化县	1	55		9		6
衢州市江山市		76		45		8
舟山市岱山县	20	100	3	29		
台州市椒江区	81		55		13	
台州市三门县	1	46		36		
台州市临海市	10	60	4	4		2
丽水市莲都区	17	55	5	2		1
丽水市青田县	10	93	5	39		5

4-77 续表 1

单位：人次

地区	康复训练与服务		教育费用补助或减免		职业教育与培训	
	城镇	农村	城镇	农村	城镇	农村
总计	**50**	**105**	**1**	**9**	**2**	**2**
杭州市下城区	2					
杭州市余杭区		1				
杭州市富阳市			1	1		1
杭州市临安市	1				2	
宁波市江东区	23					
宁波市宁海县						
宁波市慈溪市						
温州市永嘉县	6	48		2		
温州市瑞安市	2	8				
温州市乐清市						
嘉兴市嘉善县		4		1		
嘉兴市桐乡市						
湖州市德清县		1				
绍兴市绍兴县	2	3				
绍兴市嵊州市						
金华市金东区		1				
金华市义乌市		7				
衢州市开化县		2		1		
衢州市江山市				3		1
舟山市岱山县				1		
台州市椒江区	9					
台州市三门县		1				
台州市临海市						
丽水市莲都区						
丽水市青田县	5	29				

4-77 续表 2

单位：人次

地 区	就业安置或扶持		贫困残疾人救助与扶持		法律援助与服务	
	城镇	农村	城镇	农村	城镇	农村
总 计	**10**	**34**	**41**	**157**	**1**	**2**
杭州市下城区						
杭州市余杭区		1		1		
杭州市富阳市	3	7	8	10		
杭州市临安市	3		4			
宁波市江东区	2		3		1	
宁波市宁海县			5	9		
宁波市慈溪市			3	2		
温州市永嘉县				12		
温州市瑞安市				7		
温州市乐清市						
嘉兴市嘉善县		3		11		
嘉兴市桐乡市			2	1		
湖州市德清县				4		
绍兴市绍兴县				1		
绍兴市嵊州市		9		6		
金华市金东区		4	2	5		
金华市义乌市			1	8		
衢州市开化县				8		1
衢州市江山市				7		1
舟山市岱山县		10	12	40		
台州市椒江区	1					
台州市三门县						
台州市临海市	1		1	9		
丽水市莲都区				3		
丽水市青田县				13		

4-77 续表 3

单位：人次

地 区	无障碍设施		信息无障碍		生活服务	
	城镇	农村	城镇	农村	城镇	农村
总 计	**3**	**4**		**11**	**2**	**14**
杭州市下城区						
杭州市余杭区						6
杭州市富阳市						
杭州市临安市						
宁波市江东区						
宁波市宁海县						
宁波市慈溪市						1
温州市永嘉县						
温州市瑞安市						2
温州市乐清市						
嘉兴市嘉善县						
嘉兴市桐乡市	3			4	1	2
湖州市德清县					1	
绍兴市绍兴县						
绍兴市嵊州市		1				1
金华市金东区						
金华市义乌市						
衢州市开化县		2		7		2
衢州市江山市						
舟山市岱山县						
台州市椒江区						
台州市三门县						
台州市临海市						
丽水市莲都区						
丽水市青田县		1				

4-77 续表 4

单位：人次

地　区	文化服务		其　他		未曾接受任何服务或扶助	
	城镇	农村	城镇	农村	城镇	农村
总　计		**7**	**11**	**13**	**138**	**385**
杭州市下城区					2	
杭州市余杭区						2
杭州市富阳市					25	25
杭州市临安市						
宁波市江东区					1	
宁波市宁海县					30	31
宁波市慈溪市					14	16
温州市永嘉县						8
温州市瑞安市			4	9	2	1
温州市乐清市						34
嘉兴市嘉善县					6	17
嘉兴市桐乡市		2	5	4	24	29
湖州市德清县					4	6
绍兴市绍兴县					1	5
绍兴市嵊州市		5				37
金华市金东区					5	14
金华市义乌市						3
衢州市开化县					1	17
衢州市江山市						11
舟山市岱山县					5	20
台州市椒江区			2		1	
台州市三门县					1	9
台州市临海市					4	45
丽水市莲都区					12	49
丽水市青田县						6

4-78 各地区智力残疾人分城乡的曾接受服务或扶助

单位：人次

地区	合计		医疗服务与救助		辅助器具	
	城镇	农村	城镇	农村	城镇	农村
总计	**128**	**327**	**39**	**40**	**2**	
杭州市下城区	23		13		1	
杭州市余杭区		20				
杭州市富阳市	24	33	13	9		
杭州市临安市	15	12	4	1		
宁波市江东区	13					
宁波市宁海县	4	2				
宁波市慈溪市	7	11		2		
温州市永嘉县	2	16		1		
温州市瑞安市		10		4		
温州市乐清市		23		1		
嘉兴市嘉善县	1	12		3		
嘉兴市桐乡市	3	4				
湖州市德清县		18				
绍兴市绍兴县	4	6	1			
绍兴市嵊州市		20				
金华市金东区	4	11	1	3		
金华市义乌市	1	6	1	5		
衢州市开化县	1	21	1	2		
衢州市江山市		21				
舟山市岱山县	7	13		2		
台州市椒江区	8		3			
台州市三门县		11				
台州市临海市	5	17	1	1	1	
丽水市莲都区	2	23		6		
丽水市青田县	4	17	1			

4-78 续表 1

单位：人次

地　区	康复训练与服务		教育费用补助或减免		职业教育与培训	
	城镇	农村	城镇	农村	城镇	农村
总　计	**7**	**4**	**2**	**7**	**1**	
杭州市下城区	4					
杭州市余杭区				4		
杭州市富阳市	1	1	1	2	1	
杭州市临安市						
宁波市江东区						
宁波市宁海县						
宁波市慈溪市		1				
温州市永嘉县						
温州市瑞安市						
温州市乐清市		1				
嘉兴市嘉善县						
嘉兴市桐乡市						
湖州市德清县						
绍兴市绍兴县	1					
绍兴市嵊州市						
金华市金东区						
金华市义乌市						
衢州市开化县						
衢州市江山市						
舟山市岱山县						
台州市椒江区						
台州市三门县						
台州市临海市	1	1				
丽水市莲都区				1		
丽水市青田县			1			

4-78 续表 2

单位：人次

地区	就业安置或扶持		贫困残疾人救助与扶持		法律援助与服务	
	城镇	农村	城镇	农村	城镇	农村
总　计	**4**	**12**	**17**	**60**		
杭州市下城区	1		3			
杭州市余杭区		2		7		
杭州市富阳市		5	5	11		
杭州市临安市	2		3	2		
宁波市江东区	1		1			
宁波市宁海县						
宁波市慈溪市			1	1		
温州市永嘉县				3		
温州市瑞安市				1		
温州市乐清市				1		
嘉兴市嘉善县				3		
嘉兴市桐乡市			1	1		
湖州市德清县		1		2		
绍兴市绍兴县				1		
绍兴市嵊州市				2		
金华市金东区				2		
金华市义乌市		1				
衢州市开化县		1		2		
衢州市江山市				5		
舟山市岱山县				5		
台州市椒江区			2			
台州市三门县				1		
台州市临海市		1				
丽水市莲都区		1	1	4		
丽水市青田县				6		

4-78 续表 3

单位：人次

地　区	无障碍设施		信息无障碍		生活服务	
	城镇	农村	城镇	农村	城镇	农村
总　计	**1**				**1**	**11**
杭州市下城区	1					
杭州市余杭区						
杭州市富阳市						
杭州市临安市						
宁波市江东区						
宁波市宁海县						
宁波市慈溪市						
温州市永嘉县						1
温州市瑞安市						
温州市乐清市						
嘉兴市嘉善县						
嘉兴市桐乡市						
湖州市德清县						
绍兴市绍兴县					1	
绍兴市嵊州市						2
金华市金东区						
金华市义乌市						
衢州市开化县						1
衢州市江山市						
舟山市岱山县						
台州市椒江区						
台州市三门县						
台州市临海市						
丽水市莲都区						7
丽水市青田县						

4-78 续表 4

单位：人次

地区	文化服务		其他		未曾接受任何服务或扶助	
	城镇	农村	城镇	农村	城镇	农村
总计		**6**	**1**	**6**	**53**	**181**
杭州市下城区						
杭州市余杭区						7
杭州市富阳市					3	5
杭州市临安市			1		5	9
宁波市江东区					11	
宁波市宁海县					4	2
宁波市慈溪市					6	7
温州市永嘉县					2	11
温州市瑞安市				2		3
温州市乐清市						20
嘉兴市嘉善县				1	1	5
嘉兴市桐乡市					2	3
湖州市德清县						15
绍兴市绍兴县					1	5
绍兴市嵊州市		4				12
金华市金东区					3	6
金华市义乌市						
衢州市开化县						15
衢州市江山市		1				15
舟山市岱山县					7	6
台州市椒江区					3	
台州市三门县		1				9
台州市临海市					2	14
丽水市莲都区				3	1	1
丽水市青田县					2	11

4-79 各地区精神残疾人分城乡的曾接受服务或扶助

单位：人次

地　　区	合　计		医疗服务与救助		辅助器具	
	城镇	农村	城镇	农村	城镇	农村
总　　计	**161**	**450**	**64**	**177**		**2**
杭州市下城区	27		17			
杭州市余杭区		18		12		
杭州市富阳市	5	21	3	11		
杭州市临安市	4	5	1	2		
宁波市江东区	13		6			
宁波市宁海县	22	12	5			
宁波市慈溪市	11	15		1		
温州市永嘉县	2	32		5		
温州市瑞安市	6	13	2	3		
温州市乐清市		21		1		
嘉兴市嘉善县	9	17		3		
嘉兴市桐乡市	2	9				
湖州市德清县	8	12	3	8		
绍兴市绍兴县	6	22	4	15		
绍兴市嵊州市		30		28		
金华市金东区	8	16	4	8		
金华市义乌市	2	14	2	10		
衢州市开化县	4	37		11		1
衢州市江山市		41		8		1
舟山市岱山县	7	22	2	13		
台州市椒江区	10		7			
台州市三门县		18				
台州市临海市	3	18	2	9		
丽水市莲都区	7	31	4	17		
丽水市青田县	5	26	2	12		

4-79 续表 1

单位：人次

地区	康复训练与服务		教育费用补助或减免		职业教育与培训	
	城镇	农村	城镇	农村	城镇	农村
总　计	**7**	**12**		**2**		**1**
杭州市下城区						
杭州市余杭区						
杭州市富阳市	2	7				
杭州市临安市						
宁波市江东区						
宁波市宁海县	3					
宁波市慈溪市						
温州市永嘉县		2		1		
温州市瑞安市						
温州市乐清市						
嘉兴市嘉善县				1		
嘉兴市桐乡市						
湖州市德清县						
绍兴市绍兴县						
绍兴市嵊州市		1				
金华市金东区		2				
金华市义乌市						
衢州市开化县						1
衢州市江山市						
舟山市岱山县						
台州市椒江区						
台州市三门县						
台州市临海市						
丽水市莲都区	1					
丽水市青田县	1					

4-79 续表 2

单位：人次

地区	就业安置或扶持		贫困残疾人救助与扶持		法律援助与服务	
	城镇	农村	城镇	农村	城镇	农村
总计	**2**	**5**	**28**	**53**	**2**	**1**
杭州市下城区			10			
杭州市余杭区				2		
杭州市富阳市				2		
杭州市临安市						
宁波市江东区						
宁波市宁海县			6	4	2	
宁波市慈溪市			1	5		
温州市永嘉县				4		
温州市瑞安市				1		
温州市乐清市				2		
嘉兴市嘉善县			1	4		
嘉兴市桐乡市						
湖州市德清县	2	1	1	1		
绍兴市绍兴县				2		
绍兴市嵊州市				1		
金华市金东区			1	3		1
金华市义乌市				2		
衢州市开化县		2	4	6		
衢州市江山市						
舟山市岱山县			2	4		
台州市椒江区			1			
台州市三门县				5		
台州市临海市				3		
丽水市莲都区		2	1	2		
丽水市青田县						

4-79 续表 3

单位：人次

地　区	无障碍设施		信息无障碍		生活服务	
	城镇	农村	城镇	农村	城镇	农村
总　计			**2**	**1**	**6**	**14**
杭州市下城区						
杭州市余杭区						
杭州市富阳市						
杭州市临安市						
宁波市江东区						
宁波市宁海县						
宁波市慈溪市						
温州市永嘉县						
温州市瑞安市					1	1
温州市乐清市						
嘉兴市嘉善县						
嘉兴市桐乡市						
湖州市德清县					2	
绍兴市绍兴县					1	1
绍兴市嵊州市						
金华市金东区					1	
金华市义乌市				1		
衢州市开化县						
衢州市江山市						
舟山市岱山县						2
台州市椒江区						
台州市三门县						1
台州市临海市						
丽水市莲都区					1	9
丽水市青田县			2			

4-79 续表 4

单位：人次

地区	文化服务		其他		未曾接受任何服务或扶助	
	城镇	农村	城镇	农村	城镇	农村
总计		**1**	**3**	**8**	**47**	**173**
杭州市下城区						
杭州市余杭区						4
杭州市富阳市						1
杭州市临安市					3	3
宁波市江东区			2		5	
宁波市宁海县					6	8
宁波市慈溪市					10	9
温州市永嘉县					2	20
温州市瑞安市				3	3	5
温州市乐清市				5		13
嘉兴市嘉善县					8	9
嘉兴市桐乡市					2	9
湖州市德清县						2
绍兴市绍兴县					1	4
绍兴市嵊州市						
金华市金东区					2	2
金华市义乌市						1
衢州市开化县		1				15
衢州市江山市						32
舟山市岱山县			1		2	3
台州市椒江区					2	
台州市三门县						12
台州市临海市					1	6
丽水市莲都区						1
丽水市青田县						14

4-80　各地区多重残疾人分城乡的曾接受服务或扶助

单位：人次

地　区	合　计		医疗服务与救助		辅助器具	
	城镇	农村	城镇	农村	城镇	农村
总　计	**267**	**758**	**101**	**204**	**26**	**16**
杭州市下城区	35		19		3	
杭州市余杭区		31		14		
杭州市富阳市	14	11	7	4	1	
杭州市临安市	20	22	11	14	1	
宁波市江东区	38		17		12	
宁波市宁海县	21	41	2			1
宁波市慈溪市	3	14		2		
温州市永嘉县		46		17		1
温州市瑞安市	8	29	3	11		
温州市乐清市		41		1		1
嘉兴市嘉善县	6	22	1	2		
嘉兴市桐乡市	23	21	1		1	
湖州市德清县	4	22	3	8	1	1
绍兴市绍兴县	7	37	1	5		
绍兴市嵊州市		31		4		2
金华市金东区	6	29	5	9		
金华市义乌市	10	58	4	30		4
衢州市开化县	1	25	1	1		2
衢州市江山市		22		4		
舟山市岱山县	20	62	11	24	1	1
台州市椒江区	27		8		5	
台州市三门县		12		9		
台州市临海市	7	31	4	5	1	
丽水市莲都区	12	45	2	4		2
丽水市青田县	5	106	1	36		1

4-80 续表 1

单位：人次

地区	康复训练与服务		教育费用补助或减免		职业教育与培训	
	城镇	农村	城镇	农村	城镇	农村
总计	**21**	**27**		**8**		**6**
杭州市下城区	7					
杭州市余杭区				1		2
杭州市富阳市	2					
杭州市临安市	1			1		1
宁波市江东区	4					
宁波市宁海县		1				
宁波市慈溪市						
温州市永嘉县		7		1		
温州市瑞安市		1				
温州市乐清市		1				
嘉兴市嘉善县				1		
嘉兴市桐乡市						
湖州市德清县						
绍兴市绍兴县		1		2		
绍兴市嵊州市						
金华市金东区		1				
金华市义乌市	1	4				
衢州市开化县				1		
衢州市江山市						
舟山市岱山县						
台州市椒江区	2					
台州市三门县						
台州市临海市	2	2				
丽水市莲都区	1					
丽水市青田县	1	9		1		3

4-80 续表 2

单位：人次

地　区	就业安置或扶持		贫困残疾人救助与扶持		法律援助与服务	
	城镇	农村	城镇	农村	城镇	农村
总　计	**8**	**16**	**26**	**97**		
杭州市下城区			2			
杭州市余杭区		3		3		
杭州市富阳市				2		
杭州市临安市	2			1		
宁波市江东区	3		2			
宁波市宁海县	1	1	1	4		
宁波市慈溪市						
温州市永嘉县		1		8		
温州市瑞安市			2	9		
温州市乐清市						
嘉兴市嘉善县			1	3		
嘉兴市桐乡市	2		5	2		
湖州市德清县		2		1		
绍兴市绍兴县		4	1	3		
绍兴市嵊州市				2		
金华市金东区		1		2		
金华市义乌市		1	2	13		
衢州市开化县				3		
衢州市江山市				2		
舟山市岱山县		2	6	20		
台州市椒江区			2			
台州市三门县						
台州市临海市				4		
丽水市莲都区			1	9		
丽水市青田县		1	1	6		

4-80 续表 3

单位：人次

地区	无障碍设施		信息无障碍		生活服务	
	城镇	农村	城镇	农村	城镇	农村
总计	**2**	**3**	**2**	**2**	**2**	**12**
杭州市下城区	2					
杭州市余杭区		1				
杭州市富阳市						
杭州市临安市					1	
宁波市江东区						
宁波市宁海县						
宁波市慈溪市						1
温州市永嘉县						
温州市瑞安市					1	
温州市乐清市						
嘉兴市嘉善县						
嘉兴市桐乡市				1		2
湖州市德清县						
绍兴市绍兴县						
绍兴市嵊州市		1				
金华市金东区						
金华市义乌市						2
衢州市开化县						
衢州市江山市						
舟山市岱山县				1		1
台州市椒江区						
台州市三门县						
台州市临海市						
丽水市莲都区						5
丽水市青田县		1	2			1

4-80 续表 4

单位：人次

地区	文化服务		其他		未曾接受任何服务或扶助	
	城镇	农村	城镇	农村	城镇	农村
总计		**1**	**6**	**11**	**73**	**355**
杭州市下城区					2	
杭州市余杭区						7
杭州市富阳市					4	5
杭州市临安市					4	5
宁波市江东区						
宁波市宁海县					17	34
宁波市慈溪市					3	11
温州市永嘉县		1				10
温州市瑞安市			2	6		2
温州市乐清市						38
嘉兴市嘉善县					4	16
嘉兴市桐乡市			3	2	11	14
湖州市德清县						10
绍兴市绍兴县					5	22
绍兴市嵊州市				1		21
金华市金东区					1	16
金华市义乌市					3	4
衢州市开化县						18
衢州市江山市				1		15
舟山市岱山县					2	13
台州市椒江区			1		9	
台州市三门县						3
台州市临海市						20
丽水市莲都区				1	8	24
丽水市青田县						47

4-81 各地区视力残疾人分残疾等级的曾接受服务或扶助

单位：人次

地区	医疗服务与救助				辅助器具			
	一级	二级	三级	四级	一级	二级	三级	四级
总计	**85**	**33**	**25**	**233**	**25**	**6**	**7**	**70**
杭州市下城区		1		29				
杭州市余杭区	3	1	2	28	3	1	1	19
杭州市富阳市	12		3	14				1
杭州市临安市	3		1	11				
宁波市江东区	6	4	1	30	6	3	1	26
宁波市宁海县	1		1					
宁波市慈溪市	5	4	1	5				
温州市永嘉县	8	2	2	6	1			
温州市瑞安市	1	3		8				
温州市乐清市								
嘉兴市嘉善县	1			7				1
嘉兴市桐乡市								
湖州市德清县	6	3	1	30				
绍兴市绍兴县				1	1			2
绍兴市嵊州市								
金华市金东区	9	6	2	13			1	1
金华市义乌市	8	1		5				1
衢州市开化县								
衢州市江山市								
舟山市岱山县	10	7	4	18	2	1		
台州市椒江区	2	1	2	9	1	1	2	8
台州市三门县	1		1	3				
台州市临海市								
丽水市莲都区	6		2	8	10		2	9
丽水市青田县	3		2	8	1			2

4-81 续表 1

单位：人次

地 区	康复训练与服务				教育费用补助或减免			
	一级	二级	三级	四级	一级	二级	三级	四级
总 计	**2**	**1**	**1**	**13**				**1**
杭州市下城区								
杭州市余杭区	1	1	1	6				
杭州市富阳市				3				
杭州市临安市								
宁波市江东区				1				
宁波市宁海县								
宁波市慈溪市								
温州市永嘉县								
温州市瑞安市								
温州市乐清市								
嘉兴市嘉善县								
嘉兴市桐乡市								
湖州市德清县								
绍兴市绍兴县				1				
绍兴市嵊州市								
金华市金东区								
金华市义乌市								
衢州市开化县								
衢州市江山市								1
舟山市岱山县	1							
台州市椒江区				1				
台州市三门县								
台州市临海市								
丽水市莲都区								
丽水市青田县				1				

4-81 续表 2

单位：人次

地　区	职业教育与培训				就业安置或扶持			
	一级	二级	三级	四级	一级	二级	三级	四级
总　计				**1**				**4**
杭州市下城区				1				1
杭州市余杭区								
杭州市富阳市								
杭州市临安市								2
宁波市江东区								
宁波市宁海县								
宁波市慈溪市								
温州市永嘉县								
温州市瑞安市								
温州市乐清市								
嘉兴市嘉善县								
嘉兴市桐乡市								
湖州市德清县								1
绍兴市绍兴县								
绍兴市嵊州市								
金华市金东区								
金华市义乌市								
衢州市开化县								
衢州市江山市								
舟山市岱山县								
台州市椒江区								
台州市三门县								
台州市临海市								
丽水市莲都区								
丽水市青田县								

4-81 续表 3

单位：人次

地 区	贫困残疾人救助与扶持				法律援助与服务			
	一级	二级	三级	四级	一级	二级	三级	四级
总 计	**29**	**3**	**5**	**23**				
杭州市下城区				1				
杭州市余杭区				1				
杭州市富阳市				2				
杭州市临安市	2							
宁波市江东区				1				
宁波市宁海县								
宁波市慈溪市	2							
温州市永嘉县	4			1				
温州市瑞安市	1			1				
温州市乐清市			1					
嘉兴市嘉善县	1			1				
嘉兴市桐乡市		1		4				
湖州市德清县	3		1	1				
绍兴市绍兴县	2							
绍兴市嵊州市	3							
金华市金东区								
金华市义乌市								
衢州市开化县	1		1	3				
衢州市江山市	1		2	5				
舟山市岱山县	2	1		1				
台州市椒江区								
台州市三门县	2	1						
台州市临海市	3			1				
丽水市莲都区	1							
丽水市青田县	1							

4-81 续表 4

单位：人次

地区	无障碍设施				信息无障碍			
	一级	二级	三级	四级	一级	二级	三级	四级
总　计				**1**	**3**		**2**	**1**
杭州市下城区								
杭州市余杭区								
杭州市富阳市				1				
杭州市临安市								
宁波市江东区								
宁波市宁海县					3		2	1
宁波市慈溪市								
温州市永嘉县								
温州市瑞安市								
温州市乐清市								
嘉兴市嘉善县								
嘉兴市桐乡市								
湖州市德清县								
绍兴市绍兴县								
绍兴市嵊州市								
金华市金东区								
金华市义乌市								
衢州市开化县								
衢州市江山市								
舟山市岱山县								
台州市椒江区								
台州市三门县								
台州市临海市								
丽水市莲都区								
丽水市青田县								

4-81 续表 5

单位：人次

地 区	生活服务				文化服务			
	一级	二级	三级	四级	一级	二级	三级	四级
总 计	**4**	**1**	**2**	**7**	**1**		**1**	**1**
杭州市下城区								
杭州市余杭区								
杭州市富阳市								
杭州市临安市				2				
宁波市江东区								
宁波市宁海县	1							
宁波市慈溪市		1		2				
温州市永嘉县								
温州市瑞安市								
温州市乐清市			1					
嘉兴市嘉善县								
嘉兴市桐乡市								
湖州市德清县								
绍兴市绍兴县								
绍兴市嵊州市					1		1	1
金华市金东区								
金华市义乌市								
衢州市开化县	1			1				
衢州市江山市								
舟山市岱山县								
台州市椒江区								
台州市三门县								
台州市临海市								
丽水市莲都区	2		1	2				
丽水市青田县								

4-81 续表 6

单位：人次

地区	其他				未曾接受任何服务或扶助			
	一级	二级	三级	四级	一级	二级	三级	四级
总计		**2**		**5**	**76**	**36**	**38**	**237**
杭州市下城区								7
杭州市余杭区							1	
杭州市富阳市					3	2	1	14
杭州市临安市								5
宁波市江东区								
宁波市宁海县					7		5	24
宁波市慈溪市					4	3	3	10
温州市永嘉县					1	1		
温州市瑞安市		2		4				2
温州市乐清市					2	2	5	6
嘉兴市嘉善县					6	1	2	14
嘉兴市桐乡市					2		1	21
湖州市德清县					5	3	3	16
绍兴市绍兴县					7	1	4	11
绍兴市嵊州市					5	5	3	7
金华市金东区					2	2		1
金华市义乌市					1		1	4
衢州市开化县					6	5	3	25
衢州市江山市					4	4		7
舟山市岱山县					4	1	1	4
台州市椒江区					2		1	9
台州市三门县					1	2	3	15
台州市临海市				1	11	3		19
丽水市莲都区						1		9
丽水市青田县					3		1	7

4-82 各地区听力残疾人分残疾等级的曾接受服务或扶助

单位：人次

地区	医疗服务与救助				辅助器具			
	一级	二级	三级	四级	一级	二级	三级	四级
总　计	**33**	**44**	**284**	**169**	**8**	**11**	**41**	**10**
杭州市下城区	1		12	19			1	
杭州市余杭区	2	5	28	27			4	3
杭州市富阳市	1					1	2	2
杭州市临安市	1	3	9	9				
宁波市江东区		4	8	3		4	1	1
宁波市宁海县			7	2			1	
宁波市慈溪市			1				2	
温州市永嘉县	2	4	9	5			2	
温州市瑞安市		1	18	6			3	1
温州市乐清市								1
嘉兴市嘉善县		2		1				
嘉兴市桐乡市								
湖州市德清县		1	4	1			3	
绍兴市绍兴县					1		1	
绍兴市嵊州市			5	3				
金华市金东区	4	2	35	43		1	3	1
金华市义乌市	3	4	36	8	1	1	5	
衢州市开化县			5				3	
衢州市江山市	3	5	39	17				
舟山市岱山县	3	2	23	5	3	2	6	
台州市椒江区	2	1	12	10	2	1	2	1
台州市三门县	5	6	16	3	1			
台州市临海市	6	4	14	5		1	2	
丽水市莲都区								
丽水市青田县			3	2				

4-82 续表 1

单位：人次

地区	康复训练与服务				教育费用补助或减免			
	一级	二级	三级	四级	一级	二级	三级	四级
总　　计	**1**	**4**		**3**				
杭州市下城区								
杭州市余杭区								
杭州市富阳市								
杭州市临安市								
宁波市江东区								
宁波市宁海县								
宁波市慈溪市								
温州市永嘉县		1		1				
温州市瑞安市								
温州市乐清市				1				
嘉兴市嘉善县								
嘉兴市桐乡市								
湖州市德清县								
绍兴市绍兴县	1							
绍兴市嵊州市		1						
金华市金东区				1				
金华市义乌市		1						
衢州市开化县								
衢州市江山市		1						
舟山市岱山县								
台州市椒江区								
台州市三门县								
台州市临海市								
丽水市莲都区								
丽水市青田县								

4-82 续表 2

单位：人次

地区	职业教育与培训				就业安置或扶持			
	一级	二级	三级	四级	一级	二级	三级	四级
总计			**1**	**1**	**1**	**1**	**1**	**2**
杭州市下城区								
杭州市余杭区								
杭州市富阳市								
杭州市临安市								
宁波市江东区								
宁波市宁海县								
宁波市慈溪市								
温州市永嘉县								
温州市瑞安市								
温州市乐清市								
嘉兴市嘉善县								
嘉兴市桐乡市								
湖州市德清县					1			
绍兴市绍兴县								
绍兴市嵊州市								
金华市金东区								1
金华市义乌市			1	1				1
衢州市开化县								
衢州市江山市								
舟山市岱山县						1	1	
台州市椒江区								
台州市三门县								
台州市临海市								
丽水市莲都区								
丽水市青田县								

4-82 续表 3

单位：人次

地区	贫困残疾人救助与扶持				法律援助与服务			
	一级	二级	三级	四级	一级	二级	三级	四级
总计	**2**	**11**	**27**	**13**				
杭州市下城区								
杭州市余杭区				1				
杭州市富阳市	1	1	2					
杭州市临安市								
宁波市江东区								
宁波市宁海县		2	2	2				
宁波市慈溪市								
温州市永嘉县								
温州市瑞安市		1	3					
温州市乐清市								
嘉兴市嘉善县		3	4	2				
嘉兴市桐乡市								
湖州市德清县			1					
绍兴市绍兴县			4	3				
绍兴市嵊州市								
金华市金东区								
金华市义乌市		2	6	1				
衢州市开化县	1		2	1				
衢州市江山市		1	2	3				
舟山市岱山县		1						
台州市椒江区								
台州市三门县								
台州市临海市			1					
丽水市莲都区								
丽水市青田县								

4-82 续表 4

单位：人次

地区	无障碍设施				信息无障碍			
	一级	二级	三级	四级	一级	二级	三级	四级
总　计								**1**
杭州市下城区								
杭州市余杭区								
杭州市富阳市								
杭州市临安市								
宁波市江东区								
宁波市宁海县								
宁波市慈溪市								
温州市永嘉县								
温州市瑞安市								
温州市乐清市								
嘉兴市嘉善县								
嘉兴市桐乡市								
湖州市德清县								
绍兴市绍兴县								
绍兴市嵊州市								
金华市金东区								
金华市义乌市								
衢州市开化县								1
衢州市江山市								
舟山市岱山县								
台州市椒江区								
台州市三门县								
台州市临海市								
丽水市莲都区								
丽水市青田县								

4-82 续表 5

单位：人次

地　区	生活服务				文化服务			
	一级	二级	三级	四级	一级	二级	三级	四级
总　计		**4**	**12**	**5**	**2**	**3**	**26**	**6**
杭州市下城区								
杭州市余杭区								
杭州市富阳市								
杭州市临安市		1						
宁波市江东区								
宁波市宁海县								
宁波市慈溪市								
温州市永嘉县								
温州市瑞安市								
温州市乐清市								
嘉兴市嘉善县								
嘉兴市桐乡市								
湖州市德清县				1				
绍兴市绍兴县			1					
绍兴市嵊州市		1	1		2	3	23	5
金华市金东区								
金华市义乌市								
衢州市开化县								
衢州市江山市		2	9	4			3	1
舟山市岱山县			1					
台州市椒江区								
台州市三门县								
台州市临海市								
丽水市莲都区								
丽水市青田县								

4-82 续表 6

单位：人次

地区	其他				未曾接受任何服务或扶助			
	一级	二级	三级	四级	一级	二级	三级	四级
总计		**3**	**12**	**9**	**74**	**143**	**690**	**517**
杭州市下城区						2	12	47
杭州市余杭区					1	3	10	6
杭州市富阳市					11	9	42	19
杭州市临安市					2	2	33	20
宁波市江东区						1	4	9
宁波市宁海县					1	7	45	46
宁波市慈溪市			1		2	8	29	28
温州市永嘉县					6	15	17	7
温州市瑞安市		1	10	7	3	4	14	1
温州市乐清市		1			4	3	30	56
嘉兴市嘉善县			1		6	5	43	39
嘉兴市桐乡市				1	3	2	35	46
湖州市德清县					3	6	17	5
绍兴市绍兴县		1		1		6	25	16
绍兴市嵊州市					5	23	54	16
金华市金东区					1		4	6
金华市义乌市					4	1	4	5
衢州市开化县					1	5	25	26
衢州市江山市					1	2	20	8
舟山市岱山县					2		19	2
台州市椒江区						8	27	10
台州市三门县					2	6	31	7
台州市临海市					3	3	35	21
丽水市莲都区					9	18	72	24
丽水市青田县					4	4	43	47

4-83 各地区言语残疾人分残疾等级的曾接受服务或扶助

单位：人次

地 区	医疗服务与救助				辅助器具			
	一级	二级	三级	四级	一级	二级	三级	四级
总 计	**4**	**4**	**1**	**2**		**1**		
杭州市下城区								
杭州市余杭区								
杭州市富阳市		1				1		
杭州市临安市		2	1	1				
宁波市江东区	1							
宁波市宁海县								
宁波市慈溪市								
温州市永嘉县								
温州市瑞安市	1			1				
温州市乐清市								
嘉兴市嘉善县								
嘉兴市桐乡市								
湖州市德清县								
绍兴市绍兴县								
绍兴市嵊州市								
金华市金东区								
金华市义乌市								
衢州市开化县								
衢州市江山市		1						
舟山市岱山县	2							
台州市椒江区								
台州市三门县								
台州市临海市								
丽水市莲都区								
丽水市青田县								

4-83 续表 1

单位：人次

地区	康复训练与服务				教育费用补助或减免			
	一级	二级	三级	四级	一级	二级	三级	四级
总计				**1**				
杭州市下城区								
杭州市余杭区								
杭州市富阳市								
杭州市临安市								
宁波市江东区								
宁波市宁海县								
宁波市慈溪市								
温州市永嘉县								
温州市瑞安市				1				
温州市乐清市								
嘉兴市嘉善县								
嘉兴市桐乡市								
湖州市德清县								
绍兴市绍兴县								
绍兴市嵊州市								
金华市金东区								
金华市义乌市								
衢州市开化县								
衢州市江山市								
舟山市岱山县								
台州市椒江区								
台州市三门县								
台州市临海市								
丽水市莲都区								
丽水市青田县								

4-83 续表 2

单位：人次

地　区	职业教育与培训				就业安置或扶持			
	一级	二级	三级	四级	一级	二级	三级	四级
总　计					**1**		**1**	
杭州市下城区								
杭州市余杭区					1			
杭州市富阳市								
杭州市临安市								
宁波市江东区								
宁波市宁海县								
宁波市慈溪市								
温州市永嘉县								
温州市瑞安市								
温州市乐清市								
嘉兴市嘉善县								
嘉兴市桐乡市								
湖州市德清县								
绍兴市绍兴县								
绍兴市嵊州市							1	
金华市金东区								
金华市义乌市								
衢州市开化县								
衢州市江山市								
舟山市岱山县								
台州市椒江区								
台州市三门县								
台州市临海市								
丽水市莲都区								
丽水市青田县								

4-83 续表 3

单位：人次

地区	贫困残疾人救助与扶持				法律援助与服务			
	一级	二级	三级	四级	一级	二级	三级	四级
总　计	**2**	**1**	**2**	**1**				
杭州市下城区								
杭州市余杭区								
杭州市富阳市								
杭州市临安市								
宁波市江东区								
宁波市宁海县	1							
宁波市慈溪市								
温州市永嘉县								
温州市瑞安市				1				
温州市乐清市								
嘉兴市嘉善县								
嘉兴市桐乡市			1					
湖州市德清县								
绍兴市绍兴县								
绍兴市嵊州市								
金华市金东区								
金华市义乌市								
衢州市开化县		1						
衢州市江山市			1					
舟山市岱山县								
台州市椒江区								
台州市三门县	1							
台州市临海市								
丽水市莲都区								
丽水市青田县								

4-83 续表 4

单位：人次

地区	无障碍设施				信息无障碍			
	一级	二级	三级	四级	一级	二级	三级	四级
总计								
杭州市下城区								
杭州市余杭区								
杭州市富阳市								
杭州市临安市								
宁波市江东区								
宁波市宁海县								
宁波市慈溪市								
温州市永嘉县								
温州市瑞安市								
温州市乐清市								
嘉兴市嘉善县								
嘉兴市桐乡市								
湖州市德清县								
绍兴市绍兴县								
绍兴市嵊州市								
金华市金东区								
金华市义乌市								
衢州市开化县								
衢州市江山市								
舟山市岱山县								
台州市椒江区								
台州市三门县								
台州市临海市								
丽水市莲都区								
丽水市青田县								

4-83 续表 5

单位：人次

地区	生活服务				文化服务			
	一级	二级	三级	四级	一级	二级	三级	四级
总　计	**1**							
杭州市下城区								
杭州市余杭区								
杭州市富阳市								
杭州市临安市								
宁波市江东区								
宁波市宁海县								
宁波市慈溪市								
温州市永嘉县								
温州市瑞安市								
温州市乐清市								
嘉兴市嘉善县								
嘉兴市桐乡市								
湖州市德清县								
绍兴市绍兴县								
绍兴市嵊州市								
金华市金东区								
金华市义乌市								
衢州市开化县								
衢州市江山市								
舟山市岱山县	1							
台州市椒江区								
台州市三门县								
台州市临海市								
丽水市莲都区								
丽水市青田县								

4-83 续表 6

单位：人次

地　区	其　他				未曾接受任何服务或扶助			
	一级	二级	三级	四级	一级	二级	三级	四级
总　计					**8**	**9**	**13**	**16**
杭州市下城区								
杭州市余杭区					1			
杭州市富阳市							1	1
杭州市临安市								1
宁波市江东区								
宁波市宁海县					2	2		1
宁波市慈溪市								1
温州市永嘉县						2	4	2
温州市瑞安市								
温州市乐清市					1			1
嘉兴市嘉善县						1	1	1
嘉兴市桐乡市								
湖州市德清县							3	
绍兴市绍兴县								1
绍兴市嵊州市					1	1		
金华市金东区					1			
金华市义乌市								
衢州市开化县								2
衢州市江山市						1	1	
舟山市岱山县								
台州市椒江区							2	2
台州市三门县						1		1
台州市临海市						1	1	
丽水市莲都区					2			
丽水市青田县								2

4-84 各地区肢体残疾人分残疾等级的曾接受服务或扶助

单位：人次

地区	医疗服务与救助				辅助器具			
	一级	二级	三级	四级	一级	二级	三级	四级
总计	**18**	**104**	**204**	**351**	**3**	**37**	**38**	**31**
杭州市下城区	2	2	4	14		1	1	4
杭州市余杭区	1	1	10	22				
杭州市富阳市			2	6		1	2	
杭州市临安市		6	21	32				1
宁波市江东区		5	12	8		4	5	2
宁波市宁海县				1				
宁波市慈溪市							1	
温州市永嘉县	4	26	12	26	1	11	1	4
温州市瑞安市	2	9	9	22	1	4	4	1
温州市乐清市								
嘉兴市嘉善县			2	4			1	
嘉兴市桐乡市		1	1	2				
湖州市德清县	1	4	12	23			1	
绍兴市绍兴县		5	16	32			1	
绍兴市嵊州市		2		4		5	1	1
金华市金东区		3	6	6				
金华市义乌市	3	5	13	37		1	6	8
衢州市开化县		1	4	4		1	2	3
衢州市江山市	1	8	13	23		3	2	3
舟山市岱山县		2	10	20				
台州市椒江区	1	10	20	24		4	6	3
台州市三门县	1	4	16	15				
台州市临海市		3	2	3		1	1	
丽水市莲都区		1	3	3			1	
丽水市青田县	2	6	16	20	1	1	2	1

4-84 续表 1

单位：人次

地区	康复训练与服务				教育费用补助或减免			
	一级	二级	三级	四级	一级	二级	三级	四级
总计	**4**	**39**	**53**	**59**		**1**	**2**	**7**
杭州市下城区		1		1				
杭州市余杭区				1				
杭州市富阳市								2
杭州市临安市				1				
宁波市江东区		4	13	6				
宁波市宁海县								
宁波市慈溪市								
温州市永嘉县	2	23	13	16		1	1	
温州市瑞安市		2	3	5				
温州市乐清市								
嘉兴市嘉善县			1	3				1
嘉兴市桐乡市								
湖州市德清县				1				
绍兴市绍兴县		2	1	2				
绍兴市嵊州市								
金华市金东区			1					
金华市义乌市		1	3	3				
衢州市开化县			1	1				1
衢州市江山市							1	2
舟山市岱山县								1
台州市椒江区	1	2	2	4				
台州市三门县				1				
台州市临海市								
丽水市莲都区								
丽水市青田县	1	4	15	14				

4-84 续表 2

单位：人次

地　区	职业教育与培训				就业安置或扶持			
	一级	二级	三级	四级	一级	二级	三级	四级
总　计		**1**		**3**		**3**	**10**	**31**
杭州市下城区								
杭州市余杭区							1	
杭州市富阳市				1			2	8
杭州市临安市		1		1			1	2
宁波市江东区						1	1	
宁波市宁海县								
宁波市慈溪市								
温州市永嘉县								
温州市瑞安市								
温州市乐清市								
嘉兴市嘉善县								3
嘉兴市桐乡市								
湖州市德清县								
绍兴市绍兴县								
绍兴市嵊州市							1	8
金华市金东区						1	2	1
金华市义乌市								
衢州市开化县								
衢州市江山市				1				
舟山市岱山县						1	2	7
台州市椒江区								1
台州市三门县								
台州市临海市								1
丽水市莲都区								
丽水市青田县								

4-84 续表 3

单位：人次

地　区	贫困残疾人救助与扶持				法律援助与服务			
	一级	二级	三级	四级	一级	二级	三级	四级
总　计	**9**	**36**	**51**	**102**			**1**	**2**
杭州市下城区								
杭州市余杭区			1					
杭州市富阳市		4	4	10				
杭州市临安市		1	1	2				
宁波市江东区		1	2				1	
宁波市宁海县			4	10				
宁波市慈溪市	1			4				
温州市永嘉县	1	5	3	3				
温州市瑞安市	1	2	1	3				
温州市乐清市								
嘉兴市嘉善县	1		2	8				
嘉兴市桐乡市			1	2				
湖州市德清县	1			3				
绍兴市绍兴县			1					
绍兴市嵊州市		3		3				
金华市金东区		2	1	4				
金华市义乌市	1	1	1	6				
衢州市开化县		1	3	4				1
衢州市江山市	1	3	1	2				1
舟山市岱山县	1	8	14	29				
台州市椒江区								
台州市三门县								
台州市临海市		3	5	2				
丽水市莲都区			1	2				
丽水市青田县	1	2	5	5				

4-84 续表 4

单位：人次

地区	无障碍设施				信息无障碍			
	一级	二级	三级	四级	一级	二级	三级	四级
总 计		**3**	**2**	**2**			**8**	**3**
杭州市下城区								
杭州市余杭区								
杭州市富阳市								
杭州市临安市								
宁波市江东区								
宁波市宁海县								
宁波市慈溪市								
温州市永嘉县								
温州市瑞安市								
温州市乐清市								
嘉兴市嘉善县								
嘉兴市桐乡市		1	1	1			3	1
湖州市德清县								
绍兴市绍兴县								
绍兴市嵊州市		1						
金华市金东区								
金华市义乌市								
衢州市开化县			1	1			5	2
衢州市江山市								
舟山市岱山县								
台州市椒江区								
台州市三门县								
台州市临海市								
丽水市莲都区								
丽水市青田县		1						

4-84　续表 5

单位：人次

地　区	生活服务				文化服务			
	一级	二级	三级	四级	一级	二级	三级	四级
总　计		**3**	**9**	**4**			**2**	**5**
杭州市下城区								
杭州市余杭区		1	4	1				
杭州市富阳市								
杭州市临安市								
宁波市江东区								
宁波市宁海县								
宁波市慈溪市			1					
温州市永嘉县								
温州市瑞安市		1		1				
温州市乐清市								
嘉兴市嘉善县								
嘉兴市桐乡市			2	1			1	1
湖州市德清县			1					
绍兴市绍兴县								
绍兴市嵊州市				1			1	4
金华市金东区								
金华市义乌市								
衢州市开化县		1	1					
衢州市江山市								
舟山市岱山县								
台州市椒江区								
台州市三门县								
台州市临海市								
丽水市莲都区								
丽水市青田县								

4-84 续表 6

单位：人次

地区	其他				未曾接受任何服务或扶助			
	一级	二级	三级	四级	一级	二级	三级	四级
总计		**3**	**6**	**15**	**16**	**34**	**116**	**357**
杭州市下城区								2
杭州市余杭区								2
杭州市富阳市					2	2	16	30
杭州市临安市								
宁波市江东区								1
宁波市宁海县					2	5	18	36
宁波市慈溪市						3	4	23
温州市永嘉县						1	2	5
温州市瑞安市		2	2	9				3
温州市乐清市					1	1	7	25
嘉兴市嘉善县						1	3	19
嘉兴市桐乡市		1	4	4			10	43
湖州市德清县							4	6
绍兴市绍兴县								6
绍兴市嵊州市					3	4	11	19
金华市金东区						2	5	12
金华市义乌市								3
衢州市开化县						2	4	12
衢州市江山市						2	1	8
舟山市岱山县					1	1	3	20
台州市椒江区				2				1
台州市三门县					1		4	5
台州市临海市					1	2	6	40
丽水市莲都区					4	8	16	33
丽水市青田县					1		2	3

4-85 各地区智力残疾人分残疾等级的曾接受服务或扶助

单位：人次

地　区	医疗服务与救助				辅助器具			
	一级	二级	三级	四级	一级	二级	三级	四级
总　计	**1**	**12**	**26**	**40**		**1**	**1**	
杭州市下城区		3	5	5			1	
杭州市余杭区								
杭州市富阳市			7	15				
杭州市临安市			3	2				
宁波市江东区								
宁波市宁海县								
宁波市慈溪市		1		1				
温州市永嘉县			1					
温州市瑞安市				4				
温州市乐清市	1							
嘉兴市嘉善县		1	2					
嘉兴市桐乡市								
湖州市德清县								
绍兴市绍兴县				1				
绍兴市嵊州市								
金华市金东区			1	3				
金华市义乌市		2	2	2				
衢州市开化县		1	1	1				
衢州市江山市								
舟山市岱山县		1	1					
台州市椒江区			1	2				
台州市三门县								
台州市临海市		1		1		1		
丽水市莲都区		1	2	3				
丽水市青田县		1						

4-85 续表 1

单位：人次

地 区	康复训练与服务				教育费用补助或减免			
	一级	二级	三级	四级	一级	二级	三级	四级
总 计		**2**	**2**	**7**		**3**	**1**	**5**
杭州市下城区		1	1	2				
杭州市余杭区						1		3
杭州市富阳市				2			1	2
杭州市临安市								
宁波市江东区								
宁波市宁海县								
宁波市慈溪市			1					
温州市永嘉县								
温州市瑞安市								
温州市乐清市				1				
嘉兴市嘉善县								
嘉兴市桐乡市								
湖州市德清县								
绍兴市绍兴县				1				
绍兴市嵊州市								
金华市金东区								
金华市义乌市								
衢州市开化县								
衢州市江山市								
舟山市岱山县								
台州市椒江区								
台州市三门县								
台州市临海市		1		1				
丽水市莲都区						1		
丽水市青田县						1		

4-85 续表 2

单位：人次

地区	职业教育与培训				就业安置或扶持			
	一级	二级	三级	四级	一级	二级	三级	四级
总计			**1**			**1**	**8**	**7**
杭州市下城区							1	
杭州市余杭区							1	1
杭州市富阳市			1				4	1
杭州市临安市							1	1
宁波市江东区								1
宁波市宁海县								
宁波市慈溪市								
温州市永嘉县								
温州市瑞安市								
温州市乐清市								
嘉兴市嘉善县								
嘉兴市桐乡市								
湖州市德清县							1	
绍兴市绍兴县								
绍兴市嵊州市								
金华市金东区								
金华市义乌市						1		
衢州市开化县								1
衢州市江山市								
舟山市岱山县								
台州市椒江区								
台州市三门县								
台州市临海市								1
丽水市莲都区								1
丽水市青田县								

4-85 续表 3

单位：人次

地　区	贫困残疾人救助与扶持				法律援助与服务			
	一级	二级	三级	四级	一级	二级	三级	四级
总　计	**4**	**11**	**29**	**33**				
杭州市下城区			1	2				
杭州市余杭区		1	4	2				
杭州市富阳市		2	3	11				
杭州市临安市			3	2				
宁波市江东区				1				
宁波市宁海县								
宁波市慈溪市	1		1					
温州市永嘉县	1	1	1					
温州市瑞安市				1				
温州市乐清市				1				
嘉兴市嘉善县		1	2					
嘉兴市桐乡市		1		1				
湖州市德清县			1	1				
绍兴市绍兴县			1					
绍兴市嵊州市				2				
金华市金东区		1	1					
金华市义乌市								
衢州市开化县		1		1				
衢州市江山市		2	1	2				
舟山市岱山县			4	1				
台州市椒江区			2					
台州市三门县			1					
台州市临海市								
丽水市莲都区	1	1	2	1				
丽水市青田县	1		1	4				

4-85 续表 4

单位：人次

地　区	无障碍设施				信息无障碍			
	一级	二级	三级	四级	一级	二级	三级	四级
总　计			**1**					
杭州市下城区			1					
杭州市余杭区								
杭州市富阳市								
杭州市临安市								
宁波市江东区								
宁波市宁海县								
宁波市慈溪市								
温州市永嘉县								
温州市瑞安市								
温州市乐清市								
嘉兴市嘉善县								
嘉兴市桐乡市								
湖州市德清县								
绍兴市绍兴县								
绍兴市嵊州市								
金华市金东区								
金华市义乌市								
衢州市开化县								
衢州市江山市								
舟山市岱山县								
台州市椒江区								
台州市三门县								
台州市临海市								
丽水市莲都区								
丽水市青田县								

4-85 续表 5

单位：人次

地区	生活服务				文化服务			
	一级	二级	三级	四级	一级	二级	三级	四级
总计		**2**	**7**	**3**			**3**	**3**
杭州市下城区								
杭州市余杭区								
杭州市富阳市								
杭州市临安市								
宁波市江东区								
宁波市宁海县								
宁波市慈溪市								
温州市永嘉县			1					
温州市瑞安市								
温州市乐清市								
嘉兴市嘉善县								
嘉兴市桐乡市								
湖州市德清县								
绍兴市绍兴县		1						
绍兴市嵊州市			2				3	1
金华市金东区								
金华市义乌市								
衢州市开化县				1				
衢州市江山市								1
舟山市岱山县								
台州市椒江区								
台州市三门县								1
台州市临海市								
丽水市莲都区		1	4	2				
丽水市青田县								

4-85 续表 6

单位：人次

地区	其他				未曾接受任何服务或扶助			
	一级	二级	三级	四级	一级	二级	三级	四级
总计			**3**	**4**	**12**	**25**	**68**	**129**
杭州市下城区								
杭州市余杭区						2	3	2
杭州市富阳市							2	6
杭州市临安市			1				1	13
宁波市江东区							5	6
宁波市宁海县					1	1		4
宁波市慈溪市					1	6	3	3
温州市永嘉县							6	7
温州市瑞安市				2			2	1
温州市乐清市					1	3	7	9
嘉兴市嘉善县				1				6
嘉兴市桐乡市								5
湖州市德清县						1	6	8
绍兴市绍兴县					1	2	1	2
绍兴市嵊州市						1	7	4
金华市金东区							2	7
金华市义乌市								
衢州市开化县						2	7	6
衢州市江山市					1	3	3	8
舟山市岱山县						1	2	10
台州市椒江区								3
台州市三门县							3	6
台州市临海市					5	1	1	9
丽水市莲都区			2	1			2	
丽水市青田县					2	2	5	4

4-86 各地区精神残疾人分残疾等级的曾接受服务或扶助

单位：人次

地区	医疗服务与救助				辅助器具			
	一级	二级	三级	四级	一级	二级	三级	四级
总计	**39**	**27**	**33**	**142**				**2**
杭州市下城区	5	2	4	6				
杭州市余杭区	1		2	9				
杭州市富阳市	3	4	1	6				
杭州市临安市		1		2				
宁波市江东区			2	4				
宁波市宁海县				5				
宁波市慈溪市	1							
温州市永嘉县				5				
温州市瑞安市	2			3				
温州市乐清市	1							
嘉兴市嘉善县	2		1					
嘉兴市桐乡市								
湖州市德清县	2	3	1	5				
绍兴市绍兴县	5	3	1	10				
绍兴市嵊州市	3	2	5	18				
金华市金东区			1	11				
金华市义乌市	1		4	7				
衢州市开化县		2	1	8				1
衢州市江山市	2		1	5				1
舟山市岱山县	2	3	1	9				
台州市椒江区	1	1	1	4				
台州市三门县								
台州市临海市		2	3	6				
丽水市莲都区	6		4	11				
丽水市青田县	2	4		8				

4-86 续表 1

单位：人次

地区	康复训练与服务				教育费用补助或减免			
	一级	二级	三级	四级	一级	二级	三级	四级
总计	**3**	**4**		**12**	**1**			**1**
杭州市下城区								
杭州市余杭区								
杭州市富阳市	2	3		4				
杭州市临安市								
宁波市江东区								
宁波市宁海县				3				
宁波市慈溪市								
温州市永嘉县				2				1
温州市瑞安市								
温州市乐清市								
嘉兴市嘉善县					1			
嘉兴市桐乡市								
湖州市德清县								
绍兴市绍兴县								
绍兴市嵊州市				1				
金华市金东区				2				
金华市义乌市								
衢州市开化县								
衢州市江山市								
舟山市岱山县								
台州市椒江区								
台州市三门县								
台州市临海市								
丽水市莲都区	1							
丽水市青田县		1						

4-86 续表 2

单位：人次

地区	职业教育与培训				就业安置或扶持			
	一级	二级	三级	四级	一级	二级	三级	四级
总计		**1**			**1**	**2**	**1**	**3**
杭州市下城区								
杭州市余杭区								
杭州市富阳市								
杭州市临安市								
宁波市江东区								
宁波市宁海县								
宁波市慈溪市								
温州市永嘉县								
温州市瑞安市								
温州市乐清市								
嘉兴市嘉善县								
嘉兴市桐乡市								
湖州市德清县					1	1		1
绍兴市绍兴县								
绍兴市嵊州市								
金华市金东区								
金华市义乌市								
衢州市开化县		1				1		1
衢州市江山市								
舟山市岱山县								
台州市椒江区								
台州市三门县								
台州市临海市								
丽水市莲都区							1	1
丽水市青田县								

4-86 续表 3

单位：人次

地　区	贫困残疾人救助与扶持				法律援助与服务			
	一级	二级	三级	四级	一级	二级	三级	四级
总　计	**19**	**13**	**11**	**38**				**3**
杭州市下城区	3	1	4	2				
杭州市余杭区				2				
杭州市富阳市		2						
杭州市临安市								
宁波市江东区								
宁波市宁海县		1	1	8				2
宁波市慈溪市	1			5				
温州市永嘉县	1	1	1	1				
温州市瑞安市	1							
温州市乐清市	2							
嘉兴市嘉善县	3		1	1				
嘉兴市桐乡市								
湖州市德清县		1	1					
绍兴市绍兴县			1	1				
绍兴市嵊州市	1							
金华市金东区				4				1
金华市义乌市	1		1					
衢州市开化县	1	3		6				
衢州市江山市								
舟山市岱山县	2	2		2				
台州市椒江区			1					
台州市三门县	2			3				
台州市临海市		2		1				
丽水市莲都区	1			2				
丽水市青田县								

4-86 续表 4

单位：人次

地　区	无障碍设施				信息无障碍			
	一级	二级	三级	四级	一级	二级	三级	四级
总　计					**1**	**1**		**1**
杭州市下城区								
杭州市余杭区								
杭州市富阳市								
杭州市临安市								
宁波市江东区								
宁波市宁海县								
宁波市慈溪市								
温州市永嘉县								
温州市瑞安市								
温州市乐清市								
嘉兴市嘉善县								
嘉兴市桐乡市								
湖州市德清县								
绍兴市绍兴县								
绍兴市嵊州市								
金华市金东区								
金华市义乌市								1
衢州市开化县								
衢州市江山市								
舟山市岱山县								
台州市椒江区								
台州市三门县								
台州市临海市								
丽水市莲都区								
丽水市青田县					1	1		

4-86 续表 5

单位：人次

地区	生活服务				文化服务			
	一级	二级	三级	四级	一级	二级	三级	四级
总　计	**7**	**3**	**4**	**6**				**1**
杭州市下城区								
杭州市余杭区								
杭州市富阳市								
杭州市临安市								
宁波市江东区								
宁波市宁海县								
宁波市慈溪市								
温州市永嘉县								
温州市瑞安市	2							
温州市乐清市								
嘉兴市嘉善县								
嘉兴市桐乡市								
湖州市德清县		1	1					
绍兴市绍兴县		1		1				
绍兴市嵊州市								
金华市金东区				1				
金华市义乌市								
衢州市开化县								1
衢州市江山市								
舟山市岱山县	1	1						
台州市椒江区								
台州市三门县				1				
台州市临海市								
丽水市莲都区	4		3	3				
丽水市青田县								

4-86 续表 6

单位：人次

地区	其他				未曾接受任何服务或扶助			
	一级	二级	三级	四级	一级	二级	三级	四级
总计	**4**	**1**	**2**	**4**	**38**	**31**	**29**	**122**
杭州市下城区								
杭州市余杭区					1			3
杭州市富阳市						1		
杭州市临安市					2	2	1	1
宁波市江东区			1	1			1	4
宁波市宁海县						1		13
宁波市慈溪市					4	1	2	12
温州市永嘉县					6	3	4	9
温州市瑞安市	1			2	2	3	2	1
温州市乐清市	2	1	1	1	3	1		9
嘉兴市嘉善县					4	5	2	6
嘉兴市桐乡市					2	1		8
湖州市德清县						1		1
绍兴市绍兴县					1			4
绍兴市嵊州市								
金华市金东区							1	3
金华市义乌市								1
衢州市开化县					2	1	3	9
衢州市江山市					2	3	7	20
舟山市岱山县	1				1	1		3
台州市椒江区						1		1
台州市三门县					3	2	1	6
台州市临海市					1	1	2	3
丽水市莲都区					1			
丽水市青田县					3	3	3	5

4-87 各地区多重残疾人分残疾等级的曾接受服务或扶助

单位：人次

地　区	医疗服务与救助				辅助器具			
	一级	二级	三级	四级	一级	二级	三级	四级
总　计	**116**	**54**	**96**	**39**	**16**	**7**	**9**	**10**
杭州市下城区	9	3	4	3	2		1	
杭州市余杭区	2	3	6	3				
杭州市富阳市	6	3	2			1		
杭州市临安市	10	6	7	2				1
宁波市江东区	6	1	3	7	2	1	2	7
宁波市宁海县			2		1			
宁波市慈溪市	1		1					
温州市永嘉县	11	2	4			1		
温州市瑞安市	4	3	7					
温州市乐清市			1		1			
嘉兴市嘉善县	2	1						
嘉兴市桐乡市				1	1			
湖州市德清县	4	2	4	1	1			1
绍兴市绍兴县	1	3	2					
绍兴市嵊州市	2	1	1			1	1	
金华市金东区	5	2	2	5				
金华市义乌市	10	5	16	3	1		3	
衢州市开化县		1	1		2			
衢州市江山市	2		1	1				
舟山市岱山县	12	6	12	5	1		1	
台州市椒江区	2	1	3	2	2	1	1	1
台州市三门县	3	3	2	1				
台州市临海市	5	1	2	1	1			
丽水市莲都区	3	1	2			2		
丽水市青田县	16	6	11	4	1			

4-87 续表 1

单位：人次

地　区	康复训练与服务				教育费用补助或减免			
	一级	二级	三级	四级	一级	二级	三级	四级
总　计	**25**	**12**	**9**	**2**	**6**	**2**		
杭州市下城区	4	2	1					
杭州市余杭区					1			
杭州市富阳市	1	1						
杭州市临安市			1		1			
宁波市江东区	2	1	1					
宁波市宁海县	1							
宁波市慈溪市								
温州市永嘉县	5	1	1		1			
温州市瑞安市	1							
温州市乐清市		1						
嘉兴市嘉善县						1		
嘉兴市桐乡市								
湖州市德清县								
绍兴市绍兴县	1				2			
绍兴市嵊州市								
金华市金东区				1				
金华市义乌市		3	2					
衢州市开化县					1			
衢州市江山市								
舟山市岱山县								
台州市椒江区	1		1					
台州市三门县								
台州市临海市	3	1						
丽水市莲都区	1							
丽水市青田县	5	2	2	1		1		

4-87 续表 2

单位：人次

地　区	职业教育与培训				就业安置或扶持			
	一级	二级	三级	四级	一级	二级	三级	四级
总　计	**6**				**19**	**2**	**2**	**1**
杭州市下城区								
杭州市余杭区	2				3			
杭州市富阳市								
杭州市临安市	1					1		1
宁波市江东区					3			
宁波市宁海县					2			
宁波市慈溪市								
温州市永嘉县							1	
温州市瑞安市								
温州市乐清市								
嘉兴市嘉善县								
嘉兴市桐乡市					2			
湖州市德清县					2			
绍兴市绍兴县					4			
绍兴市嵊州市								
金华市金东区							1	
金华市义乌市						1		
衢州市开化县								
衢州市江山市								
舟山市岱山县					2			
台州市椒江区								
台州市三门县								
台州市临海市								
丽水市莲都区								
丽水市青田县	3				1			

4-87 续表 3

单位：人次

地 区	贫困残疾人救助与扶持				法律援助与服务			
	一级	二级	三级	四级	一级	二级	三级	四级
总 计	**79**	**19**	**18**	**7**				
杭州市下城区	1		1					
杭州市余杭区	1	2						
杭州市富阳市	1		1					
杭州市临安市	1							
宁波市江东区	2							
宁波市宁海县	5							
宁波市慈溪市								
温州市永嘉县	6	1	1					
温州市瑞安市	6	2	2	1				
温州市乐清市								
嘉兴市嘉善县	3	1						
嘉兴市桐乡市	4	2	1					
湖州市德清县	1							
绍兴市绍兴县	3	1						
绍兴市嵊州市	1	1						
金华市金东区	1	1						
金华市义乌市	10		4	1				
衢州市开化县	2	1						
衢州市江山市	2							
舟山市岱山县	14	4	5	3				
台州市椒江区	2							
台州市三门县								
台州市临海市	3			1				
丽水市莲都区	7	1	1	1				
丽水市青田县	3	2	2					

4-87 续表 4

单位：人次

地区	无障碍设施				信息无障碍			
	一级	二级	三级	四级	一级	二级	三级	四级
总计	**2**	**2**	**1**		**2**	**1**	**1**	
杭州市下城区	2							
杭州市余杭区		1						
杭州市富阳市								
杭州市临安市								
宁波市江东区								
宁波市宁海县								
宁波市慈溪市								
温州市永嘉县								
温州市瑞安市								
温州市乐清市								
嘉兴市嘉善县								
嘉兴市桐乡市							1	
湖州市德清县								
绍兴市绍兴县								
绍兴市嵊州市		1						
金华市金东区								
金华市义乌市								
衢州市开化县								
衢州市江山市								
舟山市岱山县					1			
台州市椒江区								
台州市三门县								
台州市临海市								
丽水市莲都区								
丽水市青田县			1		1	1		

4-87 续表 5

单位：人次

地区	生活服务				文化服务			
	一级	二级	三级	四级	一级	二级	三级	四级
总计	**7**	**1**	**5**	**1**			**1**	
杭州市下城区								
杭州市余杭区								
杭州市富阳市								
杭州市临安市				1				
宁波市江东区								
宁波市宁海县								
宁波市慈溪市			1					
温州市永嘉县							1	
温州市瑞安市	1							
温州市乐清市								
嘉兴市嘉善县								
嘉兴市桐乡市		1	1					
湖州市德清县								
绍兴市绍兴县								
绍兴市嵊州市								
金华市金东区								
金华市义乌市	1		1					
衢州市开化县								
衢州市江山市								
舟山市岱山县	1							
台州市椒江区								
台州市三门县								
台州市临海市								
丽水市莲都区	3		2					
丽水市青田县	1							

4-87 续表 6

单位：人次

地　区	其　他				未曾接受任何服务或扶助			
	一级	二级	三级	四级	一级	二级	三级	四级
总　计	**3**	**3**	**10**	**1**	**183**	**60**	**117**	**68**
杭州市下城区							1	1
杭州市余杭区					5	1	1	
杭州市富阳市					5		2	2
杭州市临安市					3	4	1	1
宁波市江东区								
宁波市宁海县					17	9	16	9
宁波市慈溪市					8	1	3	2
温州市永嘉县					7		3	
温州市瑞安市		2	5	1	2			
温州市乐清市					10	6	12	10
嘉兴市嘉善县					8	4	3	5
嘉兴市桐乡市	3	1	1		4	3	10	8
湖州市德清县					2	1	4	3
绍兴市绍兴县					12	3	6	6
绍兴市嵊州市			1		10	6	5	
金华市金东区					11	2	4	
金华市义乌市					4	2	1	
衢州市开化县					6	1	8	3
衢州市江山市			1		6		6	3
舟山市岱山县					11	2	1	1
台州市椒江区			1		3	2	4	
台州市三门县							3	
台州市临海市					11	3	4	2
丽水市莲都区			1		12	3	9	8
丽水市青田县					26	7	10	4

4－88　各地区残疾人分城乡的主要需求

单位：人次

地　区	合　计		医疗服务与救助		辅助器具	
	城镇	农村	城镇	农村	城镇	农村
总　计	**3356**	**9972**	**998**	**2851**	**704**	**1948**
杭州市下城区	336		105		21	
杭州市余杭区		508		183		102
杭州市富阳市	319	414	43	42	41	46
杭州市临安市	214	301	63	102	31	58
宁波市江东区	239		78		62	
宁波市宁海县	306	460	96	84	70	111
宁波市慈溪市	235	315	69	82	55	48
温州市永嘉县	33	604	8	144	2	73
温州市瑞安市	71	306	19	65	10	56
温州市乐清市		488		98		147
嘉兴市嘉善县	78	322	14	72	35	111
嘉兴市桐乡市	283	345	102	123	62	63
湖州市德清县	59	247	24	86	4	10
绍兴市绍兴县	121	346	30	68	24	62
绍兴市嵊州市		489		89		151
金华市金东区	91	405	28	150	28	101
金华市义乌市	71	463	21	154	14	107
衢州市开化县	39	565	14	184	9	127
衢州市江山市		658		200		27
舟山市岱山县	173	631	46	181	21	82
台州市椒江区	339		117		117	
台州市三门县	3	375	1	163	1	71
台州市临海市	95	565	30	203	25	105
丽水市莲都区	183	530	67	179	57	124
丽水市青田县	68	635	23	199	15	166

4-88 续表 1

单位：人次

地区	康复训练与服务		教育费用补助或减免		职业教育与培训	
	城镇	农村	城镇	农村	城镇	农村
总　计	**384**	**962**	**6**	**51**	**18**	**65**
杭州市下城区	42		1		3	
杭州市余杭区		28		5		5
杭州市富阳市	31	36	1	6	4	8
杭州市临安市	31	31			3	1
宁波市江东区	16					
宁波市宁海县	35	33		2	4	3
宁波市慈溪市	36	37				
温州市永嘉县	8	156		5		11
温州市瑞安市	5	17				
温州市乐清市		70		1		4
嘉兴市嘉善县	12	46		1		2
嘉兴市桐乡市	35	55				
湖州市德清县	2	1				3
绍兴市绍兴县	7	30				
绍兴市嵊州市		47		1		1
金华市金东区	3	24				1
金华市义乌市	10	32				5
衢州市开化县	2	49		7		4
衢州市江山市		33		7		4
舟山市岱山县	17	56	1	1	2	4
台州市椒江区	39				1	
台州市三门县		2		1		7
台州市临海市	27	71		5	1	1
丽水市莲都区	15	33	2			
丽水市青田县	11	75	1	9		1

4－88　续表 2

单位：人次

地　区	就业安置或扶持		贫困残疾人救助与扶持		法律援助与服务	
	城镇	农村	城镇	农村	城镇	农村
总　计	**87**	**329**	**584**	**2542**	**23**	**24**
杭州市下城区	4		43		6	
杭州市余杭区		26		70		1
杭州市富阳市	28	33	79	106		1
杭州市临安市	11	1	46	66	1	1
宁波市江东区	9		29		3	
宁波市宁海县	8	17	71	180	5	2
宁波市慈溪市		2	48	100		
温州市永嘉县	2	34	6	139		
温州市瑞安市		8	24	116		1
温州市乐清市		5		104		
嘉兴市嘉善县		11	4	61		
嘉兴市桐乡市	1	1	43	61	5	1
湖州市德清县	1	17	18	100		2
绍兴市绍兴县	1	17	18	80	1	
绍兴市嵊州市		6		110		4
金华市金东区	2	10	17	83		2
金华市义乌市	3	12	18	129		1
衢州市开化县	1	18	6	159		
衢州市江山市		21		214		5
舟山市岱山县	8	31	39	174		
台州市椒江区	3		31			
台州市三门县		15	1	96		
台州市临海市	2	18	6	148		
丽水市莲都区	3	18	26	123		2
丽水市青田县		8	11	123	2	1

4－88 续表 3

单位：人次

地　区	无障碍设施		信息无障碍		生活服务	
	城镇	农村	城镇	农村	城镇	农村
总　计	**44**	**98**	**13**	**31**	**242**	**786**
杭州市下城区	3				11	
杭州市余杭区		1		9		69
杭州市富阳市	9	14	2	1	61	81
杭州市临安市	1			1	23	39
宁波市江东区	5		1		9	
宁波市宁海县	2	3	1	4	3	19
宁波市慈溪市	5	5	1	2	13	35
温州市永嘉县		2			3	21
温州市瑞安市		3	1	3	7	12
温州市乐清市				1		44
嘉兴市嘉善县			1	1	2	13
嘉兴市桐乡市	6	6	1	1	21	30
湖州市德清县		1		1	5	5
绍兴市绍兴县	1	2			33	56
绍兴市嵊州市		9		1		30
金华市金东区	1		1		7	22
金华市义乌市	2	5			2	9
衢州市开化县	2	1	1		2	14
衢州市江山市		13				123
舟山市岱山县		4		4	29	76
台州市椒江区	1					
台州市三门县		5				11
台州市临海市	2	8		1	2	5
丽水市莲都区	3	14	2		7	28
丽水市青田县	1	2	1	1	2	44

4－88 续表 4

单位：人次

地　区	文化服务		其　他		不选择	
	城镇	农村	城镇	农村	城镇	农村
总　计	**33**	**65**	**30**	**83**	**190**	**137**
杭州市下城区	4				93	
杭州市余杭区		5		4		
杭州市富阳市	3	15	15	23	2	2
杭州市临安市	3				1	1
宁波市江东区			3		24	
宁波市宁海县	6	2			5	
宁波市慈溪市	7	2	1			2
温州市永嘉县	3	5		6	1	8
温州市瑞安市			5	21		4
温州市乐清市						14
嘉兴市嘉善县		1			10	3
嘉兴市桐乡市	3	3	4	1		
湖州市德清县				4	5	17
绍兴市绍兴县		3		3	6	25
绍兴市嵊州市		5		17		18
金华市金东区		1		1	4	10
金华市义乌市	1	3				6
衢州市开化县		1			2	1
衢州市江山市		7				4
舟山市岱山县	2	1		2	8	15
台州市椒江区			2		28	
台州市三门县		1				3
台州市临海市						
丽水市莲都区		4		1	1	4
丽水市青田县	1	6				

4-89 各地区视力残疾人分城乡的主要需求

单位：人次

地 区	合 计		医疗服务与救助		辅助器具	
	城镇	农村	城镇	农村	城镇	农村
总 计	**481**	**1375**	**199**	**491**	**92**	**194**
杭州市下城区	42		35			
杭州市余杭区		76		35		27
杭州市富阳市	74	81	16	7	3	3
杭州市临安市	13	28	4	12		
宁波市江东区	76		41		33	
宁波市宁海县	29	55	10	20	2	3
宁波市慈溪市	32	75	11	20	1	5
温州市永嘉县	3	60	1	20		1
温州市瑞安市	6	27	3	13		
温州市乐清市		29		12		5
嘉兴市嘉善县	13	56	5	25	4	7
嘉兴市桐乡市	44	38	15	13	13	6
湖州市德清县	27	88	16	49		
绍兴市绍兴县	13	45	5	11	4	10
绍兴市嵊州市		56		16		7
金华市金东区	11	92	2	31	1	13
金华市义乌市		36		13		8
衢州市开化县	8	105	2	34	2	35
衢州市江山市		62		22		1
舟山市岱山县	24	125	8	42	7	35
台州市椒江区	49		18		19	
台州市三门县		53		21		3
台州市临海市	1	61	1	30		4
丽水市莲都区	12	75	4	27	3	15
丽水市青田县	4	52	2	18		6

4-89 续表 1

单位：人次

地区	康复训练与服务		教育费用补助或减免		职业教育与培训	
	城镇	农村	城镇	农村	城镇	农村
总计	**35**	**105**		**3**	**1**	**3**
杭州市下城区					1	
杭州市余杭区		12				
杭州市富阳市	9	17		1		1
杭州市临安市	1					
宁波市江东区	1					
宁波市宁海县	3	2				
宁波市慈溪市		1				
温州市永嘉县	1	17				
温州市瑞安市						
温州市乐清市		2				
嘉兴市嘉善县	4	11				
嘉兴市桐乡市	5	3				
湖州市德清县	1					1
绍兴市绍兴县	4	4				
绍兴市嵊州市		3				
金华市金东区		5				
金华市义乌市						
衢州市开化县		2		1		
衢州市江山市		1		1		1
舟山市岱山县	5	22				
台州市椒江区						
台州市三门县						
台州市临海市						
丽水市莲都区						
丽水市青田县	1	3				

4-89 续表 2

单位：人次

地区	就业安置或扶持		贫困残疾人救助与扶持		法律援助与服务	
	城镇	农村	城镇	农村	城镇	农村
总计	**5**	**14**	**75**	**369**	**1**	**3**
杭州市下城区	1				1	
杭州市余杭区				1		
杭州市富阳市	2	1	20	19		
杭州市临安市	1		2	6		
宁波市江东区			1			
宁波市宁海县			11	27		
宁波市慈溪市			10	25		
温州市永嘉县			1	20		
温州市瑞安市			2	12		
温州市乐清市						
嘉兴市嘉善县				9		
嘉兴市桐乡市			6	7		
湖州市德清县		5	7	26		2
绍兴市绍兴县		1		9		
绍兴市嵊州市				19		
金华市金东区			3	26		
金华市义乌市		2		8		
衢州市开化县		3		29		
衢州市江山市				23		
舟山市岱山县	1		3	22		
台州市椒江区			5			
台州市三门县				20		
台州市临海市				21		
丽水市莲都区		1	4	26		
丽水市青田县		1		14		1

4-89 续表 3

单位：人次

地　区	无障碍设施		信息无障碍		生活服务	
	城镇	农村	城镇	农村	城镇	农村
总　计	**16**	**38**	**3**	**8**	**41**	**121**
杭州市下城区					2	
杭州市余杭区				1		
杭州市富阳市	9	13		1	15	14
杭州市临安市					5	10
宁波市江东区						
宁波市宁海县			1	2	1	1
宁波市慈溪市				2	10	22
温州市永嘉县		1				1
温州市瑞安市						
温州市乐清市						7
嘉兴市嘉善县				1		3
嘉兴市桐乡市	5	6				3
湖州市德清县		1		1	2	3
绍兴市绍兴县						1
绍兴市嵊州市						9
金华市金东区			1		4	17
金华市义乌市						
衢州市开化县	1	1	1			
衢州市江山市		6				7
舟山市岱山县		3				1
台州市椒江区	1					
台州市三门县		3				5
台州市临海市		4				2
丽水市莲都区					1	6
丽水市青田县					1	9

4-89 续表 4

单位：人次

地　区	文化服务		其　他		不选择	
	城镇	农村	城镇	农村	城镇	农村
总　计		**7**	**1**	**5**	**12**	**14**
杭州市下城区					2	
杭州市余杭区						
杭州市富阳市		3		1		
杭州市临安市						
宁波市江东区						
宁波市宁海县					1	
宁波市慈溪市						
温州市永嘉县						
温州市瑞安市			1	2		
温州市乐清市						3
嘉兴市嘉善县						
嘉兴市桐乡市						
湖州市德清县					1	
绍兴市绍兴县				2		7
绍兴市嵊州市		2				
金华市金东区						
金华市义乌市		2				3
衢州市开化县					2	
衢州市江山市						
舟山市岱山县						
台州市椒江区					6	
台州市三门县						1
台州市临海市						
丽水市莲都区						
丽水市青田县						

4-90 各地区听力残疾人分城乡的主要需求

单位：人次

地区	合计		医疗服务与救助		辅助器具	
	城镇	农村	城镇	农村	城镇	农村
总计	**1033**	**3074**	**287**	**869**	**417**	**1184**
杭州市下城区	105		5		6	
杭州市余杭区		185		64		39
杭州市富阳市	64	92	8	4	36	41
杭州市临安市	54	93	15	23	25	54
宁波市江东区	42		14		13	
宁波市宁海县	84	168	34	11	41	74
宁波市慈溪市	95	85	22	16	35	26
温州市永嘉县	2	134	1	46		29
温州市瑞安市	21	110	4	14	8	44
温州市乐清市		168		7		94
嘉兴市嘉善县	28	89	1	3	26	77
嘉兴市桐乡市	103	136	38	48	38	48
湖州市德清县	9	41		13	1	7
绍兴市绍兴县	64	100	10	17	18	29
绍兴市嵊州市		146		17		99
金华市金东区	44	145	22	69	22	64
金华市义乌市	19	173	8	59	8	60
衢州市开化县	11	159	5	55	6	61
衢州市江山市		289		95		8
舟山市岱山县	36	97	11	24	11	26
台州市椒江区	88		20		51	
台州市三门县	2	139	1	75	1	63
台州市临海市	42	194	13	67	15	72
丽水市莲都区	88	157	44	78	44	79
丽水市青田县	32	174	11	64	12	90

4-90 续表 1

单位：人次

地区	康复训练与服务		教育费用补助或减免		职业教育与培训	
	城镇	农村	城镇	农村	城镇	农村
总计	**49**	**151**				**3**
杭州市下城区						
杭州市余杭区		1				
杭州市富阳市	2	1				
杭州市临安市						
宁波市江东区						
宁波市宁海县	1					
宁波市慈溪市	14	3				
温州市永嘉县	1	54				
温州市瑞安市		1				
温州市乐清市		2				
嘉兴市嘉善县		7				
嘉兴市桐乡市	16	38				
湖州市德清县						
绍兴市绍兴县		4				
绍兴市嵊州市		2				
金华市金东区		7				
金华市义乌市	1	7				3
衢州市开化县		6				
衢州市江山市		4				
舟山市岱山县						
台州市椒江区	1					
台州市三门县						
台州市临海市	10	10				
丽水市莲都区						
丽水市青田县	3	4				

4-90 续表 2

单位：人次

地区	就业安置或扶持		贫困残疾人救助与扶持		法律援助与服务	
	城镇	农村	城镇	农村	城镇	农村
总　计	**1**	**13**	**72**	**504**	**2**	**3**
杭州市下城区	1		1			
杭州市余杭区				26		
杭州市富阳市		2	10	22		1
杭州市临安市			3			
宁波市江东区						
宁波市宁海县		3	4	69		
宁波市慈溪市			12	27		
温州市永嘉县		1		3		
温州市瑞安市		1	8	44		
温州市乐清市				61		
嘉兴市嘉善县						
嘉兴市桐乡市			2	1		
湖州市德清县		1	4	13		
绍兴市绍兴县			13	15	1	
绍兴市嵊州市						
金华市金东区						
金华市义乌市		1	2	40		
衢州市开化县				37		
衢州市江山市		1		81		2
舟山市岱山县			4	22		
台州市椒江区			2			
台州市三门县				1		
台州市临海市		3	2	41		
丽水市莲都区						
丽水市青田县			5	1	1	

4-90 续表 3

单位：人次

地　区	无障碍设施		信息无障碍		生活服务	
	城镇	农村	城镇	农村	城镇	农村
总　计	**2**	**1**	**4**	**13**	**62**	**252**
杭州市下城区	1				5	
杭州市余杭区				8		42
杭州市富阳市			1		3	13
杭州市临安市					11	16
宁波市江东区			1		1	
宁波市宁海县				2	1	9
宁波市慈溪市			1		3	11
温州市永嘉县						
温州市瑞安市						
温州市乐清市						4
嘉兴市嘉善县			1			2
嘉兴市桐乡市				1	7	
湖州市德清县					1	
绍兴市绍兴县					22	32
绍兴市嵊州市						
金华市金东区						
金华市义乌市		1				2
衢州市开化县						
衢州市江山市						96
舟山市岱山县				1	7	10
台州市椒江区						
台州市三门县						
台州市临海市	1			1	1	
丽水市莲都区						
丽水市青田县						15

4-90 续表 4

单位：人次

地区	文化服务		其他		不选择	
	城镇	农村	城镇	农村	城镇	农村
总计	**13**	**17**	**4**	**20**	**120**	**44**
杭州市下城区	1				85	
杭州市余杭区		5				
杭州市富阳市	2	8			2	
杭州市临安市						
宁波市江东区					13	
宁波市宁海县	3					
宁波市慈溪市	7		1			2
温州市永嘉县						1
温州市瑞安市			1	4		2
温州市乐清市						
嘉兴市嘉善县						
嘉兴市桐乡市			2			
湖州市德清县					3	7
绍兴市绍兴县		2		1		
绍兴市嵊州市				15		13
金华市金东区						5
金华市义乌市						
衢州市开化县						
衢州市江山市		2				
舟山市岱山县					3	14
台州市椒江区					14	
台州市三门县						
台州市临海市						
丽水市莲都区						
丽水市青田县						

4-91 各地区言语残疾人分城乡的主要需求

单位：人次

地区	合计		医疗服务与救助		辅助器具	
	城镇	农村	城镇	农村	城镇	农村
总计	**26**	**100**	**6**	**24**	**1**	**1**
杭州市下城区						
杭州市余杭区		4				
杭州市富阳市	3	6	1		1	
杭州市临安市	2	12	1	4		
宁波市江东区	2		1			
宁波市宁海县	4	11	1	1		
宁波市慈溪市	3		1			
温州市永嘉县	1	7		2		
温州市瑞安市		6		2		1
温州市乐清市		2				
嘉兴市嘉善县	1	2				
嘉兴市桐乡市	2					
湖州市德清县		5		1		
绍兴市绍兴县		1				
绍兴市嵊州市		7		2		
金华市金东区		1				
金华市义乌市						
衢州市开化县		5		2		
衢州市江山市		11		3		
舟山市岱山县	3	2	1	1		
台州市椒江区	4					
台州市三门县		8		3		
台州市临海市		6		2		
丽水市莲都区	1	1				
丽水市青田县		3		1		

4-91 续表 1

单位：人次

地　区	康复训练与服务		教育费用补助或减免		职业教育与培训	
	城镇	农村	城镇	农村	城镇	农村
总　计	**4**	**16**		**5**	**1**	**2**
杭州市下城区						
杭州市余杭区						1
杭州市富阳市		1				
杭州市临安市		4				
宁波市江东区						
宁波市宁海县		1		1	1	1
宁波市慈溪市	1					
温州市永嘉县						
温州市瑞安市		1				
温州市乐清市		1				
嘉兴市嘉善县	1	2				
嘉兴市桐乡市	1					
湖州市德清县						
绍兴市绍兴县						
绍兴市嵊州市		2		1		
金华市金东区						
金华市义乌市						
衢州市开化县		1				
衢州市江山市		1		1		
舟山市岱山县	1					
台州市椒江区						
台州市三门县						
台州市临海市		1		2		
丽水市莲都区						
丽水市青田县		1				

4-91 续表 2

单位：人次

地区	就业安置或扶持		贫困残疾人救助与扶持		法律援助与服务	
	城镇	农村	城镇	农村	城镇	农村
总计		**9**	**7**	**25**		
杭州市下城区						
杭州市余杭区		1		2		
杭州市富阳市		1	1	1		
杭州市临安市				4		
宁波市江东区			1			
宁波市宁海县		3	2	2		
宁波市慈溪市			1			
温州市永嘉县						
温州市瑞安市				1		
温州市乐清市				1		
嘉兴市嘉善县						
嘉兴市桐乡市			1			
湖州市德清县		2		2		
绍兴市绍兴县						
绍兴市嵊州市		1		1		
金华市金东区						
金华市义乌市						
衢州市开化县		1		1		
衢州市江山市				4		
舟山市岱山县						
台州市椒江区						
台州市三门县				3		
台州市临海市				1		
丽水市莲都区			1	1		
丽水市青田县				1		

4-91 续表 3

单位：人次

地区	无障碍设施		信息无障碍		生活服务	
	城镇	农村	城镇	农村	城镇	农村
总计		**2**		**1**	**1**	**6**
杭州市下城区						
杭州市余杭区						
杭州市富阳市						2
杭州市临安市						
宁波市江东区						
宁波市宁海县						1
宁波市慈溪市						
温州市永嘉县						
温州市瑞安市				1		
温州市乐清市						
嘉兴市嘉善县						
嘉兴市桐乡市						
湖州市德清县						
绍兴市绍兴县						
绍兴市嵊州市						
金华市金东区						
金华市义乌市						
衢州市开化县						
衢州市江山市						2
舟山市岱山县					1	1
台州市椒江区						
台州市三门县		2				
台州市临海市						
丽水市莲都区						
丽水市青田县						

4-91 续表 4

单位：人次

地　　区	文化服务		其　他		不选择	
	城镇	农村	城镇	农村	城镇	农村
总　　计	**1**	**2**		**3**	**5**	**4**
杭州市下城区						
杭州市余杭区						
杭州市富阳市		1				
杭州市临安市	1					
宁波市江东区						
宁波市宁海县		1				
宁波市慈溪市						
温州市永嘉县				3	1	2
温州市瑞安市						
温州市乐清市						
嘉兴市嘉善县						
嘉兴市桐乡市						
湖州市德清县						
绍兴市绍兴县						1
绍兴市嵊州市						
金华市金东区						1
金华市义乌市						
衢州市开化县						
衢州市江山市						
舟山市岱山县						
台州市椒江区					4	
台州市三门县						
台州市临海市						
丽水市莲都区						
丽水市青田县						

4-92 各地区肢体残疾人分城乡的主要需求

单位：人次

地　区	合　计		医疗服务与救助		辅助器具	
	城镇	农村	城镇	农村	城镇	农村
总　计	**881**	**2337**	**224**	**587**	**110**	**299**
杭州市下城区	71		22		7	
杭州市余杭区		89		35		25
杭州市富阳市	96	122	2	2	1	1
杭州市临安市	69	79	21	32	3	
宁波市江东区	47		3		4	
宁波市宁海县	91	82	17	13	11	10
宁波市慈溪市	42	48	14	14	15	10
温州市永嘉县	18	221	4	28	2	37
温州市瑞安市	20	83	5	17	2	8
温州市乐清市		97		25		25
嘉兴市嘉善县	17	89	6	22	3	14
嘉兴市桐乡市	78	89	32	35	4	2
湖州市德清县	14	53	5	9	2	2
绍兴市绍兴县	15	69	4	14		2
绍兴市嵊州市		123		16		30
金华市金东区	14	73	2	25	3	13
金华市义乌市	24	107	8	38	2	16
衢州市开化县	3	106	1	34	1	22
衢州市江山市		118		22		16
舟山市岱山县	50	220	9	59	1	9
台州市椒江区	136		52		36	
台州市三门县	1	94		42		2
台州市临海市	25	142	7	54	7	14
丽水市莲都区	35	120	6	23	4	16
丽水市青田县	15	113	4	28	2	25

4-92 续表 1

单位：人次

地　区	康复训练与服务		教育费用补助或减免		职业教育与培训	
	城镇	农村	城镇	农村	城镇	农村
总　计	**154**	**316**	**2**	**7**	**4**	**11**
杭州市下城区	23					
杭州市余杭区		12				
杭州市富阳市	2	1		2		
杭州市临安市	16	21			1	
宁波市江东区	8					
宁波市宁海县	18	15			2	
宁波市慈溪市	3	5				
温州市永嘉县	6	66		2		4
温州市瑞安市	3	12				
温州市乐清市		27				
嘉兴市嘉善县	6	16				
嘉兴市桐乡市	7	4				
湖州市德清县		1				
绍兴市绍兴县	2	4				
绍兴市嵊州市		11				
金华市金东区	2	3				
金华市义乌市	1	8				1
衢州市开化县		14				
衢州市江山市		10		2		3
舟山市岱山县	6	18			1	2
台州市椒江区	30					
台州市三门县						1
台州市临海市	8	31				
丽水市莲都区	10	21	2			
丽水市青田县	3	16		1		

4-92 续表 2

单位：人次

地　区	就业安置或扶持		贫困残疾人救助与扶持		法律援助与服务	
	城镇	农村	城镇	农村	城镇	农村
总　计	**33**	**116**	**211**	**745**	**11**	**10**
杭州市下城区			13		2	
杭州市余杭区		8		3		
杭州市富阳市	12	20	31	37		
杭州市临安市	4		23	24	1	1
宁波市江东区	3		11		2	
宁波市宁海县	6	6	25	32	4	2
宁波市慈溪市			5	14		
温州市永嘉县		16	2	63		
温州市瑞安市			9	32		
温州市乐清市				2		
嘉兴市嘉善县		8	2	29		
嘉兴市桐乡市			21	31	2	
湖州市德清县		4	5	28		
绍兴市绍兴县		4	2	30		
绍兴市嵊州市		3		47		3
金华市金东区	2	5	5	27		
金华市义乌市	1	1	10	37		1
衢州市开化县			1	36		
衢州市江山市		12		40		2
舟山市岱山县	3	18	15	72		
台州市椒江区	1		15			
台州市三门县		8	1	40		
台州市临海市			2	40		
丽水市莲都区	1	1	10	47		1
丽水市青田县		2	3	34		

4-92 续表 3

单位：人次

地区	无障碍设施		信息无障碍		生活服务	
	城镇	农村	城镇	农村	城镇	农村
总　计	**20**	**43**	**1**	**1**	**66**	**137**
杭州市下城区					3	
杭州市余杭区						6
杭州市富阳市					33	38
杭州市临安市				1		
宁波市江东区	5				6	
宁波市宁海县	2	2				2
宁波市慈溪市	5	5				
温州市永嘉县		1			1	1
温州市瑞安市		3				2
温州市乐清市						18
嘉兴市嘉善县						
嘉兴市桐乡市	1		1		8	17
湖州市德清县					1	1
绍兴市绍兴县	1	2				3
绍兴市嵊州市		7				1
金华市金东区						
金华市义乌市	2	3				
衢州市开化县						
衢州市江山市		5				2
舟山市岱山县					13	41
台州市椒江区						
台州市三门县						1
台州市临海市	1	2				1
丽水市莲都区	2	11				
丽水市青田县	1	2			1	3

4-92 续表 4

单位：人次

地区	文化服务		其他		不选择	
	城镇	农村	城镇	农村	城镇	农村
总计	**11**	**8**	**19**	**32**	**15**	**25**
杭州市下城区	1					
杭州市余杭区						
杭州市富阳市			15	21		
杭州市临安市						
宁波市江东区					5	
宁波市宁海县	3				3	
宁波市慈溪市						
温州市永嘉县	3	3				
温州市瑞安市			1	7		2
温州市乐清市						
嘉兴市嘉善县						
嘉兴市桐乡市	1		1			
湖州市德清县				4	1	4
绍兴市绍兴县					6	10
绍兴市嵊州市		1				4
金华市金东区						
金华市义乌市						2
衢州市开化县						
衢州市江山市		1				3
舟山市岱山县	2	1				
台州市椒江区			2			
台州市三门县						
台州市临海市						
丽水市莲都区						
丽水市青田县	1	2				

4-93 各地区智力残疾人分城乡的主要需求

单位：人次

地区	合计		医疗服务与救助		辅助器具	
	城镇	农村	城镇	农村	城镇	农村
总计	**210**	**636**	**49**	**123**	**1**	
杭州市下城区	29		9		1	
杭州市余杭区		43		9		
杭州市富阳市	43	56	9	14		
杭州市临安市	22	30	5	11		
宁波市江东区	14		2			
宁波市宁海县	11	6	3	2		
宁波市慈溪市	21	33	7	11		
温州市永嘉县	6	45		1		
温州市瑞安市		14		2		
温州市乐清市		55		21		
嘉兴市嘉善县	1	18		1		
嘉兴市桐乡市	8	9	2	2		
湖州市德清县		22		2		
绍兴市绍兴县	4	7	1			
绍兴市嵊州市		47		1		
金华市金东区	4	17		4		
金华市义乌市	1	12	1	4		
衢州市开化县	2	40	1	9		
衢州市江山市		33		8		
舟山市岱山县	9	16				
台州市椒江区	14		3			
台州市三门县		21		1		
台州市临海市	8	48	2	9		
丽水市莲都区	6	29	2	9		
丽水市青田县	7	35	2	2		

4-93 续表 1

单位：人次

地区	康复训练与服务		教育费用补助或减免		职业教育与培训	
	城镇	农村	城镇	农村	城镇	农村
总　计	**43**	**108**	**2**	**19**	**6**	**24**
杭州市下城区	7				1	
杭州市余杭区				4		4
杭州市富阳市	6	5		2	4	5
杭州市临安市	5				1	
宁波市江东区	1					
宁波市宁海县	3	2		1		
宁波市慈溪市	7	11				
温州市永嘉县		4				4
温州市瑞安市		1				
温州市乐清市		13		1		2
嘉兴市嘉善县		4				1
嘉兴市桐乡市	1	1				
湖州市德清县						1
绍兴市绍兴县	1					
绍兴市嵊州市		17				
金华市金东区		1				
金华市义乌市		1				1
衢州市开化县	1	11		2		
衢州市江山市		3		3		
舟山市岱山县	1	1	1	1		
台州市椒江区	4					
台州市三门县				1		5
台州市临海市	3	16		3		1
丽水市莲都区		2				
丽水市青田县	3	15	1	1		

4-93 续表 2

单位：人次

地　区	就业安置或扶持		贫困残疾人救助与扶持		法律援助与服务	
	城镇	农村	城镇	农村	城镇	农村
总　计	**17**	**55**	**57**	**219**	**2**	**4**
杭州市下城区	1		6		1	
杭州市余杭区		9		12		1
杭州市富阳市	7	7	12	13		
杭州市临安市			5	11		
宁波市江东区	2		6			
宁波市宁海县	1		3	1	1	
宁波市慈溪市			7	11		
温州市永嘉县	2	4	2	14		
温州市瑞安市		1		6		
温州市乐清市		3		15		
嘉兴市嘉善县		3		4		
嘉兴市桐乡市	1	1	2	3		1
湖州市德清县		3		16		
绍兴市绍兴县				1		
绍兴市嵊州市				15		
金华市金东区		1	3	8		1
金华市义乌市		1		5		
衢州市开化县		4		11		
衢州市江山市				17		
舟山市岱山县	2	4	2	10		
台州市椒江区			5			
台州市三门县		3		9		
台州市临海市	1	6	1	13		
丽水市莲都区		4	2	8		1
丽水市青田县		1	1	16		

4-93 续表 3

单位：人次

地区	无障碍设施		信息无障碍		生活服务	
	城镇	农村	城镇	农村	城镇	农村
总 计	**1**				**16**	**53**
杭州市下城区	1					
杭州市余杭区						2
杭州市富阳市					5	6
杭州市临安市					3	7
宁波市江东区					1	
宁波市宁海县						
宁波市慈溪市						
温州市永嘉县					2	13
温州市瑞安市						
温州市乐清市						
嘉兴市嘉善县						3
嘉兴市桐乡市						1
湖州市德清县						
绍兴市绍兴县					2	4
绍兴市嵊州市						13
金华市金东区						1
金华市义乌市						
衢州市开化县						1
衢州市江山市						
舟山市岱山县						
台州市椒江区						
台州市三门县						
台州市临海市					1	
丽水市莲都区					2	2
丽水市青田县						

4-93 续表 4

单位：人次

地　区	文化服务		其　他		不选择	
	城镇	农村	城镇	农村	城镇	农村
总　计	**4**	**10**		**9**	**12**	**12**
杭州市下城区					2	
杭州市余杭区				2		
杭州市富阳市		3				1
杭州市临安市	2				1	1
宁波市江东区					2	
宁波市宁海县						
宁波市慈溪市						
温州市永嘉县		2		3		
温州市瑞安市				4		
温州市乐清市						
嘉兴市嘉善县					1	2
嘉兴市桐乡市	2					
湖州市德清县						
绍兴市绍兴县						2
绍兴市嵊州市		1				
金华市金东区					1	1
金华市义乌市						
衢州市开化县		1				1
衢州市江山市		2				
舟山市岱山县					3	
台州市椒江区					2	
台州市三门县		1				1
台州市临海市						
丽水市莲都区						3
丽水市青田县						

4-94 各地区精神残疾人分城乡的主要需求

单位：人次

地 区	合 计		医疗服务与救助		辅助器具	
	城镇	农村	城镇	农村	城镇	农村
总 计	**248**	**858**	**94**	**329**	**3**	**2**
杭州市下城区	38		17			
杭州市余杭区		39		16		
杭州市富阳市	5	26	3	12		
杭州市临安市	12	11	4	5		
宁波市江东区	17		2			
宁波市宁海县	31	27	14	12		
宁波市慈溪市	33	40	11	12	2	
温州市永嘉县	3	62	2	27		
温州市瑞安市	13	26	6	10		
温州市乐清市		34		9		
嘉兴市嘉善县	9	23		10		
嘉兴市桐乡市	3	26	1	8		
湖州市德清县	5	12	1	3		
绍兴市绍兴县	11	35	5	17		
绍兴市嵊州市		50		27		
金华市金东区	6	24		8		
金华市义乌市	6	28	2	9		
衢州市开化县	12	87	4	29		1
衢州市江山市		93		36		
舟山市岱山县	11	44	6	14		
台州市椒江区	11		9			
台州市三门县		35		10		
台州市临海市	7	40	3	16		
丽水市莲都区	10	50	2	17		
丽水市青田县	5	46	2	22	1	1

4-94 续表 1

单位：人次

地　区	康复训练与服务		教育费用补助或减免		职业教育与培训	
	城镇	农村	城镇	农村	城镇	农村
总　计	**30**	**63**		**11**	**2**	**12**
杭州市下城区	1					
杭州市余杭区						
杭州市富阳市	2	5		1		2
杭州市临安市	2	1			1	
宁波市江东区	2					
宁波市宁海县	5	3				
宁波市慈溪市	10	12				
温州市永嘉县		1		2		3
温州市瑞安市						
温州市乐清市		3				1
嘉兴市嘉善县						
嘉兴市桐乡市	1	5				
湖州市德清县	1					
绍兴市绍兴县						
绍兴市嵊州市		4				
金华市金东区		4				
金华市义乌市	2	5				
衢州市开化县	1	4		3		4
衢州市江山市		6				
舟山市岱山县		4				1
台州市椒江区						
台州市三门县		1				1
台州市临海市	2	1			1	
丽水市莲都区	1					
丽水市青田县		4		5		

4-94 续表 2

单位：人次

地 区	就业安置或扶持		贫困残疾人救助与扶持		法律援助与服务	
	城镇	农村	城镇	农村	城镇	农村
总 计	**12**	**62**	**68**	**263**	**3**	**2**
杭州市下城区	1		16		2	
杭州市余杭区		4		11		
杭州市富阳市				5		
杭州市临安市	2		3	4		
宁波市江东区	2		4			
宁波市宁海县			12	12		
宁波市慈溪市		2	10	12		
温州市永嘉县		9	1	19		
温州市瑞安市		2	1	6		
温州市乐清市		2		8		
嘉兴市嘉善县			1	10		
嘉兴市桐乡市			1	6		
湖州市德清县	1	1	1	4		
绍兴市绍兴县	1	1	1	10		
绍兴市嵊州市				19		
金华市金东区			2	5		1
金华市义乌市		5	2	8		
衢州市开化县	1	9	4	25		
衢州市江山市		3		31		1
舟山市岱山县		4	4	12		
台州市椒江区	1		1			
台州市三门县		3		14		
台州市临海市	1	6		15		
丽水市莲都区	2	10	3	15		
丽水市青田县		1	1	12	1	

4-94 续表 3

单位：人次

地 区	无障碍设施		信息无障碍		生活服务	
	城镇	农村	城镇	农村	城镇	农村
总 计		**1**	**1**		**15**	**77**
杭州市下城区					1	
杭州市余杭区						8
杭州市富阳市						1
杭州市临安市						1
宁波市江东区						
宁波市宁海县						
宁波市慈溪市						
温州市永嘉县						
温州市瑞安市					5	7
温州市乐清市						1
嘉兴市嘉善县						1
嘉兴市桐乡市						4
湖州市德清县					1	
绍兴市绍兴县					4	5
绍兴市嵊州市						
金华市金东区					1	4
金华市义乌市						
衢州市开化县					2	12
衢州市江山市						13
舟山市岱山县					1	6
台州市椒江区						
台州市三门县						5
台州市临海市		1				1
丽水市莲都区			1			7
丽水市青田县						1

4-94 续表 4

单位：人次

地　区	文化服务		其　他		不选择	
	城镇	农村	城镇	农村	城镇	农村
总　计		**8**	**4**	**4**	**16**	**24**
杭州市下城区						
杭州市余杭区						
杭州市富阳市						
杭州市临安市						
宁波市江东区			3		4	
宁波市宁海县						
宁波市慈溪市		2				
温州市永嘉县						1
温州市瑞安市			1	1		
温州市乐清市						10
嘉兴市嘉善县		1			8	1
嘉兴市桐乡市		2		1		
湖州市德清县						4
绍兴市绍兴县						2
绍兴市嵊州市						
金华市金东区		1			3	1
金华市义乌市						1
衢州市开化县						
衢州市江山市		2				1
舟山市岱山县				2		1
台州市椒江区						
台州市三门县						1
台州市临海市						
丽水市莲都区					1	1
丽水市青田县						

4–95 各地区多重残疾人分城乡的主要需求

单位：人次

地　区	合　计		医疗服务与救助		辅助器具	
	城镇	农村	城镇	农村	城镇	农村
总　计	**477**	**1592**	**139**	**428**	**80**	**268**
杭州市下城区	51		17		7	
杭州市余杭区		72		24		11
杭州市富阳市	34	31	4	3		1
杭州市临安市	42	48	13	15	3	4
宁波市江东区	41		15		12	
宁波市宁海县	56	111	17	25	16	24
宁波市慈溪市	9	34	3	9	2	7
温州市永嘉县		75		20		6
温州市瑞安市	11	40	1	7		3
温州市乐清市		103		24		23
嘉兴市嘉善县	9	45	2	11	2	13
嘉兴市桐乡市	45	47	14	17	7	7
湖州市德清县	4	26	2	9	1	1
绍兴市绍兴县	14	89	5	9	2	21
绍兴市嵊州市		60		10		15
金华市金东区	12	53	2	13	2	11
金华市义乌市	21	107	2	31	4	23
衢州市开化县	3	63	1	21		8
衢州市江山市		52		14		2
舟山市岱山县	40	127	11	41	2	12
台州市椒江区	37		15		11	
台州市三门县		25		11		3
台州市临海市	12	74	4	25	3	15
丽水市莲都区	31	98	9	25	6	14
丽水市青田县	5	212	2	64		44

4-95 续表 1

单位：人次

地区	康复训练与服务		教育费用补助或减免		职业教育与培训	
	城镇	农村	城镇	农村	城镇	农村
总　计	**69**	**203**	**2**	**6**	**4**	**10**
杭州市下城区	11		1		1	
杭州市余杭区		3		1		
杭州市富阳市	10	6	1			
杭州市临安市	7	5				1
宁波市江东区	4					
宁波市宁海县	5	10			1	2
宁波市慈溪市	1	5				
温州市永嘉县		14		1		
温州市瑞安市	2	2				
温州市乐清市		22				1
嘉兴市嘉善县	1	6		1		1
嘉兴市桐乡市	4	4				
湖州市德清县						1
绍兴市绍兴县		18				
绍兴市嵊州市		8				1
金华市金东区	1	4				1
金华市义乌市	6	11				
衢州市开化县		11		1		
衢州市江山市		8				
舟山市岱山县	4	11			1	1
台州市椒江区	4				1	
台州市三门县		1				
台州市临海市	4	12				
丽水市莲都区	4	10				
丽水市青田县	1	32		2		1

4-95 续表 2

单位：人次

地区	就业安置或扶持		贫困残疾人救助与扶持		法律援助与服务	
	城镇	农村	城镇	农村	城镇	农村
总计	**19**	**60**	**94**	**417**	**4**	**2**
杭州市下城区			7			
杭州市余杭区		4		15		
杭州市富阳市	7	2	5	9		
杭州市临安市	4	1	10	17		
宁波市江东区	2		6		1	
宁波市宁海县	1	5	14	37		
宁波市慈溪市			3	11		
温州市永嘉县		4		20		
温州市瑞安市		4	4	15		1
温州市乐清市				17		
嘉兴市嘉善县			1	9		
嘉兴市桐乡市			10	13	3	
湖州市德清县		1	1	11		
绍兴市绍兴县		11	2	15		
绍兴市嵊州市		2		9		1
金华市金东区		4	4	17		
金华市义乌市	2	2	4	31		
衢州市开化县		1	1	20		
衢州市江山市		5		18		
舟山市岱山县	2	5	11	36		
台州市椒江区	1		3			
台州市三门县		1		9		
台州市临海市		3	1	17		
丽水市莲都区		2	6	26		
丽水市青田县		3	1	45		

4-95 续表 3

单位：人次

地区	无障碍设施		信息无障碍		生活服务	
	城镇	农村	城镇	农村	城镇	农村
总计	**5**	**13**	**4**	**8**	**41**	**140**
杭州市下城区	1					
杭州市余杭区		1				11
杭州市富阳市		1	1		5	7
杭州市临安市	1				4	5
宁波市江东区					1	
宁波市宁海县		1			1	6
宁波市慈溪市						2
温州市永嘉县						6
温州市瑞安市			1	2	2	3
温州市乐清市				1		14
嘉兴市嘉善县					2	4
嘉兴市桐乡市					6	5
湖州市德清县						1
绍兴市绍兴县					5	11
绍兴市嵊州市		2		1		7
金华市金东区	1				2	
金华市义乌市		1			2	7
衢州市开化县	1					1
衢州市江山市		2				3
舟山市岱山县		1		3	7	17
台州市椒江区						
台州市三门县						
台州市临海市		1				1
丽水市莲都区	1	3	1		4	13
丽水市青田县			1	1		16

4-95 续表 4

单位：人次

地 区	文化服务		其 他		不选择	
	城镇	农村	城镇	农村	城镇	农村
总 计	**4**	**13**	**2**	**10**	**10**	**14**
杭州市下城区	2				4	
杭州市余杭区				2		
杭州市富阳市	1			1		1
杭州市临安市						
宁波市江东区						
宁波市宁海县		1			1	
宁波市慈溪市						
温州市永嘉县						4
温州市瑞安市			1	3		
温州市乐清市						1
嘉兴市嘉善县					1	
嘉兴市桐乡市		1	1			
湖州市德清县						2
绍兴市绍兴县		1				3
绍兴市嵊州市		1		2		1
金华市金东区				1		2
金华市义乌市	1	1				
衢州市开化县						
衢州市江山市						
舟山市岱山县					2	
台州市椒江区					2	
台州市三门县						
台州市临海市						
丽水市莲都区		4		1		
丽水市青田县		4				

4-96 各地区视力残疾人分残疾等级的主要需求

单位：人次

地区	医疗服务与救助				辅助器具			
	一级	二级	三级	四级	一级	二级	三级	四级
总计	**136**	**62**	**56**	**436**	**61**	**22**	**26**	**177**
杭州市下城区		1		34				
杭州市余杭区	3	1	3	28	3	1	2	21
杭州市富阳市	3	1	1	18			1	5
杭州市临安市	1		1	14				
宁波市江东区	6	4	1	30	6	2	1	24
宁波市宁海县	9		4	17			2	3
宁波市慈溪市	8	7	4	12	3		1	2
温州市永嘉县	10	3	2	6				1
温州市瑞安市	1	3		12				
温州市乐清市	2	2	4	4	1	1	2	1
嘉兴市嘉善县	7	1	2	20	2			9
嘉兴市桐乡市	2	1	1	24		1		18
湖州市德清县	9	5	5	46				
绍兴市绍兴县	5		3	8	5		3	6
绍兴市嵊州市	4	3	3	6	2	2	2	1
金华市金东区	10	8	2	13	3	3	1	7
金华市义乌市	6			7	5			3
衢州市开化县	6	5	2	23	5	5	3	24
衢州市江山市	4	4	2	12	1			
舟山市岱山县	14	8	5	23	13	6	4	19
台州市椒江区	2		2	14	2	1	2	14
台州市三门县	1	1	4	15	1			2
台州市临海市	11	3		17	1			3
丽水市莲都区	10	1	2	18	7		1	10
丽水市青田县	2		3	15	1		1	4

4-96 续表 1

单位：人次

地区	康复训练与服务				教育费用补助或减免			
	一级	二级	三级	四级	一级	二级	三级	四级
总　计	**45**	**12**	**13**	**70**				**3**
杭州市下城区								
杭州市余杭区	2	1	1	8				
杭州市富阳市	11	1	2	12				1
杭州市临安市	1							
宁波市江东区				1				
宁波市宁海县	1			4				
宁波市慈溪市				1				
温州市永嘉县	10	2	2	4				
温州市瑞安市								
温州市乐清市			1	1				
嘉兴市嘉善县	7			8				
嘉兴市桐乡市				8				
湖州市德清县		1						
绍兴市绍兴县	1		3	4				
绍兴市嵊州市	2	1						
金华市金东区	1	1	1	2				
金华市义乌市								
衢州市开化县				2				1
衢州市江山市				1				1
舟山市岱山县	7	5	3	12				
台州市椒江区								
台州市三门县								
台州市临海市								
丽水市莲都区								
丽水市青田县	2			2				

4-96 续表 2

单位：人次

地　区	职业教育与培训				就业安置或扶持			
	一级	二级	三级	四级	一级	二级	三级	四级
总　计		**1**		**3**	**4**	**2**		**13**
杭州市下城区				1				1
杭州市余杭区								
杭州市富阳市				1	1			2
杭州市临安市								1
宁波市江东区								
宁波市宁海县								
宁波市慈溪市								
温州市永嘉县								
温州市瑞安市								
温州市乐清市								
嘉兴市嘉善县								
嘉兴市桐乡市								
湖州市德清县				1				5
绍兴市绍兴县					1			
绍兴市嵊州市								
金华市金东区								
金华市义乌市						1		1
衢州市开化县					1			2
衢州市江山市		1						
舟山市岱山县						1		
台州市椒江区								
台州市三门县								
台州市临海市								
丽水市莲都区					1			
丽水市青田县								1

4-96 续表 3

单位：人次

地区	贫困残疾人救助与扶持				法律援助与服务			
	一级	二级	三级	四级	一级	二级	三级	四级
总计	**133**	**50**	**33**	**228**	**2**			**2**
杭州市下城区								1
杭州市余杭区				1				
杭州市富阳市	13	2	3	21				
杭州市临安市	2			6				
宁波市江东区				1				
宁波市宁海县	11		5	22				
宁波市慈溪市	9	7	4	15				
温州市永嘉县	10	3	2	6				
温州市瑞安市	1	2		11				
温州市乐清市								
嘉兴市嘉善县	4		1	4				
嘉兴市桐乡市	2	1		10				
湖州市德清县	8	6	1	18	1			1
绍兴市绍兴县	5	1		3				
绍兴市嵊州市	7	3	2	7				
金华市金东区	10	7	1	11				
金华市义乌市	4	1		3				
衢州市开化县	6	3	3	17				
衢州市江山市	5	4	2	12				
舟山市岱山县	6	3	3	13				
台州市椒江区	2	1		2				
台州市三门县	3	3	3	11				
台州市临海市	8	2		11				
丽水市莲都区	10	1	2	17				
丽水市青田县	7		1	6	1			

4-96 续表 4

单位：人次

地　区	无障碍设施				信息无障碍			
	一级	二级	三级	四级	一级	二级	三级	四级
总　计	**25**	**4**	**2**	**23**	**5**			**6**
杭州市下城区								
杭州市余杭区								1
杭州市富阳市	12	2		8				1
杭州市临安市								
宁波市江东区								
宁波市宁海县					2			1
宁波市慈溪市					1			1
温州市永嘉县				1				
温州市瑞安市								
温州市乐清市								
嘉兴市嘉善县								1
嘉兴市桐乡市	1		1	9				
湖州市德清县	1							1
绍兴市绍兴县								
绍兴市嵊州市								
金华市金东区					1			
金华市义乌市								
衢州市开化县	1			1	1			
衢州市江山市	2	1	1	2				
舟山市岱山县	1	1		1				
台州市椒江区	1							
台州市三门县	2			1				
台州市临海市	4							
丽水市莲都区								
丽水市青田县								

4-96 续表 5

单位：人次

地区	生活服务				文化服务			
	一级	二级	三级	四级	一级	二级	三级	四级
总计	**45**	**16**	**13**	**88**	**1**		**1**	**5**
杭州市下城区				2				
杭州市余杭区								
杭州市富阳市	5		3	21				3
杭州市临安市	3		1	11				
宁波市江东区								
宁波市宁海县	1			1				
宁波市慈溪市	8	7	3	14				
温州市永嘉县		1						
温州市瑞安市								
温州市乐清市	2	1	3	1				
嘉兴市嘉善县			1	2				
嘉兴市桐乡市	1			2				
湖州市德清县	1	1		3				
绍兴市绍兴县	1							
绍兴市嵊州市	4		1	4	1		1	
金华市金东区	8	5		8				
金华市义乌市								2
衢州市开化县								
衢州市江山市	1			6				
舟山市岱山县	1							
台州市椒江区								
台州市三门县	1	1		3				
台州市临海市	2							
丽水市莲都区	2		1	4				
丽水市青田县	4			6				

4-96 续表 6

单位：人次

地区	其他				不选择			
	一级	二级	三级	四级	一级	二级	三级	四级
总计	**2**	**1**		**3**	**4**		**6**	**16**
杭州市下城区								2
杭州市余杭区								
杭州市富阳市				1				
杭州市临安市								
宁波市江东区								
宁波市宁海县							1	
宁波市慈溪市								
温州市永嘉县								
温州市瑞安市		1		2				
温州市乐清市							1	2
嘉兴市嘉善县								
嘉兴市桐乡市								
湖州市德清县					1			
绍兴市绍兴县	2				1		1	5
绍兴市嵊州市								
金华市金东区								
金华市义乌市					1		1	1
衢州市开化县							1	1
衢州市江山市								
舟山市岱山县								
台州市椒江区					1		1	4
台州市三门县								1
台州市临海市								
丽水市莲都区								
丽水市青田县								

4-97 各地区听力残疾人分残疾等级的主要需求

单位：人次

地区	医疗服务与救助				辅助器具			
	一级	二级	三级	四级	一级	二级	三级	四级
总计	**61**	**104**	**608**	**383**	**94**	**156**	**823**	**528**
杭州市下城区			2	3			4	2
杭州市余杭区	2	5	27	30	3	8	18	10
杭州市富阳市		1	8	3	10	8	40	19
杭州市临安市	2	5	20	11	3	6	42	28
宁波市江东区		2	7	5		3	6	4
宁波市宁海县		2	22	21	1	9	55	50
宁波市慈溪市	1	6	21	10	2	7	29	23
温州市永嘉县	2	12	21	12	7	8	11	3
温州市瑞安市	1	1	12	4	3	5	33	11
温州市乐清市			3	4	4	4	29	57
嘉兴市嘉善县		1	1	2	6	8	48	41
嘉兴市桐乡市	3	2	34	47	3	2	34	47
湖州市德清县	1		10	2	2	2	4	
绍兴市绍兴县		1	13	13	1	6	28	12
绍兴市嵊州市	2	3	8	4	5	18	62	14
金华市金东区	5	3	36	47	5	3	33	45
金华市义乌市	7	5	43	12	7	5	44	12
衢州市开化县	2	5	26	27	2	5	32	28
衢州市江山市	4	7	59	25		2	5	1
舟山市岱山县	2	2	28	3	1	2	30	4
台州市椒江区	1	1	10	8	1	4	30	16
台州市三门县	7	12	47	10	7	12	40	5
台州市临海市	8	7	44	21	8	7	48	24
丽水市莲都区	9	18	71	24	9	18	72	24
丽水市青田县	2	3	35	35	4	4	46	48

4-97 续表 1

单位：人次

地　区	康复训练与服务				教育费用补助或减免			
	一级	二级	三级	四级	一级	二级	三级	四级
总　计	**23**	**30**	**76**	**71**				
杭州市下城区								
杭州市余杭区		1						
杭州市富阳市	1	1	1					
杭州市临安市								
宁波市江东区								
宁波市宁海县			1					
宁波市慈溪市		4	8	5				
温州市永嘉县	6	14	23	12				
温州市瑞安市		1						
温州市乐清市			1	1				
嘉兴市嘉善县	2	2	1	2				
嘉兴市桐乡市	3	1	21	29				
湖州市德清县								
绍兴市绍兴县	1	1	1	1				
绍兴市嵊州市			1	1				
金华市金东区	2	1	1	3				
金华市义乌市	4	2		2				
衢州市开化县			3	3				
衢州市江山市		1	3					
舟山市岱山县								
台州市椒江区			1					
台州市三门县								
台州市临海市	2	1	8	9				
丽水市莲都区								
丽水市青田县	2		2	3				

4-97 续表 2

单位：人次

地　区	职业教育与培训				就业安置或扶持			
	一级	二级	三级	四级	一级	二级	三级	四级
总　计			**2**	**1**	**2**	**1**	**8**	**3**
杭州市下城区							1	
杭州市余杭区								
杭州市富阳市							2	
杭州市临安市								
宁波市江东区								
宁波市宁海县					1		2	
宁波市慈溪市								
温州市永嘉县						1		
温州市瑞安市							1	
温州市乐清市								
嘉兴市嘉善县								
嘉兴市桐乡市								
湖州市德清县							1	
绍兴市绍兴县								
绍兴市嵊州市								
金华市金东区								
金华市义乌市			2	1				1
衢州市开化县								
衢州市江山市								1
舟山市岱山县								
台州市椒江区								
台州市三门县								
台州市临海市					1		1	1
丽水市莲都区								
丽水市青田县								

4-97 续表 3

单位：人次

地　区	贫困残疾人救助与扶持				法律援助与服务			
	一级	二级	三级	四级	一级	二级	三级	四级
总　计	**32**	**59**	**313**	**172**			**3**	**2**
杭州市下城区			1					
杭州市余杭区	2	4	13	7				
杭州市富阳市	5	5	20	2			1	
杭州市临安市	1		2					
宁波市江东区								
宁波市宁海县		8	34	31				
宁波市慈溪市	2	4	17	16				
温州市永嘉县			2	1				
温州市瑞安市	3	6	33	10				
温州市乐清市	2	4	23	32				
嘉兴市嘉善县								
嘉兴市桐乡市			1	2				
湖州市德清县	2	4	9	2				
绍兴市绍兴县		5	13	10			1	
绍兴市嵊州市								
金华市金东区								
金华市义乌市	3	3	27	9				
衢州市开化县	1	4	17	15				
衢州市江山市	4	4	51	22			1	1
舟山市岱山县	2	1	22	1				
台州市椒江区		1	1					
台州市三门县			1					
台州市临海市	5	5	24	9				
丽水市莲都区								
丽水市青田县		1	2	3				1

4-97 续表 4

单位：人次

地区	无障碍设施				信息无障碍			
	一级	二级	三级	四级	一级	二级	三级	四级
总计			**1**	**2**	**3**	**3**	**8**	**3**
杭州市下城区				1				
杭州市余杭区					1	1	5	1
杭州市富阳市								1
杭州市临安市								
宁波市江东区								1
宁波市宁海县					1		1	
宁波市慈溪市						1		
温州市永嘉县								
温州市瑞安市								
温州市乐清市								
嘉兴市嘉善县						1		
嘉兴市桐乡市							1	
湖州市德清县								
绍兴市绍兴县								
绍兴市嵊州市								
金华市金东区								
金华市义乌市			1					
衢州市开化县								
衢州市江山市								
舟山市岱山县							1	
台州市椒江区								
台州市三门县								
台州市临海市				1	1			
丽水市莲都区								
丽水市青田县								

4-97 续表 5

单位：人次

地　区	生活服务				文化服务			
	一级	二级	三级	四级	一级	二级	三级	四级
总　计	**14**	**29**	**175**	**96**	**2**	**2**	**18**	**8**
杭州市下城区			3	2				1
杭州市余杭区		2	22	18		1	2	2
杭州市富阳市	5	5	6		1	1	8	
杭州市临安市	3	5	18	1				
宁波市江东区		1						
宁波市宁海县			6	4			1	2
宁波市慈溪市		1	2	11			4	3
温州市永嘉县								
温州市瑞安市								
温州市乐清市			1	3				
嘉兴市嘉善县			2					
嘉兴市桐乡市			4	3				
湖州市德清县				1				
绍兴市绍兴县		6	30	18	1		1	
绍兴市嵊州市								
金华市金东区								
金华市义乌市			2					
衢州市开化县								
衢州市江山市	4	7	59	26			2	
舟山市岱山县	1	1	12	3				
台州市椒江区								
台州市三门县								
台州市临海市			1					
丽水市莲都区								
丽水市青田县	1	1	7	6				

4-97 续表 6

单位：人次

地 区	其 他				不选择			
	一级	二级	三级	四级	一级	二级	三级	四级
总 计		**3**	**15**	**6**	**5**	**16**	**60**	**83**
杭州市下城区					1	2	21	61
杭州市余杭区								
杭州市富阳市					1			1
杭州市临安市								
宁波市江东区						2	4	7
宁波市宁海县								
宁波市慈溪市			1					2
温州市永嘉县						1		
温州市瑞安市			5				2	
温州市乐清市								
嘉兴市嘉善县								
嘉兴市桐乡市				2				
湖州市德清县						3	5	2
绍兴市绍兴县				1				
绍兴市嵊州市		3	9	3		3	7	3
金华市金东区							3	2
金华市义乌市								
衢州市开化县								
衢州市江山市								
舟山市岱山县					3		11	3
台州市椒江区						5	7	2
台州市三门县								
台州市临海市								
丽水市莲都区								
丽水市青田县								

4–98 各地区言语残疾人分残疾等级的主要需求

单位：人次

地 区	医疗服务与救助				辅助器具			
	一级	二级	三级	四级	一级	二级	三级	四级
总 计	**7**	**10**	**6**	**7**	**1**	**1**		
杭州市下城区								
杭州市余杭区								
杭州市富阳市		1				1		
杭州市临安市		2	1	2				
宁波市江东区	1							
宁波市宁海县	2							
宁波市慈溪市				1				
温州市永嘉县		1	1					
温州市瑞安市	1			1	1			
温州市乐清市								
嘉兴市嘉善县								
嘉兴市桐乡市								
湖州市德清县			1					
绍兴市绍兴县								
绍兴市嵊州市		1	1					
金华市金东区								
金华市义乌市								
衢州市开化县		1		1				
衢州市江山市		2	1					
舟山市岱山县	2							
台州市椒江区								
台州市三门县	1	1		1				
台州市临海市		1	1					
丽水市莲都区								
丽水市青田县				1				

4-98 续表 1

单位：人次

地　区	康复训练与服务				教育费用补助或减免			
	一级	二级	三级	四级	一级	二级	三级	四级
总　计	**3**	**6**	**4**	**7**		**2**	**2**	**1**
杭州市下城区								
杭州市余杭区								
杭州市富阳市			1					
杭州市临安市		2	1	1				
宁波市江东区								
宁波市宁海县	1							1
宁波市慈溪市				1				
温州市永嘉县								
温州市瑞安市				1				
温州市乐清市				1				
嘉兴市嘉善县		1	1	1				
嘉兴市桐乡市			1					
湖州市德清县								
绍兴市绍兴县								
绍兴市嵊州市	1	1				1		
金华市金东区								
金华市义乌市								
衢州市开化县				1				
衢州市江山市		1					1	
舟山市岱山县	1							
台州市椒江区								
台州市三门县								
台州市临海市		1				1	1	
丽水市莲都区								
丽水市青田县				1				

4-98 续表 2

单位：人次

地区	职业教育与培训				就业安置或扶持			
	一级	二级	三级	四级	一级	二级	三级	四级
总计	**1**	**1**		**1**	**3**		**3**	**3**
杭州市下城区								
杭州市余杭区	1				1			
杭州市富阳市								1
杭州市临安市								
宁波市江东区								
宁波市宁海县		1		1	2			1
宁波市慈溪市								
温州市永嘉县								
温州市瑞安市								
温州市乐清市								
嘉兴市嘉善县								
嘉兴市桐乡市								
湖州市德清县							2	
绍兴市绍兴县								
绍兴市嵊州市							1	
金华市金东区								
金华市义乌市								
衢州市开化县								1
衢州市江山市								
舟山市岱山县								
台州市椒江区								
台州市三门县								
台州市临海市								
丽水市莲都区								
丽水市青田县								

4-98 续表 3

单位：人次

地区	贫困残疾人救助与扶持				法律援助与服务			
	一级	二级	三级	四级	一级	二级	三级	四级
总计	**9**	**9**	**9**	**5**				
杭州市下城区								
杭州市余杭区	2							
杭州市富阳市		1	1					
杭州市临安市		2	1	1				
宁波市江东区	1							
宁波市宁海县	2	2						
宁波市慈溪市				1				
温州市永嘉县								
温州市瑞安市				1				
温州市乐清市	1							
嘉兴市嘉善县								
嘉兴市桐乡市			1					
湖州市德清县			2					
绍兴市绍兴县								
绍兴市嵊州市			1					
金华市金东区								
金华市义乌市								
衢州市开化县		1						
衢州市江山市		2	2					
舟山市岱山县								
台州市椒江区								
台州市三门县	1	1		1				
台州市临海市			1					
丽水市莲都区	2							
丽水市青田县				1				

4-98 续表 4

单位：人次

地区	无障碍设施				信息无障碍			
	一级	二级	三级	四级	一级	二级	三级	四级
总　计		**1**		**1**	**1**			
杭州市下城区								
杭州市余杭区								
杭州市富阳市								
杭州市临安市								
宁波市江东区								
宁波市宁海县								
宁波市慈溪市								
温州市永嘉县								
温州市瑞安市					1			
温州市乐清市								
嘉兴市嘉善县								
嘉兴市桐乡市								
湖州市德清县								
绍兴市绍兴县								
绍兴市嵊州市								
金华市金东区								
金华市义乌市								
衢州市开化县								
衢州市江山市								
舟山市岱山县								
台州市椒江区								
台州市三门县		1		1				
台州市临海市								
丽水市莲都区								
丽水市青田县								

4-98 续表 5

单位：人次

地　区	生活服务				文化服务			
	一级	二级	三级	四级	一级	二级	三级	四级
总　计	**3**	**1**	**2**	**1**		**1**		**2**
杭州市下城区								
杭州市余杭区								
杭州市富阳市			1	1				1
杭州市临安市								1
宁波市江东区								
宁波市宁海县	1					1		
宁波市慈溪市								
温州市永嘉县								
温州市瑞安市								
温州市乐清市								
嘉兴市嘉善县								
嘉兴市桐乡市								
湖州市德清县								
绍兴市绍兴县								
绍兴市嵊州市								
金华市金东区								
金华市义乌市								
衢州市开化县								
衢州市江山市		1	1					
舟山市岱山县	2							
台州市椒江区								
台州市三门县								
台州市临海市								
丽水市莲都区								
丽水市青田县								

4-98 续表 6

单位：人次

地　区	其　他				不选择			
	一级	二级	三级	四级	一级	二级	三级	四级
总　计		**1**	**2**		**1**		**3**	**5**
杭州市下城区								
杭州市余杭区								
杭州市富阳市								
杭州市临安市								
宁波市江东区								
宁波市宁海县								
宁波市慈溪市								
温州市永嘉县		1	2				1	2
温州市瑞安市								
温州市乐清市								
嘉兴市嘉善县								
嘉兴市桐乡市								
湖州市德清县								
绍兴市绍兴县								1
绍兴市嵊州市								
金华市金东区					1			
金华市义乌市								
衢州市开化县								
衢州市江山市								
舟山市岱山县								
台州市椒江区							2	2
台州市三门县								
台州市临海市								
丽水市莲都区								
丽水市青田县								

4-99 各地区肢体残疾人分残疾等级的主要需求

单位：人次

地　区	医疗服务与救助				辅助器具			
	一级	二级	三级	四级	一级	二级	三级	四级
总　计	**18**	**73**	**219**	**501**	**22**	**88**	**126**	**173**
杭州市下城区	2	2	4	14	1		2	4
杭州市余杭区	1	2	10	22	1	1	9	14
杭州市富阳市			1	3			2	
杭州市临安市		6	19	28			2	1
宁波市江东区			3			2	1	1
宁波市宁海县	1	1	9	19	1	4	10	6
宁波市慈溪市	1	3	2	22	1	3	5	16
温州市永嘉县	1	4	7	20	3	25	5	6
温州市瑞安市	1	3	7	11		3	3	4
温州市乐清市	1	1	7	16	1	1	6	17
嘉兴市嘉善县	1	1	4	22	1	1	2	13
嘉兴市桐乡市		2	15	50		1	3	2
湖州市德清县			6	8			3	1
绍兴市绍兴县		1	3	14			2	
绍兴市嵊州市	1	1	4	10	3	7	8	12
金华市金东区		5	5	17		4	7	5
金华市义乌市	3	2	8	33	1	3	5	9
衢州市开化县		3	12	20		2	8	13
衢州市江山市		4	7	11	1	6	4	5
舟山市岱山县		7	14	47	1		1	8
台州市椒江区	1	10	17	24	1	10	14	11
台州市三门县	2	4	20	16				2
台州市临海市		4	12	45	1	6	7	7
丽水市莲都区		2	11	16	3	5	9	3
丽水市青田县	2	5	12	13	2	4	8	13

4-99 续表 1

单位：人次

地　区	康复训练与服务				教育费用补助或减免			
	一级	二级	三级	四级	一级	二级	三级	四级
总　计	**14**	**73**	**123**	**260**	**1**	**2**	**3**	**3**
杭州市下城区	2	2	4	15				
杭州市余杭区	1	1	2	8				
杭州市富阳市	1			2			1	1
杭州市临安市		4	13	20				
宁波市江东区		4	1	3				
宁波市宁海县	1	2	8	22				
宁波市慈溪市		1	3	4				
温州市永嘉县	3	26	14	29		1	1	
温州市瑞安市		3	3	9				
温州市乐清市	1	1	6	19				
嘉兴市嘉善县			4	18				
嘉兴市桐乡市		1	4	6				
湖州市德清县				1				
绍兴市绍兴县		1	2	3				
绍兴市嵊州市		2	2	7				
金华市金东区		1	3	1				
金华市义乌市	2	3	1	3				
衢州市开化县		2	5	7				
衢州市江山市		1	3	6		1	1	
舟山市岱山县	1	2	6	15				
台州市椒江区		4	13	13				
台州市三门县								
台州市临海市	1	3	9	26				
丽水市莲都区		5	8	18				2
丽水市青田县	1	4	9	5	1			

4-99 续表 2

单位：人次

地　　区	职业教育与培训				就业安置或扶持			
	一级	二级	三级	四级	一级	二级	三级	四级
总　　计	**2**	**2**	**3**	**8**		**12**	**38**	**99**
杭州市下城区								
杭州市余杭区							2	6
杭州市富阳市						2	8	22
杭州市临安市				1			1	3
宁波市江东区						1	2	
宁波市宁海县			2				6	6
宁波市慈溪市								
温州市永嘉县	1	1	1	1		3	3	10
温州市瑞安市								
温州市乐清市								
嘉兴市嘉善县							1	7
嘉兴市桐乡市								
湖州市德清县						1	1	2
绍兴市绍兴县						1		3
绍兴市嵊州市								3
金华市金东区							3	4
金华市义乌市				1				2
衢州市开化县								
衢州市江山市		1		2		1	4	7
舟山市岱山县				3		1	3	17
台州市椒江区							1	
台州市三门县	1					1	1	6
台州市临海市								
丽水市莲都区						1	1	
丽水市青田县							1	1

4-99 续表 3

单位：人次

地区	贫困残疾人救助与扶持				法律援助与服务			
	一级	二级	三级	四级	一级	二级	三级	四级
总计	**28**	**113**	**265**	**550**			**7**	**14**
杭州市下城区		2	2	9				2
杭州市余杭区			1	2				
杭州市富阳市	2	6	19	41				
杭州市临安市		6	19	22				2
宁波市江东区		2	6	3			2	
宁波市宁海县	2	4	17	34			3	3
宁波市慈溪市	1		3	15				
温州市永嘉县	4	23	15	23				
温州市瑞安市	2	7	8	24				
温州市乐清市				2				
嘉兴市嘉善县	1	1	4	25				
嘉兴市桐乡市		1	11	40			1	1
湖州市德清县	1	3	13	16				
绍兴市绍兴县		3	13	16				
绍兴市嵊州市	2	7	11	27				3
金华市金东区		4	10	18				
金华市义乌市	1	4	12	30				1
衢州市开化县		4	13	20				
衢州市江山市	1	5	10	24				2
舟山市岱山县	2	10	19	56				
台州市椒江区		4	5	6				
台州市三门县	2	4	19	16				
台州市临海市	1	3	7	31				
丽水市莲都区	4	7	17	29			1	
丽水市青田县	2	3	11	21				

4-99 续表 4

单位：人次

地区	无障碍设施				信息无障碍			
	一级	二级	三级	四级	一级	二级	三级	四级
总　计	**4**	**17**	**25**	**17**		**1**		**1**
杭州市下城区								
杭州市余杭区								
杭州市富阳市								
杭州市临安市								1
宁波市江东区		2	1	2				
宁波市宁海县			3	1				
宁波市慈溪市		1	4	5				
温州市永嘉县				1				
温州市瑞安市		2	1					
温州市乐清市								
嘉兴市嘉善县								
嘉兴市桐乡市				1		1		
湖州市德清县								
绍兴市绍兴县			3					
绍兴市嵊州市	2	3	1	1				
金华市金东区								
金华市义乌市		1	2	2				
衢州市开化县								
衢州市江山市		2	2	1				
舟山市岱山县								
台州市椒江区								
台州市三门县								
台州市临海市		2	1					
丽水市莲都区	1	4	6	2				
丽水市青田县	1		1	1				

4-99 续表 5

单位：人次

地　区	生活服务				文化服务			
	一级	二级	三级	四级	一级	二级	三级	四级
总　计	**5**	**20**	**49**	**129**		**3**	**3**	**13**
杭州市下城区				3				1
杭州市余杭区		1	5					
杭州市富阳市	2	6	20	43				
杭州市临安市								
宁波市江东区		1	4	1				
宁波市宁海县	1			1				3
宁波市慈溪市								
温州市永嘉县				2		1	1	4
温州市瑞安市		2						
温州市乐清市			2	16				
嘉兴市嘉善县								
嘉兴市桐乡市			1	24				1
湖州市德清县		1		1				
绍兴市绍兴县				3				
绍兴市嵊州市			1			1		
金华市金东区								
金华市义乌市								
衢州市开化县								
衢州市江山市		1		1				1
舟山市岱山县	2	8	13	31		1	1	1
台州市椒江区								
台州市三门县			1					
台州市临海市				1				
丽水市莲都区								
丽水市青田县			2	2			1	2

4-99 续表 6

单位：人次

地区	其他				不选择			
	一级	二级	三级	四级	一级	二级	三级	四级
总计	**2**	**4**	**10**	**35**		**5**	**6**	**29**
杭州市下城区								
杭州市余杭区								
杭州市富阳市	1	3	10	22				
杭州市临安市								
宁波市江东区						1	2	2
宁波市宁海县						1		2
宁波市慈溪市								
温州市永嘉县								
温州市瑞安市	1	1		6				2
温州市乐清市								
嘉兴市嘉善县								
嘉兴市桐乡市				1				
湖州市德清县				4			1	4
绍兴市绍兴县						1	2	13
绍兴市嵊州市						1		3
金华市金东区								
金华市义乌市								2
衢州市开化县								
衢州市江山市						1	1	1
舟山市岱山县								
台州市椒江区				2				
台州市三门县								
台州市临海市								
丽水市莲都区								
丽水市青田县								

4-100　各地区智力残疾人分残疾等级的主要需求

单位：人次

地　区	医疗服务与救助				辅助器具			
	一级	二级	三级	四级	一级	二级	三级	四级
总　计	**11**	**29**	**49**	**83**			**1**	
杭州市下城区		3	3	3			1	
杭州市余杭区		1	2	6				
杭州市富阳市		2	7	14				
杭州市临安市			4	12				
宁波市江东区			1	1				
宁波市宁海县	1	1		3				
宁波市慈溪市	2	7	5	4				
温州市永嘉县			1					
温州市瑞安市				2				
温州市乐清市	2	3	7	9				
嘉兴市嘉善县				1				
嘉兴市桐乡市		1		3				
湖州市德清县			1	1				
绍兴市绍兴县				1				
绍兴市嵊州市			1					
金华市金东区			1	3				
金华市义乌市		2	2	1				
衢州市开化县		2	4	4				
衢州市江山市	1	2		5				
舟山市岱山县								
台州市椒江区			1	2				
台州市三门县			1					
台州市临海市	4	2		5				
丽水市莲都区	1	2	6	2				
丽水市青田县		1	2	1				

4-100 续表 1

单位：人次

地　区	康复训练与服务				教育费用补助或减免			
	一级	二级	三级	四级	一级	二级	三级	四级
总　计	**13**	**21**	**41**	**76**	**2**	**3**		**16**
杭州市下城区		2	2	3				
杭州市余杭区								4
杭州市富阳市			2	9				2
杭州市临安市			2	3				
宁波市江东区				1				
宁波市宁海县	1	1		3				1
宁波市慈溪市	2	7	5	4				
温州市永嘉县			2	2				
温州市瑞安市				1				
温州市乐清市	2		4	7				1
嘉兴市嘉善县			1	3				
嘉兴市桐乡市				2				
湖州市德清县								
绍兴市绍兴县				1				
绍兴市嵊州市		1	10	6				
金华市金东区		1						
金华市义乌市				1				
衢州市开化县		3	4	5				2
衢州市江山市	1			2		2		1
舟山市岱山县				2				2
台州市椒江区			2	2				
台州市三门县								1
台州市临海市	5	2	1	11	1			2
丽水市莲都区		1	1					
丽水市青田县	2	3	5	8	1	1		

4-100 续表 2

单位：人次

地区	职业教育与培训				就业安置或扶持			
	一级	二级	三级	四级	一级	二级	三级	四级
总计		**2**	**7**	**21**		**6**	**20**	**46**
杭州市下城区				1				1
杭州市余杭区		1	2	1		3	5	1
杭州市富阳市			1	8			3	11
杭州市临安市				1				
宁波市江东区								2
宁波市宁海县								1
宁波市慈溪市								
温州市永嘉县			1	3		1	2	3
温州市瑞安市								1
温州市乐清市		1		1				3
嘉兴市嘉善县				1			1	2
嘉兴市桐乡市						1		1
湖州市德清县			1					3
绍兴市绍兴县								
绍兴市嵊州市								
金华市金东区							1	
金华市义乌市				1			1	
衢州市开化县								4
衢州市江山市								
舟山市岱山县							1	5
台州市椒江区								
台州市三门县			2	3			1	2
台州市临海市				1		1	1	5
丽水市莲都区							3	1
丽水市青田县							1	

4-100 续表 3

单位：人次

地　区	贫困残疾人救助与扶持				法律援助与服务			
	一级	二级	三级	四级	一级	二级	三级	四级
总　计	**15**	**36**	**100**	**125**			**3**	**3**
杭州市下城区		1	2	3				1
杭州市余杭区		3	6	3			1	
杭州市富阳市		2	11	12				
杭州市临安市			4	12				
宁波市江东区			3	3				
宁波市宁海县	1	1		2				1
宁波市慈溪市	2	7	5	4				
温州市永嘉县	1	1	9	5				
温州市瑞安市			2	4				
温州市乐清市	2	3	6	4				
嘉兴市嘉善县				4				
嘉兴市桐乡市		1		4				1
湖州市德清县		1	7	8				
绍兴市绍兴县			1					
绍兴市嵊州市		1	10	4				
金华市金东区		1	2	8			1	
金华市义乌市		2	1	2				
衢州市开化县		2	5	4				
衢州市江山市		5	4	8				
舟山市岱山县		1	4	7				
台州市椒江区			2	3				
台州市三门县			4	5				
台州市临海市	5		1	8				
丽水市莲都区	1	2	5	2			1	
丽水市青田县	3	2	6	6				

4-100 续表 4

单位：人次

地区	无障碍设施				信息无障碍			
	一级	二级	三级	四级	一级	二级	三级	四级
总计			**1**					
杭州市下城区			1					
杭州市余杭区								
杭州市富阳市								
杭州市临安市								
宁波市江东区								
宁波市宁海县								
宁波市慈溪市								
温州市永嘉县								
温州市瑞安市								
温州市乐清市								
嘉兴市嘉善县								
嘉兴市桐乡市								
湖州市德清县								
绍兴市绍兴县								
绍兴市嵊州市								
金华市金东区								
金华市义乌市								
衢州市开化县								
衢州市江山市								
舟山市岱山县								
台州市椒江区								
台州市三门县								
台州市临海市								
丽水市莲都区								
丽水市青田县								

4-100 续表 5

单位：人次

地　区	生活服务				文化服务			
	一级	二级	三级	四级	一级	二级	三级	四级
总　计	**3**	**9**	**31**	**26**			**3**	**11**
杭州市下城区								
杭州市余杭区		1	1					
杭州市富阳市		2	6	3			1	2
杭州市临安市			2	8				2
宁波市江东区			1					
宁波市宁海县								
宁波市慈溪市								
温州市永嘉县	1	1	8	5			2	
温州市瑞安市								
温州市乐清市								
嘉兴市嘉善县			1	2				
嘉兴市桐乡市				1				2
湖州市德清县								
绍兴市绍兴县	1	2	2	1				
绍兴市嵊州市		1	9	3				1
金华市金东区				1				
金华市义乌市								
衢州市开化县				1				1
衢州市江山市								2
舟山市岱山县								
台州市椒江区								
台州市三门县								1
台州市临海市		1						
丽水市莲都区	1	1	1	1				
丽水市青田县								

4-100 续表 6

单位：人次

地　区	其　他				不选择			
	一级	二级	三级	四级	一级	二级	三级	四级
总　计	**1**		**5**	**3**		**3**	**7**	**14**
杭州市下城区							2	
杭州市余杭区			1	1				
杭州市富阳市								1
杭州市临安市								2
宁波市江东区							1	1
宁波市宁海县								
宁波市慈溪市								
温州市永嘉县	1		2					
温州市瑞安市			2	2				
温州市乐清市								
嘉兴市嘉善县						1	1	1
嘉兴市桐乡市								
湖州市德清县								
绍兴市绍兴县						1		1
绍兴市嵊州市								
金华市金东区								2
金华市义乌市								
衢州市开化县							1	
衢州市江山市								
舟山市岱山县						1	1	1
台州市椒江区								2
台州市三门县								1
台州市临海市								
丽水市莲都区							1	2
丽水市青田县								

4-101 各地区精神残疾人分残疾等级的主要需求

单位：人次

地区	医疗服务与救助				辅助器具			
	一级	二级	三级	四级	一级	二级	三级	四级
总计	**77**	**53**	**57**	**236**	**1**	**1**		**3**
杭州市下城区	5	2	4	6				
杭州市余杭区	2		2	12				
杭州市富阳市	3	5	1	6				
杭州市临安市	2	3	1	3				
宁波市江东区				2				
宁波市宁海县		2	1	23				
宁波市慈溪市	5	1	2	15	1			1
温州市永嘉县	7	4	5	13				
温州市瑞安市	7	3	2	4				
温州市乐清市	3			6				
嘉兴市嘉善县	6	1	2	1				
嘉兴市桐乡市	2	1		6				
湖州市德清县		2		2				
绍兴市绍兴县	6	3	1	12				
绍兴市嵊州市	3	2	5	17				
金华市金东区			1	7				
金华市义乌市	1		4	6				
衢州市开化县	3	6	4	20				1
衢州市江山市	3	2	7	24				
舟山市岱山县	4	3	1	12				
台州市椒江区	1	2	1	5				
台州市三门县	3	2	1	4				
台州市临海市	1	4	5	9				
丽水市莲都区	5		4	10				
丽水市青田县	5	5	3	11		1		1

4-101 续表 1

单位：人次

地　区	康复训练与服务				教育费用补助或减免			
	一级	二级	三级	四级	一级	二级	三级	四级
总　计	**21**	**12**	**7**	**53**		**2**	**3**	**6**
杭州市下城区		1						
杭州市余杭区								
杭州市富阳市	3	2		2		1		
杭州市临安市		2		1				
宁波市江东区			1	1				
宁波市宁海县				8				
宁波市慈溪市	4	1	2	15				
温州市永嘉县				1				2
温州市瑞安市								
温州市乐清市	2		1					
嘉兴市嘉善县								
嘉兴市桐乡市	1			5				
湖州市德清县	1							
绍兴市绍兴县								
绍兴市嵊州市	1	1		2				
金华市金东区				4				
金华市义乌市	1		1	5				
衢州市开化县	1	1		3			2	1
衢州市江山市	1	3		2				
舟山市岱山县	1		1	2				
台州市椒江区								
台州市三门县	1							
台州市临海市	1		1	1				
丽水市莲都区	1							
丽水市青田县	2	1		1		1	1	3

4-101 续表 2

单位：人次

地　区	职业教育与培训				就业安置或扶持			
	一级	二级	三级	四级	一级	二级	三级	四级
总　计		**2**	**2**	**10**	**3**	**10**	**11**	**50**
杭州市下城区								1
杭州市余杭区								4
杭州市富阳市				2				
杭州市临安市		1				1		1
宁波市江东区								2
宁波市宁海县								
宁波市慈溪市								2
温州市永嘉县		1		2	2	1	1	5
温州市瑞安市								2
温州市乐清市				1			1	1
嘉兴市嘉善县								
嘉兴市桐乡市								
湖州市德清县						1	1	
绍兴市绍兴县						1		1
绍兴市嵊州市								
金华市金东区								
金华市义乌市							3	2
衢州市开化县			2	2		2		8
衢州市江山市							1	2
舟山市岱山县				1		1		3
台州市椒江区						1		
台州市三门县				1		1		2
台州市临海市				1		1	2	4
丽水市莲都区					1		2	9
丽水市青田县								1

4-101 续表 3

单位：人次

地区	贫困残疾人救助与扶持				法律援助与服务			
	一级	二级	三级	四级	一级	二级	三级	四级
总计	**68**	**43**	**47**	**173**	**1**	**2**		**2**
杭州市下城区	5	1	4	6	1	1		
杭州市余杭区	2		2	7				
杭州市富阳市	1	2		2				
杭州市临安市	2	2	1	2				
宁波市江东区			1	3				
宁波市宁海县		2	1	21				
宁波市慈溪市	5	1	2	14				
温州市永嘉县	7	2	3	8				
温州市瑞安市	4	1		2				
温州市乐清市	3			5				
嘉兴市嘉善县	7	3	1					
嘉兴市桐乡市	2	1		4				
湖州市德清县	1	2	1	1				
绍兴市绍兴县	4	2	1	4				
绍兴市嵊州市	3	1	4	11				
金华市金东区			1	6				1
金华市义乌市	1		4	5				
衢州市开化县	3	6	3	17				
衢州市江山市	3	3	7	18				1
舟山市岱山县	4	4		8				
台州市椒江区			1					
台州市三门县	5	2	1	6				
台州市临海市		3	4	8				
丽水市莲都区	5		4	9				
丽水市青田县	1	5	1	6		1		

4-101 续表 4

单位：人次

地 区	无障碍设施				信息无障碍			
	一级	二级	三级	四级	一级	二级	三级	四级
总 计				**1**				**1**
杭州市下城区								
杭州市余杭区								
杭州市富阳市								
杭州市临安市								
宁波市江东区								
宁波市宁海县								
宁波市慈溪市								
温州市永嘉县								
温州市瑞安市								
温州市乐清市								
嘉兴市嘉善县								
嘉兴市桐乡市								
湖州市德清县								
绍兴市绍兴县								
绍兴市嵊州市								
金华市金东区								
金华市义乌市								
衢州市开化县								
衢州市江山市								
舟山市岱山县								
台州市椒江区								
台州市三门县								
台州市临海市				1				
丽水市莲都区								1
丽水市青田县								

4-101 续表 5

单位：人次

地区	生活服务				文化服务			
	一级	二级	三级	四级	一级	二级	三级	四级
总计	**27**	**12**	**9**	**44**				**8**
杭州市下城区	1							
杭州市余杭区	1		1	6				
杭州市富阳市	1							
杭州市临安市				1				
宁波市江东区								
宁波市宁海县								
宁波市慈溪市								2
温州市永嘉县								
温州市瑞安市	6	3	1	2				
温州市乐清市				1				
嘉兴市嘉善县	1							1
嘉兴市桐乡市	1			3				2
湖州市德清县			1					
绍兴市绍兴县	3	1	1	4				
绍兴市嵊州市								
金华市金东区			1	4				1
金华市义乌市								
衢州市开化县	2	3	1	8				
衢州市江山市	2		1	10				2
舟山市岱山县	3	2	1	1				
台州市椒江区								
台州市三门县	3	1		1				
台州市临海市		1						
丽水市莲都区	3		1	3				
丽水市青田县		1						

4-101 续表 6

单位：人次

地 区	其他				不选择			
	一级	二级	三级	四级	一级	二级	三级	四级
总 计	**1**	**1**	**2**	**4**	**8**	**6**	**3**	**23**
杭州市下城区								
杭州市余杭区								
杭州市富阳市								
杭州市临安市								
宁波市江东区			1	2			1	3
宁波市宁海县								
宁波市慈溪市								
温州市永嘉县								1
温州市瑞安市	1		1					
温州市乐清市					5	2		3
嘉兴市嘉善县					1	2	1	5
嘉兴市桐乡市				1				
湖州市德清县						1		3
绍兴市绍兴县								2
绍兴市嵊州市								
金华市金东区							1	3
金华市义乌市								1
衢州市开化县								
衢州市江山市								1
舟山市岱山县		1		1		1		
台州市椒江区								
台州市三门县								1
台州市临海市								
丽水市莲都区					2			
丽水市青田县								

4-102 各地区多重残疾人分残疾等级的主要需求

单位：人次

地区	医疗服务与救助				辅助器具			
	一级	二级	三级	四级	一级	二级	三级	四级
总计	**230**	**89**	**164**	**84**	**126**	**49**	**123**	**50**
杭州市下城区	10	3	2	2	6			1
杭州市余杭区	11	4	6	3	4	2	5	
杭州市富阳市	2	3	2		1			
杭州市临安市	10	8	8	2	3	1	2	1
宁波市江东区	6	1	1	7	4		1	7
宁波市宁海县	14	6	15	7	14	7	13	6
宁波市慈溪市	8	1	1	2	5	1	3	
温州市永嘉县	14	2	4		3	2	1	
温州市瑞安市	1	1	5	1			3	
温州市乐清市	6	6	8	4	6	3	9	5
嘉兴市嘉善县	6	4		3	5	2	3	5
嘉兴市桐乡市	5	5	12	9		3	8	3
湖州市德清县	3	1	4	3			2	
绍兴市绍兴县	5	3	2	4	11	5	3	4
绍兴市嵊州市	3	4	3		7	4	4	
金华市金东区	6	3	4	2	5	3	4	1
金华市义乌市	10	4	16	3	7	4	13	3
衢州市开化县	9	2	8	3			7	1
衢州市江山市	5		5	4			1	1
舟山市岱山县	26	7	14	5	6	1	7	
台州市椒江区	5	1	7	2	3	1	6	1
台州市三门县	3	2	5	1	1	1	1	
台州市临海市	18	3	5	3	13		4	1
丽水市莲都区	12	5	9	8	1	5	8	6
丽水市青田县	32	10	18	6	21	4	15	4

4-102 续表 1

单位：人次

地　区	康复训练与服务				教育费用补助或减免			
	一级	二级	三级	四级	一级	二级	三级	四级
总　计	**145**	**52**	**54**	**21**	**4**	**2**	**2**	
杭州市下城区	6	2	2	1		1		
杭州市余杭区	1	1	1		1			
杭州市富阳市	11	2	1	2	1			
杭州市临安市	4	4	3	1				
宁波市江东区	2	1	1					
宁波市宁海县	7	3	4	1				
宁波市慈溪市	5			1				
温州市永嘉县	11	2	1				1	
温州市瑞安市	3			1				
温州市乐清市	4	5	7	6				
嘉兴市嘉善县	4	2		1	1			
嘉兴市桐乡市	1	1	6					
湖州市德清县								
绍兴市绍兴县	15	3						
绍兴市嵊州市	3	3	2					
金华市金东区	2	2	1					
金华市义乌市	8	4	5					
衢州市开化县	6		2	3	1			
衢州市江山市	4		3	1				
舟山市岱山县	7	4	4					
台州市椒江区	2	1	1					
台州市三门县			1					
台州市临海市	12	2	2					
丽水市莲都区	8	2	3	1				
丽水市青田县	19	8	4	2		1	1	

4-102 续表 2

单位：人次

地　区	职业教育与培训				就业安置或扶持			
	一级	二级	三级	四级	一级	二级	三级	四级
总　计	**9**	**3**	**1**	**1**	**48**	**13**	**14**	**4**
杭州市下城区			1					
杭州市余杭区					3	1		
杭州市富阳市					8		1	
杭州市临安市	1					2	2	1
宁波市江东区					1		1	
宁波市宁海县	3				4	1	1	
宁波市慈溪市								
温州市永嘉县					3		1	
温州市瑞安市					3	1		
温州市乐清市	1							
嘉兴市嘉善县		1						
嘉兴市桐乡市								
湖州市德清县	1							1
绍兴市绍兴县					8	2	1	
绍兴市嵊州市	1				2			
金华市金东区	1				4			
金华市义乌市					2	1	1	
衢州市开化县						1		
衢州市江山市					2		2	1
舟山市岱山县		1		1	4	2	1	
台州市椒江区		1			1			
台州市三门县								1
台州市临海市					1	1	1	
丽水市莲都区					2			
丽水市青田县	1					1	2	

4-102 续表 3

单位：人次

地　区	贫困残疾人救助与扶持				法律援助与服务			
	一级	二级	三级	四级	一级	二级	三级	四级
总　计	**250**	**84**	**120**	**57**	**6**			
杭州市下城区	4	2	1					
杭州市余杭区	8	2	3	2				
杭州市富阳市	8	1	3	2				
杭州市临安市	12	7	6	2				
宁波市江东区	4	1	1		1			
宁波市宁海县	19	9	15	8				
宁波市慈溪市	8	1	3	2				
温州市永嘉县	12	2	6					
温州市瑞安市	9	3	7		1			
温州市乐清市	7	3	2	5				
嘉兴市嘉善县	2	6	1	1				
嘉兴市桐乡市	7	3	6	7	3			
湖州市德清县	7	2	2	1				
绍兴市绍兴县	9	4	3	1				
绍兴市嵊州市	4	3	2		1			
金华市金东区	14	2	1	4				
金华市义乌市	18	4	11	2				
衢州市开化县	9	3	7	2				
衢州市江山市	8		7	3				
舟山市岱山县	22	7	13	5				
台州市椒江区	2		1					
台州市三门县	2	2	4	1				
台州市临海市	10	4	2	2				
丽水市莲都区	19	4	6	3				
丽水市青田县	26	9	7	4				

4-102 续表 4

单位：人次

地　区	无障碍设施				信息无障碍			
	一级	二级	三级	四级	一级	二级	三级	四级
总　计	**5**	**5**	**5**	**3**	**12**			
杭州市下城区	1							
杭州市余杭区		1						
杭州市富阳市			1		1			
杭州市临安市			1					
宁波市江东区								
宁波市宁海县				1				
宁波市慈溪市								
温州市永嘉县								
温州市瑞安市					3			
温州市乐清市					1			
嘉兴市嘉善县								
嘉兴市桐乡市								
湖州市德清县								
绍兴市绍兴县								
绍兴市嵊州市	1		1		1			
金华市金东区	1							
金华市义乌市		1						
衢州市开化县		1						
衢州市江山市			1	1				
舟山市岱山县			1		3			
台州市椒江区								
台州市三门县								
台州市临海市		1						
丽水市莲都区	2	1		1	1			
丽水市青田县					2			

4-102 续表 5

单位：人次

地　区	生活服务				文化服务			
	一级	二级	三级	四级	一级	二级	三级	四级
总　计	**88**	**27**	**39**	**27**	**9**	**4**	**4**	
杭州市下城区							2	
杭州市余杭区	2	1	5	3				
杭州市富阳市	7	1	2	2			1	
杭州市临安市	1	4	2	2				
宁波市江东区				1				
宁波市宁海县	4	1	1	1	1			
宁波市慈溪市	1		1					
温州市永嘉县	3	1	2					
温州市瑞安市	4	1						
温州市乐清市	3	2	5	4				
嘉兴市嘉善县	3	2		1				
嘉兴市桐乡市	3	3	2	3	1			
湖州市德清县	1							
绍兴市绍兴县	7	2	4	3		1		
绍兴市嵊州市	1	3	3		1			
金华市金东区				2				
金华市义乌市	7		2			1	1	
衢州市开化县			1					
衢州市江山市	1		2					
舟山市岱山县	14	5	3	2				
台州市椒江区								
台州市三门县								
台州市临海市				1				
丽水市莲都区	16		1		4			
丽水市青田县	10	1	3	2	2	2		

4-102 续表 6

单位：人次

地　区	其他				不选择			
	一级	二级	三级	四级	一级	二级	三级	四级
总　计	**9**		**3**		**10**	**2**	**8**	**4**
杭州市下城区							2	2
杭州市余杭区	2							
杭州市富阳市			1				1	
杭州市临安市								
宁波市江东区								
宁波市宁海县					1			
宁波市慈溪市								
温州市永嘉县					4			
温州市瑞安市	3		1					
温州市乐清市					1			
嘉兴市嘉善县					1			
嘉兴市桐乡市	1							
湖州市德清县					1		1	
绍兴市绍兴县							2	1
绍兴市嵊州市	2					1		
金华市金东区	1				1		1	
金华市义乌市								
衢州市开化县								
衢州市江山市								
舟山市岱山县							1	1
台州市椒江区					1	1		
台州市三门县								
台州市临海市								
丽水市莲都区			1					
丽水市青田县								

第五部分　社区和住户基本情况

5－1 调查社区基本情况

地区	调查社区(个)			社区人口情况		社区残疾人情况(人)			
	合计	居委会	村委会	户数(户)	人口数(人)	残疾人数	持证残疾人数	享受定期救助人数	享受临时救助人数
总计	**200**	**42**	**158**	**183259**	**541160**	**11056**	**5449**	**1641**	**2050**
杭州市下城区	8	8		22093	63210	577	541	65	23
杭州市余杭区	8		8	7322	25454	568	324	177	162
杭州市富阳市	8	1	7	5655	17188	378	187	59	48
杭州市临安市	8	1	7	6258	16667	250	205	16	30
宁波市江东区	8	8		18144	43936	309	265	43	68
宁波市宁海县	8	2	6	9093	33971	214	189	66	75
宁波市慈溪市	8	1	7	12787	34168	719	446	238	233
温州市永嘉县	8	1	7	4850	15098	320	104	35	50
温州市瑞安市	8		8	4239	16785	586	206	107	172
温州市乐清市	8		8	3522	12094	282	118	35	86
嘉兴市嘉善县	8	2	6	6694	21243	474	212	105	78
嘉兴市桐乡市	8	3	5	6948	22759	454	248	68	76
湖州市德清县	8	2	6	6321	21085	571	324	63	149
绍兴市绍兴县	8	1	7	5825	17079	772	382	46	104
绍兴市嵊州市	8		8	3271	8859	344	119	19	37
金华市金东区	8		8	2775	7000	129	64	17	27
金华市义乌市	8	1	7	6602	18539	228	110	46	55
衢州市开化县	8	1	7	5204	14956	563	128	82	79
衢州市江山市	8		8	3847	12509	293	189	41	52
舟山市岱山县	8	1	7	7081	17330	344	287	51	53
台州市椒江区	8	3	5	6637	18918	469	159	50	83
台州市三门县	8	1	7	8096	23874	899	185	119	172
台州市临海市	8	1	7	7850	25137	526	212	37	43
丽水市莲都区	8	3	5	9073	23842	409	173	45	65
丽水市青田县	8	1	7	3072	9459	378	72	11	30

5-1 续表

单位：个

地区	社区残疾人基层建设情况				
	有残疾人协会(小组)的社区	有残疾人专职委员会的社区	有康复站的社区	有社区康复协调员的社区	有无障碍设施的社区居委会
总　计	**122**	**99**	**71**	**79**	**26**
杭州市下城区	8	8	8	8	7
杭州市余杭区	8	8	8	8	
杭州市富阳市	1	7	3	3	1
杭州市临安市	5	5	4	4	1
宁波市江东区	6	6	2	2	2
宁波市宁海县		1			1
宁波市慈溪市	8	8	4	7	
温州市永嘉县					
温州市瑞安市					
温州市乐清市			4		
嘉兴市嘉善县	6	8	5	7	2
嘉兴市桐乡市	8	8	1	8	
湖州市德清县	8	8	8	8	2
绍兴市绍兴县	7	3	1	2	
绍兴市嵊州市	8				
金华市金东区	1	1	1	1	
金华市义乌市	8		2	2	1
衢州市开化县	8	1	1	1	1
衢州市江山市	8	8	8	8	
舟山市岱山县	8	2	1	1	1
台州市椒江区	7	8	4	4	1
台州市三门县					1
台州市临海市	8	8	5	4	1
丽水市莲都区	1	1	1	1	3
丽水市青田县					1

5－2　各地区调查社区公共服务机构的覆盖情况

单位：个

地　区	距离法律服务所(司法所)				距离特教学校(班)			
	0公里	1－2公里	3－5公里	5公里以上	0公里	1－2公里	3－5公里	5公里以上
总　计	**29**	**58**	**60**	**53**	**12**	**9**	**10**	**169**
杭州市下城区	5	1		2	2			6
杭州市余杭区			6	2				8
杭州市富阳市	1	2	2	3			3	5
杭州市临安市	1	2	2	3		1	2	5
宁波市江东区	3			5				8
宁波市宁海县	2	2	4		1		1	6
宁波市慈溪市		4	3	1				8
温州市永嘉县	1		3	4		1	1	6
温州市瑞安市		6	2			2		6
温州市乐清市		6	2					8
嘉兴市嘉善县	2	2	3	1				8
嘉兴市桐乡市		3	4	1		1	1	6
湖州市德清县	1	2	2	3				8
绍兴市绍兴县		1	2	5				8
绍兴市嵊州市		2	2	4				8
金华市金东区	1	3	3	1		1	1	6
金华市义乌市		3	4	1		2	1	5
衢州市开化县		3	3	2				8
衢州市江山市	3		1	4				8
舟山市岱山县	1	1	1	5				8
台州市椒江区	3	3	1	1				8
台州市三门县	1	3	3	1	1			7
台州市临海市	2	3	1	2	1	1		6
丽水市莲都区	2	3	3		7			1
丽水市青田县		3	3	2				8

5－2 续表

单位：个

地　　区	距离文化活动站(室)				距离卫生室(所、站)			
	0公里	1－2公里	3－5公里	5公里以上	0公里	1－2公里	3－5公里	5公里以上
总　　计	**121**	**27**	**31**	**21**	**141**	**48**	**6**	**5**
杭州市下城区	8				7	1		
杭州市余杭区	2	2	4		5	3		
杭州市富阳市	8				7	1		
杭州市临安市	2	1	1	4	5	2	1	
宁波市江东区	7			1	5			3
宁波市宁海县	4		1	3	8			
宁波市慈溪市	2	2	3	1	4	4		
温州市永嘉县	7		1		7	1		
温州市瑞安市	4	2	2		4	3	1	
温州市乐清市	8				8			
嘉兴市嘉善县	5	1	2		6	2		
嘉兴市桐乡市	6	1	1		4	4		
湖州市德清县	5	1	2		7	1		
绍兴市绍兴县	6	1		1	7	1		
绍兴市嵊州市	5	2		1	7	1		
金华市金东区	4	1	2	1	3	4	1	
金华市义乌市	8				6	2		
衢州市开化县		3	4	1	4	2	2	
衢州市江山市	3		1	4	5	1		2
舟山市岱山县	6		1	1	8			
台州市椒江区	4	2	1	1	7	1		
台州市三门县	5	2		1	4	4		
台州市临海市	8				7	1		
丽水市莲都区	4	2	2		6	2		
丽水市青田县		4	3	1		7	1	

5－2a 各地区调查城镇社区公共服务机构的覆盖情况

单位：个

地区	距离法律服务所(司法所)				距离特教学校(班)			
	0公里	1－2公里	3－5公里	5公里以上	0公里	1－2公里	3－5公里	5公里以上
总计	**20**	**26**	**7**	**14**	**7**	**7**	**6**	**47**
杭州市下城区	5	1		2	2			6
杭州市余杭区								
杭州市富阳市		1	1	2			2	2
杭州市临安市	1	2		1		1	1	2
宁波市江东区	3			5				8
宁波市宁海县	1	2	1		1		1	2
宁波市慈溪市		3						3
温州市永嘉县	1					1		
温州市瑞安市		2				2		
温州市乐清市								
嘉兴市嘉善县	1	1						2
嘉兴市桐乡市		3		1		1	1	2
湖州市德清县	1	1						2
绍兴市绍兴县			1	1				2
绍兴市嵊州市								
金华市金东区		1	1				1	1
金华市义乌市		1	1			1		1
衢州市开化县		1						1
衢州市江山市								
舟山市岱山县	1			1				2
台州市椒江区	3	3	1	1				8
台州市三门县		1						1
台州市临海市	1	1			1	1		
丽水市莲都区	2	1	1		3			1
丽水市青田县		1						1

5－2a 续表

单位：个

地　区	距离文化活动站(室)				距离卫生室(所、站)			
	0公里	1－2公里	3－5公里	5公里以上	0公里	1－2公里	3－5公里	5公里以上
总　计	**49**	**11**	**4**	**3**	**50**	**13**	**1**	**3**
杭州市下城区	8				7	1		
杭州市余杭区								
杭州市富阳市	4				3	1		
杭州市临安市	2	1		1	2	1	1	
宁波市江东区	7			1	5			3
宁波市宁海县	3		1		4			
宁波市慈溪市		2	1		3			
温州市永嘉县	1				1			
温州市瑞安市	2				2			
温州市乐清市								
嘉兴市嘉善县	1	1			2			
嘉兴市桐乡市	4				2	2		
湖州市德清县	1	1			1	1		
绍兴市绍兴县	2				2			
绍兴市嵊州市								
金华市金东区		1	1			2		
金华市义乌市	2				1	1		
衢州市开化县		1				1		
衢州市江山市								
舟山市岱山县	2				2			
台州市椒江区	4	2	1	1	7	1		
台州市三门县		1				1		
台州市临海市	2				2			
丽水市莲都区	4				4			
丽水市青田县		1				1		

5－2b 各地区调查农村社区公共服务机构的覆盖情况

单位：个

地 区	距离法律服务所(司法所)				距离特教学校(班)			
	0公里	1－2公里	3－5公里	5公里以上	0公里	1－2公里	3－5公里	5公里以上
总 计	**9**	**32**	**53**	**39**	**5**	**2**	**4**	**122**
杭州市下城区								
杭州市余杭区			6	2				8
杭州市富阳市	1	1	1	1			1	3
杭州市临安市			2	2			1	3
宁波市江东区								
宁波市宁海县	1		3					4
宁波市慈溪市		1	3	1				5
温州市永嘉县			3	4			1	6
温州市瑞安市		4	2					6
温州市乐清市		6	2					8
嘉兴市嘉善县	1	1	3	1				6
嘉兴市桐乡市			4					4
湖州市德清县		1	2	3				6
绍兴市绍兴县		1	1	4				6
绍兴市嵊州市		2	2	4				8
金华市金东区	1	2	2	1		1		5
金华市义乌市		2	3	1		1	1	4
衢州市开化县		2	3	2				7
衢州市江山市	3		1	4				8
舟山市岱山县		1	1	4				6
台州市椒江区								
台州市三门县	1	2	3	1	1			6
台州市临海市	1	2	1	2				6
丽水市莲都区		2	2		4			
丽水市青田县		2	3	2				7

5－2b 续表

单位：个

地区	距离文化活动站（室）				距离卫生室（所、站）			
	0公里	1－2公里	3－5公里	5公里以上	0公里	1－2公里	3－5公里	5公里以上
总　计	**72**	**16**	**27**	**18**	**91**	**35**	**5**	**2**
杭州市下城区								
杭州市余杭区	2	2	4		5	3		
杭州市富阳市	4				4			
杭州市临安市			1	3	3	1		
宁波市江东区								
宁波市宁海县	1			3	4			
宁波市慈溪市	2		2	1	1	4		
温州市永嘉县	6		1		6	1		
温州市瑞安市	2	2	2		2	3	1	
温州市乐清市	8				8			
嘉兴市嘉善县	4		2		4	2		
嘉兴市桐乡市	2	1	1		2	2		
湖州市德清县	4		2		6			
绍兴市绍兴县	4	1		1	5	1		
绍兴市嵊州市	5	2		1	7	1		
金华市金东区	4		1	1	3	2	1	
金华市义乌市	6				5	1		
衢州市开化县		2	4	1	4	1	2	
衢州市江山市	3		1	4	5	1		2
舟山市岱山县	4		1	1	6			
台州市椒江区								
台州市三门县	5	1		1	4	3		
台州市临海市	6				5	1		
丽水市莲都区		2	2		2	2		
丽水市青田县		3	3	1		6	1	

5－3 调查农村社区的收入水平与公共服务机构覆盖情况

单位：个、人

2005年本村人均收入	社区个数	社区享受定期救助人数	社区享受临时救助人数	距离法律服务所(司法所)				距离特教学校(班)			
				0公里	1－2公里	3－5公里	5公里以上	0公里	1－2公里	3－5公里	5公里以上
总计	**133**	**1083**	**1365**	**9**	**32**	**53**	**39**	**5**	**2**	**4**	**122**
1000元以下											
1000-1500元	1	2				1					1
1500-2000元	1	7	6				1				1
2000-2500元	3	7	27				3				3
2500-3000元	7	45	44		2	3	2	1		1	5
3000-3500元	11	68	69		3	3	5	2		1	8
3500-4000元	12	57	80	1		9	2	1			11
4000-4500元	9	21	40	1	2	2	4	1	1		7
4500-5000元	7	41	42	1	1	3	2				7
5000元以上	82	835	1057	6	24	32	20		1	2	79

5－3 续表

单位：个

2005年本村人均收入	距离文化活动站（室）				距离卫生室（所、站）			
	0公里	1－2公里	3－5公里	5公里以上	0公里	1－2公里	3－5公里	5公里以上
总　计	**72**	**16**	**27**	**18**	**91**	**35**	**5**	**2**
1000元以下								
1000-1500元	1				1			
1500-2000元	1				1			
2000-2500元	2		1		2	1		
2500-3000元	2	2	3		3	3	1	
3000-3500元	4	1		6	6	3		2
3500-4000元	6		3	3	8	4		
4000-4500元	4	3	2		5	3	1	
4500-5000元	3	1	3		4	2	1	
5000元以上	49	9	15	9	61	19	2	

5－4 各地区调查户2005年人均收入

地　区	总人口（人）	总户数（户）	2005年度调查户人均收入（元）	按人均收入分组的户数（户）			
				0－683元	684－944元	945－2000元	2001－3000元
总　计	**95392**	**33674**	**8089**	**421**	**260**	**4186**	**3241**
杭州市下城区	3589	1287	16007			3	13
杭州市余杭区	3476	991	7085	2	3	85	76
杭州市富阳市	4298	1440	7696	4	2	97	110
杭州市临安市	3884	1411	8074	5	7	130	139
宁波市江东区	3611	1450	14991	1		9	19
宁波市宁海县	3932	1461	8111	44	16	279	177
宁波市慈溪市	3811	1490	9210	5	4	111	100
温州市永嘉县	4239	1547	6463	74	27	362	203
温州市瑞安市	4202	1460	7709	36	13	205	147
温州市乐清市	3539	1174	6361	38	20	251	140
嘉兴市嘉善县	3701	1124	8063	13	9	59	71
嘉兴市桐乡市	3770	1165	9313	2	3	24	31
湖州市德清县	3867	1201	6984	8	4	123	95
绍兴市绍兴县	3795	1230	8949		1	115	79
绍兴市嵊州市	3664	1389	5552	15	16	261	197
金华市金东区	3688	1317	7751	10	18	143	114
金华市义乌市	4019	1477	9405			126	131
衢州市开化县	3627	1311	5676	8	8	235	206
衢州市江山市	4050	1477	5819	2	2	207	224
舟山市岱山县	3813	1448	8526	20	24	184	104
台州市椒江区	3566	1197	7957	10	10	108	110
台州市三门县	3651	1317	6002	43	22	264	146
台州市临海市	3844	1389	7834	20	17	187	167
丽水市莲都区	3844	1540	7920	31	12	311	196
丽水市青田县	3912	1381	5504	30	22	307	246

5-4 续表

地区	按人均收入分组的户数（户）						
	3001-4000元	4001-5000元	5001-6000元	6001-7000元	7001-10000元	10001-20000元	20000元以上
总　计	**3494**	**3837**	**1992**	**2265**	**6286**	**5432**	**2260**
杭州市下城区	37	48	26	73	289	471	327
杭州市余杭区	96	172	71	105	246	119	16
杭州市富阳市	144	208	95	139	341	240	60
杭州市临安市	172	188	100	100	259	222	89
宁波市江东区	60	72	69	75	281	525	339
宁波市宁海县	161	125	59	73	196	205	126
宁波市慈溪市	95	126	105	111	402	353	78
温州市永嘉县	150	127	68	59	196	192	89
温州市瑞安市	130	154	70	85	318	240	62
温州市乐清市	120	145	40	69	185	132	34
嘉兴市嘉善县	96	157	113	117	258	169	62
嘉兴市桐乡市	60	117	105	109	382	262	70
湖州市德清县	150	173	97	86	253	177	35
绍兴市绍兴县	95	113	91	101	317	259	59
绍兴市嵊州市	187	228	89	114	172	87	23
金华市金东区	183	145	115	92	248	193	56
金华市义乌市	139	174	91	97	338	252	129
衢州市开化县	207	177	76	64	174	120	36
衢州市江山市	247	200	146	96	157	157	39
舟山市岱山县	122	170	70	111	299	265	79
台州市椒江区	154	157	78	94	237	173	66
台州市三门县	193	169	56	97	150	124	53
台州市临海市	157	154	85	72	234	173	123
丽水市莲都区	164	159	37	64	199	199	168
丽水市青田县	175	179	40	62	155	123	42

5－4a 各地区城镇调查户2005年人均收入

地区	总人口（人）	总户数（户）	2005年度调查户人均收入（元）	按人均收入分组的户数（户）		
				0－683元	684－944元	945－2000元
总计	**32281**	**11665**	**11673**	**44**	**30**	**463**
杭州市下城区	3589	1287	16007			3
杭州市余杭区						
杭州市富阳市	2178	745	8225	4	1	50
杭州市临安市	2038	729	9890	3	5	33
宁波市江东区	3611	1450	14991	1		9
宁波市宁海县	2177	780	11745	19	6	65
宁波市慈溪市	1452	550	9292	2	2	38
温州市永嘉县	518	175	12009		1	6
温州市瑞安市	967	308	9191			12
温州市乐清市						
嘉兴市嘉善县	967	363	11997			7
嘉兴市桐乡市	1941	693	10801		3	13
湖州市德清县	1054	386	10318	1	1	27
绍兴市绍兴县	1060	333	9608			13
绍兴市嵊州市						
金华市金东区	952	337	10782			9
金华市义乌市	1025	373	14354			9
衢州市开化县	427	171	13462			5
衢州市江山市						
舟山市岱山县	938	373	10273	1		35
台州市椒江区	3566	1197	7957	10	10	108
台州市三门县	399	144	14677			3
台州市临海市	845	325	14792			3
丽水市莲都区	2011	766	12150	3	1	15
丽水市青田县	566	180	13842			

5－4a 续表

地区	按人均收入分组的户数（户）							
	2001－3000元	3001－4000元	4001－5000元	5001－6000元	6001－7000元	70001－10000元	10000–20000元	20000元以上
总　　计	**493**	**743**	**975**	**615**	**791**	**2678**	**3137**	**1696**
杭州市下城区	13	37	48	26	73	289	471	327
杭州市余杭区								
杭州市富阳市	49	73	88	48	65	183	139	45
杭州市临安市	46	65	80	53	59	144	163	78
宁波市江东区	19	60	72	69	75	281	525	339
宁波市宁海县	39	55	59	35	50	150	180	122
宁波市慈溪市	39	27	41	37	43	150	144	27
温州市永嘉县	12	12	17	5	8	34	44	36
温州市瑞安市	12	22	36	17	25	96	75	13
温州市乐清市								
嘉兴市嘉善县	9	22	37	26	26	96	91	49
嘉兴市桐乡市	14	22	62	43	46	238	190	62
湖州市德清县	7	18	25	26	31	115	106	29
绍兴市绍兴县	20	24	30	30	31	95	72	18
绍兴市嵊州市								
金华市金东区	10	29	20	26	25	91	101	26
金华市义乌市	16	18	41	12	15	80	100	82
衢州市开化县	4	6	11	8	4	36	73	24
衢州市江山市								
舟山市岱山县	27	21	32	17	35	79	88	38
台州市椒江区	110	154	157	78	94	237	173	66
台州市三门县	3	2	10	6	11	23	49	37
台州市临海市	4	10	16	22	15	71	96	88
丽水市莲都区	38	56	79	27	47	153	187	160
丽水市青田县	2	10	14	4	13	37	70	30

5－4b 各地区农村调查户2005年人均收入

地区	总人口（人）	总户数（户）	2005年度调查户人均收入（元）	按人均收入分组的户数（户）			
				0－683元	684－944元	945－2000元	2001－3000元
总计	**63111**	**22009**	**6256**	**377**	**230**	**3723**	**2748**
杭州市下城区							
杭州市余杭区	3476	991	7085	2	3	85	76
杭州市富阳市	2120	695	7153		1	47	61
杭州市临安市	1846	682	6069	2	2	97	93
宁波市江东区							
宁波市宁海县	1755	681	3603	25	10	214	138
宁波市慈溪市	2359	940	9160	3	2	73	61
温州市永嘉县	3721	1372	5691	74	26	356	191
温州市瑞安市	3235	1152	7266	36	13	193	135
温州市乐清市	3539	1174	6361	38	20	251	140
嘉兴市嘉善县	2734	761	6672	13	9	52	62
嘉兴市桐乡市	1829	472	7735	2		11	17
湖州市德清县	2813	815	5735	7	3	96	88
绍兴市绍兴县	2735	897	8694		1	102	59
绍兴市嵊州市	3664	1389	5552	15	16	261	197
金华市金东区	2736	980	6696	10	18	134	104
金华市义乌市	2994	1104	7710			117	115
衢州市开化县	3200	1140	4637	8	8	230	202
衢州市江山市	4050	1477	5819	2	2	207	224
舟山市岱山县	2875	1075	7956	19	24	149	77
台州市椒江区							
台州市三门县	3252	1173	4938	43	22	261	143
台州市临海市	2999	1064	5873	20	17	184	163
丽水市莲都区	1833	774	3280	28	11	296	158
丽水市青田县	3346	1201	4094	30	22	307	244

5－4b 续表

地区	按人均收入分组的户数（户）						
	3001－4000元	4001－5000元	5001－6000元	6001－7000元	7001－10000元	10001－20000元	20000元以上
总计	**2751**	**2862**	**1377**	**1474**	**3608**	**2295**	**564**
杭州市下城区							
杭州市余杭区	96	172	71	105	246	119	16
杭州市富阳市	71	120	47	74	158	101	15
杭州市临安市	107	108	47	41	115	59	11
宁波市江东区							
宁波市宁海县	106	66	24	23	46	25	4
宁波市慈溪市	68	85	68	68	252	209	51
温州市永嘉县	138	110	63	51	162	148	53
温州市瑞安市	108	118	53	60	222	165	49
温州市乐清市	120	145	40	69	185	132	34
嘉兴市嘉善县	74	120	87	91	162	78	13
嘉兴市桐乡市	38	55	62	63	144	72	8
湖州市德清县	132	148	71	55	138	71	6
绍兴市绍兴县	71	83	61	70	222	187	41
绍兴市嵊州市	187	228	89	114	172	87	23
金华市金东区	154	125	89	67	157	92	30
金华市义乌市	121	133	79	82	258	152	47
衢州市开化县	201	166	68	60	138	47	12
衢州市江山市	247	200	146	96	157	157	39
舟山市岱山县	101	138	53	76	220	177	41
台州市椒江区							
台州市三门县	191	159	50	86	127	75	16
台州市临海市	147	138	63	57	163	77	35
丽水市莲都区	108	80	10	17	46	12	8
丽水市青田县	165	165	36	49	118	53	12

5－5　各地区有残疾人调查户2005年人均收入

地　区	有残疾人的调查户（户）	有残疾人调查户总人口数（人）	残疾人总　数（人）	2005年度有残疾人的调查户人均收入（元）	按人均收入分组的户数（户）		
					0－683元	684－944元	945－2000元
总　计	**5466**	**15612**	**6063**	**5203**	**202**	**137**	**1435**
杭州市下城区	181	524	207	10754			
杭州市余杭区	201	736	220	5565		2	37
杭州市富阳市	258	853	301	5478	3	2	48
杭州市临安市	204	560	229	5489	1	4	47
宁波市江东区	127	323	144	10264			
宁波市宁海县	303	790	331	4834	21	9	114
宁波市慈溪市	183	509	202	5597	3	4	43
温州市永嘉县	231	624	254	3342	24	10	92
温州市瑞安市	161	468	175	4935	14	6	50
温州市乐清市	213	583	231	4376	17	6	76
嘉兴市嘉善县	213	731	234	5570	5	6	27
嘉兴市桐乡市	210	762	236	6955	1	2	11
湖州市德清县	201	698	219	5227	5	3	39
绍兴市绍兴县	203	618	223	6091		1	46
绍兴市嵊州市	286	741	306	4113	9	9	95
金华市金东区	221	565	237	5031	3	11	52
金华市义乌市	198	495	216	5431			57
衢州市开化县	210	618	230	3920	3	6	73
衢州市江山市	241	682	263	4411	1	1	70
舟山市岱山县	271	671	312	5356	14	11	69
台州市椒江区	178	510	194	5536	5	5	51
台州市三门县	179	448	193	3005	17	10	76
台州市临海市	234	640	265	4556	11	6	63
丽水市莲都区	271	662	313	3634	22	8	104
丽水市青田县	288	801	328	3674	23	15	95

5－5 续表

地 区	按人均收入分组的户数（户）							
	2001－3000元	3001－4000元	4001－5000元	5001－6000元	6001－7000元	7001－10000元	10001－20000元	20000元以上
总 计	**789**	**618**	**579**	**324**	**274**	**603**	**434**	**71**
杭州市下城区	4	11	9	9	15	57	64	12
杭州市余杭区	22	22	45	13	17	33	9	1
杭州市富阳市	27	45	37	24	19	34	15	4
杭州市临安市	35	32	17	21	11	19	12	5
宁波市江东区	3	9	10	7	3	31	59	5
宁波市宁海县	48	27	16	12	5	24	21	6
宁波市慈溪市	28	21	19	17	14	20	12	2
温州市永嘉县	40	17	14	5	5	11	12	1
温州市瑞安市	24	17	5	8	7	18	11	1
温州市乐清市	30	17	17	8	8	23	11	
嘉兴市嘉善县	22	21	38	19	17	44	13	1
嘉兴市桐乡市	16	19	32	31	25	45	23	5
湖州市德清县	27	30	28	17	10	29	13	
绍兴市绍兴县	27	21	24	17	17	31	13	6
绍兴市嵊州市	48	35	40	16	8	18	8	
金华市金东区	31	42	22	16	8	18	18	
金华市义乌市	44	22	25	7	8	17	15	3
衢州市开化县	37	25	22	10	9	13	10	2
衢州市江山市	50	37	23	17	7	12	20	3
舟山市岱山县	36	32	26	11	18	31	19	4
台州市椒江区	27	18	19	10	9	21	12	1
台州市三门县	18	20	18	5	10	3	2	
台州市临海市	41	29	30	10	7	15	16	6
丽水市莲都区	48	25	22	8	6	16	11	1
丽水市青田县	56	24	21	6	11	20	15	2

5－5a 各地区城镇有残疾人调查户2005年人均收入

地区	有残疾人的调查户（户）	有残疾人调查户总人口数（人）	残疾人总数（人）	2005年度有残疾人的调查户人均收入（元）	按人均收入分组的户数（户）			
					0－683元	684－944元	945－2000元	2001－3000元
总计	**1439**	**4067**	**1613**	**7679**	**22**	**16**	**193**	**131**
杭州市下城区	181	524	207	10754				4
杭州市余杭区								
杭州市富阳市	117	383	137	6132	3	1	25	9
杭州市临安市	76	222	88	6240	1	2	14	11
宁波市江东区	127	323	144	10264				3
宁波市宁海县	120	337	132	7670	10	3	26	13
宁波市慈溪市	81	252	86	6403		2	15	11
温州市永嘉县	12	34	13	8000			1	4
温州市瑞安市	28	85	33	6481			5	1
温州市乐清市								
嘉兴市嘉善县	48	108	53	8325			2	1
嘉兴市桐乡市	99	286	109	7367		2	4	9
湖州市德清县	40	102	41	7629	1		13	
绍兴市绍兴县	53	151	55	6537			6	6
绍兴市嵊州市								
金华市金东区	46	109	49	6267			4	6
金华市义乌市	29	76	31	8801			5	6
衢州市开化县	16	41	18	9883			3	
衢州市江山市								
舟山市岱山县	59	148	72	7238	1		9	9
台州市椒江区	178	510	194	5536	5	5	51	27
台州市三门县	2	6	2	4333				
台州市临海市	34	84	38	10445			1	2
丽水市莲都区	69	203	84	6499	1	1	9	9
丽水市青田县	24	83	27	10578				

5－5a 续表

地区	按人均收入分组的户数（户）						
	3001－4000元	4001－5000元	5001－6000元	6001－7000元	7001－10000元	10001－20000元	20000元以上
总计	**134**	**131**	**103**	**99**	**284**	**277**	**49**
杭州市下城区	11	9	9	15	57	64	12
杭州市余杭区							
杭州市富阳市	19	9	10	6	19	12	4
杭州市临安市	8	5	9	10	7	6	3
宁波市江东区	9	10	7	3	31	59	5
宁波市宁海县	10	5	8	5	17	18	5
宁波市慈溪市	7	8	9	9	11	7	2
温州市永嘉县		1		3	2		1
温州市瑞安市	4	2	3	3	7	3	
温州市乐清市							
嘉兴市嘉善县	4	6	3	2	20	9	1
嘉兴市桐乡市	8	10	11	9	27	17	2
湖州市德清县	1	5	3	2	9	6	
绍兴市绍兴县	6	9	7	6	8	5	
绍兴市嵊州市							
金华市金东区	11	6	4	2	6	7	
金华市义乌市	1	3		2	4	6	2
衢州市开化县		1	1		3	7	1
衢州市江山市							
舟山市岱山县	6	3	3	4	12	10	2
台州市椒江区	18	19	10	9	21	12	1
台州市三门县	1	1					
台州市临海市	2	5		2	5	12	5
丽水市莲都区	7	9	6	3	13	10	1
丽水市青田县	1	5		4	5	7	2

5－5b 各地区农村有残疾人调查户2005年人均收入

地　　区	有残疾人的调查户（户）	有残疾人调查户总人口数（人）	残疾人总　数（人）	2005年度有残疾人的调查户人均收入（元）	按人均收入分组的户数（户）		
					0－683元	684－944元	945－2000元
总　　计	**4027**	**11545**	**4450**	**4331**	**180**	**121**	**1242**
杭州市下城区							
杭州市余杭区	201	736	220	5565		2	37
杭州市富阳市	141	470	164	4945		1	23
杭州市临安市	128	338	141	4996		2	33
宁波市江东区							
宁波市宁海县	183	453	199	2725	11	6	88
宁波市慈溪市	102	257	116	4807	3	2	28
温州市永嘉县	219	590	241	3074	24	10	91
温州市瑞安市	133	383	142	4591	14	6	45
温州市乐清市	213	583	231	4376	17	6	76
嘉兴市嘉善县	165	623	181	5092	5	6	25
嘉兴市桐乡市	111	476	127	6707	1		7
湖州市德清县	161	596	178	4816	4	3	26
绍兴市绍兴县	150	467	168	5947		1	40
绍兴市嵊州市	286	741	306	4113	9	9	95
金华市金东区	175	456	188	4735	3	11	48
金华市义乌市	169	419	185	4820			52
衢州市开化县	194	577	212	3497	3	6	70
衢州市江山市	241	682	263	4411	1	1	70
舟山市岱山县	212	523	240	4823	13	11	60
台州市椒江区							
台州市三门县	177	442	191	2987	17	10	76
台州市临海市	200	556	227	3666	11	6	62
丽水市莲都区	202	459	229	2366	21	7	95
丽水市青田县	264	718	301	2876	23	15	95

5－5b 续表

地　区	按人均收入分组的户数（户）							
	2001－3000元	3001－4000元	4001－5000元	5001－6000元	6001－7000元	7001－10000元	10001－20000元	20000元以上
总　计	**658**	**484**	**448**	**221**	**175**	**319**	**157**	**22**
杭州市下城区								
杭州市余杭区	22	22	45	13	17	33	9	1
杭州市富阳市	18	26	28	14	13	15	3	
杭州市临安市	24	24	12	12	1	12	6	2
宁波市江东区								
宁波市宁海县	35	17	11	4		7	3	1
宁波市慈溪市	17	14	11	8	5	9	5	
温州市永嘉县	36	17	13	5	2	9	12	
温州市瑞安市	23	13	3	5	4	11	8	1
温州市乐清市	30	17	17	8	8	23	11	
嘉兴市嘉善县	21	17	32	16	15	24	4	
嘉兴市桐乡市	7	11	22	20	16	18	6	3
湖州市德清县	27	29	23	14	8	20	7	
绍兴市绍兴县	21	15	15	10	11	23	8	6
绍兴市嵊州市	48	35	40	16	8	18	8	
金华市金东区	25	31	16	12	6	12	11	
金华市义乌市	38	21	22	7	6	13	9	1
衢州市开化县	37	25	21	9	9	10	3	1
衢州市江山市	50	37	23	17	7	12	20	3
舟山市岱山县	27	26	23	8	14	19	9	2
台州市椒江区								
台州市三门县	18	19	17	5	10	3	2	
台州市临海市	39	27	25	10	5	10	4	1
丽水市莲都区	39	18	13	2	3	3	1	
丽水市青田县	56	23	16	6	7	15	8	

5-6 各地区调查户的住房状况

单位：户、平方米

地区	总户数	人均住房面积	住房结构					住房来源			
			钢筋混凝土	混合结构	砖木结构	木、竹、草结构	其他	自有	租赁	借用	其他来源
总计	**33674**	**45.43**	**1377**	**21037**	**8656**	**2311**	**293**	**28048**	**4315**	**1080**	**231**
杭州市下城区	1287	23.89		1287				1105	175	6	1
杭州市余杭区	991	62.76	7	842	135	2	5	954	34	3	
杭州市富阳市	1440	48.06	281	645	478	36		1144	276	17	3
杭州市临安市	1411	60.55	10	822	552	25	2	1191	215	4	1
宁波市江东区	1450	23.14	12	1128	310			951	480	19	
宁波市宁海县	1461	44.24	81	1045	327	8		1272	141	48	
宁波市慈溪市	1490	40.11	18	778	692	2		981	481	28	
温州市永嘉县	1547	35.86		1038	357	146	6	1192	270	73	12
温州市瑞安市	1460	42.43	90	760	563	47		1018	219	220	3
温州市乐清市	1174	41.56	136	628	264	144	2	1046	79	48	1
嘉兴市嘉善县	1124	44.82	33	843	245	2	1	941	173	10	
嘉兴市桐乡市	1165	68.01	22	958	185			1067	89	8	1
湖州市德清县	1201	57.19	7	994	186	13	1	1090	89	2	20
绍兴市绍兴县	1230	47.48	12	712	501	3	2	1053	140	37	
绍兴市嵊州市	1389	48.62	6	706	295	181	201	1329	28	31	1
金华市金东区	1317	46.05	23	651	510	133		1224	60	33	
金华市义乌市	1477	35.96	60	1017	342	57	1	893	355	59	170
衢州市开化县	1311	53.25	67	619	623	2		1265	36	10	
衢州市江山市	1477	56.85	1	757	319	363	37	1321	110	43	3
舟山市岱山县	1448	37.52	12	1091	334	11		1357	59	30	2
台州市椒江区	1197	42.61	296	512	371	9	9	968	179	44	6
台州市三门县	1317	41.48	16	815	292	194		1117	136	64	
台州市临海市	1389	49.59	43	890	301	147	8	1232	124	33	
丽水市莲都区	1540	41.98	133	755	120	527	5	1203	262	72	3
丽水市青田县	1381	41.5	11	744	354	259	13	1134	105	138	4

5-6a 各地区城镇调查户的住房状况

单位：户、平方米

地区	总户数	人均住房面积	住房结构					住房来源			
			钢筋混凝土	混合结构	砖木结构	木、竹、草结构	其他	自有	租赁	借用	其他来源
总计	**11665**	**36.7**	**876**	**8410**	**2231**	**129**	**19**	**8719**	**2642**	**246**	**58**
杭州市下城区	1287	23.89		1287				1105	175	6	1
杭州市余杭区											
杭州市富阳市	745	45.89	164	407	167	7		569	165	11	
杭州市临安市	729	53.93	10	518	187	13	1	511	215	3	
宁波市江东区	1450	23.14	12	1128	310			951	480	19	
宁波市宁海县	780	42.1	80	593	106	1		632	122	26	
宁波市慈溪市	550	43.12	8	304	236	2		391	152	7	
温州市永嘉县	175	23.22		175				108	64	3	
温州市瑞安市	308	27.65	2	110	193	3		183	117	8	
温州市乐清市											
嘉兴市嘉善县	363	33.43	29	180	154			204	157	2	
嘉兴市桐乡市	693	52.61	22	576	95			621	66	6	
湖州市德清县	386	32.64	5	370	8	2	1	304	61	1	20
绍兴市绍兴县	333	46.2	1	210	122			298	22	13	
绍兴市嵊州市											
金华市金东区	337	39.59	1	188	120	28		284	39	14	
金华市义乌市	373	25.05		309	55	9		192	143	10	28
衢州市开化县	171	28.97	66	104	1			138	31	2	
衢州市江山市											
舟山市岱山县	373	32.47	7	324	40	2		347	22	4	
台州市椒江区	1197	42.61	296	512	371	9	9	968	179	44	6
台州市三门县	144	29.14	9	134	1			93	47	4	
台州市临海市	325	32.83	31	284	2		8	205	112	8	
丽水市莲都区	766	38.9	132	518	63	53		488	235	40	3
丽水市青田县	180	33.81	1	179				127	38	15	

5-6b 各地区农村调查户的住房状况

单位：户、平方米

地区	总户数	人均住房面积	住房结构					住房来源			
			钢筋混凝土	混合结构	砖木结构	木、竹、草结构	其他	自有	租赁	借用	其他来源
总计	**22009**	**49.89**	**501**	**12627**	**6425**	**2182**	**274**	**19329**	**1673**	**834**	**173**
杭州市下城区											
杭州市余杭区	991	62.76	7	842	135	2	5	954	34	3	
杭州市富阳市	695	50.28	117	238	311	29		575	111	6	3
杭州市临安市	682	67.85		304	365	12	1	680		1	1
宁波市江东区											
宁波市宁海县	681	46.88	1	452	221	7		640	19	22	
宁波市慈溪市	940	38.26	10	474	456			590	329	21	
温州市永嘉县	1372	37.62		863	357	146	6	1084	206	70	12
温州市瑞安市	1152	46.85	88	650	370	44		835	102	212	3
温州市乐清市	1174	41.56	136	628	264	144	2	1046	79	48	1
嘉兴市嘉善县	761	48.84	4	663	91	2	1	737	16	8	
嘉兴市桐乡市	472	84.34		382	90			446	23	2	1
湖州市德清县	815	66.39	2	624	178	11		786	28	1	
绍兴市绍兴县	897	47.98	11	502	379	3	2	755	118	24	
绍兴市嵊州市	1389	48.62	6	706	295	181	201	1329	28	31	1
金华市金东区	980	48.3	22	463	390	105		940	21	19	
金华市义乌市	1104	39.69	60	708	287	48	1	701	212	49	142
衢州市开化县	1140	56.48	1	515	622	2		1127	5	8	
衢州市江山市	1477	56.85	1	757	319	363	37	1321	110	43	3
舟山市岱山县	1075	39.17	5	767	294	9		1010	37	26	2
台州市椒江区											
台州市三门县	1173	42.99	7	681	291	194		1024	89	60	
台州市临海市	1064	54.31	12	606	299	147		1027	12	25	
丽水市莲都区	774	45.37	1	237	57	474	5	715	27	32	
丽水市青田县	1201	42.81	10	565	354	259	13	1007	67	123	4

5-7 各地区有残疾人调查户的住房状况

单位：户、平方米

地　区	总户数	人均住房面积	住房结构					住房来源			
			钢筋混凝土	混合结构	砖木结构	木、竹、草结构	其他	自有	租赁	借用	其他来源
总　计	**5466**	**44.59**	**138**	**2881**	**1758**	**625**	**64**	**5000**	**226**	**218**	**22**
杭州市下城区	181	20.58		181				163	18		
杭州市余杭区	201	61.63	3	163	32	1	2	201			
杭州市富阳市	258	46.23	45	96	104	13		240	11	5	2
杭州市临安市	204	56.59		78	122	4		194	9	1	
宁波市江东区	127	24.97		91	36			108	17	2	
宁波市宁海县	303	41.74	6	182	111	4		280	9	14	
宁波市慈溪市	183	41.21	1	83	99			166	9	8	
温州市永嘉县	231	35.49		124	76	29	2	206	10	14	1
温州市瑞安市	161	49.49	6	76	68	11		144	9	8	
温州市乐清市	213	42.05	17	88	63	45		199	5	8	1
嘉兴市嘉善县	213	43.07	2	151	60			184	26	3	
嘉兴市桐乡市	210	72.14		157	53			202	6	2	
湖州市德清县	201	57.08	2	154	39	6		185	4	1	11
绍兴市绍兴县	203	45.17	1	115	86		1	183	5	15	
绍兴市嵊州市	286	40.25		122	69	45	50	272	3	11	
金华市金东区	221	37.84	2	72	108	39		210	3	8	
金华市义乌市	198	38.31	2	120	70	6		169	13	11	5
衢州市开化县	210	49.2	4	90	115	1		202	3	5	
衢州市江山市	241	47.62	1	81	63	92	4	230	7	4	
舟山市岱山县	271	35.8	1	175	90	5		258	6	6	1
台州市椒江区	178	39.77	38	64	69	4	3	157	9	12	
台州市三门县	179	41.14	2	78	50	49		163	5	11	
台州市临海市	234	47.14	1	118	74	40	1	211	8	15	
丽水市莲都区	271	40.52	4	95	23	149		239	13	19	
丽水市青田县	288	37.49		127	78	82	1	234	18	35	1

5-7a 各地区城镇有残疾人调查户的住房状况

单位：户、平方米

地区	总户数	人均住房面积	住房结构					住房来源			
			钢筋混凝土	混合结构	砖木结构	木、竹、草结构	其他	自有	租赁	借用	其他来源
总计	**1439**	**37.44**	**75**	**931**	**400**	**29**	**4**	**1225**	**151**	**50**	**13**
杭州市下城区	181	20.58		181				163	18		
杭州市余杭区											
杭州市富阳市	117	47.34	23	57	35	2		106	7	4	
杭州市临安市	76	52.89		38	36	2		66	9	1	
宁波市江东区	127	24.97		91	36			108	17	2	
宁波市宁海县	120	39.8	5	78	37			104	7	9	
宁波市慈溪市	81	44.31		40	41			74	5	2	
温州市永嘉县	12	22.35		12				7	3	2	
温州市瑞安市	28	29.25		10	18			20	6	2	
温州市乐清市											
嘉兴市嘉善县	48	30.1	1	17	30			21	26	1	
嘉兴市桐乡市	99	60.49		74	25			92	6	1	
湖州市德清县	40	35.1	1	31	6	2		28	1		11
绍兴市绍兴县	53	43.17		33	20			49		4	
绍兴市嵊州市											
金华市金东区	46	37.07		18	22	6		40	3	3	
金华市义乌市	29	24.46		23	6			18	9		2
衢州市开化县	16	28.93	4	12				15	1		
衢州市江山市											
舟山市岱山县	59	30.16		47	11	1		57	2		
台州市椒江区	178	39.77	38	64	69	4	3	157	9	12	
台州市三门县	2	31.33		2				2			
台州市临海市	34	33.56		33			1	25	6	3	
丽水市莲都区	69	37.82	3	46	8	12		57	10	2	
丽水市青田县	24	30.69		24				16	6	2	

5-7b 各地区农村有残疾人调查户的住房状况

单位：户、平方米

地区	总户数	人均住房面积	住房结构					住房来源			
			钢筋混凝土	混合结构	砖木结构	木、竹、草结构	其他	自有	租赁	借用	其他来源
总计	**4027**	**47.11**	**63**	**1950**	**1358**	**596**	**60**	**3775**	**75**	**168**	**9**
杭州市下城区											
杭州市余杭区	201	61.63	3	163	32	1	2	201			
杭州市富阳市	141	45.32	22	39	69	11		134	4	1	2
杭州市临安市	128	59.03		40	86	2		128			
宁波市江东区											
宁波市宁海县	183	43.17	1	104	74	4		176	2	5	
宁波市慈溪市	102	38.18	1	43	58			92	4	6	
温州市永嘉县	219	36.25		112	76	29	2	199	7	12	1
温州市瑞安市	133	53.98	6	66	50	11		124	3	6	
温州市乐清市	213	42.05	17	88	63	45		199	5	8	1
嘉兴市嘉善县	165	45.31	1	134	30			163		2	
嘉兴市桐乡市	111	79.14		83	28			110		1	
湖州市德清县	161	60.84	1	123	33	4		157	3	1	
绍兴市绍兴县	150	45.81	1	82	66		1	134	5	11	
绍兴市嵊州市	286	40.25		122	69	45	50	272	3	11	
金华市金东区	175	38.02	2	54	86	33		170		5	
金华市义乌市	169	40.82	2	97	64	6		151	4	11	3
衢州市开化县	194	50.64		78	115	1		187	2	5	
衢州市江山市	241	47.62	1	81	63	92	4	230	7	4	
舟山市岱山县	212	37.4	1	128	79	4		201	4	6	1
台州市椒江区											
台州市三门县	177	41.27	2	76	50	49		161	5	11	
台州市临海市	200	49.19	1	85	74	40		186	2	12	
丽水市莲都区	202	41.71	1	49	15	137		182	3	17	
丽水市青田县	264	38.28		103	78	82	1	218	12	33	1

5-8 各地区调查户家用电器拥有和用电状况

单位：户、度

地　区	总户数	有家用电器户数						户月均用电量
		彩色电视机	电冰箱	洗衣机	电话	电脑	无上述家电	
总　计	**33674**	**27315**	**16218**	**13951**	**26635**	**5236**	**3985**	**62**
杭州市下城区	1287	1281	1257	1193	1255	917		178
杭州市余杭区	991	924	608	548	867	125	47	64
杭州市富阳市	1440	1279	818	862	1220	168	86	65
杭州市临安市	1411	1263	693	628	1190	166	87	61
宁波市江东区	1450	1327	1051	973	1346	696	41	103
宁波市宁海县	1461	1196	701	529	1178	226	161	68
宁波市慈溪市	1490	1137	534	641	1081	224	203	49
温州市永嘉县	1547	1106	569	392	1069	174	307	53
温州市瑞安市	1460	1077	599	562	1004	224	266	69
温州市乐清市	1174	968	540	536	918	175	146	60
嘉兴市嘉善县	1124	974	647	633	928	178	97	65
嘉兴市桐乡市	1165	1088	732	823	1011	189	54	68
湖州市德清县	1201	1102	642	799	1038	176	80	59
绍兴市绍兴县	1230	1037	695	739	983	134	137	52
绍兴市嵊州市	1389	1113	486	480	1029	58	195	40
金华市金东区	1317	1025	662	232	926	76	214	47
金华市义乌市	1477	1030	574	450	1124	210	246	50
衢州市开化县	1311	1086	318	192	1064	69	135	36
衢州市江山市	1477	1003	319	110	1059	27	260	36
舟山市岱山县	1448	1120	707	253	1107	56	217	35
台州市椒江区	1197	963	668	617	937	252	150	73
台州市三门县	1317	962	544	462	917	98	244	45
台州市临海市	1389	1061	558	569	1091	151	180	47
丽水市莲都区	1540	1127	648	450	1162	339	269	56
丽水市青田县	1381	1066	648	278	1131	128	163	79

5-8a 各地区城镇调查户家用电器拥有和用电状况

单位：户、度

地 区	总户数	有家用电器户数						户月均用电量
		彩色电视机	电冰箱	洗衣机	电话	电脑	无上述家电	
总 计	**11665**	**10399**	**7971**	**7365**	**10239**	**3931**	**642**	**95**
杭州市下城区	1287	1281	1257	1193	1255	917		178
杭州市余杭区								
杭州市富阳市	745	661	446	428	650	127	44	67
杭州市临安市	729	640	462	462	643	144	39	85
宁波市江东区	1450	1327	1051	973	1346	696	41	103
宁波市宁海县	780	702	516	452	688	224	45	100
宁波市慈溪市	550	448	225	288	424	100	56	54
温州市永嘉县	175	139	122	89	158	56	10	91
温州市瑞安市	308	255	165	164	249	71	29	94
温州市乐清市								
嘉兴市嘉善县	363	334	274	261	302	123	15	98
嘉兴市桐乡市	693	663	490	530	606	151	22	75
湖州市德清县	386	355	268	274	334	138	26	89
绍兴市绍兴县	333	308	232	238	291	60	18	64
绍兴市嵊州市								
金华市金东区	337	288	204	75	249	34	36	53
金华市义乌市	373	307	197	185	327	117	23	78
衢州市开化县	171	161	129	118	154	52	5	82
衢州市江山市								
舟山市岱山县	373	312	221	133	305	40	43	48
台州市椒江区	1197	963	668	617	937	252	150	73
台州市三门县	144	136	112	123	135	74	2	106
台州市临海市	325	287	259	237	306	130	4	89
丽水市莲都区	766	662	515	397	705	332	32	89
丽水市青田县	180	170	158	128	175	93	2	258

5-8b 各地区农村调查户家用电器拥有和用电状况

单位：户、度

地区	总户数	有家用电器户数						户月均用电量
		彩色电视机	电冰箱	洗衣机	电话	电脑	无上述家电	
总计	**22009**	**16916**	**8247**	**6586**	**16396**	**1305**	**3343**	**44**
杭州市下城区								
杭州市余杭区	991	924	608	548	867	125	47	64
杭州市富阳市	695	618	372	434	570	41	42	63
杭州市临安市	682	623	231	166	547	22	48	35
宁波市江东区								
宁波市宁海县	681	494	185	77	490	2	116	32
宁波市慈溪市	940	689	309	353	657	124	147	47
温州市永嘉县	1372	967	447	303	911	118	297	48
温州市瑞安市	1152	822	434	398	755	153	237	62
温州市乐清市	1174	968	540	536	918	175	146	60
嘉兴市嘉善县	761	640	373	372	626	55	82	50
嘉兴市桐乡市	472	425	242	293	405	38	32	58
湖州市德清县	815	747	374	525	704	38	54	45
绍兴市绍兴县	897	729	463	501	692	74	119	47
绍兴市嵊州市	1389	1113	486	480	1029	58	195	40
金华市金东区	980	737	458	157	677	42	178	44
金华市义乌市	1104	723	377	265	797	93	223	40
衢州市开化县	1140	925	189	74	910	17	130	29
衢州市江山市	1477	1003	319	110	1059	27	260	36
舟山市岱山县	1075	808	486	120	802	16	174	31
台州市椒江区								
台州市三门县	1173	826	432	339	782	24	242	37
台州市临海市	1064	774	299	332	785	21	176	35
丽水市莲都区	774	465	133	53	457	7	237	23
丽水市青田县	1201	896	490	150	956	35	161	52

5-9 各地区有残疾人户家用电器拥有和用电状况

单位：户、度

地　区	总户数	有家用电器户数						户月均用电量
		彩色电视机	电冰箱	洗衣机	电话	电脑	无上述家电	
总　计	**5466**	**3716**	**1883**	**1629**	**3404**	**359**	**1385**	**46**
杭州市下城区	181	180	174	156	174	76		156
杭州市余杭区	201	179	96	92	163	16	17	54
杭州市富阳市	258	214	132	139	185	17	34	56
杭州市临安市	204	160	75	61	130	8	38	46
宁波市江东区	127	117	89	80	100	28	9	82
宁波市宁海县	303	203	88	68	190	23	74	45
宁波市慈溪市	183	133	55	63	114	19	37	46
温州市永嘉县	231	129	54	36	116	9	85	35
温州市瑞安市	161	98	50	41	86	14	51	53
温州市乐清市	213	144	74	71	129	19	58	47
嘉兴市嘉善县	213	159	92	81	152	10	41	51
嘉兴市桐乡市	210	185	98	121	170	14	21	54
湖州市德清县	201	169	86	110	149	12	31	46
绍兴市绍兴县	203	142	81	93	133	13	42	44
绍兴市嵊州市	286	188	62	68	158	8	78	30
金华市金东区	221	123	70	23	105	4	83	30
金华市义乌市	198	121	61	39	104	11	63	39
衢州市开化县	210	148	30	21	146	3	46	29
衢州市江山市	241	139	36	14	138	1	68	28
舟山市岱山县	271	158	74	28	156	3	87	27
台州市椒江区	178	101	64	61	87	20	70	58
台州市三门县	179	79	31	28	69	2	89	26
台州市临海市	234	134	52	60	130	4	71	31
丽水市莲都区	271	134	63	31	122	9	121	31
丽水市青田县	288	179	96	44	198	16	71	58

5-9a 各地区城镇有残疾人户家用电器拥有和用电状况

单位：户、度

地　区	总户数	有家用电器户数						户月均用电量
		彩色电视机	电冰箱	洗衣机	电话	电脑	无上述家电	
总　计	**1439**	**1161**	**816**	**736**	**1036**	**244**	**223**	**79**
杭州市下城区	181	180	174	156	174	76		156
杭州市余杭区								
杭州市富阳市	117	93	59	57	82	15	21	62
杭州市临安市	76	62	39	41	53	4	11	69
宁波市江东区	127	117	89	80	100	28	9	82
宁波市宁海县	120	92	58	53	85	23	21	76
宁波市慈溪市	81	64	35	41	59	13	10	61
温州市永嘉县	12	9	6	1	9	1	1	40
温州市瑞安市	28	20	11	11	17	4	5	76
温州市乐清市								
嘉兴市嘉善县	48	39	34	25	33	5	6	77
嘉兴市桐乡市	99	90	49	57	79	7	8	54
湖州市德清县	40	27	15	17	25	6	13	62
绍兴市绍兴县	53	45	26	28	37	6	5	53
绍兴市嵊州市								
金华市金东区	46	31	14	4	19	1	13	27
金华市义乌市	29	21	12	10	22	8	4	90
衢州市开化县	16	14	12	11	13		1	69
衢州市江山市								
舟山市岱山县	59	42	24	12	40	3	14	42
台州市椒江区	178	101	64	61	87	20	70	58
台州市三门县	2	2	2	2	2	2		60
台州市临海市	34	31	28	26	26	3	1	69
丽水市莲都区	69	57	45	27	51	9	10	75
丽水市青田县	24	24	20	16	23	10		240

5-9b 各地区农村有残疾人户家用电器拥有和用电状况

单位：户、度

地 区	总户数	有家用电器户数						户月均用电量
		彩色电视机	电冰箱	洗衣机	电话	电脑	无上述家电	
总 计	**4027**	**2555**	**1067**	**893**	**2368**	**115**	**1162**	**35**
杭州市下城区								
杭州市余杭区	201	179	96	92	163	16	17	54
杭州市富阳市	141	121	73	82	103	2	13	52
杭州市临安市	128	98	36	20	77	4	27	32
宁波市江东区								
宁波市宁海县	183	111	30	15	105		53	24
宁波市慈溪市	102	69	20	22	55	6	27	34
温州市永嘉县	219	120	48	35	107	8	84	34
温州市瑞安市	133	78	39	30	69	10	46	48
温州市乐清市	213	144	74	71	129	19	58	47
嘉兴市嘉善县	165	120	58	56	119	5	35	44
嘉兴市桐乡市	111	95	49	64	91	7	13	54
湖州市德清县	161	142	71	93	124	6	18	42
绍兴市绍兴县	150	97	55	65	96	7	37	41
绍兴市嵊州市	286	188	62	68	158	8	78	30
金华市金东区	175	92	56	19	86	3	70	31
金华市义乌市	169	100	49	29	82	3	59	30
衢州市开化县	194	134	18	10	133	3	45	26
衢州市江山市	241	139	36	14	138	1	68	28
舟山市岱山县	212	116	50	16	116		73	23
台州市椒江区								
台州市三门县	177	77	29	26	67		89	26
台州市临海市	200	103	24	34	104	1	70	25
丽水市莲都区	202	77	18	4	71		111	15
丽水市青田县	264	155	76	28	175	6	71	41

主要统计指标解释

总抚养比 指人口总体中非劳动年龄人口数与劳动年龄人口数之比。通常用百分比表示。说明每 100 名劳动年龄人口大致要负担多少名非劳动年龄人口。用于从人口角度反映人口与经济发展的基本关系。计算公式为:

$$GDR=\frac{P_{0-14}+P_{65+}}{P_{15-64}}\times 100\%$$

其中：GDR 为总抚养比；

P_{0-14} 为 0 ~ 14 岁少年儿童人口数；

P_{65+} 为 65 岁及以上的老年人口数；

P_{15-64} 为 15 ~ 64 岁劳动年龄人口数。

老年抚养比 指人口中老年人口数与劳动年龄人口数之比。通常用百分比表示。用以表明每 100 名劳动年龄人口要负担多少名老年人。老年人口抚养比是从经济角度反映人口老化社会后果的指标之一。计算公式为:

$$ODR=\frac{P_{65+}}{P_{15-64}}\times 100\%$$

其中：ODR 为老年人口抚养比；

P_{65+} 为 65 岁及以上的老年人口数；

P_{15-64} 为 15 ~ 64 岁劳动年龄人口数。

少儿抚养比 也称少年儿童抚养系数。指某一人口中少年儿童人口数与劳动年龄人口数之比。通常用百分比表示。以反映每 100 名劳动年龄人口要负担多少名少年儿童。计算公式为:

$$CDR=\frac{P_{0-14}}{P_{15-64}}\times 100\%$$

其中：CDR 为少年儿童抚养比；

P_{0-14} 为 0 ~ 14 岁少年儿童人口数；

P_{15-64} 为 15 ~ 64 岁劳动年龄人口数。

文盲人口 指 15 岁及以上不识字或识字很少的人口。根据《住户调查表》指标“R8.是否识字”登记为“2.否”的数据汇总。

经济活动人口 指 15 岁及以上参加或未参加社会经济活动的人口。包括在业人口和不在业人口。

在业人口和不在业人口分别根据《住户调查表》指标“R11.当前是否有工作”的登记数据汇总。

职业状况 指 15 岁及以上在业人口所从事的社会劳动工作种类。本资料中职业分类参照国家分类标准《职业分类与代码》(GB/T 6565-1999)，将全国职业分类划分为大类和中类。

未工作状况 指 15 岁及以上不在业人口的未工作状况。根据《住户调查表》指标“R13.当前未工作状况”的登记数据汇总。

致残主要原因 根据被调查残疾人从《残疾人调查表》“C4.致残主要原因”多个选项中选出的主要两项合并汇总。

曾接受服务或扶助 根据被调查残疾人从《残疾人调查表》“T6.曾接受过何种服务或扶助”的 14 个选项中选出的主要三项合并汇总。

主要需求 根据被调查残疾人从《残疾人调查表》“T7. 本人主要需求”的 14 个选项中选出的主要三项合并汇总。

附　　录

表　例

附录 1

浙江省第二次全国残疾人抽样调查主要数据公报（第一号）

浙江省第二次全国残疾人抽样调查领导小组

浙江省统计局

2006 年 12 月 27 日

经国务院批准，我国进行了第二次全国残疾人抽样调查。在第二次全国残疾人抽样调查领导小组统一领导下，按照全国统一的调查方案，浙江省第二次全国残疾人抽样调查领导小组组织实施了我省的调查。经过两年多的充分准备，我省于 2006 年 4 月 1 日开始全面调查，通过调查工作人员的艰苦努力，调查的各项任务已基本完成。现将初步汇总的主要数据公布如下:

一、调查的基本情况

本次调查采取分层、多阶段、整群概率比例抽样方法，在我省抽取 25 个县(市、区)，100 个乡(镇、街道)，共 200 个调查小区，平均每个调查小区 470 人左右。

本次调查标准时间为 2006 年 4 月 1 日零时，入户调查时间自 2006 年 4 月 1 日起至 5 月 31 日结束。在省政府和各抽中县（市、区）政府直接领导下，组织了 25 个调查队、425 名调查员、205 名各科医生、25 名统计员以及 1850 名陪调员，逐户进行询问登记、筛查和残疾评定，现已全部完成入户调查、复查和调查质量的核查工作。

我省共调查了 33674 户、95392 人，调查的抽样比约为 1.95‰。入户见面 75933 人，占调查总人数的 79.60%；按照《第二次全国残疾人抽样调查残疾筛查方法》，7 岁以上疑似残疾人筛出率为 20.42%，疑似残疾人检查率达到 99.91%。

二、残疾人数及其比例

根据调查初步汇总，被调查户中有残疾人的家庭共 5466 户，确定视力、听力、言语、肢体、智力、精神和多重残疾共 6063 人。其中，视力残疾 822 人，听力残疾 2060 人，言语残疾 64 人，肢体残疾 1373 人，智力残疾 387 人，精神残疾 509 人，多重残疾 848 人。

本次调查结果显示，我省残疾人占总人口的比例为 6.36%，据此推算 2006 年 4 月 1 日零时我省各类残疾人的总数为 311.8 万人。各类残疾人的人数及各占残疾人总人数的比重分别是: 视力残疾 42.3 万人，占 13.57%；听力残疾 105.9 万人，占 33.96%；言语残疾 3.3 万人，占 1.06%；肢体残疾 70.6 万人，占 22.65%；智力残疾 19.9 万人，占 6.38%；精神残疾 26.2 万人，占 8.40%；多重残疾 43.6 万人，占 13.98%。

与 1987 年第一次全国残疾人抽样调查比较，我省残疾人口总量增加，残疾人比例上升，残疾类别结构变动。影响这一变化的因素有，两次调查间人口增长与结构变动、社会与环境变化、残疾标准修订等，更深入的分析有待于在详细数据汇总和更全面的资料收集后进行。

三、调查质量评价

在入户调查、复查完毕后，我省按照《事后质量核查工作细则》进行核查，核查结果符合调查方案要求。经对调查实施过程和数据质量进行综合评估，本次调查是一次成功的调查，数据真实可信。调查获得的丰富数据，将为我省经济社会和残疾人事业的发展提供可靠依据。

注:

1.本公报为初步汇总数。

2.本次调查登记对象为具有中华人民共和国国籍并居住在中华人民共和国境内大陆的常住人口，残疾人按照《第二次全国残疾人抽样调查残疾标准》评定。

浙江省第二次全国残疾人抽样调查主要数据公报（第二号）

浙江省第二次全国残疾人抽样调查领导小组

浙江省统计局

2007 年 7 月 6 日

现将我省第二次全国残疾人抽样调查计算机汇总的残疾人口的地区分布和主要社会经济数据公布如下：

一、有残疾人的家庭户人口

全省有残疾人的家庭户共 268.36 万户，占全省家庭户总户数的 15.68%；其中有 2 个以上残疾人的家庭户 27.35 万户，占残疾人家庭户的 10.19%。有残疾人的家庭户的总人口占全省家庭户的总人口的 16.37%。有残疾人的家庭户户规模为 2.86 人。

二、残疾人口的性别构成

全省残疾人口中，男性为 155.72 万人，占 49.94%；女性为 156.08 万人，占 50.06%。性别比（以女性为 100，男性对女性的比例）为 99.77。

三、残疾人口的年龄构成

全省残疾人口中，0–14 岁的残疾人口为 8.90 万人，占 2.85%；15–59 岁的人口为 111.85 万人，占 35.88%；60 岁及以上的人口为 191.05 万人，占 61.27%（65 岁及以上的人口为 170.53 万人，占 54.69%）。

四、残疾人口的城乡分布

全省残疾人口中，城镇残疾人口为 82.95 万人，占 26.60%；农村残疾人口为 228.85 万人，占 73.40%。

五、残疾人口的残疾等级构成

全省残疾人口中，残疾等级为一、二级的重度残疾人为 78.68 万人，占 25.24%；残疾等级为三、四级的中度和轻度残疾人为 233.12 万人，占 74.76%。

六、残疾人口的受教育程度

全省残疾人口中，具有大学程度（指大专及以上）的残疾人为 3.86 万人，高中程度（含中专）的残疾人为 11.52 万人，初中程度的残疾人为 37.34 万人，小学程度的残疾人为 105.17 万人（以上各种受教育程度的人包括各类学校的毕业生、肄业生和在校生）。

15 岁及以上残疾人文盲人口（不识字或识字很少的人）为 145.95 万人，文盲率为 46.81%。

七、残疾儿童受教育状况

6–14 岁学龄残疾儿童为 5.09 万人，占全部残疾人口的 1.63%。其中视力残疾儿童 0.1029 万人，听力残疾儿童 0.1543 万人，言语残疾儿童 0.3086 万人，肢体残疾儿童 0.6685 万人，智力残疾儿童 1.9542 万人，精神残疾儿童 0.2571 万人，多重残疾儿童 1.6457 万人。学龄残疾儿童中，73.74%正在普通教育或特殊教育学校接受义务教育。

八、残疾人口的婚姻状况

全省 15 岁及以上残疾人口中，未婚人口 32.35 万人，占 10.68%；在婚有配偶的人口 178.71 万人，占 59.00%；离婚及丧偶人口 91.85 万人，占 30.32%。

九、残疾人口的就业与有关社会保障情况

全省城镇残疾人口中，在业的残疾人为 13.42 万人，不在业的残疾人为 12.03 万人。

城镇残疾人口中，有 6.89 万人享受到当地居民最低生活保障，占城镇残疾人口总数的 8.31%。8.99%的城镇残疾人领取过定期或不定期的救济。

农村残疾人口中，有 18.82 万人享受到当地居民最低生活保障，占农村残疾人口总数的 8.22%。10.47%的农村残疾人领取过定期或不定期的救济。

十、残疾人家庭户的收入

全省有残疾人的家庭户 2005 年人均全部收入，城镇为 7679 元，农村为 4331 元。

十一、残疾人曾接受的扶助、服务和需求

残疾人曾接受的扶助、服务的前四项及比例分别为：曾接受过医疗服务与救助的有 36.60%；曾接受过救助或扶持的有 9.86%；曾接受过辅助器具的配备与服务的有 5.51%；曾接受过康复训练与服务的有 4.27%。

残疾人需求的前四项及比例分别为：有医疗服务与救助需求的有 63.48%；有救助或扶持需求的有 51.56%；有辅助器具需求的有 43.74%；有康复训练与服务需求的有 22.20%。

十二、残疾人的生活环境

在此次调查的残疾人所在社区（村、居委会）中，73.50%的社区距离最近的法律服务所（司法所）在 5 公里以内，15.50%的社区距离最近的特殊教育学校（班）在 5 公里以内，60.50%的社区建有文化活动站（室），70.50%的社区设有卫生室（所、站）。

注：

1. 家庭户人口不包括现役军人，也不包括相互之间没有家庭成员关系、集体居住的人。

2. 2006 年第二次全国残疾人抽样调查的城乡口径为：城镇包括街道和镇的居委会，农村包括乡和镇的村委会。

3. 城镇在业和不在业残疾人指男 16-59 岁、女 16-54 岁的在业和不在业的城镇残疾人。

4.调查中家庭全部收入包括工薪收入、经营性净收入、财产性收入、转移性收入，农村住户的全部收入还包括各种农作物、养殖等实物折算收入。

5. 医疗服务指通过医院或专门医疗机构采用手术或其他诊断形式帮助残疾人恢复或补偿功能。医疗救助指政府和社会对因病而无经济能力进行治疗的贫困残疾人实施专项医疗帮助和支持。

附录 2

第二次全国残疾人抽样调查方案

（国务院 2005 年 11 月 4 日批准）

为贯彻国务院办公厅《关于开展第二次全国残疾人抽样调查的通知》（国办发[2004]73 号），根据《中华人民共和国统计法》、《中华人民共和国残疾人保障法》，制定本方案。

一、组织领导

第二次全国残疾人抽样调查工作在国务院和地方各级人民政府的领导下，按照全国统一部署、部门分工协作、地方分级负责、各方共同参与的原则组织实施。

（一）国务院成立第二次全国残疾人抽样调查领导小组，由有关部门负责人组成，负责这次残疾人抽样调查工作的全面领导与部署。领导小组下设第二次全国残疾人抽样调查办公室，负责这次抽样调查的组织实施工作。

（二）第二次全国残疾人抽样调查办公室成立专家委员会，协助制定和审核调查的重要技术文件，提供决策建议和技术咨询。

（三）各省、自治区、直辖市和被抽中县（市、区）成立残疾人抽样调查领导小组和办公室，负责本地区的残疾人抽样调查工作。

被抽中县（市、区）要做好调查队组建、经费落实和现场组织工作。

被抽中县（市、区）所在地（市）成立相应的领导或工作机构，帮助、督促本地区被抽中县（市、区）做好调查队组建、经费落实和现场调查组织等工作。

各级残疾人抽样调查领导小组组长是本次调查工作的全面负责人,办公室主任是本次调查的具体负责人。

二、调查目的

通过调查，掌握全国和各省、自治区、直辖市各类残疾人的数量、结构、地区分布、致残原因、家庭状况及其康复、教育、劳动就业和参与社会生活等情况，为国家制定经济和社会发展规划，以及有关残疾人的法律法规、政策和规划提供可靠的依据，促进残疾人事业与国民经济和社会协调发展。

三、调查对象

此次调查的对象是具有中华人民共和国国籍，并在被抽中调查小区内常住的人（指自然人，下同）。

调查采用按常住人口登记的原则，以户为单位填报，只调查家庭户，不调查集体户，单身居住独自生活的也作为一个家庭户进行登记。

此次不调查中国人民解放军现役军人和武装警察（包括军队管理的离退休干部）。

应当在本调查小区进行登记的人包括:

1. 居住本调查小区，户口在本乡、镇、街道;
2. 居住本调查小区半年以上，户口在外乡、镇、街道;
3. 居住本调查小区不满半年，离开户口所在地半年以上;
4. 居住本调查小区，户口待定。

常住户口虽然在本乡、镇、街道，但已离开本乡、镇、街道半年以上的人，不属于本调查小区的调查对象。

此次调查的重点是残疾人。残疾人是指在心理、生理、人体结构上，某种组织、功能丧失或者不正常，全部或部分丧失以正常方式从事某种活动能力的人。残疾类别包括：视力残疾、听力残疾、言语残疾、肢体残疾、智力残疾、精神残疾。凡有两种及两种以上残疾的人，列为多重残疾。残疾评定标准和方法按照第二次全国残疾人抽样调查专家委员会重新修订的《残疾标准》及相关方法实施。

四、调查内容

第二次全国残疾人抽样调查使用三种调查表，一是《住户调查表》,二是《残疾人调查表》，三是《社区调查表》。调查项目共有 52 个，调查样本人群的家庭及其个人的状况，重点调查残疾人的致残原因、生活状况及其主要需求。

五、调查的范围、规模和标准时间

第二次全国残疾人抽样调查在 31 个省、自治区、直辖市同时进行，设计总样本量为 260 万人。

调查的标准时间为：2006 年 4 月 1 日 0 时。

六、样本的设计和抽取

此次调查以全国为总体，各省、自治区、直辖市为次总体，采用分层、多阶段、整群、概率比例抽样方法。各省、自治区、直辖市的调查样本量，由第二次全国残疾人抽样调查领导小组确定分配。

各省、自治区、直辖市根据第二次全国残疾人抽样调查办公室规定的分层原则，结合本地的实际情况，对第一级的县（市、区）进行科学、合理的分层，编制抽样框，由第二次全国残疾人抽样调查办公室与各省、自治区、直辖市共同抽取一级样本单位。

各省、自治区、直辖市按照第二次全国残疾人抽样调查办公室规定的抽样原则和要求，制定本省抽样实施方案，经第二次全国残疾人抽样调查办公室审核后，抽取县级以下样本单位，并将具体的抽取步骤和抽中单位名称一起报第二次全国残疾人抽样调查办公室审定。

七、调查队的组建、培训与试点

（一）被抽中县（市、区）都要按照规定组建调查队。调查队在县级残疾人抽样调查领导小组领导下开展调查工作。

调查队由队长、调查副队长、医务副队长、调查员、各科医生和统计员组成。调查队组成人员要具备一定的工作经验，责任心强，身体条件胜任调查工作。调查工作人员必须稳定，在调查工作未结束前，不得变动。

调查队实行责任制，明确职责分工，加强团结协作。

（二）第二次全国残疾人抽样调查办公室负责省级调查业务骨干和医生的系统培训，使之成为省级培训班的教员；各省、自治区、直辖市残疾人抽样调查办公室负责本地区调查队的培训。

（三）第二次全国残疾人抽样调查办公室组织不同层次的试点，检验调查方案的科学性和可操作性，锻炼和提高省级骨干组织调查的实际能力和现场登记的水平。

各省、自治区、直辖市在正式调查前，要结合培训安排被抽中县（市、区）调查队的业务骨干参加试点调查，试点调查不能代替正式调查。

八、现场登记和复查

此次调查的现场登记和复查工作，从 2006 年 4 月 1 日开始到 5 月 31 日以前结束。

现场登记和复查工作要求做到：坚持入户调查，努力提高见面率；积极动员被调查人如实申报，做到不重复，不遗漏；认真询问、筛查和检查评定，提高准确度；搞好自查、互查和议查，最大限度地控制调查误差。

各调查小区要由熟悉当地情况、责任心强的同志担任陪调员，组成陪调组，协同调查员和医生入户，做好宣传、摸底、现场调查登记和复查工作。

（一）摸底工作

调查前的摸底工作，是做好入户调查登记的基础。调查员要提前进入调查小区，在陪调员的协助下摸清本调查小区范围内需要调查的户数、人口数，重点摸清疑似残疾人和 0—6 岁的儿童人数，编制好《调查底册》。

各省、自治区、直辖市残疾人抽样调查办公室将摸底汇总数据于2006年3月25日前报送到第二次全国残疾人抽样调查办公室。

（二）现场登记

1. 入户调查。调查员根据《调查底册》入户，按照《住户调查表》的登记项目，逐人逐项询问，填写《住户调查表》；对7岁及以上人群，按照残疾筛查问卷逐人询问、筛查，并对筛查出的疑似残疾人填写《7岁及以上人群筛查交接单》；对0～6岁的儿童，填写《0-6岁儿童健康检查记录表》。

2. 残疾检查评定。各科医生根据调查员筛查出的《7岁及以上人群筛查交接单》和《0-6岁儿童健康检查记录表》，采取设站与入户相结合的方式逐人检查、评定，对确诊的残疾人，填写《残疾评定记录表》和《残疾人调查表》。

调查期间，医生应对确诊的残疾人进行医疗、康复指导。

（三）复查

调查队组织调查员和医生按照规定的方法进行全面复查。复查采取自查、互查和议查三种形式进行。

调查员和医生每天应对当日调查填写的调查表进行自查。

每个调查小区登记结束后，调查员应分小组对《住户调查表》进行互查和逻辑检查；各科医生要对自己填写的《残疾评定记录表》、《残疾人调查表》进行综合分析检查。

在现场调查登记中和小区调查登记结束后，调查队都要按照规定的方法进行议查，重点议查疑似残疾人的漏筛。

复查中发现的有疑问的人和户，要进一步核查，发现差错，经核实后，予以改正。

（四）调查的后续工作

各级残疾人抽样调查办公室负责收集、汇总调查中残疾人亟待解决的问题，报当地人民政府或有关部门酌处。

九、事后质量核查

现场登记和复查工作结束后，各省、自治区、直辖市残疾人抽样调查办公室应按照全国统一规定的事后质量核查办法和要求，选调高素质的调查员作为核查人员，组建事后质量核查队，对事后质量核查的调查小区，重新入户进行调查登记，计算全国的调查误差。核查人员不得在原来的调查小区参加质量核查工作。

全国统一组织的事后质量核查结果将作为评估第二次全国残疾人抽样调查数据质量的主要依据之一。

十、调查数据的处理

（一）快速汇总

各地按照第二次全国残疾人抽样调查办公室统一规定，对调查的主要数据进行逐级快速汇总。

1. 各县（市、区）残疾人抽样调查办公室将调查数据快速汇总结果于2006年6月5日前报送到省级残疾人抽样调查办公室。

2. 各省、自治区、直辖市残疾人抽样调查办公室将各县（市、区）上报的数据，经审核无误后汇总，将结果于2006年6月15日前报送到第二次全国残疾人抽样调查办公室。

3. 第二次全国残疾人抽样调查办公室负责汇总全国调查主要数据，并对数据进行分析评估后发布公报。

（二）电子计算机数据处理

第二次全国残疾人抽样调查办公室负责制定本次调查的数据处理方案。

1. 省级残疾人抽样调查办公室对调查表进行验收后，组织编码员按照统一规定的标准进行编码。编码前要对编码员进行统一的培训。

编码资料经全面复核、验收合格后，方可交付录入。

2. 第二次全国残疾人抽样调查办公室组织对调查资料进行电子计算机数据处理，对调查的全部数据进行录入汇总，建立国家级和省级残疾人数据库。

3. 调查数据的全面汇总和处理工作，于2007年底前全部完成。

4. 本次调查的原始资料由各省、自治区、直辖市残疾人抽样调查办公室保管。

十一、调查数据的分析研究

对本次调查获得的不同数据进行分析研究，撰写综合分析报告；同时，对调查数据反映出的有关残疾人的突出问题，制定专题研究课题，邀请政府有关部门、大专院校和国内外研究机构共同研究开发。研究结果以专题报告、论文集形式发表或出版。

全国和各省、自治区、直辖市残疾人抽样调查领导小组组织专人分析研究调查资料，就制定残疾人的法规、方针、政策和工作规划提出建议，供政府和各有关部门研究处理。

十二、宣传工作

各省、自治区、直辖市和被抽中县（市、区）要依靠各级宣传部门，按照第二次全国残疾人抽样调查办公室制定的宣传提纲和宣传口径，利用各种宣传媒体和多种宣传形式，积极开展残疾人抽样调查的宣传活动，在2006年3月中旬要掀起宣传高潮，以取得广大群众和社会对现场调查的支持与配合。

十三、调查经费

根据国务院要求，第二次全国残疾人抽样调查经费由中央和地方财政共同负担。各级财政应根据需要，统筹安排经费，以保证这次残疾人抽样调查各项工作的顺利开展。

残疾人抽样调查办公室要严格按照专款专用的原则，加强调查经费的管理使用，杜绝挤占挪用。

十四、总结表彰

各级残疾人抽样调查机构要认真做好调查的总结工作，各省、自治区、直辖市于2006年12月底前将调查业务技术总结和现场调查工作总结报送第二次全国残疾人抽样调查办公室；第二次全国残疾人抽样调查领导小组于2007年11月底前向国务院报送第二次全国残疾人抽样调查工作总结。

第二次全国残疾人抽样调查领导小组将于2007年初表彰调查工作先进单位和个人。

十五、实施本方案的文件

为保证全国按照统一标准、统一要求、高质量地搞好本次调查工作，第二次全国残疾人抽样调查领导小组统一制定各种文件、表格和工作细则。

（一）《第二次全国残疾人抽样调查残疾标准》包括：视力残疾标准、听力残疾标准、言语残疾标准、肢体残疾标准、智力残疾标准和精神残疾标准。

（二）调查、统计表格包括：《住户调查表》、《残疾人调查表》（主表）；《社区调查表》、《失查疑似残疾人登记表》；《7岁及以上人群残疾筛查问卷》、《0-6岁儿童健康体检记录表》、《残疾评定记录表》、《调查底册》；过录、快速汇总和计算机汇总等统计用表；调查各个环节的交接用表。

（三）工作细则包括：《调查登记和复查工作细则》、《质量控制和验收工作细则》、《摸底工作细则》、《快速汇总工作细则》、《编码工作细则》、《抽样方案》、《数据处理方案》、《资料装订、包装、运输、管理工作细则》等。

（四）填表说明包括：《住户调查表》、《残疾人调查表》、《社区调查表》、《残疾评定记录表》等填表说明。

（五）工作手册包括：《调查工作手册》、《调查员手册》、《医生手册》。

附录 3

第二次全国残疾人抽样调查残疾标准

（国务院 2005 年 11 月 4 日批准）

视力残疾标准

一、视力残疾的定义

视力残疾，是指由于各种原因导致双眼视力低下并且不能矫正或视野缩小，以致影响其日常生活和社会参与。

视力残疾包括盲及低视力。

二、视力残疾的分级

类　　别	级别	最佳矫正视力
盲	一级	无光感~＜0.02；或视野半径＜5 度
	二级	0.02~＜0.05；或视野半径＜10 度
低视力	三级	0.05~＜0.1
	四级	0.1~＜0.3

〔注〕

1. 盲或低视力均指双眼而言，若双眼视力不同，则以视力较好的一眼为准。如仅有单眼为盲或低视力，而另一眼的视力达到或优于 0.3，则不属于视力残疾范畴。

2. 最佳矫正视力是指以适当镜片矫正所能达到的最好视力或针孔视力。

3. 以注视点为中心，视野半径＜10 度者，不论其视力如何均属于盲。

听力残疾标准

一、听力残疾的定义

听力残疾，是指人由于各种原因导致双耳不同程度的永久性听力障碍，听不到或听不清周围环境声及言语声，以致影响日常生活和社会参与。

二、听力残疾的分级

听力残疾一级:

听觉系统的结构和功能方面极重度损伤，较好耳平均听力损失≥91 dB HL，在无助听设备帮助下，不能依靠听觉进行言语交流，在理解和交流等活动上极度受限，在参与社会生活方面存在极严重障碍。

听力残疾二级:

听觉系统的结构和功能重度损伤，较好耳平均听力损失在 81 ~ 90 dB HL 之间，在无助听设备帮助下，在理解和交流等活动上重度受限，在参与社会生活方面存在严重障碍。

听力残疾三级:

听觉系统的结构和功能中重度损伤，较好耳平均听力损失在 61 ~ 80 dB HL 之间，在无助听设备帮助下，在理解和交流等活动上中度受限，在参与社会生活方面存在中度障碍。

听力残疾四级:

听觉系统的结构和功能中度损伤，较好耳平均听力损失在 41 ~ 60dB HL 之间，在无助听设备帮助下，在理解和交流等活动上轻度受限，在参与社会生活方面存在轻度障碍。

言语残疾标准

一、言语残疾的定义

言语残疾，是指由于各种原因导致的不同程度的言语障碍，经治疗一年以上不愈或病程超过两年者,而不能或难以进行正常的言语交往活动，以致影响日常生活和社会参与（3 岁以下不定残）。

言语残疾包括:

1. 失语: 是指由于大脑言语区域以及相关部位损伤所导致的获得性言语功能丧失或受损。

2. 运动性构音障碍: 是指由于神经肌肉病变导致构音器官的运动障碍，主要表现为不会说话、说话费力、发声和发音不清等。

3. 器官结构异常所致的构音障碍: 是指构音器官形态结构异常所致的构音障碍。其代表为腭裂以及舌或颌面部术后造成的构音障碍。主要表现为不能说话、鼻音过重、发音不清等。

4. 发声障碍（嗓音障碍）: 是指由于呼吸及喉存在器质性病变导致的失声、发声困难、声音嘶哑等。

5. 儿童言语发育迟滞: 指儿童在生长发育过程中其言语发育落后于实际年龄的状态。主要表现不会说话、说话晚、发音不清等。

6. 听力障碍所致的语言障碍: 是指由于听觉障碍所致的言语障碍。主要表现为不会说话或者发音不清。

7. 口吃: 是指言语的流畅性障碍。常表现为在说话的过程中拖长音、重复、语塞并伴有面部及其他行为变化等。

二、言语残疾的分级

言语残疾一级:

无任何言语功能或语音清晰度≤10%，言语表达能力等级测试未达到一级测试水平，不能进行任何言语交流。

言语残疾二级:

具有一定的发声及言语能力。语音清晰度在 11% ~ 25%之间，言语表达能力等级测试未达到二级测试水平。

言语残疾三级:

可以进行部分言语交流。语音清晰度在 26% ~ 45%之间，言语表达能力等级测试未达到三级测试水平。

言语残疾四级:

能进行简单会话，但用较长句或长篇表达困难。语音清晰度在 46% ~ 65%之间，言语表达能力等级测试未达到四级测试水平。

肢体残疾标准

一、肢体残疾的定义

肢体残疾，是指人体运动系统的结构、功能损伤造成四肢残缺或四肢、躯干麻痹(瘫痪)、畸形等而致人体运动功能不同程度丧失以及活动受限或参与的局限。

肢体残疾包括:

1. 上肢或下肢因伤、病或发育异常所致的缺失、畸形或功能障碍;

2. 脊柱因伤、病或发育异常所致的畸形或功能障碍;

3. 中枢、周围神经因伤、病或发育异常造成躯干或四肢的功能障碍。

二、肢体残疾的分级

肢体残疾一级：不能独立实现日常生活活动。

1. 四肢瘫：四肢运动功能重度丧失；
2. 截瘫：双下肢运动功能完全丧失；
3. 偏瘫：一侧肢体运动功能完全丧失；
4. 单全上肢和双小腿缺失；
5. 单全下肢和双前臂缺失；
6. 双上臂和单大腿（或单小腿）缺失；
7. 双全上肢或双全下肢缺失；
8. 四肢在不同部位缺失；
9. 双上肢功能极重度障碍或三肢功能重度障碍。

肢体残疾二级：基本上不能独立实现日常生活活动。

1. 偏瘫或截瘫，残肢保留少许功能（不能独立行走）；
2. 双上臂或双前臂缺失；
3. 双大腿缺失；
4. 单全上肢和单大腿缺失；
5. 单全下肢和单上臂缺失；
6. 三肢在不同部位缺失（除外一级中的情况）；
7. 二肢功能重度障碍或三肢功能中度障碍。

肢体残疾三级：能部分独立实现日常生活活动。

1. 双小腿缺失；
2. 单前臂及其以上缺失；
3. 单大腿及其以上缺失；
4. 双手拇指或双手拇指以外其他手指全缺失；
5. 二肢在不同部位缺失（除外二级中的情况）；
6. 一肢功能重度障碍或二肢功能中度障碍。

肢体残疾四级：基本上能独立实现日常生活活动。

1. 单小腿缺失；
2. 双下肢不等长，差距在5厘米以上（含5厘米）；
3. 脊柱强（僵）直；
4. 脊柱畸形，驼背畸形大于70度或侧凸大于45度；
5. 单手拇指以外其他四指全缺失；
6. 单侧拇指全缺失；
7. 单足跗跖关节以上缺失；
8. 双足趾完全缺失或失去功能；
9. 侏儒症（身高不超过130厘米的成年人）；
10. 一肢功能中度障碍或两肢功能轻度障碍；
11. 类似上述的其他肢体功能障碍。

智力残疾标准

一、智力残疾的定义

智力残疾，是指智力显著低于一般人水平，并伴有适应行为的障碍。此类残疾是由于神经系统结构、功能障碍，使个体活动和参与受到限制，需要环境提供全面、广泛、有限和间歇的支持。

智力残疾包括：在智力发育期间（18 岁之前），由于各种有害因素导致的精神发育不全或智力迟滞；或者智力发育成熟以后，由于各种有害因素导致智力损害或智力明显衰退。

二、智力残疾的分级

级　别	分级标准			
	发展商（DQ）0-6 岁	智商（IQ）7 岁及以上	适应性行为（AB）	WHO-DAS Ⅱ分值 18 岁以上
一级	≤25	<20	极重度	≥116 分
二级	26~39	20~34	重度	106~115 分
三级	40~54	35~49	中度	96~105 分
四级	55~75	50~69	轻度	52~95 分

精神残疾标准

一、精神残疾的定义

精神残疾，是指各类精神障碍持续一年以上未痊愈，由于存在认知、情感和行为障碍，以致影响其日常生活和社会参与。

二、精神残疾的分级

18 岁以上（含）的精神障碍患者根据《世界卫生组织残疾评定量表Ⅱ》（WHO-DASⅡ）分数和下述的适应行为表现，18 岁以下者依据下述的适应行为的表现，把精神残疾划分为四级：

精神残疾一级：

WHO-DASⅡ值≥116 分，适应行为严重障碍；生活完全不能自理，忽视自己的生理、心理的基本要求。不与人交往，无法从事工作，不能学习新事物。需要环境提供全面、广泛的支持，生活长期、全部需他人监护。

精神残疾二级：

WHO-DASⅡ值在 106~115 分之间，适应行为重度障碍；生活大部分不能自理，基本不与人交往，只与照顾者简单交往，能理解照顾者的简单指令，有一定学习能力。监护下能从事简单劳动。能表达自己的基本需求，偶尔被动参与社交活动；需要环境提供广泛的支持，大部分生活仍需他人照料。

精神残疾三级：

WHO-DASⅡ值在 96~105 分之间，适应行为中度障碍；生活上不能完全自理，可以与人进行简单交流，能表达自己的情感。能独立从事简单劳动，能学习新事物，但学习能力明显比一般人差。被动参与社交活动，偶尔能主动参与社交活动；需要环境提供部分的支持，即所需要的支持服务是经常性的、短时间的需求，部分生活需由他人照料。

精神残疾四级：

WHO-DASⅡ值在 52~95 分之间，适应行为轻度障碍；生活上基本自理，但自理能力比一般人差，有时忽略个人卫生。能与人交往，能表达自己的情感，体会他人情感的能力较差，能从事一般的工作，学习新事物的能力比一般人稍差；偶尔需要环境提供支持，一般情况下生活不需要由他人照料。

多重残疾

存在两种或两种以上残疾为多重残疾。多重残疾应指出其残疾的类别。多重残疾分级按所属残疾中最重类别残疾分级标准进行分级。

附录 4

经国务院批准进行第二次全国残疾人抽
调查登记的标准时间：2006 年 4 月 1 日
调查登记的原始资料不向任何单位和个
公民应履行如实申报调查项目的义务

表　　号：残调 1 表
制表机关：第二次全国残疾人抽样调查办公室
批准机关：国家统计局
批准文号：国统函【2005】227 号
有效期截止时间：2006 年 6 月 30 日

本户地址：＿＿＿＿＿＿＿＿省（自治区、

H1.本户编号	H2.本户登记人数
＿＿＿＿＿＿号	合计＿＿人 男＿＿人 女＿＿

备　　注	
本户见面：＿＿＿人 0—6 岁 ： 疑似残疾人： 疑似类别：	其他：

				人 口 填 报			定性结果
R1.姓名	R2.与户主的关系	R3.性别	R4.出生		R13.当前未工作状况	R14.未工作者主要生活来源	R15.属于何种残疾
	1. 户主 2. 配偶 3. 子女 4. 孙子女 5. 父母 6. 祖父母 7. 兄弟姐妹 8. 其他	1. 男 2. 女	＿＿ ＿＿ （＿＿	工作：	1. 在校学生 2. 离退休 3. 料理家务 4. 丧失劳动能力 5. 毕业后未工作 6. 因单位原因失去原工作 7. 因本人原因失去原工作 8. 承包土地被征用 9. 其他	1. 离退休金 2. 领取基本生活费 3. 家庭其他成员供养 4. 财产性收入 5. 保险收入 6. 其他	1. 视力残疾 2. 听力残疾 3. 言语残疾 4. 肢体残疾 5. 智力残疾 6. 精神残疾 7. 多重残疾
	2. 配偶 3. 子女 4. 孙子女 5. 父母 6. 祖父母 7. 兄弟姐妹 8. 其他	1. 男 2. 女	＿＿ ＿＿ （＿＿	工作：	1. 在校学生 2. 离退休 3. 料理家务 4. 丧失劳动能力 5. 毕业后未工作 6. 因单位原因失去原工作 7. 因本人原因失去原工作 8. 承包土地被征用 9. 其他	1. 离退休金 2. 领取基本生活费 3. 家庭其他成员供养 4. 财产性收入 5. 保险收入 6. 其他	1. 视力残疾 2. 听力残疾 3. 言语残疾 4. 肢体残疾 5. 智力残疾 6. 精神残疾 7. 多重残疾
	3. 子女 4. 孙子女 5. 父母 6. 祖父母 7. 兄弟姐妹 8. 其他	1. 男 2. 女	＿＿ ＿＿ （＿＿	工作：	1. 在校学生 2. 离退休 3. 料理家务 4. 丧失劳动能力 5. 毕业后未工作 6. 因单位原因失去原工作 7. 因本人原因失去原工作 8. 承包土地被征用 9. 其他	1. 离退休金 2. 领取基本生活费 3. 家庭其他成员供养 4. 财产性收入 5. 保险收入 6. 其他	1. 视力残疾 2. 听力残疾 3. 言语残疾 4. 肢体残疾 5. 智力残疾 6. 精神残疾 7. 多重残疾
	3. 子女 4. 孙子女 5. 父母 6. 祖父母 7. 兄弟姐妹 8. 其他	1. 男 2. 女	＿＿ ＿＿ （＿＿	工作：	1. 在校学生 2. 离退休 3. 料理家务 4. 丧失劳动能力 5. 毕业后未工作 6. 因单位原因失去原工作 7. 因本人原因失去原工作 8. 承包土地被征用 9. 其他	1. 离退休金 2. 领取基本生活费 3. 家庭其他成员供养 4. 财产性收入 5. 保险收入 6. 其他	1. 视力残疾 2. 听力残疾 3. 言语残疾 4. 肢体残疾 5. 智力残疾 6. 精神残疾 7. 多重残疾

（新增表户记录只填写“H1.本户编号”年＿＿＿月＿＿＿日　　　　装订页码第＿＿页

附录 5

第二次全国残疾人抽样调查《住户调查表》填写说明

一、《住户调查表》填写方法

《住户调查表》由调查员根据申报人的回答，如实填写。

（一）《住户调查表》的填写方法有两种：有标准答案的栏目，根据实际情况圈填；没有标准答案的栏目，用文字或阿拉伯数字据实填写。

（二）《住户调查表》以户为单位填写，每页可填写 4 人，超过 4 人的家庭户酌情增加调查表。增加的调查表只填写“H1.本户编号”和按人填报的栏目“R1－R15”以及表下方有关内容，不再填写其他按户填报的栏目“H2—H9”。增加的调查表要与首页表顺序保存，不要分开，以防散乱，发生差错。超过 9 人的家庭户分为两户进行填报，其中一户按新增户处理。

（三）调查表填写错误的更改方法。如果文字或数字填写错误，必须用直尺将错误的地方用双线划去。横行书写的，用双横线划去，在划线的上方另行填写；竖行填写的，用双竖线划去，在划线的右侧另行填写；圈填错误的，应将错圈序码连同文字答案用双横线划去，再据实圈填。

（四）表内每个栏目下边的小方格是编码格，调查员不得填写。

二、《住户调查表》填写注意事项

（一）调查表的栏目使用钢笔或签字笔填写，字迹要端正清楚。必须用国家统一规范的简化字书写，不得使用同音异体字和繁体字。阿拉伯数字必须按“0123456789”的正体书写。

（二）在调查登记家庭户中每个人的情况时，要力争与本人见面，无特殊情况，不得由他人代替申报。

（三）调查员应对被调查户申报的情况保密，不得对外提供。

（四）《调查底册》和家庭《户口簿》仅供调查时参考，不得照抄。

三、《住户调查表》的填写顺序

《住户调查表》要逐人逐栏进行询问填写，不得漏填或错填。《住户调查表》填写的顺序是:

第一步，填写左上角的“本户地址”和“H1.本户编号”。

第二步，填写按人填报的栏目 R1－R14，按户主、配偶、子女等顺序逐人逐项登记（“R15.属于何种残疾”暂不圈填，待医生检查评定后再圈填），并以本人登记的顺序作为“本人行号”。

第三步，填写按户填报的栏目，包括“H2.本户登记人数”、“H4.本户住房建筑面积”、“H5.本户住房建筑结构”、“H6.本户住房来源”、“H7.上年度本户全部收入”、“H8.本户拥有的主要家电”、“H9.本户月均生活用电量”。（“H3.本户残疾人数”暂不填写，待医生检查评定后再填写）。

第四步，与被调查户核对主要情况无误后，请家庭的主要申报人在表下方签名或盖章，调查员填写表下方的“本户共___页，本页是第___页”，然后签字并填写填报日期；“装订页码第___页”待本调查小区调查表装订成册后再填写。

第五步，根据医生检查的定性结果，填写“R15.属于何种残疾”，并据此填写本户户记录中的“H3.本户残疾人数”。

第六步，“备注”栏分为两部分填写。左栏属于规定的填写内容，包括本户见面人数，0 ~ 6 岁儿童姓名，疑似残疾人的姓名和残疾类别；右栏填写调查中发现的特殊情况。

四、《住户调查表》指标解释

第二次全国残疾人抽样调查的标准时间为：2006 年 4 月 1 日 0 时。此次调查的数据是反映标准时间点的人口状况。2006 年 4 月 1 日 0 时之前出生的人需要登记，之后出生的人则不登记；2006 年 4 月 1 日 0 时之前死亡的人不登记，之后死亡的人需要登记。准确地把握标准时间是防止重复登记和漏登记的重要措施。

（一）按人填报的栏目共有15个

R1.姓名：竖行填写本人的正式姓名，无正式姓名的，可填写乳名、小名或某某氏；未取名的婴儿可填写“未取名”。

R2.与户主的关系：指户内各成员与户主之间的关系，并不是指户内各成员与申报人之间的关系。

1.户主。表内所填写的第一人必须是户主。如果户主外出半年以上，按照调查对象标准规定，其不属于本调查小区的调查对象，则由本户另确定一位新的户主，并作为第一人填写，其他成员按照与新户主的关系据实圈填。一户中只能有一位户主。

2.配偶。户主的配偶指户主的妻子或丈夫，必须填在第二格。一户中只能有一个人填为户主的配偶。

3.子女。包括户主的儿子、女儿、儿媳、女婿，一般应按照年龄大小顺序填写。

4.孙子女。包括户主的孙子、孙女、孙媳、孙婿、重孙子女、重孙媳、重孙婿及外孙、重外孙子女等。

5.父母。包括户主的父亲、母亲、公公、婆婆、岳父、岳母、继父、继母。

6.祖父母。包括户主的祖父母、外祖父、外祖母、曾祖父、曾祖母、继祖父、继祖母。

7.兄弟姐妹。包括户主和配偶的兄弟姐妹、表兄弟姐妹等。

8.其他。指上述家庭成员之外的其他人员，如朋友、同事、同学、同乡、保姆等均圈填此项。

R3.性别：根据被调查人的性别据实圈填。

R4.出生年月：被调查人的出生年月按公历用阿拉伯数字填写；只知农历的，按农历月份+1视为公历填写。从出生日期到调查的标准时间为止，满12个月的算一周岁（即使少一天也不算一周岁），不满12个月的婴儿填写为0周岁。

R5.民族：指被调查人的民族成份。要按《各民族名称一览表》据实竖行填写，要填写全称而不要写简称。父母不是同一民族的，其不满18周岁的子女，民族未定的，由父母商定，选填父亲或母亲一方的民族；已满18周岁的子女，是填报父亲还是母亲的民族，由本人决定。如果确实有新出现的民族，则据实填报，在备注栏说明；外国人加入中国籍的，其本人的民族和我国某一民族相同，就填报这一民族，例如朝鲜人加入中国籍的，即填朝鲜族；没有相同民族的，按外国人加入中国籍填写，填报为“入籍”。

R6.户口登记状况：指被调查人的常住户口登记状况，设有四个标准答案，即为本次调查对象的四款人。

根据国务院批准的《第二次全国残疾人抽样调查方案》规定，“此次调查的对象是具有中华人民共和国国籍，并居住在被抽中调查小区内常住的人。调查采用按常住人口登记的原则，以户为单位填报，只调查家庭户，不调查集体户。单身居住独自生活的也作为一个家庭进行登记。本次不调查中国人民解放军现役军人和武装警察（包括部队管理的离退休干部）。”

确定被调查人是否属于本次调查的对象，关键是准确掌握调查的空间标准和时间标准。

空间标准：指户口是否在“本乡、镇、街道”所辖的地理区域。

时间标准：指常住本调查小区时间连续“半年”。

本次调查规定的连续“半年”是指从2005年10月1日0时到2006年4月1日0时。对于在本调查小区居住并从事商业、手工业、服务业、建筑业等活动的人，偶尔返回户口登记地或临时外出探亲访友（包括春节返乡探亲）、出差，判断其在本调查小区居住的时间和离开常住户口登记地的时间时，都不应扣除偶尔返回或临时外出的时间。

调查员可按以下四个标准答案根据调查对象的实际情况圈填。

1.住本调查小区，户口在本乡、镇、街道；

2.住本调查小区半年以上，户口在外乡、镇、街道；

3.住本调查小区不满半年，离开户口所在地半年以上；

4.住本调查小区，户口待定。

第一款人：包括两种情况，一是常住户口在本乡、镇、街道，居住在本调查小区的人；二是常住户口在本乡、镇、街道，但是人离开本乡、镇、街道不满半年的人（包括调查时临时出国考察、学习和旅游等情况不满半年的人)。

常住户口在本户、外出(离开本乡、镇、街道)已超过半年的人,不属于本调查小区的调查对象。

第二款人:是指调查时已在本调查小区常住时间半年以上,但常住户口在其他乡、镇、街道的人。

第三款人:是指调查时在本调查小区常住时间虽然不满半年,常住户口在其他乡、镇、街道,但已离开常住户口登记地半年以上的人。

第四款人:是指调查时居住在本调查小区,在任何地方都没有登记常住户口的人(包括手持户口迁移证、退伍证、出生证、劳改释放证等尚未办理常住户口登记手续的人)。填报此款人的直接跳问 R8。

本次调查对以下情况作了特殊规定:

1.高中及高中以下在校住宿的学生,凡是经常回家的(例如周六、日回家),本次调查规定按调查对象第一款人进行登记。

2.婚嫁、搬迁到本调查小区的人或户,即使来本调查小区居住不满半年而户口在外乡、镇、街道,但因其具有长期居住的意义,本次调查规定按调查对象第一款人进行登记。

3.凡是户口在集体户、人在家庭户居住的人,本次调查规定按调查对象第一款人在被调查户进行登记。

R7.户口性质:指被调查人的常住户口性质,按户口簿上常住户口性质据实圈填。取消了农业户口和非农业户口的地区,按照取消前的户口性质圈填。农民进城已办理了小城镇户口的,也圈填“2.非农业”;在“R6.户口登记状况”中填报为“4.住本调查小区,户口待定”的人不填报本栏。

R8、R9 两栏限 6 岁及以上的人填报。

R8.是否识字:指被调查人是否达到国务院规定的脱盲标准(城市居民和乡、镇企业职工识字 2000 个,乡村居民识字 1500 个)。调查登记时可询问是否具有阅读通俗书报刊或写便条、简单书信的能力。凡具有简单读写能力的人,圈填“1.是”,没有达到脱盲标准的人,则圈填“2.否”。圈填“2.否”的人,不再填报“R9.受教育程度”,跳问“R10、婚姻状况”。

R9.受教育程度:指本人接受国内外教育的最高学历。通过自学或成人学历教育经国家统一考试合格的,可分别归入相应的受教育程度。

1.未上过学。指被调查人识字,但从未接受过国家或其他办学机构实施的各级各类学校教育。参加过各种扫盲班或成人识字班的人,也圈填此项。

2.小学。指接受的最高一级教育为小学,无论其是在校、毕业、肄业或辍学均圈填此项。只读过私塾的也填报此项。

3.初中。指接受的最高一级教育为初中,无论其是在校、毕业、肄业或辍学均圈填此项。技工学校相当于初中的也圈填此项。

4.高中。指接受的最高一级教育为普通高中、职业高中,无论其是在校、毕业、肄业或辍学均圈填此项。

5.中专。指接受的最高一级教育为中等专业学校,无论其是在校、毕业、肄业或辍学均圈填此项。

6.大学专科。指接受的最高一级教育为大学专科。在普通高等学校学习大学专科的,无论其在校、毕业、肄业或辍学均圈填此项。

凡在国家授权承认学历的广播电视大学、职工大学、高等院校举办的函授大学、夜大学和其他形式的大学,按教育部颁布的大学专科教学大纲进行授课的,其毕业生圈填此项;其肄业生、在校生按原有受教育程度圈填。

通过自学,经国家统一举办的考试,并取得大学专科毕业证书的,也圈填此项标准答案。

7.大学本科。指接受的最高一级教育为大学本科。在普通高等学校学习大学本科的,无论其是在校、毕业、肄业或辍学均圈填此项。

凡在国家授权承认学历的广播电视大学、职工大学、高等院校举办的函授大学、夜大学和其他形式的大学,按教育部颁布的大学本科教学大纲进行授课的,其毕业生圈填此项;其肄业生、在校生按原有受教育程度圈填。

通过自学和进修大学课程，经国家统一举办的考试，并取得大学本科毕业证书的，也圈填此项标准答案。

8.研究生。指接受的最高一级教育为硕士、博士研究生，无论其是在校、毕业、肄业或辍学均圈填此项。

在职接受研究生教育的，其毕业生圈填此项，肄业生和在校生按原有受教育程度圈填。

凡是没有按教育部的教学大纲培训或只学单科的人，不能圈填“大学专科”、“大学本科”或“研究生”，一律按照原有受教育程度圈填。

R10-R14 栏限 15 岁及以上的人填报。

R10.婚姻状况：指被调查人在调查标准时间的实际婚姻状况。

1.未婚。指从未结过婚的人。

2.初婚有配偶。指本人有配偶，且属于第一次婚姻的人。对于没有办理结婚登记而未婚同居的人，按其申报的圈填。

3.再婚有配偶。指本人有配偶，但属于第二次及以上婚姻的人。

4.离婚。指夫妻间已办理了离婚手续，并在调查标准时间仍未再结婚的人。未办理离婚手续，而长期分居，不圈填此项，而应圈填“2.初婚有配偶”或“3.再婚有配偶”。

5.丧偶。指夫妇一方丧亡，在调查标准时间时还没有再结婚的人。

R11.当前是否有工作：指被调查人在调查标准时间前一周（即 2006 年 3 月 25—31 日），是否从事过不少于一小时有收入的社会劳动。工作时间不足一小时的，应视为无工作。填报无工作的则不再询问职业栏目，直接跳填“R13.当前未工作状况”。

有收入是指在该周内曾经得到或能够得到工资或家庭收益等，包括现金和实物收入。农民在承包的土地上劳动应视为有收入的工作；家庭成员在自家经营的商店、门市部、工厂劳动，既使没有任何收入，也应视同为有收入工作。

在职休假、培训学习、临时停工和季节性歇业而未工作，也视为当前有工作，包括如因生病或受伤而短期休息、休假和休养的人；脱产学习的人；由于天气原因、季节或电力故障、原料或燃料短缺等原因临时停工的人；从事季节性工作，正值歇业的人等。

R12.职业：指本人所从事的社会劳动工作种类。要求必须填写工作单位全称和所做的具体工作。

填写职业要注意以下几点：

1.填写职业要具体、详细。既要填写工作单位全称，也要填写具体做什么工作。例如“北京重型机床厂钳工”、“北京市公交总公司司机”等，不能笼统地填写“工人”；机关工作人员不能笼统填写“干部”，应填写其工作单位全称和职业，例如“北京市统计局主任科员”、“中国科学院工程师”等；农民不能笼统地填写“农民”或“种地”，而应具体填写为“粮农”、“菜农”或者“养鸡”等。

2.具有中级以上技术职称的行政领导人员，应按行政领导职务填写其职业；同时担任党和行政职务的领导干部，应按主要职务填写职业。

3.工种尚未确定，暂时又无具体工作的，可填“工种未定”。

4.农村就业人口中，凡在乡镇或村办企业中有比较固定的工作，既使在调查标准时间前一周干的是农活，仍要填报其比较固定的职业。

5.调查标准时间前一周内同时从事一种以上工作的，按所从事时间最长的工作种类填写；不能确定时间长短的，按其经济收入较多的工作填写。

6.没有固定性工作的个体经营者，进城务工经商和农闲时进行其他经济活动的人，企业停工停产自某出路从事一些临时性工作的职工，填写调查标准时间前一周主要从事的具体工作。

脱产进入学校学习者，不填职业栏，而应填写“R13.当前未工作状况”栏。

R13.当前未工作状况：此栏限十五岁及十五岁以上当前没有工作的人填写。

1.在校学生。指正在接受各级各类学校教育并有学籍的人。

2.离退休。指已办理离休、退休手续，依靠领取离退休金生活的人。离休、退休后又参加社会劳动并取得报酬的人，应视为有工作，不应圈填此项。

3.料理家务。主要从事家务劳动，且没有劳动收入的人圈填。离退休人员参加部分家务劳动的则不填此栏。农村中既料理家务又务农或从事家庭副业的人，应按在业人口填写职业，不应圈填此栏。

4.丧失劳动能力。指因心理、生理残疾和疾病等原因，在现有劳动条件下丧失了从事劳动的能力、不能参加社会劳动的人。也包括年老体弱生活不能自理的人员。但不包括领取退休金的人员。

5.毕业后未工作。指从学校毕业后从未工作过的人。

6.因单位原因失去原工作。指用人单位或雇主提出与劳动者本人中断劳动关系而失去原工作的人。包括：被原单位辞退、除名、开除的人；劳动合同到期后单位不同意续签劳动合同的人；因单位破产而失去工作的人；未办理正式退休手续的“内退”人员；仍与原工作单位保留劳动关系的下岗人员。

7.因本人原因失去原工作。指本人因各种原因提出与单位中断劳动关系而离开原工作岗位的人。包括辞职的人和劳动合同到期后本人不同意与单位继续签订劳动合同的人。

8.承包土地被征用。指本人承包或转包、租用集体或他人的土地，被有关部门和单位依据土地征用制度的规定征作公益性用地而失去工作。受雇在别人承包的土地上工作，因该土地被征用而失去工作的人，不圈此项，而应圈填“6、因单位原因失去原工作”。

9.其他。除以上八种人之外的未工作人口，圈填为“其他”。

R14.未工作者主要生活来源：根据被调查人情况据实圈填。如果同时有多项生活费来源，则选择其中最主要一项标准答案圈填。

1.离退休金。指办理了离休、退休手续的人，从原工作单位或社会保险部门领取的离退休生活费。

2.领取基本生活费。为了保证基本生活水平而领取的生活费。包括：企业下岗、内退职工领取的基本生活费，失业救济金；民政部门发放给烈军属的生活抚恤金，发给五保户和残疾人的生活补助费，以及发给城镇低收入户的最低生活保障金等。

3.家庭其他成员供养。指被调查人依靠家庭其他成员的经济收入生活。单独生活、由本家庭户外的其他亲属供养的也圈填此项。

4.财产性收入。指以资金储蓄、借贷入股以及财产经营、租赁等所取得的利息、股息、红利、租金等财产性收入生活。

5.保险收入。指主要靠从保险公司领取保险金生活。

6.其他。除以上几种情况之外的其他生活费来源。

R15.定性结果：此栏待医生对残疾人检查定性以后再由调查员填写。如果是残疾人，属于哪类残疾，就圈填哪类残疾；如果被调查人具有多种残疾现象，就圈填“7、多重残疾”；没有残疾的人不填报此栏。

（二）按户填报的栏目

按户填报的栏目共有 9 个。其中 H1 为本户编号，根据调查底册的序号填写；H2 和 H3 应与本户人记录中的有关栏目合计数相符；H4—H9 栏与人记录栏目无关，是以户为单位填报的项目。

H1.本户编号：按《调查底册》序号填写“H1 本户编号”。

在登记时，如果发现《调查底册》中某户为空户，则将本小区的最后一户前移，使用该户的“本户编号”；如果某户中实际居住着两户，其中一户使用原来的“本户编号”，另一户的“本户编号”续在本调查小区所有户编号的最后，按顺序编写户编号；居住三户或以上的，依次类推（上述户编号的改动须经调查队负责调查的副队长核定后进行，防止错乱）。

H2.本户登记人数：在本户调查登记的人数,应与人记录的合计人数一致。

H3.本户残疾人数：根据人记录的“R15.属于何种残疾”的定性结果，分男、女性别的残疾人数填写。

H4.本户住房　建筑面积：本户住房的建筑面积按住房的外墙计算。

1.知道建筑面积的可直接填报；不知道住房建筑面积，只知道使用面积的，则可使用公式换算：

建筑面积＝使用面积（包括扩建的使用面积）÷0.7

2.住旅馆或租借房屋的常住户，一律按现住房的实际情况填写其住房面积。

3.居住在工作场所的户，住房面积应该填写其居住房间的建筑面积。

4.合住在同一所住房里的住户，其建筑面积为各户所独立使用的房间面积加上公共使用面积（包括厨房、厕所、门厅、阳台等）的一部分；两户合用的面积，各按二分之一计算，三户合用的面积，各按三分之一计算；以此类推。

5.属于本小区调查对象，但居无定所的常住户（如进城的流动人口）睡在桥下、公园和车站等地方的人，其住房面积填“0”平方米。

H5.本户住房建筑结构：指本户住房建筑的结构（指承重结构，如承重墙、梁、柱等）所用的建筑材料。本栏目设有五个标准答案。

1.钢筋混凝土：指承重的主要构件是用钢筋混凝土建造的住房。包括薄壳结构、大模板现浇结构及使用滑模、升板等建造的钢筋混凝土结构的房屋。

2.混合结构：指承重的主要构件是用钢筋混凝土和砖、木建造的房屋。如一幢房屋的梁是用钢筋混凝土制成，以砖墙为承重墙，或者梁使用木材建造，柱是使用钢筋混凝土。

3.砖木结构：是指承重的主要构件是砖和木材。如一幢房屋是木制房架、砖墙、木柱建造的。

4.木、竹、草结构：指房屋的主要建筑材料为木、竹、草。如一幢房屋是木（竹）制房架、草顶。

5.其他：不属于上述结构类型的房屋都归此类。如砖拱结构、窑洞、蒙古包等。

H6.本户住房来源：指本户获取住房的途径，包括拥有全部产权或部分产权。本栏目设有四个标准答案，可根据住房的拥有情况，据实圈填。

1.自有：指本户住房的产权属于本户私人所有。既包括城镇和农村中私人自建的房屋，也包括私人从单位或房地产开发单位购买的房屋，还包括继承的私有遗产房等情况。

2.租赁：指本户住房属于交纳房租费后获有使用权。既包括由单位作为福利分配给本单位职工、产权归单位所有、个人交纳少量房租费的住房，也包括从市场上租用的房屋。

3.借用：指不用交房租费，临时借住单位或亲朋好友的房屋。

4.其他：指不属于以上几种房屋产权性质的住房，圈填此项。

H7.上年度本户全部收入：指被调查户2005年度全部经济收入，包括工薪收入、经营性净收入、财产性收入、转移性收入（如保险、奖金、抚恤金、资助、出租房收入等）。农村的全部收入包括各种农作物、养殖等实物收获，并要将实物折算成人民币，根据全户所有人的合计收入是多少就填报多少。但是，家中雇佣保姆和非亲属的经济收入不包括在内。

对亲属供养情况收入的计算，如果供养人与被供养人在同一户居住，供养费不计入总收入；如果不在同一户，供养费应计入被供养人所在户的总收入中。

H8.本户拥有的主要家电：本栏属于多选栏目，共列出五种家庭常用的主要电器名称。可根据被调查户拥有（指拥有所有权或使用权）并能使用的家用电器分别圈填。彩色电视机，不包括黑白电视机；电冰箱包括单门、双门和多门的；洗衣机包括全自动和半自动（含双缸和单缸的）；电话包括有线电话和无线电话（手机）；电脑指电子计算机。

H9.本户月均生活用电量：根据本户的月平均用电量填报。如果只知道用电费用，可根据当地每度电价换算成用电度数。

附录 6

经国务院批准进行第二次全国残疾人抽样调
调查登记的标准时间：2006 年 4 月 1 日 0 时
调查登记的原始资料不向任何单位和个人提
公民应履行如实申报调查项目的义务

表　　号：残调 2 表
制表机关：第二次全国残疾人抽样调查办公室
批准机关：国家统计局
批准文号：国统函【2005】227 号
有效期截止时间：2006 年 6 月 30 日

H1.本户编号	R1.本人行号
________号	______号

本户地‹调查小区

残疾人

C1.残疾类别	C2.残疾等级	C3.残疾发现时间	
1. 视力残疾	1. 一级 2. 二级 3. 三级 4. 四级	________年	01. 遗传 02. 白内 03. 青光 04. 沙眼
2. 听力残疾	1. 一级 2. 二级 3. 三级 4. 四级	________年	01. 遗传 02. 母孕 03. 传染 04. 自身 05. 全身
3. 言语残疾	1. 一级 2. 二级 3. 三级 4. 四级	________年	01. 唐氏 02. 脑性 03. 新生 04. 早产 05. 腭裂 06. 智力 07. 脑梗
4. 肢体残疾	1. 一级 2. 二级 3. 三级 4. 四级	________年	01. 脑性 02. 发育 03. 侏儒 04. 其他 05. 脊髓 06. 脑血 07. 周围
5. 智力残疾	1. 一级 2. 二级 3. 三级 4. 四级	________年	01. 遗传 02. 脑疾 03. 内分 04. 惊厥 05. 新生 06. 早产、
6. 精神残疾	1. 一级 2. 二级 3. 三级 4. 四级	________年	01. 痴呆 02. 其他 03. 使用 04. 精神 05. 妄想

18 岁以上填报）

与人相处	生活活动	社会参与
碍/无适用 障碍 障碍 障碍 度障碍/ 完成	1. 无障碍/无适用 2. 轻度障碍 3. 中度障碍 4. 重度障碍 5. 极重度障碍/不能完成	1. 无障碍/无适用 2. 轻度障碍 3. 中度障碍 4. 重度障碍 5. 极重度障碍/不能完成

T5.社会保障情况

参加社会保险情况（16 岁以上填报）：	是否领取低保金：	是否领取过救济：
1. 养老保险 2. 医疗保险 3. 工伤保险 4. 失业保险 5. 未参加	1. 是 2. 否	1. 是 2. 否

T7.本人主要需求
（填报最主要三项）

务与救助
具
练与服务
用补助或减免（6 岁以上填报）
育与培训（12 岁以上填报）
置或扶持（16 岁以上填报）
疾人救助与扶持
助与服务
设施
障碍
务
务

医生（签字）：____________ ________月____日　　　　装订页码第____页

附录 7

第二次全国残疾人抽样调查《残疾人调查表》填写说明

一、填写注意事项

（一）《残疾人调查表》由医生填写，填表人员要严格按照规定填写，保证本表的工整与清洁。

（二）本表要求使用铅笔填写，字迹要端正清楚，不得潦草模糊。不得用同音异体字；简化字必须按国家公布的《简化字总表》书写；阿拉伯数字必须按“0 1 2 3 4 5 6 7 8 9”的正体书写，不得用自由体。

（三）填表人员根据评定结果填写表中相关项目，不能遗漏。

（四）填表人员要对被调查的残疾人及家庭申报的情况严格保密，不得对外提供。

二、填写顺序

依据诊断情况完成《残疾评定记录表》的填报后，再开始填报《残疾人调查表》，填写要逐项进行，不得漏填或重复。填写顺序如下：

第一步：《残疾人调查表》的上沿部分“本户编号”、“本人行号”、“本户住址”和“残疾人姓名”、“性别”、“年龄”、“户主姓名”等项均对照《残疾评定记录表》的上沿内容。

第二步：本表中“C1.残疾类别”、“C2.残疾等级”、“C3.残疾发现时间”和“C4.致残主要原因”等按诊断残疾的实际情况填写。

第三步：遇到两种或两种以上残疾人，即多重残疾则复选填报。

第四步：“T1.残疾人活动和参与评定”、“T2.康复建议”、“T3.是否持有残疾人证”、“T4.接受教育情况”、“T5.社会保障情况”、“T6.曾接受何种服务或辅助”及“T7.本人主要需求”等逐项询问判断填写，遇多重残疾由最后诊断确诊某种残疾的医生填写。

第五步：本表下沿部分，完成逐项填写后，“本户包括住户调查表”、“医生”、“申报人”及“填报日期”均按《残疾评定记录表》的下沿内容填写完整。

另外，本表每个项目下面的方格为编码格，填写人员不得填写，由专业编码人员处理。

三、填写说明

C1.残疾类别

分为视力残疾、听力残疾、言语残疾、肢体残疾、智力残疾和精神残疾等六类。填表时在诊断确定为残疾后，请在残疾类别的左面编号上圈填，如多重残疾，则复选。例如，诊断为“视力残疾”，应圈填为 ①. 视力残疾。

C2.残疾等级

各类残疾均分为四个等级。填表时，请在相应的残疾等级编号上圈填。例如：诊断为听力三级，应圈填为 ③. 三级。

C3.残疾发现时间

残疾发生时间是指发现残疾或出现残疾的年份，如“1999 年”。针对 0～6 岁的儿童来说，是指发现残疾的时间；而针对其他人则为出现残疾的时间。填表时，请将残疾发现时间填在年前面的横线上。

C4.致残主要原因（选择主要致残原因不超过两项）

致残主要原因是指导致主要致残的原因，选择主要致残原因不超过两项。填表时请在相应项目前的编号上圈填。如填表人的致残原因在表中没有列出，请在“其他”前的编号上圈填。按照不同类别分为以下几类：

视力残疾

01.遗传、先天异常或发育障碍	05.角膜病	09.弱视
02.白内障	06.视神经病变	10.外伤
03.青光眼	07.视网膜、色素膜病变	11.中毒
04.沙眼	08.屈光不正	12.其他
		13.原因不明

听力残疾

01.遗传	06.中耳炎	11.药物中毒
02.母孕期病毒感染	07.老年性耳聋	12.创伤或意外伤害
03.传染性疾病	08.早产和低体重	13.噪声和爆震
04.自身免疫缺陷性疾病	09. 新生儿窒息	14.其他
05.全身性疾病	10. 高胆红素血症	15.原因不明

言语残疾

01.唐氏综合征	08.脑出血	15.脊髓侧索硬化
02.脑性瘫痪	09.脑炎	16.脑外伤
03.新生儿病理性黄疸	10.脑囊虫病	17.产伤
04.早产、低体重和过期产	11.喉、舌疾病术后	18.孤独症
05.腭裂	12.听力障碍	19.癫痫
06.智力低下	13.帕金森氏病	20.CO 中毒
07.脑梗死	14.多发性硬化	21.其他
		22.原因不明

肢体残疾

01.脑性瘫痪	08.肿瘤	15.脑外伤
02.发育畸形	09.骨关节病	16.其他外伤
03.侏儒症	10.地方病	17.结核性感染
04.其他先天性或发育性障碍	11.脊髓疾病	18.化脓性感染
05.脊髓灰质炎	12.工伤	19.中毒
06.脑血管疾病	13.交通事故	20.其他
07.周围血管疾病	14.脊髓损伤	21.原因不明

智力残疾

01.遗传	07.发育畸形	13.其他外伤
02.脑疾病	08.营养不良	14.中毒与过敏反应
03.内分泌障碍	09.母孕期外伤及物理伤害	15.不良社会文化因素
04.惊厥性疾病	10.产伤	16.其他
05.新生儿窒息	11.工伤	17.原因不明
06.早产、低体重和过期产	12.交通事故	

精神残疾

01.痴呆	06.分裂情感性障碍	11.人格障碍
02.其它器质性精神障碍	07.其它精神病性障碍	12.孤独症
03.使用精神活性物质所致的障碍	08.心境障碍	13.癫痫
04.精神分裂症	09.神经症性障碍	14.其他
05.妄想性障碍	10.行为综合征	15.原因不明

T1.残疾人活动和参与评定（18 岁以上填报）

T1.残疾人活动和参与评定（18 岁以上填报）					
理解和交流	身体移动	生活自理	与人相处	生活活动	社会参与
1.无障碍/无适用 2.轻度障碍 3.中度障碍 4.重度障碍 5.极重度障碍/不能完成	1.无障碍/无适用 2.轻度障碍 3.中度障碍 4.重度障碍 5.极重度障碍/不能完成	1.无障碍/无适用 2.轻度障碍 3.中度障碍 4.重度障碍 5.极重度障碍/不能完成	1.无障碍/无适用 2.轻度障碍 3.中度障碍 4.重度障碍 5.极重度障碍/不能完成	1.无障碍/无适用 2.轻度障碍 3.中度障碍 4.重度障碍 5.极重度障碍/不能完成	1.无障碍/无适用 2.轻度障碍 3.中度障碍 4.重度障碍 5.极重度障碍/不能完成

活动是由个体执行一项任务或行动，它代表了功能的个体方面。当个体在进行活动时可能遇到的困难，即是活动受限制，它根据完成活动时的质和量从轻微到严重偏差的变化范围。

参与是指投入到一种生活情景中，它代表了功能的社会方面，是衡量残疾程度的重要指标。

分六大类:理解和交流、身体移动、生活自理、与人相处、生活活动和社会参与。其中各类均有五种程度：无障碍、轻度障碍、中度障碍、重度障碍、极重度障碍。填表时请依据《残疾评定记录表》结果在相应项目前的数值上圈填。

T2.今后康复建议

康复形式：即残疾人实现康复的基本途径，包括以下三种：机构康复，延伸服务（上门服务），社区、家庭康复。

1.机构康复：指在康复中心、综合医院设置的康复科室等机构中，以门诊和住院的形式提供的康复服务途径。

2.延伸服务（上门服务）：延伸服务是指由康复机构派专业人员到实地，为康复对象提供专业性康复服务的途径。

3.社区和家庭康复：社区、家庭康复是指在社区和家庭为残疾人采取的康复措施，这些措施是利用和依靠社区和家庭的人力资源而进行的，包括依靠残疾人及其家庭成员和社会。

康复内容

指实现残疾人康复的方法或手段，包括：医疗服务、辅助器具、康复训练与服务等。

康复形式仅能选择其中一项圈填。选择康复形式后，康复内容至少选择一项圈填。填表时请在相应项目前的编号上圈填。

T3.是否持有残疾人证

指被调查人是否持有当地残联核发的残疾人证。填表时请在相应项目前的编号上圈填。

T4.接受义务教育情况(在校生填报)

1.普通教育学校普通班：指在普通义务教育学校随班就读。

2.普通教育学校特教班：指在普通义务教育学校专门为视力、听力言语、智力残疾和多重残疾人开办的特殊教育班中接受教育。

3.特殊教育学校：指在专门为视力、听力言语、智力残疾和多重残疾人开办的提供义务教育的学校。

4.其他：指通过社区服务、送教上门等多种形式接受教育。

填表时请在相应项目前的编号上圈填。

T5.社会保障情况

指被调查人是否纳入了社会保险、当地居民最低生活保障或集中供养、五保供养、临时救济、定期补助、残联系统专项补助等社会保障范围。

1.参加社会保险情况：指调查时被调查人是否参加了养老、医疗、工伤、失业等社会保险。此栏至少填写一项。

2.是否领取低保金：指调查时被调查人是否被纳入当地居民最低生活保障范围领取最低生活保障金。

3.是否领取过救济：指被调查人在调查标准时间前一年（即2005年4月1日至2006年4月1日）内是否享受当地民政、残联等部门所给予的集中供养、五保供养、临时救济、定期补助、残联系统专项补助等。

填表时请在相应项目前的编号上圈填。

T6.曾接受过何种服务或扶助(填报最主要三项)

指被调查人曾经接受过的当地残联、民政或其他部门、组织提供的康复、教育、就业、生活等方面的服务或扶助。选最主要的三项圈填。填表时请在相应项目前的编号上圈填。

01.医疗服务与救助：医疗服务指通过医院或专门医疗机构采用手术或其他诊断形式帮助残疾人恢复或补偿功能，提高生活自理和社会适应能力等。

医疗救助：指政府和社会对因病而无经济能力进行治疗的贫困残疾人实施专项医疗帮助和支持的行为。在农村开展新型农村合作医疗的地区，资助残疾人缴纳个人应负担的全部或部分资金，参加当地合作医疗，享受合作医疗待遇；因患大病经合作医疗补助后个人负担医疗费用过高的，再给予补助；尚未开展新型农村合作医疗的地区，对因患病难以负担费用的残疾人，给予适当医疗救助；对患国家所规定的特种传染病的残疾人，其救治费用按有关规定给予补助。在城市，通过发动社会力量资助、城市医疗救助基金给予适当补助、医疗机构自愿减免有关费用等多种形式对患病而无力承担治疗费用的贫困残疾人给予医疗救助。

02.辅助器具：（在我国习惯称为残疾人用品用具），是指供残疾人个人使用的能够补偿、减轻或替代因残疾造成的身体功能缺失或障碍的产品和器械。

用于肢体残疾人的辅助器具有：假肢、轮椅、手摇轮椅车、电动动轮、机动轮椅车、助行架、腋杖、肘杖、多脚手杖、单脚手杖、握笔器、取物器、穿衣辅助、用餐辅助、刷牙辅助、梳头辅具等；用于听力残疾人的辅助器具有：助听器、语言训练器、骨导电话、闪光门铃等；用于视力残疾人的辅助器具有：助视器、电子语音报时器、盲文写字板、盲文打字机、盲文阅读器、盲杖等。

03.康复训练与服务：指残联、卫生或其他部门为残疾人及其亲友提供的包括肢残人功能、智残人能力、盲人行走导向、聋儿听力语言、助视器配用、精神病防治康复等多方面的培训、训练指导、康复护理、心理疏导、残疾预防知识普及、健康教育、科学与安全意识宣传及相关的咨询转介等多种康复训练与服务。

04.教育费用补助或减免(6岁以上填报)：指政府、教育部门、残联系统或其他部门，组织减免残疾人或其子女就学的费用或提供的补助金。

05.职业教育与培训(12 岁以上填报)：残疾人或其子女在各级各类职业学校或培训机构中接受学历教育（包括初等、中等和高等职业教育）或短期的职业培训。

06.就业安置与扶持(16岁以上填报)：指残疾人就业服务机构或其他社会机构提供的职业指导、就业安置或扶持扶助等服务。

07.贫困残疾人救助与扶持：

救助是指纳入当地居民最低生活保障或享受集中供养、五保供养、临时救济、定期补助、残联系统专项补助等。

扶持是指各级政府扶贫办、妇联、共青团、残联及社会团体等有关部门或信用社、扶贫社等开展的帮助贫困残疾人筹措资金、落实优惠政策、选项目、学技术等多种形式的带动贫困残疾人脱贫活动，包括扶贫经济实体、扶贫基地辐射带动到户；党员、干部、助残志愿者结对包户帮带活动；残疾人联合会利用康复扶贫贷款开展残疾人专项扶贫活动等。

08.法律援助与服务：指各级政府法律援助机构、各级司法行政部门、各级残疾人维权机构、公证机构和基层法律服务机构、律师、民间法律援助组织、法律专业网站和志愿者等为残疾人提供的免费法律服务、贫困残疾人诉讼费或其他费用减免缓、法律咨询、转介服务和法律帮助等。

09.无障碍设施：指为保障残疾人、老年人、伤病人、儿童和其他社会成员的通行安全和使用便利，在道路、公共建筑、居住建筑和居住区等建设工程中配套建设的服务设施。

10.信息无障碍：指公共传媒应使残疾人能够无障碍地获得信息，进行交流，如影视作品、电视节目的字幕和解说，电视手语，盲人有声读物，针对不同障碍的残疾人开发适合不同需要的通信技术和产品等。

11.生活服务：指社区组织、志愿者等为残疾人提供的不定期的日常生活服务，如日常家务的协助、代办等。

12.文化服务：指各级政府文化行政部门、各文化机构、基层组织、社会团体、志愿者等为残疾人提供或组织的旨在解决残疾人精神文化需求、提高残疾人素质的各项文化艺术活动及相应服务。如送书上门，爱心赠书，盲文及有声读物的借阅，参与社会文化活动时享受的便利、优惠服务等。

13.其他：除以上十四种之外的服务或扶助，圈填为“其他”。

14.未曾接受过何种服务或扶助。

T7.本人主要需求

指被调查人需要的康复、教育、就业、生活等方面的服务或扶助，选最主要的三项圈填。指标解释参见T6。填表时请在相应项目前的编号上圈填。

附录 8

第二次全国残疾人抽样调查社区（村、居委会）调查表

表　　号：残调 3 表
制表机关：第二次全国残疾人抽样调查办公室
批准机关：国家统计局
批准文号：国统函【2005】227 号
有效期截止时间：2006 年 6 月 30 日

地　址：＿＿＿＿＿省（自治区.直辖市）＿＿＿＿＿县（市.区）＿＿＿＿＿乡（镇.街道）＿＿＿＿＿社区（村、居委会）

地址码：□□　□□　□□　□

一、类别	二、总户数	三、总人口数	残疾人情况				残疾人组织情况		十、社区内无障碍设施
			四、残疾人数	五、持证残疾人数	六、享受定期救助人数	七、享受临时救助人数	八、残疾人协会（小组）	九、残疾人专职委员	
1. 社区（居委会） 2.村委会 □	＿＿＿户 □□□□□	＿＿＿人 □□□□□	＿＿＿人 □□□	＿＿＿人 □□□	＿＿＿人 □□□	＿＿＿人 □□□	1.有 2.无 □	1.有 2.无 □	1.有 2.无 □

十一、康复站	十二、社区康复协调员	各项公共服务机构覆盖情况（距本社区、村委会公里数）				十七、上年度本村人均收入
		十三、法律服务所（司法所）	十四、特教学校（班）	十五、文化活动站（室）	十六、卫生室（所、站）	
1.有 2.无 □	1.有 2.无 □	＿＿＿公里 □□	＿＿＿公里 □□	＿＿＿公里 □□	＿＿＿公里 □□	＿＿＿元 □□□□□

填表人（签字）：＿＿＿＿＿　　　　填报时间：＿＿＿＿年＿＿＿月＿＿＿日

附录 9

第二次全国残疾人抽样调查《社区（村、居委会）调查表》填写说明

《第二次全国残疾人抽样调查社区（村、居委会）调查表》(简称《社区调查表》)，是为了获取调查小区所在社区的有关基础数据而制定的。数据可以反映残疾人生活的环境与条件，是本次调查数据的重要组成部分。

本表的填写要求：

一、本表以被抽中调查小区所在的社区（居委会）或村委会为单位，由陪调组组长负责收集资料，并在调查队长的指导下填报。

二、表中第十栏只由社区（居委会）填报，第十七栏只由村委会填报，其余项目栏社区（居委会）和村委会都填报。

三、指标解释：

1.“总户数”、“总人口数”，为 2005 年末社区（村、居委会）所辖范围内的常住人口统计数（如果确实没有常住人口数据，才能使用其他人口数据填报）。

2.“残疾人数”，为社区和村委会掌握的残疾人数（包括持证残疾人和无证的残疾人）。

3.“持证残疾人数”，指社区和村委会掌握的持有残联系统发放的残疾证的人数。

4.“享受定期救助人数”，指上一年度民政、残联等部门给予的居民最低生活保障、集中供养、五保供养等定期性救助人数。

5.“享受临时救助人数”，指上一年度民政、残联等部门给予的临时性费用减免、临时救济等形式的救助人数。

6.“社区内无障碍设施”，是本社区范围内是否设有坡道、盲道等无障碍设施。

7.“残疾人康复站”，指社区（村、居委会）依托社区服务中心学校、幼儿园、福利企业事业单位、工疗站、残疾人活动场所的等现有机构和设施，建立的满足残疾人全面康复需求的社区康复站。

8.“社区康复协调员”　指社区（村、居委会）配备的专（兼）职人员，可会同社区卫生服务机构调查康复需求，建立康复服务档案，向残疾人提供康复服务信息和转介服务，协调组织社区内有关机构、人员为残疾人提供康复服务和相应支持。

9.“卫生室（所、站)”，在农村指卫生室（所、站），在城市指社区卫生服务中心（站）。

四、“十三”至“十六”栏是指本社区（村、居委会）距最近的、可使用或能提供服务的各项公共服务机构的公里数。凡是本社区（村、居委会）范围内有的，填写“0”公里；若周围没有或不知道，则填写“无”。

附录 10

浙江省第二次全国残疾人抽样调查抽样实施方案

一、全省情况

近几年来，浙江省行政区划变动较大。全省残疾人抽样调查的样本设计方案和抽取的样本，以 2004 年的行政区划和 2004 年的人口统计数为抽样框。

按 2004 年的行政区划，全省有 11 个地级市，其下有 32 个市辖区、22 个县级市、36 个县(其中包括 1 个自治县)，共有 90 个县级单位。

据 2004 年公安人口数据，全省人口为 4577.22 万人，其中市辖区的人口为 1428.46 万人，县级市的人口为 1641.27 万人，县的人口为 1507.47 万人。全省人口中，非农人口为 1224.39 万人，占总人口的 26.87%；农业人口为 3332.83 万人，占总人口的 73.13%。

二、全省的样本量和抽取的单位数

按照全国残疾人抽样调查领导小组的分配结果，全省样本量为 8 万人左右，抽样比例为 1.76‰。按照样本设计，全省抽取 25 个县级单位，占全省抽样框 90 个单位的 27.78%。

二级以下样本的抽取采用 4 × 2 × 1 的模式，即在每个被抽中县级单位（县、市、市辖区）中抽取 4 个乡级单位（乡、镇、街道）；在被抽中乡级单位中抽取 2 个村级单位（村民委员会或居民委员会）；在每个抽中村级单位中根据人口规模，按 400 人左右划分调查小区，随机抽选 1 个调查小区。

按照以上模式全省共抽选 100 个乡级单位，200 个村级单位，200 个调查小区，样本人数为 8 万人左右。

三、分层情况

（一）分层要求

1、分层的原则：对第一级样本的县级单位进行分层。分层的原则应尽可能使层内各单位之间调查指标的差异小，各层间调查指标的差异大，以便降低总体的抽样误差。

2、分层的标志：根据分层的原则以及浙江省各地的具体情况，对县级单位采用二次分层方法分层。第一次按城乡分层，将地级以上城市的区和县级市归为一层，称为“城市层”；县归为一层，称为“县层”。第二次分层根据人口数与经济总量的集聚分布情况分层。

3、各层样本人数的确定：每层调查的样本人数，均按该层人口数占全省总人口的比例分配。

（二）分层结果

为了使样本有较好的代表性，将全省抽样框内的 90 个单位分为 9 层：

1、城市层：细分为“城市 1 层”、“城市 2 层”、“城市 3 层”、“城市 4 层” 和 “城市 5 层”。

城市 1 层：指人口数<=43 万人且 GDP<=150 亿元的县级市、区，本层共 9 个县级单位，总人口 3211128 人，包括路桥区、柯城区、衢江区、莲都区、定海区、秀洲区、普陀区、金东区、龙泉市等。

城市 2 层：指人口数>43 万且<=100 万，并且 GDP<=150 的县级市、区，本层共 15 个县级单位，总人口 8507644 人，包括东阳市、嵊州市、兰溪市、婺城区、吴兴区、江山市、黄岩区、永康市、临安市、建德市、南浔区、平湖市、奉化市、椒江区、秀城区等。

城市 3 层：指人口数<=43 万人且 GDP>150 亿元的县级市、区，本层共 12 个县级单位，总人口 3544308 人，包括江干区、瓯海区、下城区、北仑区、上城区、龙湾区、拱墅区、海曙区、江东区、江北区、镇海区、滨江区等。

城市 4 层：指人口数>43 万且<=100 万，并且 GDP>150 的县级市、区，本层共 11 个县级单位，总人口 7647645 人，包括余姚市、余杭区、上虞市、鄞州区、义乌市、鹿城区、桐乡市、越城区、海宁市、富阳市、西湖区等。

城市 5 层：指人口数>100 万人的县级市、区，本层共 7 个县级单位，总人口 7786533 人，包括萧山区、乐清市、温岭市、瑞安市、临海市、诸暨市、慈溪市等。

2、县层：细分为“县层 1”、“县层 2”、“县层 3”和“县层 4”。

县层 1：指人口数<=30 万人的县，本层共 9 个县级单位，总人口 1551954 人，包括松阳县、遂昌县、磐安县、庆元县、岱山县、景宁畲族自治县、洞头县、云和县、嵊泗县等。

县层 2：指人口数>30 万且<=70 万，并且 GDP<=50 的县，本层共 13 个县级单位，总人口 5287189 人，包括天台县、青田县、仙居县、淳安县、缙云县、三门县、龙游县、浦江县、文成县、泰顺县、开化县、武义县、常山县等。

县层 3：指人口数>30 万且<=70 万，并且 GDP>50 的县，本层共 10 个县级单位，总人口 4568995 人，包括长兴县、宁海县、象山县、安吉县、新昌县、德清县、玉环县、桐庐县、嘉善县、海盐县等。

县层 4：指人口数>70 万人的县，本层共 4 个县级单位，总人口 3666600 人，包括苍南县、永嘉县、平阳县、绍兴县等。

四、抽样方法

以浙江省为总体，采用分层、多级、概率比例、整群的抽样方法。（PPES 抽样方法）。

（一）第一级抽样

抽取县级样本单位。经分层后，在每层内按县级单位人口数降序排队进行累计。在人口累计数中，采用与县、市、市辖区人口估计规模成比例的概率抽样。

具体作法：

1、在层内各单位按人口数量多少由大到小降序排队，按人口累计，以各层人口累计数为分子，本层应抽县级单位数为分母，计算抽样组距（包括总组距和各层组距）。

$$\text{层抽样组距}=\frac{\text{层内县、市、市辖区人口累计数}}{\text{层内抽取的样本数}}$$

2、在 1 ~ 抽样组距之间选择随机起点，如查得随机数字落在 1 ~ 抽样组距之间，就定为随机起点；如查得的随机数字超过抽样组距数，则继续查表，到满足条件为止。

3、等距抽取单位。若随机起点小于人口累计栏中第一个单位，则第一个单位被抽中；用随机起点加抽样组距，再确定下一个被抽中的单位。以此类推，抽取所需的样本单位数。如某层抽取 M 个县级单位，算法如下：

R+0*K

R+1*K

R+2*K

…

R+（M－1）*K

4、县级单位抽样结果

全省抽中的 25 个单位为：

（1）城市 1 层共 2 个县级单位，抽中莲都区、金东区等县级单位；

（2）城市 2 层共 4 个县级单位，抽中嵊州市、江山市、临安市、椒江区等县级单位；

（3）城市 3 层共 2 个县级单位，抽中下城区、江东区等县级单位；

（4）城市 4 层共 4 个县级单位，抽中余杭区、义乌市、桐乡市、富阳市等县级单位；

（5）城市 5 层共 4 个县级单位，抽中乐清市、瑞安市、临海市、慈溪市等县级单位；

（6）县层 1 共 1 个县级单位，抽中岱山县；

（7）县层 2 共 3 个县级单位，抽中青田县、三门县、开化县等县级单位；

（8）县层 3 共 3 个县级单位，抽中宁海县、德清县、嘉善县等县级单位；

（9）县层 4 共 2 个县级单位，抽中永嘉县、绍兴县等县级单位。

（二）第二级抽样

1、样本单位和样本数量

第二级抽样在抽中县内进行，样本单位是乡、镇、街道。每个被抽中县级单位抽取 4 个乡级单位。

2、抽样框编制

在每个被抽中县级单位对第二级样本单位按照乡、镇、街道分层，使用实际人口数量编制本县级单位的抽样框。

3、各层样本数量分配

按人口比例分配乡、镇、街道各层的样本量，四舍五入取整。

4、抽样计算方法

在各层内按人口数按降序排队，累计人口数，计算组距，选择随机起点，计算各抽中点数据，抽取样本（各抽中点数据计算方法同上）。

（三）第三级抽样

1、样本单位和样本数量

在被抽中的乡（镇、街道）内各抽取 2 个村（居）民委员会。

2、抽样方法

按居委会和村委会的人口数量降序排队编制抽样框。计算抽样组距，按人口降序排队，随机等距抽取村（居）委会样本单位。

（四）第四级抽样

1、样本单位和样本数量

在被抽中的村（居）民委员会各抽取 1 个调查小区。

2、村级单位的合并

凡抽中村级单位人口规模小于 350 人的，以接壤或临近为原则，选择一个村级单位与其合并。

3、调查小区的划分

用村民（居民）委员会人口数除以 400 人，得到可以划分的小区数，利用本村级单位的户口底册和平面图进行划分，划分好的小区人口数量应在 350～400 人之间。

4、调查小区的抽取

给每个调查小区按序编号，然后使用简单随机抽样方法抽取样本。

附录 11

浙江省第二次全国残疾人抽样调查领导小组组成人员名单

组　长	陈加元	省政府副省长
副组长	徐　震	省政府副秘书长
	陈晓非	省残联理事长
	赵国明	省统计局副局长
	俞志壮	省民政厅副厅长
	杨泉森	省卫生厅副厅长
成　员	徐令义	省委宣传部副部长
	金兴盛	省发改委副主任
	张绪培	省教育厅副厅长
	凌秋来	省公安厅副厅长
	钱巨炎	省财政厅副厅长
	沈雪芬	省劳动保障厅助理巡视员
	王洪江	省人口计生委副主任
	杨　烨	省质监局副局长
	张奋勇	省残联副理事长
	鲁　俊	团省委副书记
	金　敏	省妇联副主席

浙江省第二次全国残疾人抽样调查办公室人员名单

主　任　张奋勇（兼）省残联副理事长

副主任　杨荣普　省残联理事、办公室主任

金常明　省民政厅社会福利处处长

黄树良　省残疾人福利基金会副秘书长

周东春　省统计局人口和社会科技处副处长

黄伟彩　省卫生厅医政处副处长

综 合 组

组　长　黄树良　省残疾人福利基金会副秘书长

组　员　兰德军　吕明晓

调查统计分析组

组　长　陈益伟　省残联组织人事与维权部副部长

组　员　陈杨荣　沈　力　楼　航　章剑卫　张水仙　岳　宁

医疗鉴定组

组　长　骆建梁　省残疾人康复指导中心副主任

组　员　罗本燕　董玉蛾　金　姫　胡孙宏　于　民　李伟栩

黄新文　王翠莲　陈　震　邱纪方

附录 12

浙江省第二次全国残疾人抽样调查样本县（市、区）领导小组，办公室主任、副主任，调查队名单

下城区

领导小组	组　长	王国珍	区政府副区长
	副组长	张　青	区府办副主任
		张圣地	区残联理事长
		劳振东	区发改局副局长
		金　浪	区民政局副局长
		王洪蛟	区卫生局副局长
	成　员	金绮娟	区委宣传部
		陈　康	区公安分局
		宋震跃	区财政局
		张　曙	区教育局
		江海灵	区劳动保障局
		李　杭	区人口计生局
		杨晓萍	团区委
		朱建芳	区妇联
		范少崧	区残联
		秦爱珍	区质监分局
		沈春芳	东新街道
		俞文玉	长庆街道
		林　立	潮鸣街道
		魏爱琴	文晖街道
办 公 室	主　任	范少崧	区残联副理事长
	副主任	娄荣国	区残联办公室主任
		方　骏	区民政局社会福利科科长
		邵兰珍	区发改局统计科科长
		吕承红	区卫生局医改科科长
调 查 队	队　长	范少崧	区残联副理事长
	副队长	蔡中弟	区普查中心主任科员
		王洪蛟	区卫生局干部
	成　员	符来红　丁紫才　沈晓珍　金伟伟　吴少文　宋彩娟　冯　洁　潘月萍 於金莹　章红英　张燕敏　郑彩凤　章静芳　陈国荣　潘　虹　周哲晔 应彗星　宋迎虹　周建功　纪晓东　毛和君　纪丽红　周国岑	

余杭区

领导小组	组　长	杨洪香	区政府副区长
	副组长	何玉水	区府办副主任
		张志良	区残联理事长
		夏雪芬	区统计局副局长
		黄国林	区卫生局局长
	成　员	廿士明	区委宣传部
		劳晓萍	区发改局
		孙树荣	区教育局
		郎一舟	区公安分局
		钱建伟	区财政局
		汪越春	区民政局
		施宪法	区劳动保障局
		李万民	区计生局
		屠志远	区质监分局
		马乐强	区残联
		姜　伟	团区委
		韩云燕	区妇联
办公室	主　任	马乐强	区残联副理事长
调查队	队　长	马乐强	区残联副理事长
	副队长	陶　涛	区残联办公室副主任
		陶卫东	区卫生局医政业务科科长
	成　员	闻森泉　章利华　范菊文　陶华坤　贾坤法　莫福英　宋志效　俞生华	
		王明忠　金卫民　叶锦培　陶叶松　宋晨燕　宋　斐　徐毓山　郑锦骏	
		杜里程　夏小平　陈永华　赵天勤　魏　晨　李晓静　徐杨斌	

富阳市

领导小组	组　长	方仁臻	市政府市长助理
	副组长	吴晓忠	市府办副主任
		杨兰芳	市残联理事长
		翁　明	市统计局副局长
		徐明育	市民政局副局长
		孙晓明	市卫生局副局长
	成　员	周竞远	市委宣传部
		夏深根	市发改局
		郭一连	市教育局
		胡狄华	市公安局
		刘学军	市财政局
		裘立忠	市劳动保障局
		蒋建宏	市人口计生局
		赵庆华	市质监局
		刘晓峰	团市委

		朱红丹	市妇联
		华玉祥	市残联
办公室	**主　任**	华玉祥	市残联副理事长
调查队	**队　长**	华玉祥	市残联副理事长
	副队长	赵玉松	市统计局统计科科长
		徐金善	市卫生局主任科员
	成　员	赵群初　张宪明　叶美萍　艾显齐　陆东明　何正龙　俞胜良　许宝坤 葛美云　董晓波　吕国祥　应荣春　章国富　赵叶祥　朱　环　单天祥 吴兆年　朱利民　吴珍霞　王国平　林利云　许红燕　章浩明	

临安市

领导小组	**组　长**	吴苗强	市政府常务副市长
	副组长	许兴旺	市府办副主任
		洪　潮	市残联理事长
		王俊菁	市统计局副局长
		乔　勇	市民政局副局长
		杨建林	市卫生局副局长
	成　员	周　晓	市宣传部
		翁　涛	市发改局
		孙水木	市教育局
		吴志荣	市公安局
		马泽华	市财政局
		何伟民	市劳动保障局
		石建强	市人口计生局
		王小明	市质监局
		黄浙挺	团市委
		胡　仙	市妇联
		王錄娟	市残联
办公室	**主　任**	王錄娟	市残联副理事长
调查队	**队　长**	王錄娟	市残联副理事长
	副队长	陈一鸣	市统计局城调队队长
		金描宏	市卫生局医政科科长
		许卫玉	市中医院医教科科长
	成　员	缪金明　张　玮　李晓芳　章燕霞　黄社会　俞　芬　马德根 冯红英　徐永青　汪文儿　潘华忠　章雄飞　章秋月　程荣法 陈利国　余　凡　蔡东坡　董炳强　马坚鑫　虞增法　王铁平 王剑民　卢焕新	

江东区

领导小组	**组　长**	许亚南	区政府副区长
	副组长	钱久春	区残联理事长
		毛建平	区府办副主任

		丁柏荣	区统计局副局长
		刘学文	区民政局副局长
		郑智玉	区卫生局副局长
	成　员	陈坚军	区宣传部
		孙建华	区发改局
		吴长平	区教育局
		吴锡辉	区财政局
		张理勤	区劳动保障局
		孙科峰	区人口计生局
		陈　冈	区公安分局
		祝建敏	区团委
		盛晓玲	区妇联
		周飞熊	区质监分局
办公室	主　任	钱久春	区残联理事长
	副主任	丁柏荣	区统计局副局长
		刘学文	区民政局副局长
		郑智玉	区卫生局副局长
调查队	队　长	钱久春	区残联理事长
	副队长	丁柏荣	区统计局副局长
		郑智玉	区卫生局副局长
	成　员	郑胜华　周自立　刘　岩　王莲萍　何　英　王　蓉　潘定君　李谨红 徐丽芳　童家明　李素君　陆　慧　陈　丰　立　伟　徐清清　黄军江 刘忠良　许　军　吴宇飞　应启迩　李　静　杨海萍　吴德华　张文光 胡波瑛	

宁海县

领导小组	组　长	项松春	县政府县长助理
	副组长	葛国标	县府办副主任
		胡才生	县残联理事长
		王家良	县统计局副局长
		章武科	县民政局副局长
		陈庆宇	县卫生局副局长
	成　员	潘家萍	县委宣传部
		应小星	县教育局
		林祥明	县公安局
		柳正维	县财政局
		王文祥	县劳动保障局
		汤建芬	县人口计生局
		王海寅	团县委
		王秋芬	县妇联
		徐佩莹	县残联

		赵志彬	县质监局
办公室	主 任	徐佩莹	县残联副理事长
	副主任	董锦钢	县残联办公室主任
		舒伟进	县民政局社会事务科科长
		周瑞军	县残联劳服所主任
		刘忠法	县统计局普查中心主任
		徐乾国	县卫生局医政科科长
调查队	队 长	徐佩莹	县残联副理事长
	副队长	刘忠法	县统计局普查中心主任
		孔云根	县城关医院党委副书记
	成 员	苏永利 袁哲忠 赵素娟 谢恒秋 刘丁主 龚国勤 叶伟群 许 倩 杨鹏吉 郑群鹃 陈月萍 徐 荻 王 颖 陈天法 苏秋荷 邬明军 李晓白 胡乾峰 严惠琴 王忠兴 范永平 王 芳	

慈溪市

领导小组	组 长	杨慧芳	市政府副市长
	副组长	何登森	市府办副主任
		范淑珍	市残联理事长
	成 员	杜立岗	市委宣传部
		成维庆	市统计局
		郑捷敏	市民政局
		聂国本	市卫生局
		樊新杰	市发改局
		张幸华	市教育局
		钟要勇	市公安局
		胡国富	市财政局
		吴立明	市劳动保障局
		童爱军	市人口计生局
		陈宗洲	市质监局
		毛志国	市残联
		余 峰	团市委
		杨爱芬	市妇联
办公室	主 任	毛志国	市残联副理事长
	副主任	任 群	市残联办公室主任
		岑鲁佳	市残联组宣办负责人
		吴明华	市民政局帮扶中心副主任
		马帼卿	市统计局科长
调查队	队 长	毛志国	市残联副理事长
	副队长	马帼卿	市统计局科长
		单均基	市中医院副院长
		张东锋	红十字医院内科主任

成　员　陈　玲　吴明华　胡金裕　周菊娣　罗立明　方仲凯　姚洪杰　金丽萍
郑若明　陈云建　胡群力　陈建峰　陆文杰　黄立华　陆　颖　陈德焕
李建丁　张晓黎　陈少群　卢幼珍　张立峰　邹乃君　朱顺科

永嘉县

领导小组　组　长　郑秋文　县政府副县长
副组长　林建光　县府办副主任
徐象送　县残联理事长
戴明峰　县统计局副局长
麻荣妙　县民政局副局长
潘德朔　县卫生局副局长
成　员　胡佐光　县委宣传部
盛晓平　县发改局
陈益杰　县教育局
金国友　县公安局
徐忠诚　县财政局
左建华　县人劳社保局
潘建胜　县人口计生局
金志国　县质监局
麻益宪　县残联
孙朝阳　团县委
卢小飞　县妇联

办公室　主　任　麻益宪　县残联副理事长
副主任　周星强　县残联办公室主任
李　剑　县民政局救灾救济社会福利科长
麻荣正　县统计局办公室副主任
虞康旭　县卫生局干部

调查队　队　长　麻益宪　县残联副理事长
副队长　胡少中　县统计局农调科科长
虞康旭　县人民医院副院长
成　员　沙胜亮　孙宏豪　胡　强　吴晓仙　邓丽娟　胡显超　麻荣正　金　凡
胡晓星　周凌云　黄海浪　徐建晓　林宣忠　阎晓刚　虞康旭　吴建钢
林群力　胡丹华　李小新　郑声浩　刘立滢

瑞安市

领导小组　组　长　吴娜丽　市政府副市长
副组长　虞风云　市府办副主任
高长泉　市残联理事长
张惠东　市统计局副局长
张中娴　市民政局副局长
张小中　市卫生局副局长
成　员　陈艳秋　市委宣传部

郑镇森　市发改局
孙裕东　市教育局
林绍宵　市公安局
郑扩社　市财政局
高邦月　市劳动保障局
黄益元　市人口计生局
俞　鹏　市质监局
章艳珍　市残联
施经馆　团市委
何玉英　市妇联

办 公 室　**主　任**　章艳珍　市残联副理事长
副主任　戴晓声　市残联办公室主任
林志炉　市民政局社会救济福利科科长
王圣昌　市残联组宣部部长
郑明放　市统计局综合科科长
徐飞鸿　市卫生局医政科科长

调 查 队　**队　长**　章艳珍　市残联副理事长
副队长　郑明放　市统计局综合科科长
徐飞鸿　市卫生局医政科科长
成　员　吴　亮　薛德高　池万章　郑高兴　黄益华　徐柏廷　朱　盛　戴晓声
王圣昌　曾　皓　韩　舒　黄正春　林婷婷　董鸿毅　张好婕　陈林波
叶娟弟　潘晓娜　薛晓庆　项瑞芳　潘海波　肖跃亮　夏伟云

乐清市

领导小组　**组　长**　陈向东　市政府副市长
副组长　朱志成　市府办副主任
蔡贞桂　市残联理事长
屠定金　市民政局副局长
林加森　市卫生局副局长
仇保雷　市统计局副局长
成　员　余协献　市委宣传部
李忠银　市发改局
王瑞莹　市教育局
刘国珍　市公安局
董法朗　市财政局
余式林　市劳动保障局
陈乐之　市人口计生局
夏德义　市质监局
张贤孟　团市委
高娥微　市妇联
葛美丽　市残联

办 公 室　**主　任**　葛美丽　市残联党组成员

	副主任	南克平	市卫生局医政科科长
		李志敏	市民政局地名办副主任
		陈旭洋	市统计局社调队副队长
		赵萍萍	市残联办公室主任
调查队	队长	葛美丽	市残联党组成员
	副队长	陈旭洋	市统计局社调队副队长
		南克平	市卫生局医政科科长
	成员	黄海娇 吴珠光 陈慧慧 俞书法 侯汉青 蔡珏 陈鹏扬 黄信江 干剑英 凌敏 洪思军 陈金海 詹瑞娟 庄捷 张亦磊 郑巨灿 赵徐静 孙乐球 吴正槐 黄建杰 万屈桥 刘威文 童海龙 林舟桥	

嘉善县

领导小组	组长	卓卫明	县政府副县长
	副组长	黄新华	县残联理事长
		马纳新	县府办主任助理
		朱敏良	县统计局副局长
		张发云	县民政局副局长
		沈正澎	县卫生局副局长
	成员	朱利军	县委宣传部
		于力	县发改局
		吴重秋	县教育局
		邵小华	县公安局
		沈建伟	县财政局
		卢永祥	县劳动保障局
		芮红卫	县人口计生局
		陈达全	县质监局
		陈雪忠	县残联
		施晓松	团县委
		吴善良	县妇联
		周加平	魏塘镇
		秦明强	西塘镇
		吴永林	姚庄镇
		赵一峰	天凝镇
办公室	主任	陈雪忠	县残联副理事长
	副主任	曹志芳	县残联办公室主任
		傅海荣	县卫生局医政科干部
		沈艰艰	县统计局社会科科长
调查队	队长	陈雪忠	县残联副理事长
	副队长	徐四金	原姚庄镇人大主席
		傅海荣	县卫生局医政科干部
	成员	浦金山 马琨琨 施锦成 顾永元 陈锦华 王明华 汪春凤 冯林华	

王华康 倪良东 倪杏琴 沈永明 杨德林 朱昌鸿 钱 斌 孙小林
孙伟忠 吴师荣 潘丽丹 沈晓燕 支韫弢 邱 红

桐乡市

领导小组	组 长	闻金根	市政府副市长
	副组长	蔡立新	市府办副主任
		吴汉明	市残联理事长
		吕悦龙	市统计局副局长
		张潮明	市民政局副局长
		许亦农	市卫生局副局长
	成 员	赵裕华	市委宣传部
		周成坚	市发改局
		陈爱秀	市教育局
		孙荣汉	市公安局
		姜 玮	市财政局
		吴金坤	市劳动保障局
		陈琴仙	市人口计生局
		魏士荣	市质监局
		李锦标	市残联
		沈 莲	团市委
		吴丽娅	市妇联
办公室	主 任	李锦标	市残联副理事长
	副主任	沈敏芳	市民政局社救科科长
		王洪根	市统计局综合科科长
		柴敬杰	市卫生局医政科副科长
调查队	队 长	李锦标	市残联副理事长
	副队长	吕悦龙	市统计局副局长
		柴敬杰	市卫生局医政科副科长

成 员 姚荣明 陆煜坤 邓小燕 王炳虎 费明强 钟 斌 戚凤玲 沈 飞
闵永杰 钱志伟 费建峰 赵飞远 张国政 劳洪飞 沈 晴 施 红
费长顺 孙永兴 陈建荣 潘俊芳 汤晨东 郭云红

德清县

领导小组	组 长	罗国建	县政府副县长
	副组长	蔡水华	县府办副主任
		陈贤根	县残联理事长
		徐黎娟	县统计局副局长
		马建根	县卫生局副局长
		郭志伟	县民政局副局长
	成 员	沈生章	县委宣传部
		汪素琴	县发改委
		王永新	县教育局

		时继方	县公安局
		陈　强	县财政局
		嵇开颜	县劳动保障局
		吴克俭	县人口计生局
		程宝根	县质监局
		王耀宣	县残联
		勒　芳	团县委
		陈水英	县妇联
		宋生来	武康镇
		徐松法	新市镇
		傅明亮	禹越镇
		何成法	莫干山镇
办公室	**主　任**	王耀宣	县残联副理事长
	副主任	张维青	县残联理事、办公室副主任
		姜国英	县统计局科员
		沈燕飞	县卫生局科长
		周文国	县民政局科长
调查队	**队　长**	王耀宣	县残联副理事长
	副队长	姜国英	县统计局科员
		沈燕飞	县卫生局科长
	成　员	张健红　吴国芬　黄袁霞　沈滨滨　胡应璋　徐月芳　黄慧芳　沈文梅	
		吴　平　沈海良　吴　蕾　沈凌翔　田一民　姚春梅　沈连初　陈晓玲	
		宋　杭　莫国平　许　超　李　海　沈岳坤　胡旭强　俞柏润	

绍兴县

领导小组	**组　长**	章生建	县委常委、县政府副县长
	副组长	汤金尧	县府办副主任
		高剑秋	县残联理事长
		王常庆	县统计局副局长
		毛海美	县民政局副局长
		葛孟华	县卫生局副局长
	成　员	何坚刚	县委宣传部
		陈国庆	县发改局
		蒋国洪	县教育局
		吴华勋	县公安局
		徐利忠	县财政局
		钱勇军	县劳动保障局
		赵奕芳	县人口计生局
		骆华军	县残联
办公室	**主　任**	骆华军	县残联副理事长
	副主任	王晓晴	县民政局干部
		余红霞	县统计局干部

		周建廷	县卫生局干部
		俞云花	县残联干部
调 查 队	队　长	骆华军	县残联副理事长
	副队长	蒋云龙	县统计局普查办干部
		周建廷	县卫生局干部
	队　员	边　烽　许建萍　俞云花　葛　英　冯慧芬　潘建华　徐丽君　李冬梅 卢银春　杨开清　沈琴华　莫秋珍　叶佩佩　吴云仙　李贤生　章爱武 屠小明　金国兴　杨　锋　李朝晖　郑　高　吕卓明	

嵊州市

领导小组	组　长	吕　丙	市政府副市长
	副组长	王正军	市府办副主任
		骆仁军	市残联副理事长
		黄旭东	市统计局副局长
		宓建荣	市民政局副局长
		钱志钢	市卫生局副局长
	成　员	陶瑞兴	市委宣传部
		胡晓俊	市发改局
		褚文亮	市教体局
		李　平	市公安局
		茹万红	市财政局
		王跃进	市劳动保障局
		陶爱芬	市人口计生局
		俞建超	市质监局
		谢　昉	团市委
		应银华	市妇联
		屠左萍	市残联
办 公 室	主　任	骆仁军	市残联副理事长
	副主任	屠左萍	市残联办公室主任
		王生安	市民政局社会事务科科长
		庞丽君	市残联康组部副部长
		魏德江	市卫生局医政科副科长
		黄旭东	市统计局副局长
调 查 队	队　长	庞丽君	市残联康组部副部长
	副队长	郝　夏	市统计局干部
	成　员	王向军　谢六一　俞正夫　李锡汀　钱石进　钱华昌　王维兴　王定洪 陈余昌　单小明　陈香苗　唐益江　凌香庆　潘晓军　俞　檪　陈炜江 孙亚青　袁春泉　宋南炎　陈立文　吕立炎　梁新华　俞素萍	

金东区

领导小组	组　长	何耀明	区政府副区长
	副组长	叶春成	区府办副主任

		陆栋荣	区残联理事长
		吴瑞平	区发改局副局长
		张跃建	区民政局副局长
		陈春华	区财政局副局长
		章志忠	区卫生局副局长
	成　员	陈可追	区委宣传部
		张志连	区教育文体局
		郑新民	区公安分局
		金　昱	区人事劳动局
		吴荷花	区人口计生局
		傅文忠	区残联
		徐　琰	区团委
		包小鸳	区妇联
办 公 室	**主　任**	傅文忠	区残联副理事长
	副主任	黄彩芳	区统计局农调队副队长
		张丽娟	区残联劳服所副主任
调 查 队	**队　长**	傅文忠	区残联副理事长
	副队长	黄彩芳	区统计局农调队副队长
		章志忠	区卫生局副局长
	成　员	张丽娟　盛国军　陈根生　李国成　施根生　汪新航　杨洪富　姜仲君 章永泽　金宝春　邵露霞　金旭峰　游新日　朱　帆　胡聚森　傅宾基 盛　丹　陶丽霞　李静梅　朱国庆　申觉德　陶珍杨　徐秋萍　程　韬 叶建忠	

义乌市

领导小组	**组　长**	郑建余	市政府副市长
	副组长	王　迎	市府办副主任
		朱雪芳	市残联理事长
		王亦民	市统计局副局长
		何其寿	市民政局副局长
		吴淦田	市卫生局副局长
	成　员	刘志毅	市宣传部
		金贵潮	市发改局
		陈维金	市教育局
		傅国森	市公安局
		汪小群	市财政局
		鲍爱民	市劳动保障局
		朱华娟	市人口计生局
		张兴法	市残联
		楼琅坚	市团委
		杨桂芳	市妇联
办 公 室	**主　任**	张兴法	市残联副理事长

副主任　楼洪辉　市残联办公室主任
杨立仙　市民政局城福社救科长
郑国建　市卫生局医政科长
陈志林　市统计局城调队队长
金洪富　市残联康复中心副主任

调 查 队　队　长　张兴法　市残联副理事长
副队长　陈志林　市统计局城调队队长
许茂林　市卫生局原医政科科长
队　员　尧凌云　徐至成　季小玲　斯德民　王来潮　骆雪英　何淑芸　郑莉梅
虞皎莹　贾国全　付辛德　陈海英　朱作祺　李婷婷　朱海丹　楼朝义
金忠平　赵旭红　马天顺　楼向红　杨耀峰　骆加锦　付文农

开化县

领导小组　组　长　程育全　县政府副县长
副组长　胡青延　县政府县长助理
成　员　余建华　县府办
何丽萍　县残联
应长汉　县统计局
叶永年　县民政局
黄高松　县卫生局
严和法　县发改局
程立衡　县教育局
汪名六　县公安局
汪　涌　县财政局
张建国　县人劳社保局
方素建　县人口计生局
段月水　县广播电视总台
周明泉　县质监局
郑金茂　县残联
齐正兰　县团委
丰建英　县妇联

办 公 室　主　任　郑金茂　县残联副理事长

调 查 队　队　长　郑金茂　县残联副理事长
副队长　应长汉　县统计局副局长
汪来苟　县卫生局医政科科长
成　员　钱朝辉　郑寿山　姚楚君　周益玲　丁黎燕　余志娟　徐林建　方爱女
徐金槐　鲁美娟　余幸福　徐法高　汪丽芹　程志新　张钱女　汪志宏
程志娟　张瑞忠　李建宏　徐远洪　张燕红　李建刚　周　波　高土龙
李　霞

江山市

领导小组　组　长　何蔚萍　市政府副市长

	副组长	王子平	市府办副主任
		毛增源	市残联理事长
	成　员	李培荣	市委宣传部
		柴珠根	市统计局
		毛水芳	市财政局
		王植兴	市民政局
		金大兴	市卫生局
		高以礼	市发改局
		周　华	市教育局
		张少华	市公安局
		杨洪福	市人劳局
		王盛丰	团市委
		毛丽芳	市妇联
		周洪友	市残联
办公室	**主　任**	周洪友	市残联副理事长
调查队	**队　长**	汪晓心	市残联服务社主任
	副队长	姜克旺	市统计局办公室主任
		吴来林	市卫生局医政科科长
		陈　臻	市人民医院主任医师
	成　员	王大海　詹菊英　赵三宗　姜金梅　范希文　王文娟　董洪友　徐真泉 王樟忠　毛选美　徐增全　何明根　周泽仙　杨昌敖　严琴梅　刘继辉 毛兆矩　徐达根　徐雪琴　李巧球　姜松国	

岱山县

领导小组	**组　长**	徐燕峰	县政府副县长
	副组长	刘方晖	县府办副主任
		俞伟海	县发改局副局长
		邬雅婷	县民政局副局长
		方信伦	县财政局副局长
		徐国军	县卫生局副局长
		杨增富	县残联理事长
	成　员	郑忠义	县委宣传部
		王靖军	县教育局
		孔德科	县公安局
		方海英	县人劳社保局
		何经龙	县人口计生局
		董海滨	县质监局
		宋　晖	团县委
		马虹莹	县妇联
		曹满意	县残联
		陈伟舟	高亭镇
		刘生华	衢山镇

计　巍　岱东镇
邱林军　岱西镇

办公室　主　任　曹满意　县残联副理事长
副主任　罗旭峰　县统计局综合科副科长
屠晓琴　县民政局社救科科长
俞海跃　县卫生局办公室主任
盛友波　县残联康复部主任

调查队　队　长　曹满意　县残联副理事长
副队长　罗旭峰　县统计局综合科副科长
吴水军　县卫生局医政科教科副科长
成　员　盛友波　范怀伟　曹佩琴　胡国富　林福堂　盛信初　汤　燕
陆仲儿　赵海芬　陈鲁红　金国存　林代波　鲁　华　罗淑英
殷志边　王永年　姚凯凯　於国儿　钟益科　韩　毅　张剑静
赵玲燕　杨丽萍　王岳峰　林静达

椒江区

领导小组　组　长　徐仁标　区政府常务副区长
副组长　董林春　区府办副主任
蔡　希　区残联理事长
王宝秋　区统计局副局长
严邦新　区民政局副局长
张文池　区卫生局副局长
成　员　辛丹琳　区委宣传部
陶剑波　区发改局
金　观　区教育局
陈国照　区公安分局
谷建斌　区财政局
王才根　区人劳社保局
廖守法　区人口计生局
吴彩玲　区质监分局
黄正西　区残联
于　巍　团区委
江小娇　区妇联

办公室　主　任　黄正西　区残联副理事长
副主任　王美云　区残联办公室主任
丁雪芳　区残联办公室副主任
徐伟萍　区残联康复中心副主任
万幸明　区卫生局医政科长

调查队　队　长　蔡　希　区残联理事长
副队长　王宝秋　区统计局副局长
黄正西　区残联副理事长
廖守法　区卫生局副局长

	成　员	王美云	徐伟萍	周敏琴	李海军	陈初妹	程国平	金吕顺
		张　峰	陶智勇	吕志祥	徐韦斌	杨仙法	林仙女	杨小飞
		陈国储	陶晨红	万幸明	周懿燕	杨义军	缪　平	石德友
		黄凌飞	邱彩花	丁椒生	丁雪芳	王学玉	朱　渊	陈　鹏
		蔡荣超	王小燕	罗冬生				

三门县

领导小组	组　长	李金砖	县政府副县长
	副组长	王有浙	县府办副主任
		吴元培	县残联理事长
		徐伟文	县统计局局长
		陈寅君	县卫生局局长
	成　员	卢洪波	县教育局
		杨建明	县公安局
		陈兴勇	县民政局
		陈秋芬	县财政局
		林海华	县人口计生局
		邵慧玲	县团委
		郭　萍	县妇联
		叶未国	县残联
调 查 队	队　长	吴元培	县残联理事长
	副队长	吴贤远	县卫生局副局长
		陈小华	县统计局副局长
		叶未国	县残联副理事长

	成　员	罗先所	林　军	倪忠伟	祁静见	林训康	吴敏杰	郑士连	周志明
		罗仙银	丁乌乾	郑成视	陈祖顺	陈晓琴	虞美玉		

临海市

领导小组	组　长	项毅勤	市政府副市长
	副组长	郑永达	市府办副主任
		王文君	市残联理事长
		俞惠良	市统计局副局长
		戴宽巧	市民政局副局长
		朱支波	市卫生局副局长
	成　员	董英姿	市委宣传部
		陈英正	市发改局
		陈凌晨	市教育局
		胡寿坚	市财政局
		蒋正林	市公安局
		郑必考	市劳动保障局
		潘阳春	市人口计生局
		单式关	市质监局